# NOS ANNÉES D'ESPÉRANCE

## ŒUVRES DU MÊME AUTEUR

**Aux Editions Ouest-France-Cêtre**

Aimer la Franche-Comté - Histoire et Tourisme (3e édition)
Wonderful Franche-Comté (traduction anglaise)

**Aux Editions France-Empire**

La louve du val d'Amour - roman, prix Louis-Pergaud (8e édition)
Les 30 jours de Berlin - histoire (3e édition)
Une fille de la forêt - prix Ecrivains langue française (3e édition)
Les maquis de Franche-Comté - prix Fondation Victor-Moritz (6e édition)
Malet, l'homme qui fit trembler Napoléon - histoire (2e édition)
Mon pays comtois (8e édition)

**Aux Nouvelles Editions latines**

Marguerite d'Autriche - biographie, prix littéraire de la ville de Dijon (3e édition)

**Aux Editions Larousse**

La Franche-Comté et ses trésors - art et histoire, préface de Bernard Clavel

**Aux Editions Erti**

Le chemin de Saint-Colomban - théâtre

**Aux Editions Pierre-Duc**

Hiver comtois - livre d'art
Aquarelles sur Loue - livre d'art

**Aux Editions Art et Lumière**

Bêtes en liberté au pays de Louis Pergaud et de Marcel Aymé - livre d'art

**Aux Editions Mon Village SA**

La grotte aux loups - roman (12e édition), prix international du Terroir, traduit en allemand
Folle avoine - roman (3e édition)
Le vent des collines - roman prix Fraternité humaine (11e édition)
Un printemps pour aimer (7e édition)
Julie la chance - roman
La dernière neige - roman, prix Honoré Broutelle (9e édition)
Le village englouti - roman (13e édition), prix Emile-Zola, en poche, coll. « J'ai lu », traduit en allemand
Le barrage de la peur - roman (5e édition)
La Marie des bois - roman, tome I, série « Les Auvernois » (8e édition)
Alexandre le vannier - roman, tome II « Les Auvernois » (8e édition)
Le dernier des Auvernois - tome III « Les Auvernois » (7e édition)
Pour un amour perdu - roman (3e édition)
Le moulin du silence - roman, prix société des Gens de Lettres de France, en poche, collection BH (5e édition)
Le loup-garou de la vallée des Anges - roman, en poche, collection « Presse-Pocket » (2e édition)

**Œuvres Théâtre - Radio - Télévision**

Les passeurs du clair de lune - série « France 3 », réalisation J.-C. Morin
Le village englouti - série en 30 épisodes « TF1 », réalisation Louis Grospierre
La louve du val d'Amour - téléfilm « FR3 », réalisation Paul Paviot
Le vieux Paul - téléfilm « A2 », réalisation Daniel Vigne
Philippe Clay lit Louis Pergaud - documentaire « FR3 »
Capitaine Lacuzon - documentaire « A2 », production Arthur-Comte
Nous l'appellerons Noël - téléfilm « FR3 », réalisation Claude Him
La grotte aux loups - téléfim « TF1 », réalisation B. Toublanc-Michel
La louve du val d'Amour - « spectacle Son et Lumière »
1789 en Franche-Comté - « spectacle Son et Lumière »
Le chemin de Saint-Colomban - « spectacle Son et Lumière »
L'affaire de Frambois - comédie en 3 actes


ISBN 2-87823-025-3

André BESSON

# NOS ANNÉES D'ESPÉRANCE

*Souvenirs*

CÊTRE
BESANÇON

# INTRODUCTION

En mars 1946, à l'instigation de mon ami le journaliste-résistant Maurice Champy, je fis paraître, aux Editions A.-Gœury fils, un petit livre intitulé « Mon journal durant la Libération ». Ce fut ma première œuvre publiée. Il s'agissait d'un certain nombre de textes extraits des carnets sur lesquels j'avais consigné jour après jour, parfois heure par heure, les principaux événements qui s'étaient déroulés dans notre région du 26 août au 9 septembre 1944.

A l'époque, moins de dix-huit mois après la libération de la Franche-Comté du joug nazi, cette modeste brochure fut appréciée par nos compatriotes et rapidement épuisée. Elle avait même été jugée suffisamment intéressante pour être distribuée dans les écoles comme cadeau de fin d'année scolaire, afin que les élèves conservent un témoignage des événements que nous venions de vivre.

Puis le temps passa. Les décennies s'ajoutèrent aux décennies, avec leurs stratifications faites d'oubli et d'indifférence. Si la tenue d'un « journal » est resté pour moi un exercice quasi quotidien, cela relève du domaine strictement privé. D'autres travaux, d'autres genres littéraires ont, au cours de ces cinquante dernières années retenu mon attention, me faisant oublier ma première œuvrette et les notes d'où je l'avais extraite.

A l'automne 1990, j'eus un jour la curiosité de relire, dans mon grenier, les petits carnets de moleskine noire où je consigne assez régulièrement, depuis 1938, les réflexions que m'inspirent l'actualité et les êtres que je côtoie. Ma première surprise en prenant connaissance de ces écrits, après un demi-siècle de désintérêt, fut d'être replongé d'emblée dans une époque en partie oubliée. Comme si un inconnu avait tracé, autrefois, les lignes que je lisais. Comme si un autre que moi avait vécu les événéments extraordinaires qui y étaient racontés avec beaucoup de détails et de passion. Palliant les lacunes de ma mémoire, cette lecture me restitua une image très nette de l'immédiat avant-guerre et de l'occupation. Je découvris avec étonnement combien l'adolescent qui avait pris ces notes avait été tour à tour enthousiaste, désespéré, intolérant, souvent injuste.

Je compris vite que malgré ses imperfections, ses maladresses, parfois ses outrances, ce « journal » présentait un certain intérêt et offrait une vision inédite de ce qu'avait été la vie des Francs-Comtois durant les années terribles de la Seconde Guerre mondiale.

Certes, beaucoup d'auteurs ont déjà écrit sur cette période. Soit leurs souvenirs d'anciens résistants, soit des ouvrages plus généraux. Ces derniers livres sont le plus souvent tirés des archives officielles, ou des compilations. Peu d'histoires de la Franche-Comté sous l'occupation restituent le « climat » si particulier que les gens de ma génération ont connu et dont les mille petits détails sont cependant indispensables pour comprendre les événements de cette tragique époque durant laquelle régnèrent la terreur, la famine, le désespoir et la haine.

J'ai donc décidé de publier ces textes écrits il y a cinquante ans. Je les ai quelque peu remis en forme pour les rendre plus cohérents, mais je leur ai conservé toute leur spontanéité, leur authenticité. Je n'ai pas voulu masquer les fluctuations de mes opinions, ni mes doutes face à des événements dont nul ne comprenait alors les tenants et les aboutissants. Si j'ai omis de rapporter les passages ressortant de mon intimité, je n'ai pas, par contre, occulté les jugements parfois arbitraires qu'il m'est arrivé de porter sur des faits ou des personnes. J'ai tenu à garder à cette chronique son caractère de permanente incertitude et de suspicion. Il faut rappeler qu'à l'époque nous étions tous soumis à la propagande des deux camps. Si « Radio Paris » mentait en permanence, « Radio Londres » donnait aussi des informations très orientées. La plupart des nouvelles concernant la Franche-Comté circulaient de bouche à oreille et étaient sujettes à caution. C'est la raison pour laquelle mes carnets sont truffés d'expressions telles que celles-ci : « On raconte que... », « M. X prétend que... », « Selon une rumeur... ». Crédibles un jour, ces informations étaient souvent démenties dès le lendemain.

Il m'a semblé également bienséant de désigner par des initiales les personnes citées dans cet ouvrage. Avec le recul du temps, j'ai pris conscience que je m'étais parfois trompé ou qu'on m'avait induit en erreur concernant certaines d'entre elles. Quant à celles qui eurent une attitude ignoble durant l'occupation, plusieurs ont encore des descendants dans la région. Ceux-ci n'ont pas à supporter aujourd'hui l'opprobre qui entacha leur nom autrefois. L'Histoire a jugé. En révélant ce que furent la barbarie nazie et la duplicité des Français collaborateurs, nous savons aujourd'hui de quel côté étaient l'honneur et la justice.

Cet ouvrage n'a pas non plus pour dessein de raviver de vieilles haines. Un demi-siècle après cette effroyable époque, je suis personnellement devenu l'ami de plusieurs Allemands. De gens de ma génération, mais aussi de jeunes. Si je n'ai pas oublié le nom d'Adolf Hitler, le sinistre personnage qui fut à l'origine de tous les drames qui jalonnèrent mon adolescence, si je n'ai pas pardonné aux nazis la mort de mes amis d'enfance et de m'avoir volé les plus belles années de ma jeunesse, je n'en rend pas responsable le peuple d'outre-Rhin. C'est sans passion qu'il m'arrive aujourd'hui d'évoquer avec des habitants de ce pays les événements qui marquèrent les années 40 et dont certains d'entre eux eurent à souffrir, comme moi, dans leur âme ou dans leur chair.

La logique eût voulu que cet ouvrage s'intitulât : « Nos années de désespérance », car la misère, l'angoisse, la détresse, obsédèrent beaucoup plus notre esprit pendant quatre ans que la certitude de connaître un jour des temps meilleurs et des lendemains qui chantent. J'ai néanmoins tenu à donner à ce livre le titre : « Nos années d'espérance » afin de rappeler à ceux qui doutent aujourd'hui de l'avenir de l'humanité que rien n'est jamais totalement perdu. L'instinct de vivre est plus fort que la mort. Au fond du gouffre le plus noir, le plus profond, subsiste toujours une petite lueur vacillante mais éternelle qu'on appelle... l'espoir !

A.B.

PREMIÈRE PARTIE

1939-1940

# ILLUSIONS, DÉSILLUSIONS

## LE DÉBUT DU DRAME

**Dimanche 3 septembre 1939** *(Extrait de mon journal)*

« L'Europe s'apprête à vivre des événements dramatiques. Nous sommes tous inquiets... ».

Mon père, qui est allé en Allemagne en 1937 afin de parfaire ses connaissances professionnelles dans une fabrique du groupe « Idéal Standard », a assisté outre-Rhin à des scènes d'une brutalité inouïe. Il est persuadé que Hitler ne cèdera pas et que nous aurons une nouvelle guerre.

Cette conviction est partagée par notre voisin et ami M. Gustave S. Ancien receveur des douanes, celui-ci est venu, avec son épouse, prendre sa retraite au Poiset, mon quartier natal. Leur fils unique, André (1), brillant universitaire, est actuellement sous les drapeaux. J'apprécie beaucoup la compagnie de M. S., un homme cultivé, qui me prête des livres et me parle comme à un adulte.

Le pessimisme ambiant se ressent aussi dans les propos de Fernando M., un jeune réfugié espagnol qu'on a logé, à son arrivée à Dole, avec plusieurs centaines de ses compatriotes, dans une cité dortoir située près de notre domicile. Chassés par l'avance des troupes franquistes, ces pauvres gens ont tout perdu. Mais leurs malheurs ont ému les Dolois et suscité un grand élan de solidarité. Fernando M. est devenu orphelin à la suite d'un bombardement meurtrier sur Madrid. Son père était juge au tribunal, sa mère comédienne. Il n'a plus d'autres proches qu'une tante et une cousine qui habitent avec lui, au Poiset. Tous trois espèrent pouvoir rejoindre bientôt un vieil oncle établi au Mexique. Fernando parle un peu français, qu'il a appris en seconde langue au lycée. Il est, comme moi, passionné de poésie. Malgré nos difficultés de communication, nous sommes devenus de grands amis.

Depuis quelques jours, la guerre que nous redoutons tous s'est rapprochée à pas de géant. Refusant toutes les propositions de négociation, méprisant toutes les menaces, Adolf Hitler a lancé le 1er septembre, à 5 heures du matin, ses armées à l'assaut de la Pologne. Varsovie et toutes les principales villes de ce petit pays pacifique sont écrasées sous les bombes. Des combats sanglants opposent les troupes polonaises aux forces allemandes.

Enfin réveillé de sa léthargie, le conseil des ministres français a décrété la mobilisation générale et l'état de siège sur le territoire national et celui de nos colonies.

Ce dimanche 3 septembre 1939 à 11 heures du matin, le gouvernement anglais, fidèle à son alliance avec la Pologne, a déclaré officiellement la guerre à

---

(1) Après son retour de captivité, André S. devint conseiller général, maire de Champagnole. En 1967, il remplaça le président Edgar Faure à la tête du Conseil général du Jura et décéda prématurément, à l'âge de 60 ans, en 1973.

l'Allemagne. Malgré les atermoiements de nos propres dirigeants, ceux-ci seront obligés de prendre la même décision sous peine de se déconsidérer aux yeux de l'opinion internationale. L'affaire ne peut pas se terminer en palinodie grotesque comme en 1938 (1).

Emporté par un grand élan de patriotisme, j'ai noté hier sur mon carnet : « Hitler a dépassé les bornes. Nos troupes vont faire rentrer ce chien galeux dans sa niche à grands coups de pied dans le derrière ! »

En dépit de cette cocardière profession de foi, le doute ne cesse de me hanter depuis quelques temps quant à la durée et aux conséquences de la guerre sur notre paisible existence familiale. Fort de son expérience d'ancien combattant 1914-1918, mon père m'a souvent dit : « Quand une guerre commence, on ne sait jamais quand elle se terminera ni qui en sortira finalement vainqueur ? »

Aujourd'hui, ces propos me donnent encore plus qu'avant à réfléchir. Je suis de plus en plus inquiet pour l'avenir.

Le climat dans lequel nous vivons s'alourdit d'heure en heure. Les journaux, la TSF, diffusent des déclarations bellicistes d'où il ressort que le conflit sera très bref car la puissance militaire franco-anglaise est écrasante comparée à celle de l'Allemagne. Les informations données par Radio Sottens sont sur ce point beaucoup moins optimistes. Il en ressort que depuis 1933, Adolf Hitler a doté son pays d'une armée redoutable. Il dispose d'une aviation, d'une artillerie et surtout de forces blindées au moins égales sinon supérieures à celle des alliés.

A ces nouvelles contradictoires s'ajoutent toutes sortes de rumeurs invérifiables plus ou moins inquiétantes. Il y a une semaine, le bruit a même couru que l'Allemagne venait de nous déclarer la guerre. Des avions ennemis auraient attaqué l'aérodrome de Tavaux. Nous avons effectivement entendu, à Dole, une suite de sourdes explosions qui ont intrigué la population. Ce n'est que trois jours après que nous avons appris ce qui s'était passé. Une terrible catastrophe aérienne s'est produite dans la proche région de la Bresse jurassienne. Malgré le black-out total imposé sur cette affaire par les autorités militaires, nous avons connu la triste vérité par ma cousine Henriette. En venant s'approvisionner à l'entrepôt de Dole, un débitant de tabac local a raconté que le 28 août dernier au matin, cinq appareils de chasse de la base militaire de Longwic-lès-Dijon, volant à basse altitude au-dessus de la vallée du Doubs, se sont égarés dans le brouillard et écrasés dans un bois proche de la commune de Neublans. Le bilan de cette catastrophe se solde par cinq morts, deux blessés graves et, sur le plan matériel, par la perte de cinq modernes chasseurs Dewoitine 520, appareils parmi les plus performants de notre aviation militaire.

La destruction de cette escadrille augure mal de l'issue du conflit dans lequel nous allons nous engager. Certains prétendent déjà que cette tragédie aérienne est le résultat d'un sabotage perpétré par les agents de la 5e colonne. On parle de plus en plus de cette mystérieuse entité qui suscite bien des phantasmes. M. Gustave S. m'en a donné récemment la véritable définition. Il s'agirait en fait d'une ruse inventée, pendant la guerre civile espagnole, par un certain général Mola, chef de l'armée franquiste. Alors que quatre colonnes nationalistes convergeaient sur Madrid, il aurait fait savoir à ses adversaires républicains, lors d'une allocution radiodiffusée, qu'il pouvait également

(1) En 1938, les dirigeants occidentaux avaient cru éviter la guerre en signant un traité scandaleux avec Adolf Hitler, à Munich.

compter sur l'appui d'une cinquième colonne infiltrée clandestinement à l'intérieur de la ville. Depuis quelques mois, une véritable psychose d'espionite s'est développée en France. On dit que les Allemands ont des agents partout. Si la guerre éclate, ils mettront notre pays à feu et à sang en perpétrant des sabotages. Les organisations fascisantes françaises créeront des troubles et aideront Hitler à envahir notre pays.

Je ne suis pas le seul à être inquiet quant à l'issue du conflit. Depuis trois jours, l'angoisse des habitants du Poiset ne cesse de croître. Les premiers réservistes, ceux des plus jeunes classes, commencent à rejoindre les centres mobilisateurs. Venus de Mont-sous-Vaudrey, Tassenières, Le Deschaux, Parcey, à pied, à bicyclette, parfois juchés en grappes sur des voitures hippomobiles, des dizaines et des dizaines de garçons portant des sacs à dos ou des petites valises, se dirigent vers la gare de Dole ou les différentes casernes de la ville. Les rappelés ne manifestent ni opposition ni enthousiasme. Ils ne profèrent pas de propos antimilitaristes ni de logorrhées bellicistes.

Nul n'entend les cris : « A Berlin ! » ou « Mort aux Boches ! » que poussèrent en partant leurs aînés, en août 1914. Tous ces jeunes hommes sont conscients des risques qui les attendent. La plupart d'entre eux ont en souvenir de cruelles références familiales sur les horreurs de la guerre. Beaucoup ont eu des parents tués, blessés, mutilés, durant le dernier conflit. Ils ont entendu des dizaines et des dizaines de fois les anciens poilus raconter la vie dans la boue des tranchées, les attaques à la baïonnette, le pilonnage de l'artillerie. Tous savent que cette fois encore ce ne sera pas une partie de plaisir.

Afin d'échapper à ce climat angoissant, je décide de partir vers 14 heures, ce 3 septembre 1939, pour une promenade en forêt en compagnie de mon ami Fernando M., lequel vient de déjeuner à la maison.

Il fait un temps lourd, orageux. Nous empruntons la grande allée forestière en direction des bois de Villette-lès-Dole. Selon un accord implicite, nous ne parlons pas des événements en cours. En marchant, le jeune Espagnol me donne lecture de deux de ses poèmes qu'il a tenté de traduire lui-même en français. Malgré ses progrès étonnants dans l'apprentissage de notre langue, sa traduction est approximative, émaillée d'archaïsmes amusants. Elle ne reflète sans doute pas la qualité de son œuvre dans laquelle il est question d'une jeune Madrilène qu'il a connue autrefois et dont il reste amoureux. Je fais en sorte de remettre en forme ses deux poèmes tout en étant conscient de mes propres limites, gêné par le fait que je ne conçois pas qu'on versifie autrement qu'en respectant les règles de la prosodie classique.

Très absorbés par nos discussions littéraires, nous ne voyons pas le temps passer. Je me rends compte soudain qu'il est déjà plus de seize heures trente. Or, en partant, ma mère m'a recommandé de ne pas trop m'attarder. Je décide de rentrer.

Par un itinéraire plus direct, nous rejoignons une vaste clairière ombragée de grands chênes qu'on désigne sous le nom de « Fête aux Bois ». Dans ce décor sylvestre qui a inspiré quelques années plus tôt un très beau tableau au peintre Jodelet, devrait normalement se tenir, dimanche prochain, jour de la Nativité Notre-Dame, la fête patronale du quartier. En temps ordinaire, les conscrits de l'année seraient en train de s'y affairer à la remise en état des jeux de quilles et au débroussaillage des lieux pour permettre l'installation des forains. Or, aujourd'hui, l'endroit est complètement désert, en partie envahi par la mauvaise herbe et les ronces. Nous sommes les seuls à emprunter le chemin empierré qui descend vers le faubourg du Poiset.

Tout à coup, au moment où nous quittons la lisière de la forêt de Chaux, un hurlement prolongé, lancinant, retentit dans le lointain, en provenance du centre de Dole. Il s'agit de la sirène municipale.

Je comprends immédiatement que ce signal annonce la déclaration de guerre !

Je sens mes tripes se serrer, des larmes monter à mes yeux. Fernando devient lui aussi tout pâle. Ce bruit doit lui rappeler de tragiques souvenirs. Il serre ses deux poings, les brandit vers le ciel en criant :

— Salauds de fascistes !

Puis ses deux mains retombent, impuissantes, et il me dit d'un air triste :

— La guerre... Tu ne peux pas savoir ce que c'est... La guerre, c'est terrible...

Que pourrais-je lui répondre, moi dont la petite vie s'est jusqu'ici déroulée sans heurts, dans la quiétude d'un foyer paisible, au sein d'une famille unie ? Même si depuis l'enfance les veuves qui m'entourent ont témoigné par leur infinie tristesse du drame qu'elles ont vécu en perdant leurs maris à cause du dernier conflit, je n'arrive pas à imaginer ce que sera l'horreur d'une nouvelle guerre.

Bientôt, toutes les cloches des églises de Dole, d'Azans, de La Bedugue, de Crissey, se mettent en branle, mêlant le son du toscin à celui des sirènes. Ce sinistre concert me prend aux entrailles, accroît mon désespoir. Un sentiment de panique m'étreint. Comme si un danger imminent me menaçait. Comme si l'armée teutonne allait surgir d'un instant à l'autre à l'horizon. Je prends aussitôt mes jambes à mon cou pour rejoindre Le Poiset. Fernando me suit dans la foulée. Lui-même a hâte de rentrer près des siens.

En arrivant dans mon quartier, je remarque que tous les habitants sont sortis dans la rue. Ils discutent entre eux, par petits groupes. Des femmes, des enfants sanglotent, s'accrochent à leurs maris, à leurs pères, à leurs frères en âge d'être mobilisés. J'entends partout les mêmes propos :

— Mon Dieu ! C'est pas possible que ça recommence encore ! Seulement vingt ans après !

Mme V., dont le mari est plombier, se lamente :

— Mon Julien part demain. Il devait s'établir à son compte au mois d'octobre. Nous avions acheté à crédit un atelier à La Bedugue. Comment va-t-on rembourser nos dettes à présent ?

En face de chez nous, chez les M., une famille nombreuse mais très unie, au moins quatre des fils vont partir. Leurs sœurs, mes copines, sont bien tristes. Il va en être de même au jeune foyer de ma cousine Germaine Royer dont le mari doit rejoindre le jour même son régiment. Le fils S., officier de réserve, part aussi sans délai.

Mon père, qui était allé, comme chaque dimanche après-midi, jardiner dans le champ qu'il possède derrière la maison de ma tante Henriette, est rentré précipitamment en entendant mugir les sirènes. Lorsque j'arrive, il est en conversation, ainsi que maman, avec nos proches voisins. Son fascicule de mobilisation précise qu'il doit partir à J + 2 après la déclaration des hostilités. Il restera donc chez nous jusqu'à mardi avant de rejoindre, à Arc-et-Senans, l'unité de DCA à laquelle il est affecté en qualité de maréchal des logis-chef.

Sur la route Paris-Genève, devant notre maison, les mobilisés arrivant des villages de la région continuent à défiler en grand nombre. Ceux qui cheminent individuellement ou accompagnés de membres de leurs familles font plutôt grise mine. D'autres se sont regroupés entre amis pour partir. Ils ont vite retrouvé un comportement de conscrits et affichent, plus ou moins par forfanterie, un meilleur moral. Certains sont déjà pas mal éméchés car tout le long du parcours des gens leurs offrent généreusement à boire.

Parmi nos voisins, plusieurs hommes, parfois des jeunes, ont reçu la qualification d'« affectés spéciaux ». Ce sont, soit des fonctionnaires, soit des techniciens indispensables à la vie du pays ou à la production d'armement en temps de guerre. La plupart de ces gens n'ont jamais tenté de démarche particulière pour être classés dans cette catégorie. Ils font cependant figure de privilégiés. Les épouses de ceux qui partent jalousent évidemment celles de ceux qui restent.

Bien que mon père ait plus de quarante ans, qu'il soit ancien combattant de l'autre guerre et qu'on l'oblige malgré tout « à remettre ça », comme il dit, il n'éprouve quant à lui aucune acrimonie à l'égard de ceux que le sort a mieux favorisé. Tous les partants n'ont pas sa magnanimité. Le père Auguste M., vieux rescapé de Verdun, qui n'est plus mobilisable en raison de son âge, vitupère contre ceux qu'il appelle les « planqués de l'arrière ». L'un de ses neveux doit rejoindre le soir même la caserne du 60e RI à Besançon. Il entreprend de lui donner des conseils. D'abord sur la façon de voyager le plus confortablement possible à bord des wagons à bestiaux. Il lui enseigne aussi comment s'y prendre pour sauver sa peau lors des attaques à la baïonnette. J'écoute, très impressionné, les recommandations du vétéran :

— Tu vois petit, dit-il à son neveu, avant de sortir de la tranchée, il faudra toujours bien repérer le terrain en regardant par-dessus le parapet. Faudra faire vite. Passer rapidement la tête et la rentrer tout de suite. Les Boches ont toujours des bons tireurs à l'affût. Tu repèreras l'emplacement des trous d'obus juste devant toi, et, quand tu sortiras, faudra sauter de trou en trou. T'attendras qu'ils aient vidé leurs premières bandes de mitrailleuses avant de repartir à l'assaut. En arrivant dans la tranchée boche, faudra surtout pas trop relever ta baïonnette, car ces salauds savent parer les coups. Tu viseras le ventre. Comme ça, tu seras sûr de leur crever la poitrine ! (1)

Ces détails d'un horrible réalisme ne sont pas faits pour me rassurer. J'ai souvent entendu le père M. et notre cousin Emile Cureaux raconter les combats de Verdun. Autrefois, je trouvais qu'ils radotaient un peu. Aujourd'hui, je me rends compte que la guerre n'est pas une image d'Epinal, ni une suite d'anecdotes débitées durant les repas de famille. Il s'agit d'un drame affreux. Il va coûter la vie à des millions et des millions d'êtres humains.

Ma grand-mère Céline, qui rentre à cet instant de la forêt de Chaux où elle est allée ramasser des simples, ajoute encore à mon angoisse par ces propos :

— Dire qu'il aura fallu que je voie une troisième guerre avant de mourir ! Mon Dieu ! Mon Dieu ! Ça ne finira donc jamais ! (2)

Brusquement, je songe à tous mes oncles morts, dont mon père va chaque année fleurir les tombes. Ma gorge se serre à l'idée que lui aussi pourrait bientôt les rejoindre dans la terre d'un des petits cimetières où ils reposent.

---

(1) Ce que le brave homme ne pouvait pas savoir, c'est que son neveu fut affecté quelques semaines après, à la 4e D.C.R. où il fut tué à bord de son char, le 17 mai 1940 lors de la bataille de Montcornet.
(2) Grand mère avait déjà connu la guerre de 1870 et celle de 1914.

Je regarde papa. C'est le meilleur des hommes. Il est très calme, comme d'habitude. Il s'efforce de sourire pour nous rassurer. Je ne parviens pas à me débarrasser de l'angoisse qui est née en moi en entendant tout à l'heure mugir la sirène. Une grosse boule s'est nouée au creux de mon estomac. J'ai du mal à ne pas éclater en sanglots comme le marmot de Jean N., notre voisin, qui s'accroche à son père en pleurant, en répétant d'une voix monocorde :

— Papa ! Mon petit papa ! Je ne veux pas que tu partes ! Je ne veux pas...

## LA GUERRE DES GAZ AURA-T-ELLE LIEU ?

3 octobre 1939. Les hostilités entre les Alliés et l'Allemagne ont débuté il y a juste un mois aujourd'hui. J'ai peine à croire que nous sommes en guerre. N'était l'absence de mon père à la maison et le passage plus fréquent que d'habitude de véhicules militaires sur la route Blanche [1], rien ne laisse supposer que nous sommes entrés dans un nouveau conflit mondial.

Dans notre quartier, la vie s'écoule paisiblement, comme avant. Je suis allé aider un voisin à vendanger sa vigne. J'ai retrouvé sur le coteau plusieurs copains et copines du Poiset. Nous avons beaucoup ri, bu du vin doux. Fernando est venu avec moi. On lui a prêté une guitare. Il en joue très bien et s'accompagne en chantant. Il a une très jolie voix. Pas un seul instant durant ces deux jours nous n'avons parlé des événements ni évoqué les menaces qui pèsent sur notre pays. J'ai un peu honte de cette insouciance, de cette indifférence.

Ce matin, j'ai achevé la lecture de « Guerre et Paix ». Quel livre admirable ! J'ai quand même sauté un certain nombre de passages par trop philosophiques. Ces derniers temps, j'ai lu aussi, dans la collection violette des « Classiques Larousse » des extraits des « Mémoires d'outre-tombe ». J'ai été passionné. J'ai découvert dans la même collection « Verlaine et les poètes symbolistes » dont j'ai appris par cœur plusieurs poèmes. Moi qui en étais resté aux romantiques, je découvre ces nouveaux auteurs avec émerveillement. J'essaie bien de faire partager cet enthousiasme à mon ami Fernando, mais c'est difficile car il y a entre le texte et lui la barrière de la langue.

Pendant le mois de septembre, la Pologne a été complètement écrasée par l'Allemagne. Les Russes ont participé aussi à la curée en attaquant à revers les courageux Polacks. Pour prix de cette félonie, Staline a obtenu une part du gâteau. L'ours a mis la patte sur plusieurs provinces du petit pays vaincu.

La plupart des gens sont écœurés par la collusion germano-soviétique. Dans le quartier, nous n'avons pas eu connaissance des réactions de nos deux voisins, le communiste et le fasciste. Ils évitent d'aborder publiquement ce sujet et sont manifestement mal à l'aise pour parler de l'alliance entre le pape de Moscou et celui de Berlin.

Si les admirateurs des dictateurs jubilent sans doute à la suite de la tournure prise par les événements à l'Est, il serait hypocrite de prétendre que l'écrasement de la Pologne a traumatisé les habitants du Poiset. Avant la guerre, on n'éprouvait ici pas tellement de sympathie pour les Polonais. Plusieurs centaines d'entre eux ont résidé durant quelques années dans les cités auxquelles ils ont

---

(1) Nom que portait la R.N. 5 avant la Seconde Guerre mondiale.

donné leur nom. Il s'agissait d'ouvriers qui furent d'abord employés à la fonderie des « Radiateurs » puis qui devinrent par la suite manœuvres à l'usine de céramique « Idéal-Standard ».

Comme dans la plupart des communautés d'immigrés, il y avait un peu de tout parmi ces gens. Certains d'entre eux ont laissé un mauvais souvenir aux Dolois. On se rappelle leurs mémorables beuveries au cours desquelles ils confirmèrent souvent la justesse de l'expression « saoûl comme un Polonais ». Il ne faisait pas bon se trouver à l'époque dans les parages des cafés qu'ils fréquentaient. Ils s'y battaient à mort à l'aide de couteaux à cran d'arrêt et de coups de poing américains. D'autres s'illustrèrent en cambriolant des maisons, en agressant des femmes. Ils firent régner dans le quartier un climat d'insécurité qui ne cessa qu'à leur départ ou lorsque certains d'entre eux se marièrent avec des filles de la région.

Nos dirigeants n'ont pas fait grand-chose pour essayer de secourir l'héroïque armée polonaise. A la mi-septembre, on a bien parlé d'une attaque française dans la Sarre, entre Bitche et la forêt de la Warndt. Pendant quelques jours, au vu des communiqués de victoire publiés par notre état-major, on a même pensé que le général Gamelin allait poursuivre son offensive jusqu'à Berlin. C'était le moment de profiter de la situation car les Allemands, ayant engagé leurs meilleures troupes à l'Est, avaient dégarni le front de l'Ouest.

Hélas ! sans qu'on sache pourquoi, ordre a été donné à notre armée de cesser son avance en territoire ennemi et même de reculer sur ses bases de départ ! Depuis cette étrange décision, beaucoup de gens, surtout des anciens combattants de la guerre 14-18, critiquent sévèrement notre généralissime. On le trouve incapable, timoré. On commence à colporter sur son compte un méchant jeu de mots : « Gamelin ? Avec un général qui porte un nom pareil, on va finir par ramasser une gamelle ! »

Malgré les affiches immenses qui couvrent les murs et proclament : « Nous vaincrons parce que nous sommes les plus forts ! », la France n'a pas tellement confiance en ses dirigeants. Le scepticisme règne. La période ressemble à celle que nous avons connue l'automne de l'année dernière au moment de Munich. On parle à nouveau de tractations secrètes. Des pourparlers auraient lieu actuellement entre les Alliés et Hitler, par l'intermédiaire du Vatican.

Radio Stuttgart, que nous captons malgré le brouillage des ondes, parle de plus en plus d'un compromis entre les belligérants. « Puisque l'Etat polonais a cessé d'exister, proclame le speaker Ferdonnet, les traités d'alliance conclus ultérieurement avec lui n'ont plus de sens ! »

Ma ferveur patriotique et belliqueuse du mois dernier s'est émoussée. Elle fait place au doute. Le 6 octobre, je note dans mon journal :

« Après tout, puisque Hitler a obtenu ce qu'il voulait, c'est à dire le couloir de Dantzig et plus d'espace vital à l'Est, il ne demandera peut-être plus rien ? Et puis, continuer la guerre pour libérer la Pologne, c'est à présent nous opposer non seulement à l'Allemagne, mais aussi à l'U.R.S.S. Alliées contre nous, ces deux nations représentent une force colossale. Pour les vaincre, il faudra du temps. Une question de prestige vaut-elle la peine de risquer la vie de millions d'êtres humains ? »

J'écris ces mots en ressentant ma pusillanimité. Sous l'empire d'un pacifisme malsain. En fait, je songe surtout au sort de mon père. Si un accord était conclu rapidement, il pourrait être de retour chez nous avant Noël. Je deviens égoïste. Après tout, ceux qui nous ont précipités dans cette guerre se soucient peu des pauvres gens que nous sommes. J'ai entendu plusieurs fois M. S. déclarer que les conflits entre nations avaient surtout des causes économiques. Que c'étaient des histoires de marchands de canons.

Pour l'instant, papa est toujours à Arc-et-Senans, dans le Doubs. Il a retrouvé son affectation de la fin de la guerre 14-18, c'est à dire la D.C.A. Il n'est donc pas directement exposé mais rien ne dit qu'on ne transférera pas son régiment plus près du front ?

A la mi-octobre, les consignes de guerre, jusque-là fort relâchées en ce qui concerne les mesures à respecter par la population civile, commencent à être appliquées avec une plus grande rigueur. Deux mots ont fait leur apparition : « Défense passive ». Au début, on n'a pas très bien su ce qu'ils signifiaient. On a appris depuis qu'il s'agissait de l'ensemble des dispositions concernant la protection des gens en cas de bombardements aériens.

Au centre de Dole, où je me rends plusieurs fois par semaine, on voit apparaître un certain nombre de pancartes sur les façades des maisons : « Abri, x... places ». En cas d'alerte, les habitants du quartier et les passants doivent s'y réfugier immédiatement. Des chefs d'îlots, reconnaissables à leurs brassards, sont chargés de faire respecter cette obligation. Un employé municipal que je connais m'apprend qu'à Dole on n'aura pas de difficultés pour préserver l'ensemble de la population. Toutes les maisons de la vieille ville sont construites sur d'immenses caves voûtées qui ont souvent l'avantage de communiquer entre elles par quartier. Ici et là, on s'emploie donc à abattre les cloisons de séparation édifiées au cours des siècles passés. Ainsi, en cas d'effondrement d'un immeuble, les gens pourront se dégager facilement par une autre issue.

Parmi les consignes impératives imposées aux Dolois, il y a celle de calfeutrer toutes les fenêtres des maisons. Aucune lumière ne doit être visible de l'extérieur. On garantit les vitrines des magasins à l'aide de papier adhésif afin de renforcer leur solidité. Les marchands de tissus font des affaires d'or en vendant des rideaux opaques que les ménagères teignent en bleu foncé. On barbouille aussi les lampadaires dont on supprime une ampoule sur deux. Au Poiset, où on venait d'installer depuis peu l'éclairage public, l'obscurité nocturne des rues nous replonge dans les ténèbres d'autrefois.

Ma mère et moi avons reçu de la mairie un bon pour aller retirer chacun un masque à gaz et pour assister à une séance de démonstration. Le jour fixé, nous nous rendons dans un local situé rue Dusillet (1) où, sur présentation du papier on nous remet un sac en toile contenant un objet extraordinaire. On dirait un groin de porc surmonté de lunettes hublots. Un délégué de la « Défense passive » est chargé de nous expliquer comment utiliser ce bizarre instrument. Nous sommes une bonne vingtaine à l'écouter parler. Il s'agit d'un ancien officier d'active, un petit homme d'une cinquantaine d'années, maigre et moustachu. D'un ton un peu pète-sec, il nous raconte qu'il a lui-même été gazé au cours de la dernière guerre. Qu'il sait donc ce qu'il faut faire. Juché sur une caisse, tel un tribun, il nous montre comment enfiler le masque, l'ajuster, serrer les sangles. Chaque fois qu'il le met lui-même une ou deux minutes, ça lui provoque une sorte de crise d'asthme et il commence à tousser.

---

(1) Aujourd'hui, rue Marcel-Aymé.

En d'autres circonstances, le comportement de notre moniteur serait risible. Nous en admirons d'autant plus son stoïcisme étant donnée son affection chronique, que nous constatons à quel point le port de cet appareil est désagréable. D'abord, il s'en dégage une horrible odeur de caoutchouc. Ensuite, à chaque respiration, les parois se collent contre la peau. Ils deviennent rapidement gluants en raison de la condensation de notre respiration. Et puis une sensation d'étouffement nous panique. Nous nous dégageons vite pour aspirer une large goulée d'air frais. Nous rions quand même en nous regardant mutuellement affublés de cet engin de torture.

Imperturbable, notre mentor, qui n'apprécie guère notre hilarité, continue d'énumérer d'une voix nasillarde les consignes auxquelles nous devrons à présent nous plier :

« Dans la journée, il faudra toujours vous tenir prêts à toute éventualité. Avoir votre masque avec vous pour un usage immédiat. L'avoir même la nuit constamment à votre portée. Lors d'une attaque aux gaz, vous devrez conserver votre sang froid. Regarder le sens du vent et prendre la direction opposée au nuage toxique. Comment reconnaît-on les gaz ? Ils ont une odeur de géranium pour la lewisite et de moutarde pour l'ypérite... »

En regagnant Le Poiset, en fin d'après midi, je ne suis pas peu fier de montrer mon masque à gaz aux copains du quartier qui, pour la plupart d'entre eux, n'en sont pas encore dotés. Mais je suis triste et angoissé à l'idée que mes deux bonnes grands-mères n'en recevront pas, parce qu'elles sont trop âgées (1). Que se passera-t-il pour elles si nous recevons des bombes à gaz ? On dit que les Allemands en ont fabriqué en quantité. Qu'elles sont d'une puissance terrifiante, capables d'asphyxier tous les habitants d'une ville.

Comment ne serais-je pas effrayé à l'idée de voir ces deux pauvres femmes que je chéris mourir sous nos yeux sans pouvoir leur apporter le moindre secours. Il en sera hélas ! de même pour tous les enfants en bas âge. Il n'existe pas encore suffisamment de masques à gaz adaptés à leur morphologie crânienne. C'est horrible de penser que des mamans pourront survivre en portant leurs bébés morts dans les bras. Honte aux dirigeants qui n'ont pas su protéger les populations contre cette menace pourtant connue depuis la guerre 14-18 !

A la mi-novembre, ma mère décide que nous irons rendre visite à mon père lequel n'a pas encore bénéficié d'une permission. Son régiment de D.C.A. achève sa formation à Arc-et-Senans. Grâce à l'amabilité de M. G., un ami de notre famille, marchand de bestiaux à Crissey, l'occasion de nous rendre auprès de papa nous est offerte en profitant d'une tournée du négociant.

Un peu tassés à l'avant de la bétaillère, nous roulons à travers la forêt de Chaux et les pittoresques villages du Val d'Amour, dans la lumière dorée d'une splendide journée de l'été de la Saint-Martin. J'adore ce pays dont ma grand-mère Céline n'a pas cessé, depuis ma toute petite enfance, d'évoquer pour moi le charme et les sortilèges. Je le connais bien pour l'avoir parcouru à plusieurs reprises à bicyclette avec mon ami Louis R. C'est par contre la première fois que je le traverse en automobile. Malgré ma grande impatience de revoir mon père, ce parcours agréable me semble trop rapide.

---

(1) Céline Besson-Chaniet, la première grand-mère de l'auteur avait à l'époque 81 ans. Julie Cornu, la seconde, avait 71 ans.

Notre chauffeur, qui doit prospecter ensuite sa clientèle dans les environs de Quingey, nous dépose juste devant la monumentale entrée de la Saline royale. Je suis déjà passé à deux ou trois reprises devant cet impressionnant bâtiment mais sans jamais y pénétrer. Des panneaux « Danger de mort » dissuadaient les curieux de franchir le portail. On disait qu'il y avait des risques d'effondrement. Ces lieux ont toujours été pour moi entourés de mystère. Grand-mère m'en parlait elle-même avec circonspection. Durant sa jeunesse, elle avait accompagné plusieurs fois ses parents bûcherons-charbonniers lorsqu'ils venaient livrer du bois à la Saline, à l'époque où celle-ci était encore en exploitation.

Un planton auquel nous nous adressons à l'entrée, fait aussitôt prévenir mon père de notre arrivée. Il accourt quelques minutes après. Nos retrouvailles sont empreintes d'une grande émotion. Il me semble qu'il y a des mois que je n'ai pas revu papa. Je le trouve un peu grossi. En tout cas en pleine forme.

Après nos effusions, il nous fait entrer à l'intérieur de la Saline. Je suis très impressionné par la forme et l'importance des bâtiments qui entourent la vaste cour dans un parfait demi-cercle. L'un d'eux est flanqué de six colonnes engagées dans des bossages rectangulaires. L'ensemble me fait songer aux temples gréco-romains dont j'ai vu des reproductions sur l'un de mes livres d'histoire.

La plupart des édifices sont en très mauvais état. Des murs sont lézardés, écroulés, des toitures éventrées. L'immense cour intérieure où croissent des herbes folles et des ronces, est occupée par plusieurs compagnies du régiment. Des soldats vont et viennent. Ils cantonnent tant bien que mal dans les bâtiments vétustes où ils ont installé leurs chambrées. Les officiers résident dans un château des environs. Les sous-officiers, lorsqu'ils ne sont pas de service, sont logés dans une gentilhommière voisine.

Papa nous montre les pièces d'artillerie dont il a la responsabilité. Je regarde avec intérêt les longs canons sur leurs affûts mobiles. Des soldats nettoient les tubes à l'aide d'écouvillons, graissent les mécanismes compliqués. Mon père n'est pas du tout pointilleux quant au respect de la hiérarchie. Ses hommes le tutoient, l'appellent par son prénom. Il n'est d'ailleurs guère plus déférent lui-même vis-à-vis de son capitaine, un bon gros débonnaire auquel il nous présente et qui le dispense de service pour la journée.

L'impression générale qui se dégage de ce camp est celui d'une colonie de vacances pour adultes. Chacun semble y faire son petit boulot sans trop forcer. La grande maison bourgeoise où sont logés les sous-officiers n'est pas loin. Nous y déjeunons avec mon père, en compagnie d'un de ses camarades. Celui-ci est professeur d'histoire-géographie dans un lycée de Dijon. Il nous parle longuement de Claude Nicolas Ledoux, le génial architecte qui a conçu les plans de la Saline royale. Son récit me donne envie d'en savoir plus sur cet étrange personnage. Je me promets d'emprunter sa biographie à la Bibliothèque municipale.

Après le repas, nous allons nous promener jusqu'au pont qui franchit la Loue. Puis nous revenons à Arc-et-Senans pour ne pas faire attendre notre chauffeur. Celui-ci, qui a acheté deux vaches au cours de sa tournée dans les campagnes environnantes est, à l'heure, au rendez-vous.

Malgré la bonne journée passée en compagnie de mon père, nous sommes un peu tristes de le quitter. Maman a la larme à l'œil et moi aussi j'ai bien du regret. Avant de venir, un voisin nous avait dit que les anciens combattants de la guerre 14-18 seraient prochainement démobilisés. On attendrait que les jeunes appelés aient accompli trois mois de formation. Le professeur, camarade de papa, qui appartient lui aussi à la classe 18 ne croit pas à ce bobard. Il pense au contraire qu'ils seront maintenus sous les drapeaux jusqu'à la fin de la guerre. Que celle-ci risque d'être aussi longue et aussi meurtrière que la précédente. C'est donc sans espoir de le voir revenir prochainement à la maison que nous quittons mon père à l'issue de cette visite à Arc-et-Senans.

## LA DROLE DE GUERRE

Nous sommes en guerre depuis un peu plus de six mois et, chose étrange, il ne se passe rien. A la frontière franco-allemande, sur toute l'étendue du front, à part quelques escarmouches entre patrouilles adverses, aucun combat sérieux n'a opposé les deux armées durant l'automne et l'hiver derniers. Après son succès rapide et sans gloire contre la malheureuse Pologne, Hitler a ramené le gros de ses forces à l'Ouest. Pourtant, à la fin du mois de février, une rumeur a couru selon laquelle les Boches allaient attaquer l'Alsace et tenter aussi une manœuvre offensive de contournement par la Suisse. Or, rien de tel ne s'est produit. Le calme le plus complet continue à régner sur l'ensemble du front.

La bizarrerie de cette guerre se reflète dans les communiqués officiels publiés par les journaux. Ils sont tous aussi laconiques les uns et les autres : « Nuit calme dans le Nord et dans l'Est... » ou « Faible activité de patrouilles... » On lit aussi dans les commentaires : « L'ennemi manque cruellement de munitions. Il serait totalement incapable de soutenir une offensive pendant plus de deux ou trois jours... » ou encore « Notre aviation surclasse tellement la Luftwaffe que celle-ci n'ose pas affronter le combat avec nos chasseurs... »

Si aucun événement grave n'affecte la vie des militaires sur le front, à l'arrière, les civils ne souffrent pas non plus de la guerre. On a certes instauré, le 12 mars dernier, les premières mesures de rationnement, à savoir : trois jours par semaine sans pâtisserie ni alcool, un jour sans viande hippophagique et trois autres sans viande de boucherie. Ça ne perturbe guère la vie des petites villes comme la nôtre. On y trouve encore tout à profusion. Les plus contrariés sont les paysans dont on réquisitionne les chevaux et les mulets pour l'armée. On voit souvent passer de longues colonnes de bêtes de trait que leurs propriétaires conduisent sur le champ de foire de Dole où a lieu le rassemblement et le tri des animaux. Il y a quelques jours, le père L., un cultivateur du quartier, qui venait de se séparer d'une superbe jument, pleurait à chaudes larmes en regagnant sa ferme.

### **Lundi 25 mars 1940** *(extrait de mon journal)*

« Hier après-midi, à l'Omnia Cinéma, j'ai vu un film documentaire formidable sur la ligne Maginot. On nous a montré les forts, les casemates, les défenses anti-chars, les gros canons, les souterrains où circulent des petits trains qui transportent les hommes et les munitions. J'ai été fortement impressionné par l'ampleur de ce système de défense. Je comprends à présent pourquoi les Boches hésitent tant à nous attaquer. Nous ne sommes plus en 14-18, à l'époque où leur armée pouvait déferler à travers les plaines champenoises. A présent, nos frontières sont protégées par cette colossale muraille de béton et d'acier. Même si l'ennemi arrive à franchir au prix de pertes immenses notre première ligne de défense, son offensive viendra se briser sur deux autres lignes encore plus redoutables »

M. C., l'un de nos proches voisins, d'origine helvétique, me dit que la Suisse, bien que neutre dans le conflit, s'est mise elle aussi sur pied de guerre. Le général Guisan, qui commande son armée, est paraît-il un bon stratège. Si les Allemands attaquent son pays, il le défendra âprement. Souhaitons qu'en cas de besoin, nous venions lui prêter main forte et que nous n'agissions pas aussi honteusement qu'avec la Pologne.

Homme plein de bon sens, M. C. porte quant à lui ce jugement sur la situation :

« Hitler a plus de gueule que d'effet. Il se dégonflera comme une baudruche et ne tardera pas à demander la paix... »

De nombreuses rumeurs semblent donner raison à cette analyse. On parle à nouveau de négociations secrètes entre l'Allemagne et les Alliés, menées cette fois par l'intermédiaire de Mussolini. Radio Sottens, que nous apprécions toujours pour son objectivité en cette période que l'on qualifie à présent de « drôle de guerre », a évoqué à plusieurs reprises ces pourparlers discrets entre les belligérants.

Mon père, dont la batterie de D.C.A. a été transférée au fort de Montfaucon, sur les hauteurs de Besançon, est venu trois fois en permission, la dernière à la mi-mars. Il est aussi d'avis qu'on va vers une paix de compromis. Il fonde cette conviction sur le fait que l'état-major attribue très peu de munitions à l'artillerie anti-aérienne alors qu'en 14-18, celle-ci en disposait à profusion. D'autre part, si une menace planait vraiment sur la France, les consignes de sécurité seraient plus strictes. En faisant une comparaison avec la dernière guerre, papa trouve qu'il y a beaucoup de relâchement dans la discipline. Certaines nuits par exemple, un quart des hommes de son unité abandonnent leur poste et descendent faire la bringue à Besançon. Durant la journée, au lieu de s'entraîner à l'utilisation des pièces de D. C. A., les troufions jouent à la belote ou au football, cela avec la bénédiction du colonel qui évite de sanctionner les entorses au règlement.

Au Poiset, nous constatons nous-mêmes le laxisme qui règne dans les rangs de notre armée. Une section de territoriaux cantonne dans les cités des « Polonais ». Les soldats sont vêtus de bric et de broc, certains d'uniformes bleu horizon. Ils sont armés de fusils disparates, Lebel modèle 1886, mousquetons 1916. Lorsqu'ils partent s'entraîner au champ de tir, ils n'arrivent même pas à marcher au pas. Durant la journée, la plupart d'entre eux traînent dans les rues, complètement désœuvrés. Chaque soir, ils envahissent les cafés du quartier et y restent jusqu'à une heure avancée de la nuit. Ils s'y enivrent et s'y battent parfois comme des chiffonniers.

Il y a pourtant des braves types parmi ces grivetons. L'un d'eux, qu'on appelle le grand L., originaire du Haut-Jura où il est commerçant, a proposé à ma tante Henriette de bêcher son jardin. Il apprécie cette tâche librement consentie qui occupe ses loisirs forcés et le désennuie.

Pour héberger cette singulière unité de vétérans, on a évacué des cités une grande partie des réfugiés espagnols qui s'y trouvaient. Ils n'occupent plus qu'un seul bâtiment. Les exilés ont été expédiés vers d'autres camps, dans d'autres villes. C'est ainsi que j'ai perdu mon ami Fernando. Sa tante a pu obtenir, grâce à une relation de son défunt mari, au Quai d'Orsay, que leur famille soit transférée au Havre. Fernando est venu nous faire hâtivement ses adieux. J'ai été très attristé par son départ. Lui aussi je pense. Nous nous sommes embrassés comme deux frères. Il m'a promis qu'il m'écrirait dès son arrivée dans leur nouvelle résidence. Il avait grand espoir de s'embarquer bientôt, depuis le Havre, sur un bateau en partance pour le Mexique afin d'y rejoindre leur parent (1).

A présent, lorsque je passe devant la Cité des Polonais, je ne peux m'empêcher de songer à Fernando avec lequel, malgré mes handicaps linguistiques, je partageais tant d'idées, tant de rêves. A Dole, j'ai certes d'autres très bons amis, mais hélas ! aucun d'entre eux n'est attiré par ce qui me passionne : la littérature.

En ce qui concerne l'état d'esprit déplorable de notre armée, tous les permissionnaires l'évoquent. Cela, quel que soit le régiment où ils sont affectés. Dans l'ensemble, personne ne se plaint de l'ordinaire mais de l'ennui, de l'inaction. Tous tiennent le même discours : « Bon Dieu, qu'est-ce qu'on fout ? C'est pas une vie. Au lieu de passer nos jours et nos nuits à ne rien faire, on ferait mieux de nous laisser rentrer chez nous ! »

Une mesure n'a pas arrangé le moral des troupes : le renvoi dans leurs foyers de plusieurs dizaines de milliers d'affectés spéciaux. Cette réduction d'effectifs s'est faite très maladroitement. Les nouveaux privilégiés se sont ajoutés à tous ceux qui n'avaient pas été mobilisés en septembre dernier. Les passe-droits de mars 1940 sont des fils à papa, des pistonnés politiques. Mon père nous dit que dans sa propre unité, cinq jeunes gars de moins de trente ans sont rentrés chez eux, alors que parmi les hommes des batteries on trouve encore une bonne vingtaine d'anciens combattants de 14-18. Ces libérations injustes suscitent des récriminations, des cas d'insoumission. Il n'y a plus de volontaires pour les corvées et la désignation des hommes de garde pose un casse-tête à l'encadrement.

Il reste cependant encore des patriotes dans notre armée. Même s'ils sont rares. L'un d'eux, qui demeure au Boichot, s'appelle Armand G. Avant la guerre, il travaillait dans les bureaux des Ponts-et-Chaussées. L'armée, qui a décidément le chic pour utiliser les compétences, en a fait un biffin, au lieu de l'affecter dans une unité du génie. Sous-lieutenant dans un régiment d'infanterie cantonné dans le nord de la France, il a reçu, à la fin du mois dernier sa nomination en qualité d'affecté spécial. Il aurait donc pu rentrer chez lui deux jours plus tard. Il a préféré déchirer le papier en présence de ses hommes. Pour rester parmi eux. Cela malgré qu'il soit marié et qu'il ait deux enfants en bas âge.

Un autre exemple de civisme émanant d'une célébrité a suscité une grande admiration parmi les mobilisés et la population civile. Il s'agit de l'acteur Fernandel. Etant donné sa notoriété et ses relations, s'il l'avait voulu, il aurait sans doute pu échapper au rappel sous les drapeaux. Il a préféré faire son devoir de citoyen. Une photographie de « Match » l'a représenté en uniforme de 2e classe, en train de monter la garde devant un édifice militaire, à Marseille.

---

(1) J'ai reçu effectivement, courant avril 1940, une lettre de Fernando M. dans laquelle, il me disait être arrivé au Havre et à la veille de s'embarquer pour le Mexique. Je n'ai plus jamais eu par la suite de ses nouvelles. Est-il arrivé à bon port de l'autre côté de l'Atlantique ? M'a-t-il tout simplement oublié ? Ou alors, comme je me le suis souvent demandé, son bateau a-t-il été coulé par un sous-marin durant la traversée ? C'était l'époque où les terribles « U Boot » allemands s'attaquaient indifféremment aux navires de guerre comme aux bâtiments de commerce...

Ces actes isolés de patriotisme ne reflètent pas, hélas ! le véritable état d'esprit de l'immense majorité des Français. Cette guerre étrange qui n'a pas encore véritablement commencé, ne soulève guère l'enthousiasme. Il faut dire que nos hommes politiques font tout pour dégoûter le peuple. Alors que la nation devrait, comme autrefois, être rassemblée autour de chefs capables et respectés, afin d'opposer un front uni face à la menace hitlérienne, le Parlement vient de nous offrir une nouvelle fois le déplorable spectacle de sa zizanie. Le président du Conseil, Edouard Daladier, a été renversé et remplacé, le 20 mars, par Paul Reynaud. Nos compatriotes se rendent bien compte que le pays est mal dirigé. Les intérêts particuliers continuent de primer l'intérêt général. Alors que les Allemands font montre d'une discipline et d'un patriotisme sans faille, notre gouvernement et notre état-major manquent totalement d'assurance, d'énergie. Que se passera-t-il si l'ennemi déclenche une offensive de grande envergure ? Nos chefs seront-ils à la hauteur ? Le pays les suivra-t-il comme il a suivi Foch et Clemenceau au cours de la guerre précédente ?

Il y a aussi en France d'autres sujets d'inquiétude. C'est notamment le cas de l'espionnage. On dit que les Boches auraient infiltré de nombreux agents de renseignements derrière nos lignes. Qu'ils en parachuteraient sous des déguisements les plus divers, en uniformes d'officiers français, costumés en curés ou en bonnes sœurs ! L'ennemi est, de ce fait, très au courant de nos préparatifs militaires. Le traître Ferdonnet donne souvent, à Radio Stuttgart, des informations précises concernant les déplacements de nos forces armées. Ça crée un mauvais climat psychologique. On voit des espions partout. Le terme « Cinquième colonne » est de plus en plus présent dans les conversations. On a placardé des affiches représentant un soldat parlant à un civil avec, en arrière plan, la silhouette d'un personnage tendant l'oreille pour écouter leur conversation. Le texte de l'affiche est explicite : « Silence. L'ennemi guette vos confidences ! »

La presse parle aussi de sabotages dans les usines d'armement. 200 tubes de canons auraient été rendus inutilisables, de même que des moteurs d'avions. On dit que ces actes criminels seraient l'œuvre de militants fascistes ou d'extrême-gauche. On en aurait déjà arrêté plusieurs. La population est invitée à dénoncer les suspects aux autorités militaires.

Les gens de mon quartier, essentiellement des ouvriers, sont très montés contre les communistes. Beaucoup de ceux qui ont voté pour eux en 1936 reprochent à Maurice Thorez, le secrétaire général du parti d'avoir déserté. De faire de la propagande anti-française au profit de l'Union Soviétique. Donc aussi de l'Allemagne puisque ces deux dictatures se sont alliées pour envahir la Pologne et provoquer la guerre.

Afin de contrer ces menées subversives, le gouvernement a réagi en mettant hors la loi les partis d'extrême-droite et d'extrême-gauche. Mais la police ne doit pas toujours être très bien informée du changement d'opinion des citoyens car des inspecteurs sont venus perquisitionner au domicile du Paul L., à La Bedugue. Celui-ci avait pourtant déchiré publiquement sa carte du parti communiste l'année dernière lors de la signature, à Moscou, du pacte de non-agression germano-soviétique. Comme les flics ont trouvé chez lui des brochures et d'anciens tracts du P.C. datant d'avant la guerre, ils ont emmené L. à Dijon où ils l'ont interrogé pendant deux jours avant de le relâcher.

Par contre, Albert G., qui n'a pas retourné sa veste ni renié ses convictions, n'a pas été jusqu'ici inquiété. De même, notre voisin Léon D., le manchot, admirateur d'Hitler, n'a pas non plus reçu la visite de la police. Il faut dire qu'il n'a jamais été aussi discret. Sa compagne, qu'on voyait très peu auparavant et qui parle mal le français, fait à présent toutes les commissions du ménage. Il s'agit d'une jeune et jolie indochinoise, d'au moins trente ans sa cadette, qu'il a ramenée du Tonkin. Il en est très jaloux, la traite comme une servante et la bat souvent à coups de ceinturon.

Le climat d'incertitude assez malsain qui règne en France n'est guère amendé par la propagande officielle. Celle-ci s'apparente le plus souvent au bourrage de crâne. Les murs de Dole sont couverts de proclamations guerrières démenties chaque jour par la réalité. Une affiche, déjà visible depuis quelques mois, représente une immense carte du monde sur laquelle figurent, en rouge sur fond bleu, tous les pays engagés contre l'Allemagne. Face au minuscule III^e^ Reich, de couleur noire, au milieu de l'Europe, les nations hostiles au nazisme forment un bloc impressionnant. Le texte proclame d'ailleurs : « Nous vaincrons parce que nous sommes les plus forts ! »

En prenant cette propagande pour argent comptant, on pourrait penser qu'en additionnant les populations des innombrables pays hostiles au nazisme et de leurs empires coloniaux, Hitler n'a aucune chance de l'emporter. M. Gustave S., toujours très objectif lorsqu'il brosse un tableau de la situation, m'apprend que ces immenses territoires sont en fait des colosses aux pieds d'argile. L'Inde est ravagée par la famine. Les pays du Moyen-Orient, l'Egypte en particulier, sont en perpétuelle rébellion contre les Anglais. Nos propres colonies d'Afrique du Nord et d'Afrique noire n'ont aucune industrie. Ils ne pourront, au mieux, comme en 14-18, nous fournir que de la chair à canon. Seuls compteront dans cette guerre l'importance de l'armement, la compétence des chefs et la détermination des peuples. Or, ce qu'il voit et ce que lui rapporte son fils André, mobilisé comme officier, ne le rend guère optimiste.

Si M. S. continue de me prêter des livres, j'ai également en ce domaine une autre source d'approvisionnement, en la personne de M^lle^ D., ancien professeur de lettres à Paris, qui a pris récemment sa retraite dans la maison de ses parents au Boichot. Ma boulimie de lecture et ma précocité l'étonnent beaucoup. Au début, comme elle avait des doutes sur le fait que je puisse lire et assimiler certains ouvrages, elle me posait des questions à leur sujet pour s'assurer que j'en avais bien pris connaissance. Aujourd'hui, sans doute par routine professionnelle, elle m'oriente vers les classiques, Molière, Racine, Balzac... En matière de poésie, je la trouve un peu rétrograde. Elle en est restée à Lamartine et semble imperméable au symbolisme. Je défends Verlaine et Rimbaud, de même que Baudelaire. Elle les trouve tous dévergondés. Son jugement sur eux tient plus d'un apriorisme sur les hommes qu'ils ont été que sur les œuvres qu'ils ont produites.

J'ai entrepris d'écrire une pièce de théâtre en vers. Un drame inspiré de l'épopée napoléonienne. Je couvre des pages et des pages d'alexandrins, sans quitter des yeux mon dictionnaire de rimes et mon manuel de prosodie. Je teste la qualité de mon « chef d'œuvre » sur grand-mère Céline qui tricote, assise devant la fenêtre. Est-ce la monotonie de ma diction ? Le peu d'intérêt de ma pièce ? Grand-mère s'endort avant la fin du premier acte. J'en suis très vexé.

## « NOUS LES AURONS ! »

**Vendredi 10 mai 1940** *(Extrait de mon Journal)*

« Ce matin, vers 5 heures, j'ai assisté à un combat aérien qui se déroulait au-dessus de la forêt de Chaux. C'était comme au cinéma... »

Tout a commencé par un bruit qui nous a réveillé en sursaut. Des avions, peut-être quatre ou cinq, sans doute basés sur le terrain de Tavaux, sont passés à la queue leu leu, au ras des toits du quartier. Puis, peu après, nous avons entendu des rafales de mitrailleuses. Ma mère et moi nous sommes levés précipitamment. Nous sommes sortis dans le jardin, en chemises de nuit. Il faisait un temps splendide, très doux, sans aucun nuage. Malgré le soleil qui nous éblouissait un peu, nous avons vu deux avions tourner pendant plusieurs minutes dans le ciel clair. Ils décrivaient de grands cercles à moyenne altitude, en se tirant mutuellement dessus. On voyait nettement le feu des mitrailleuses dont le staccato nous parvenait quelques instants après. Trois ou quatre appareils venus de l'Est, mais volant beaucoup plus haut sont apparus. Soudain, l'un des deux premiers combattants a été touché par l'adversaire. Il a commencé à piquer vers le sol en laissant une longue traînée de fumée noire dans son sillage. Le vainqueur est monté en flèche vers les quatre autres avions, puis tous ont disparu à l'horizon, du côté du Val d'Amour. Les sirènes d'alarme de la ville se sont fait entendre seulement une demi-heure après la fin du combat aérien.

Vers 8 heures, Charles P., employé au P. L. M., qui rentre chez lui à bicyclette après son service de nuit à la gare de triage, nous apprend que toutes les troupes de la garnison sont en état d'alerte. Il paraîtrait que des parachutistes allemands auraient été largués au-dessus de la région doloise. Une agricultrice habitant une ferme proche du Pont de Saint-Martin, en aurait vu descendre deux au petit matin sur le Mont-Roland. Une famille des environs de Jouhe confirme également l'atterrissage de mystérieux engins sur la colline du sanctuaire Notre-Dame. On aurait même entendu des coups de feu. Comme si les soldats ennemis s'étaient mis à tirer aussitôt après avoir pris pied sur le sol français. Selon notre voisin, des mesures de sécurité exceptionnelles sont prises tout autour de la place Grévy. Un état-major loge actuellement à l'hôtel Chandioux. Il semblerait que l'opération de commando fomentée par les Boches serait dirigée contre lui.

Dans le courant de la matinée, d'autres nouvelles nous parviennent, concernant le combat aérien auquel ma mère et moi avons assisté. Il aurait opposé une escadrille de Messerschmidt allemands à des avions français du camp de Tavaux et d'un autre terrain militaire situé à Chissey, dans la plaine du Val d'Amour. Plusieurs appareils auraient été abattus au cours du combat. On ignore encore s'il s'agit des nôtres ou ceux de l'ennemi (1) ?

Il se confirme d'autre part que des détachements militaires traquent actuellement les parachutistes sur les flancs du Mont-Roland. On a même mobilisé la compagnie des réservistes du Poiset. Avant de se mettre en route, les vieux territoriaux sont venus faire remplir leurs bidons de vin dans les bistrots du quartier. Comme l'a dit l'un d'eux : « Dame ! Quand on part en campagne, faut surtout pas manquer de munitions ! » Ça donne une idée du sérieux avec lequel cette équipe de soiffards s'apprête à défendre la ville !

---

(1) Quatre avions avaient effectivement été abattus lors du combat aérien du 10 mai 1940 au-dessus du Bas-Jura : deux appareils français et deux allemands.

Aux alentours de midi, nous apprenons une nouvelle inquiétante. Ce matin à l'aube, l'armée allemande a envahi la Belgique, la Hollande et le Luxembourg. Tous ces petits pays neutres ont reçu à 4 h 45 un ultimatum de Hitler leur enjoignant d'ouvrir leurs frontières pour laisser libre passage à ses troupes. Sans même attendre leur réponse, le moustachu a donné l'ordre d'attaque à son aviation et à ses blindés. Les premiers coups de feu ont été tirés à 5 h 35. Simultanément, la Luftwaffe a entrepris aussi des opérations aériennes au-dessus de la France. C'est sans doute à l'une d'entre elles que nous avons assisté ce matin.

Dès l'annonce de cette nouvelle, je me précipite à la cuisine où se trouve notre appareil de T. S. F. et je me branche sur le Poste parisien. Celui-ci diffuse en permanence des marches militaires. Elles sont entrecoupées de brefs communiqués répétant que l'armée allemande a envahi les pays situés au nord de la France. Nos troupes se portent en masse au secours des victimes de la barbarie teutonne. De rudes combats sont déjà en cours. Pressentant qu'il s'agit d'un événement capital, sans doute d'un tournant décisif de la guerre, je note soigneusement sur mon carnet les termes de l'ordre du jour adressé à nos troupes par le général Gamelin :

« L'attaque que nous avons prévue depuis septembre dernier s'est déclenchée ce matin. L'Allemagne engage contre nous une lutte à mort. Les mots d'ordre sont pour la France et tous ses alliés : courage, énergie, confiance. Comme l'a dit il y a 24 ans le maréchal Pétain : nous les aurons ! »

Cette fois, pas de doute, c'est vraiment la guerre. La vraie guerre. Celle qui va décider du sort de millions de gens. Je suis tellement bousculé depuis ce matin que je n'ai pas de goût pour me remettre à la rédaction de mon drame en vers. Je n'ai pas non plus envie de lire. Seules m'intéressent les nouvelles concernant les événements que nous sommes en train de vivre et les extrapolations que les gens font à partir des renseignements dont nous disposons.

Durant l'après-midi, en descendant vers le centre de Dole, toutes les personnes avec lesquelles je m'entretiens de la situation sont d'avis que nous sommes arrivés à un tournant décisif du conflit. La plupart de mes interlocuteurs sont très confiants sur la suite des événements. Nos troupes vont tailler en pièces l'armée allemande. L'affaire sera réglée en quelques jours. Hitler sera obligé de capituler piteusement. Tout sera terminé avant l'été.

Dans l'avenue Aristide-Briand, je croise Pierre B. un jeune cultivateur de Crissey. Il part rejoindre son régiment d'infanterie dans le Nord car toutes les permissions ont été supprimées depuis ce matin. Il ne parait pas du tout déçu d'être rappelé, au contraire. Il me dit :

– Depuis le temps qu'on s'emmerdait dans nos casernes, on va quand même avoir du boulot ! On va pouvoir dérouiller nos baïonnettes. Les Fritz vont voir de quoi on est capable. On va leur flanquer une bonne ravonnée (1). Ensuite, on ira traire leurs gretchens !

Il me quitte sur ces propos virils et égrillards. Ses déclarations optimistes me rappellent les termes d'un article qu'un de mes amis m'a fait lire récemment. Cet entrefilet est paru dans le journal « Le Temps » auquel son père est abonné. Le texte disait : « Faute de lait de vache, en Allemagne, le gouvernement de M. Hitler a ordonné de traire les femmes... »

Cette propagande nous a bien sûr fait rire mais je me demande si outre-Rhin les Allemands ont suffisamment d'humour pour raconter qu'en France, à

(1) Expression franc-comtoise synonyme de raclée.

défaut de vrais canons, nos troufions se sont beaucoup occupés ces derniers temps de ceux qu'on sert dans les bistrots !

Un peu plus tard, en « faisant la ville » avec un groupe de copains, c'est-à-dire en arpentant pendant une heure ou deux les trottoirs de la rue des Arènes et de la rue de Besançon, nous apprenons que la battue monstre organisée ce matin sur le Mont-Roland n'a donné aucun résultat. Si des parachutistes allemands ont atterri dans le coin, ils ont sans doute décampé avant la mise en place du dispositif de recherche.

Cet incident nous a beaucoup excités. Nous sommes gagnés à notre tour par la fièvre de l'espionnite. Nous dévisageons au passage tous les inconnus croisés en chemin. Jacques V., malgré la forte myopie qui lui fait porter des lunettes aux verres épais comme des culs de bouteilles, nous désigne soudain, sur le trottoir situé en face de la librairie Beauchoux-Rey, un grand type maigre aux cheveux blondasses, vêtu d'un costume noir.

– Vous ne trouvez pas que celui-là à une sale gueule ? nous demande t-il.

– Je pense bien, s'esclaffe Gérard C. C'est un croque-mort des Pompes funèbres !

Nous rions tous de la méprise. Un peu après, Pierre N. se déclare volontaire pour regarder sous les jupes d'une bonne soeur de « La Providence » afin d'aller constater de visu qu'il ne s'agit pas d'un parachutiste boche.

En fin d'après midi, notre joyeux groupe est rejoint par Georges T., apprenti typographe dans une imprimerie doloise. En me serrant la main, il me lance d'un ton moqueur :

– André, t'es un sapré cachottier ! Tu ne nous avais jamais dit que ton père était général ?

Je tombe des nues. Georges nous apprend qu'on lui a fait composer quelques jours plus tôt un carton d'invitation pour une manifestation qui devait se dérouler dans les salons de l'hôtel Chandioux sous la présidence d'un certain général Antoine Besson.

Je réponds que ce serait très flatteur pour moi d'avoir un parent aussi célèbre, mais qu'hélas ! mon père s'il est bien quant à lui maréchal... n'est que maréchal des logis ! Quant à mon grand-père, qui s'appelait effectivement Antoine Besson, il exerçait plus modestement le métier de « farinier », c'est-à-dire d'ouvrier meunier.

Ce que mon copain Jojo ne m'a pas dit concernant ce général Besson, mais sans doute ne le savait-il pas cet après midi, c'est que cet officier supérieur commande le 3e groupe d'armées français dont le Q. G. est installé à Dole. Beaucoup de nos compatriotes l'ont appris ce soir en écoutant le bulletin d'informations de Radio Stuttgart. Le commentateur Ferdonnet, après avoir évoqué l'offensive fulgurante des troupes allemandes en Hollande et en Belgique, a abordé une nouvelle fois un domaine où il excelle : celui de la démoralisation de l'adversaire. Il a déclaré, de sa voix nasillarde :

« Le haut commandement allemand est toujours très bien renseigné. Il connaît non seulement tous les mouvements des troupes alliées, mais aussi jusque dans les plus petits détails les activités de leurs chefs. Alors que leurs hommes se font tuer sur le front, ceux-ci continuent, à l'arrière, de se payer du bon temps. C'est ainsi que je peux vous donner ce soir le menu du déjeuner que le général Besson, commandant le groupe d'armées numéro 3 a pris hier en galante compagnie à l'hôtel Chandioux à Dole ! Ce valeureux officier supérieur qui excelle mieux dans la guerre en dentelle que dans celle des armes, a dégusté des asperges d'Auxonne, du brochet du Doubs, du poulet aux morilles, du fromage et, comme dessert, du baba au rhum. Le tout a été arrosé de vins d'Arbois, de Chablis et de Beaune ! »

Comme d'habitude, le bulletin d'informations nazi s'est achevé par la chanson « Wie eins Lili Marlène » que les Français fredonnent aussi sans se douter de son origine allemande.

La nouvelle diffusée par Radio Stuttgart m'a beaucoup impressionné. Non seulement parce que j'ai entendu parler quelques heures plus tôt de mon illustre homonyme, mais surtout par l'impudence des services secrets allemands. Si ceux-ci connaissent des choses aussi futiles sur les faits et gestes de nos chefs militaires, ils doivent, à plus forte raison être au courant de leurs plans de bataille.

Ça n'a rien de bien rassurant pour l'avenir...

## PRIER POUR LA FRANCE

**Lundi 10 juin 1940** *(Extrait de mon Journal)*

« La situation s'aggrave de jour en jour. Les espoirs que nous fondions sur la puissance, sur l'invincibilité de notre armée se sont tous révélés faux. Nos troupes reculent devant l'ennemi et, selon Radio Sottens, la retraite prendrait en maints endroits la tournure d'une déroute. A présent, on entend beaucoup de propos défaitistes. Certains disent que nous avons perdu la guerre. Qu'à moins d'un miracle, les Allemands seront à Dole avant la fin du mois. Je n'arrive pas encore à y croire... »

Tant d'événements dramatiques se sont déroulés depuis un mois, qu'il est difficile de se faire aujourd'hui une idée claire de la situation. Les communiqués officiels sont toujours optimistes. Selon eux, notre armée se bat courageusement. Elle enregistrerait même des succès. En fait, lorsque je me penche sur mon petit atlas et que je pointe le nom des villes pour lesquelles se déroulent des combats, je suis catastrophé. Les Boches ont déjà pénétré profondément sur notre territoire.

Au début, vers la mi-mai, nous avons d'abord cru que les forces d'intervention alliées et l'armée belge repousseraient facilement l'ennemi hors des frontières de ce petit pays. Cela d'autant plus que le général Weygand, l'ancien adjoint de Foch, venait d'être nommé commandant en chef à la place de Gamelin dont tout le monde critiquait le caractère timoré et l'incompétence. Le nouveau gouvernement semblait quant à lui de nature à prendre les mesures énergiques qui s'imposaient pour pallier le danger. Paul Reynaud avait aussi à ses côtés des hommes de grande expérience : le maréchal Philippe Pétain, le vainqueur de Verdun, ainsi que Georges Mandel, l'ancien chef de cabinet de Clemenceau..

Nous avons hélas très vite déchanté. Alors que notre premier groupe d'Armées commandé par le général Billotte s'était porté au secours de la Belgique, Léopold III, le monarque régnant de ce pays a capitulé sans condition le 28 mai à 4 heures du matin, mettant nos forces dans une position critique en dégarnissant leurs ailes.

Ce fut ce jour-là un tollé général contre le roi des Belges dont on fustigea la lâcheté. Celle-ci contrastait avec l'attitude courageuse de son père, Albert Ier, lequel, dans des circonstances similaires, en 1914, avait résisté courageusement à l'ennemi.

Auguste M., notre voisin, se souvenant de la Grande Guerre, a tout de suite réalisé la gravité de la situation. Il nous a dit : « Si les « Popols » (1) lâchent, les Boches vont envahir le Nord de la France. Ça recommencera dans les Flandres, comme la dernière fois. On va en prendre pour quatre ans ! »

N'ayant bien sûr aucune connaissance stratégique, j'ai pensé que notre armée et le corps expéditionnaire anglais allaient pouvoir se retrancher derrière notre frontière nord. Le mot « frontière » avait dans mon esprit le même sens que le mot « forteresse ». Cette illusion aussi fut vite dissipée, à la suite des nouveaux revers subis par les forces alliées. En quelques jours, une foudroyante offensive allemande menée par des blindés bouscula nos armées qui furent refoulées puis encerclées dans la zone côtière des Flandres.

Certes, à Dunkerque, la marine britannique a pu, selon la radio suisse romande, rembarquer la plus grande partie de ses troupes assiégées, cela, au cours d'une opération périlleuse mais réussie. Malheureusement, la plupart des unités françaises sont restées sur place. De même que tout le matériel lourd. Les Allemands auraient fait plusieurs centaines de milliers de prisonniers.

Sur Radio Stuttgart, j'ai entendu le traître Ferdonnet jubiler :

« L'armée française vient de subir l'une des plus grandes défaites de son histoire. Elle ne s'en remettra pas. La France sera bientôt vaincue, mais elle sera aussi délivrée de la juiverie et de la ploutocratie. Pour célébrer la grande victoire de Dunkerque, le Führer Adolf Hitler a donné l'ordre de pavoiser toutes les villes et de faire sonner pendant trois jours toutes les cloches du III$^{e}$ Reich ».

Comment ne serais-je pas démoralisé après avoir entendu ces nouvelles tragiques concernant mon pays ? Je suis angoissé. J'ai du mal à imaginer ce qui nous attend.

Mon père est venu rapidement à la maison en profitant d'une mission qu'il effectuait à Lons-le-Saunier. Lui aussi est très pessimiste. Il pense que tout se terminera mal. Une pagaïe immense règne à tous les échelons de notre armée. Ordres et contrordres se succèdent, comme si personne ne commandait plus. Il nous a donné un exemple navrant de cette impéritie. Jusqu'à ce jour, les batteries de D. C. A. qui veillent à la sécurité aérienne de Besançon ne sont parvenues à abattre qu'un seul appareil : il s'agissait d'un avion français dont personne n'avait signalé préalablement le survol de la ville !

Papa n'est pas le seul à craindre une catastrophe. Tout le monde autour de moi redoute à présent le pire. Les Dolois perdent de plus en plus le moral. On ne voit plus de soldats désœuvrés traîner dans les rues, comme autrefois. La plupart des troupes cantonnées dans les casernes sont parties pour une destination inconnue. On a même embarqué les vieux territoriaux sur des camions. Je me demande à quoi pourra bien servir cette équipe de poivrots ? Si c'est avec eux que le haut commandement espère arrêter les Boches, il n'y a plus grand chose à espérer.

Ce matin, en me rendant à la poste, rue Raguet-Lépine, j'ai croisé un groupe d'une cinquantaine d'enfants âgés de cinq à huit ans. Tous portaient une petite valise ou un sac tyrolien. Encadrés par trois religieuses à cornettes, ils sont rentrés sous le portail de l'institution « La Providence ». Il s'agissait de petits Parisiens évacués de la capitale. J'ai été frappé par leur silence, par leurs grands yeux apeurés. Je me suis dit que la guerre, c'était aussi cela : des familles séparées, des enfants arrachés à leurs foyers, qui ne retrouveront peut-être jamais leurs parents.

---

(1) Surnom familier donné aux soldats belges.

Il est arrivé également ces dernières semaines à Dole des réfugiés venus de villages alsaciens proches de la frontière allemande. Certains ne parlent pas un mot de français. Ils sont plus ou moins bien accueillis par la population locale. Dans le climat d'espionnite qui règne actuellement, beaucoup de Dolois éprouvent vis-à-vis de ces gens une certaine méfiance, voire de l'hostilité. On les surnomme paraît-il « les Boches de l'Est ». C'est odieux. Notre maire, M. Pointaire, a fait savoir que tous ceux qui emploieraient à leur égard ce terme injurieux seraient poursuivis en justice. Moi qui ai une tante alsacienne, je suis révolté par cette sorte de xénophobie.

A la poste, en faisant la queue devant un guichet, un vieux monsieur barbichu, portant besicles et canotier, a raconté à une autre personne qu'une grande bataille était en cours sur la Somme. Elle décidera du sort de la guerre. Si nous la perdons, les Allemands seront, selon lui, deux ou trois jours après à Paris. Il a conclu : « Il nous faudrait un Joffre ! Comme en 14, sur la Marne ! Hélas ! Nous n'avons plus de chefs de cette trempe-là ! »

Paris aux mains des Boches ! Le reste de la France envahi en une ou deux semaines ! Le sinistre drapeau à croix gammée flottant sur les édifices publics de Dole ! Cette tragique perspective me donne froid dans le dos. Je n'arrive pas encore à croire que ça peut arriver...

Il n'est pas loin de onze heures lorsque je sors de la poste. Je décide de remonter la rue de Besançon jusqu'à la place Jules-Grévy pour voir si les mesures de sécurité sont encore en vigueur devant l'hôtel Chandioux ? Ça signifierait que l'état-major du général Besson s'y trouve toujours. Dans ce cas, nous ne serions pas menacés à court terme et, contrairement aux propos défaitistes entendus ici et là, une contre offensive victorieuse pourrait se préparer.

Tout en avançant en direction de la place, je remarque soudain que plusieurs personnes ont les yeux levés vers le ciel. Je regarde à mon tour. Très hauts, des avions dont il est impossible de déterminer la nationalité, miroitent dans les rayons du soleil. Il y en a au minimum une vingtaine.

Tout à coup, les sirènes de la ville se mettent à mugir. Des gens commencent à courir dans tous les sens. Les commerçants ferment rapidement les volets de leurs magasins. Quelqu'un sème la panique en criant :

– Sauve qui peut ! Ils vont bombarder la gare ! Il y a un train de munitions ! Tout va sauter !

Je ne demande pas mon reste. Je rebrousse aussitôt chemin à grands coups de pédales. J'espère pouvoir sortir rapidement du centre de la ville. Pas de chance ! En arrivant dans la grande rue, je suis arrêté par deux types en civil. Ils sont casqués, portent le brassard de la « Défense passive ».

– Interdit de circuler ! Laisse ton vélo et descend dans l'abri !

L'homme me désigne à quelques mètres de là le « trappon » (1) béant d'une cave. Des gens du quartier affluent en courant vers ce refuge. Des femmes, des enfants, des personnes âgées. Tous sont affolés, poussent des cris, appellent des voisins qui se trouvent encore dans les étages des maisons les plus proches.

Je laisse ma bicyclette – qui est en fait celle de ma mère – et je descends à mon tour dans l'abri. On y accède par un escalier en pierre très raide qui s'enfonce profondément dans un sous-sol ténébreux. Quelqu'un de pressé me pousse dans le dos. Je trébuche. Je glisse sur les marches humides et je m'affale de tout mon long sur une grosse bonne femme assise en bas sur une caisse. Ses

(1) Trappe donnant, depuis la rue, un accès direct à une cave.

formes généreuses amortissent ma chute mais j'ai dû quand même lui faire mal. Elle se met aussitôt à m'insulter. Je n'en mène pas large. Penaud, redoutant de recevoir une gifle, je m'éloigne de la harpie et m'assied, à même le sol dans le coin le plus reculé possible.

Les lieux sont sinistres. Il n'y a pas d'électricité. Ça sent le moisi, la vinasse. Tout est noir. En haut, par mesure de sécurité, les hommes de la Défense passive ont refermé les battants de la trappe. Plusieurs enfants pleurent à chaudes larmes. Tout près de moi, un homme qui doit être un cheminot confirme qu'un train de munitions est bien entré en gare de Dole ce matin. Une autre personne dit que si les bombes allemandes atteignent le convoi, toute la ville sera rasée. Une voix demande :

– Est-ce que vous croyez qu'il faut mettre les masques ?

Quelqu'un, sans doute qualifié, lui répond :

– Non, pas pour l'instant.

Je prends alors conscience que je n'ai pas emporté le mien. Depuis qu'on nous a distribué ces engins, les consignes de sécurité se sont beaucoup relâchées. La « drôle de guerre » a démobilisé les Français, les a rendus insouciants, imprudents. Nous pensions tous être hors de danger. Nous vivions presque comme en temps de paix. Or, nous voilà ramenés brusquement à la dure réalité.

Les minutes s'écoulent, interminables. A chaque instant, des voix s'élèvent pour demander le silence afin d'écouter si on n'entend pas le ronflement des avions ennemis.

– Chut ! Chut ! ....

Les conversations s'arrêtent. La rumeur s'apaise. Les bébés eux-mêmes cessent de pleurnicher. Tout le monde tend l'oreille. Mais aucun bruit ne provenant de l'extérieur, le brouhaha reprend de plus belle.

Soudain, un homme assis en face de moi allume un briquet. A la lueur de la flamme vacillante, je remarque que la cave est très haute, partagée en deux dans le sens de la largeur par une barrières à claire-voie fermée par un cadenas. A travers les barreaux en bois vermoulu, on distingue des tonneaux, des bouteilles de vin bouché alignées sur des rayons. Le type au briquet plaisante :

– Si jamais on est pris sous les décombres et qu'on ne puisse pas sortir d'ici, on cassera la porte et on se saoulera la gueule ! Je préfère crever ivre-mort que mourir de soif !

Une autre voix renchérit :

– On n'aura même pas la peine de casser la porte. J'ai la clef du cadenas. Je suis le propriétaire de la cave. Il y aura à boire pour tout le monde. On mourra tous pompettes !

Cette boutade détend l'atmosphère. Certains applaudissent. Des femmes rient nerveusement. Peu après, les sirènes se remettent à hurler. C'est la fin de l'alerte. Une fois encore il ne s'est rien passé de grave. Dole a été épargné.

Je remonte les escaliers, mêlé au flot des gens du quartier. J'estime qu'il y avait plus de cinquante personnes à l'intérieur de l'abri. Tout le monde est bien content de se retrouver à l'air libre, au soleil. J'enfourche à nouveau ma bicyclette et je regagne mon domicile où ma mère commençait à se faire du souci.

Tout en déjeunant, nous captons les informations de Sottens. Nous apprenons encore de tristes nouvelles. Les troupes alliées viennent d'abandonner complètement la Norvège qu'elles avaient conquise de haute lutte le mois précédent. Quant à la bataille de la Somme, elle semble tourner de plus en plus à l'avantage des Allemands. Selon l'agence télégraphique suisse à Berne, ceux-ci auraient déjà franchi le fleuve en maints endroits. L'armée française refluerait en désordre vers Paris.

L'après-midi, en allant cueillir des légumes dans le potager que mon père loue rue Montciel, je revois Albert G. qui jardine dans une parcelle voisine de la nôtre. Les événements tragiques que nous vivons n'ont pas modifié ses convictions communistes ni son anticléricalisme. L'année dernière, sans doute pour essayer de m'endoctriner, il m'avait passé un journal des jeunesses communistes. Mon père et M. S., qui ne partagent pas les opinions de G. m'ont dissuadé de lire cette prose. Elle n'est qu'un long panégyrique du régime stalinien. Sans doute vexé de mon manque d'enthousiasme, l'admirateur du maître de Moscou a donc cessé de m'offrir sa feuille de choux.

Ce jour-là, comme je suis son seul interlocuteur, il ne peut s'empêcher de m'entreprendre sur un sujet d'actualité.

– Tu ne sais pas ce que le gouvernement a fait, ricane-t-il ?

– Non

– Il est allé au grand complet, prier pour la France à Notre-Dame de Paris ! Même les ministres juifs et francs-maçons !

Il s'esclaffe, sans cesser de biner son rang de pommes de terre.

– Tu te rends compte ? Ils croient pouvoir arrêter les Boches avec ces singeries ! Les cons !

Toujours torturé par la question angoissante qui ne quitte plus mon esprit depuis plusieurs jours, je demande :

– Vous pensez que la guerre est perdue ?

– Bien sûr !

Comme je fais sans doute triste mine, il ajoute, après un temps de réflexion :

– Pas la peine de se désespérer. Dans le fond, c'est aussi bien comme ça. C'est ce que je pense. Tu connais mes opinions. Je ne suis pas pour les fascistes. Mais Hitler a les mêmes ennemis que les communistes : les capitalistes, les bourgeois. Quand les Boches seront chez nous, ils nous débarrasseront de toutes ces denrées !

Me souvenant de ce que mon père m'a raconté sur ce qu'il a vu à Neuss, en 1937, je rétorque :

– En Allemagne, Hitler a aussi arrêté les communistes !

Albert G. semble un instant surpris par cet argument. Mais comme il a réponse à tout, il me dit, en s'épongeant le front :

– Eh bien vois-tu, petit, si je dois aller en prison pour mes idées, j'aime encore mieux que ce soient les Boches qui viennent m'arrêter que les Français !

La soirée du 10 juin s'achève dans une bien triste ambiance. Le Poste Parisien vient d'annoncer que cet après-midi, à 16 heures 30, M. François-Poncet, notre ambassadeur à Rome a reçu du gouvernement de Mussolini notification de la déclaration de guerre à la France par l'Italie.

Ainsi, tandis que nos armées sont engagées dans des combats désespérés contre les Allemands, ces traitres de macaroni viennent nous poignarder dans le dos. Et ce n'est peut-être pas fini. Je songe à ce que mon ami Fernando m'avait dit d'une manière prémonitoire il y a quelques mois : « Franco, Mussolini, Hitler, sont des monstres assoiffés de sang. Après l'Espagne, ils feront la guerre à la France. Ils l'attaqueront en même temps sur toutes ses frontières. Vous serez encerclés. Ce sera terrible aussi pour vous... »

Cette prédiction se réalise. A présent, l'Espagne ne tardera pas à entrer elle aussi en guerre contre nous. Ce sera la curée. Je suis à la fois révolté par tant d'ignominie, mais aussi désespéré car je sens bien qu'à présent tout est perdu.

Ce soir, avant de m'endormir, je renoue avec une habitude délaissée depuis ma première communion : j'adresse au Bon Dieu une ardente prière. Pour qu'il préserve mon père et qu'il sauve la France.

## COMME LES FLOTS D'UN FLEUVE IMMENSE

Samedi 15 juin 1940. En cette fin d'après-midi ensoleillé, je remonte la rue des Arènes en direction de l'avenue de Chalon. Toutes les artères principales de la ville sont engorgées par des centaines de véhicules et des milliers de piétons. Des nouvelles de plus en plus alarmantes circulent parmi cette masse de gens en mouvement. La situation de la France est devenue catastrophique. Les Allemands sont entrés hier matin à Paris. On dit qu'ils foncent à présent en direction du Jura. La radio suisse romande a annoncé qu'ils allaient s'efforcer de rejoindre le plus vite possible la frontière helvétique afin de couper la retraite à notre groupe d'armée N° 3, le seul qui disposerait encore d'un potentiel militaire intact capable de mener une contre-offensive.

Depuis jeudi, Dole voit défiler en gare des trains bondés de civils et dans ses rues de pitoyables colonnes de réfugiés en provenance d'Alsace-Lorraine. Ces gens en fuite ont commencé aussi à entraîner dans leur sillage des habitants du nord de la Franche-Comté. Comme un fleuve se grossit au passage de ses affluents en descendant vers la mer. En voyant passer de plus en plus de fuyards devant chez eux, les Belfortains, les Montbéliardais, les Vésuliens ont été pris de panique. Ils ont décidé à leur tour de partir. Un vent de terreur souffle sur tout l'Est de la France. Chacun abandonne sa ville, son village, part devant soi en direction du sud. Sans savoir avec exactitude où il va.

Les premiers, les plus chanceux, sont partis par le train. Puis il en est venu en automobiles, en camionnettes, en motocyclettes. Ensuite sont arrivées les voitures hippomobiles agricoles, les charrettes, les carrioles, tirées parfois par de solides chevaux comtois, mais aussi par des carnes étiques, des mulets ou des ânes. A présent, déferlent les cyclistes et les piétons, poussant des voitures à bras, des brouettes, des landaus. Le plus grand nombre de ces malheureux ne dispose d'aucun véhicule. Ils marchent en portant des valises, des sacs où ils ont entassé en hâte un peu de linge et quelques objets qui leurs semblaient les plus précieux. Beaucoup d'entre eux traînent une marmaille pleurnicharde sur les talons.

Au début, les Dolois ont été très surpris de voir arriver tous ces gens dont l'âge va du bébé de quelques semaines au vieillard cacochyme. On a traité ces fuyards de trouillards. On les a accusés d'être des démoralisateurs. Mais les nouvelles terribles qu'ils véhiculaient dans leur exode n'ont pas tardé à se répandre. On a commencé à évoquer les bombardements allemands dans les villes de l'Est de la France. Le mitraillage des populations civiles sur les routes. On a raconté des histoires terrifiantes : pillages, incendies, viols. Les nazis se comporteraient partout comme des sauvages. Ils émasculeraient les hommes, leurs crèveraient les yeux. Ils cloueraient les corps des petits enfants sur les portes de grange.

Cette psychose de la terreur s'est développée à la vitesse d'un raz de marée. Une formule vole de bouche en bouche, se propage, précède l'événement de plusieurs heures, parfois de plusieurs jours :

– Sauve qui peut ! Les Boches arrivent ! Ils tuent tout !

On prétend qu'ils sont déjà à Gray, à Besançon. Personne n'a les moyens ni même le désir de contrôler ces informations. Ça provoque le départ précipité de dizaines et de dizaines de milliers de nouveaux fugitifs qui se joignent sans réfléchir à la cohorte innombrable de ceux qui encombrent déjà les routes. Tous s'enfuient. La peur au ventre. Avec le seul désir animal de survivre aux massacres qui se préparent.

De nombreux Dolois commencent à quitter la ville. Plusieurs magasins ont baissé leurs rideaux. Il n'y a plus que deux boulangeries en activité si bien qu'on manque de pain depuis hier dans le centre de la cité et certains quartiers périphériques. La gendarmerie, la police, plieraient bagages, de même que les fonctionnaires des principales administrations. Si les représentants de la force publique et de l'Etat s'en vont, c'est que tout est perdu.

Nous avons d'ailleurs sous les yeux un exemple éloquent de la déliquescence du pays. Depuis trois jours, d'interminables convois militaires se mêlent aussi au flot des réfugiés descendant vers le sud. Des camions bondés de soldats, d'autres tractant des pièces d'artillerie, des caissons de munitions, des cantines roulantes, des ambulances, s'intercalent entre les véhicules civils, côtoient les cyclistes et les piétons. On remarque aussi des unités blindées parmi les fuyards. Défilent des chars légers Renault, des auto-mitrailleuses. Certains de ces engins sont désarmés. D'autres n'ont encore que la cabine et le châssis. Il est évident qu'au lieu d'attendre l'ennemi de pied ferme et de s'opposer à sa manoeuvre d'encerclement, ces régiments mécanisés, équipés d'un matériel flambant neuf, décrochent au contraire dans la plus grande précipitation, la plus grande confusion.

Certains, qui veulent croire encore à un miracle, disent que ces unités blindées vont renforcer l'armée des Alpes et combattre les Italiens. Personne n'est dupe. En fait tout le monde devine que nos troupes décampent devant les forces allemandes. Elles tentent d'échapper aux maillons de la nasse dans laquelle l'ennemi va les enfermer.

Les soldats sont eux-mêmes désabusés. Leurs propos défaitistes accroissent encore le désespoir et la panique des civils. A ceux qui leurs reprochent véhémentement de s'enfuir, ils disent, en haussant les épaules :

– Tout est foutu  On est cuit ! D'ailleurs, on n'a même plus d'officiers pour nous commander. Ils se sont tirés en bagnoles avec leurs poules !

C'est sans doute un peu exagéré car on voit encore ici et là de nombreux gradés au milieu de leurs hommes. Il en passe aussi hélas ! en voitures légères. Avec des bagages et des femmes qui n'ont rien de personnel militaire. Certains de ces galonnés se font copieusement insulter. Ça ne les empêche pas de poursuivre leur route.

Dole est devenu le carrefour de plusieurs itinéraires des troupes en retraite et des civils en fuite. De longues colonnes de véhicules, de piétons, affluent non seulement par les routes de Gray et de Besançon, mais également par celle de Dijon. Ces fleuves mécaniques et humains se rencontrent avenue de Chalon, face à l'entrée de la caserne Bernard. Ça provoque un gigantesque embouteillage. D'autant qu'à cet endroit, un officier stupide a fait dresser un barrage constitué de chicanes de chevaux de frise, de pierres et de moellons.

Au début, durant les premiers jours de l'exode, une poignée de gendarmes de la prévôté militaire ont tenté de demander aux fuyards de présenter leurs papiers pour repérer d'éventuels déserteurs. Ça n'a pas duré longtemps. Après une sérieuse engueulade entre un colonel d'artillerie et le capitaine commandant l'escouade de gendarmes, le contrôle a été levé. On a bousculé une partie du barrage mais ce qu'il en reste continue de gêner la circulation si bien que des milliers et des milliers de gens s'agglutinent dans toutes les rues de Dole. Si les avions ennemis repèrent ce gigantesque embouteillage, ils feront un massacre.

En regagnant mon domicile, je remarque que le flot des militaires et des civils en fuite est également très dense sur la route de Genève. Le grand pont qui traverse le Doubs est engorgé. Je le franchis à pied, poussant ma bicyclette à la main. J'assiste, depuis le parapet, à un spectacle inquiétant. Des soldats du génie sont en train de déposer des caisses et des fils électriques entre les piles de l'ouvrage. Un habitant du quartier me dit que les sapeurs ont ordre de faire sauter le pont avant la nuit. Cette perspective n'a rien de rassurant. C'est la preuve que les Boches sont à présent aux portes de Dole.

Que vont devenir tous les malheureux qui continuent d'affluer par milliers vers notre ville s'ils ne peuvent plus franchir le Doubs ?

Au sommet de la colline de La Bedugue, face à l'église du Sacré-Coeur, je constate que l'exode s'effectue également par la route de Goux, à travers la forêt de Chaux et le Val d'Amour. En me remémorant mes balades à bicyclette, je comprends qu'en empruntant cet itinéraire, un certain nombre de militaires et de civils vont chercher à rejoindre la Suisse par Salins-les-Bains et Pontarlier.

De retour à la maison, vers 20 heures, je me fais sérieusement gronder par ma mère. Mon retard commençait à l'inquiéter. Durant l'après-midi, elle a reçu un message de mon père. Son unité de D. C. A. a quitté Besançon la nuit dernière en camion pour une destination inconnue. Le convoi a subi une attaque de l'aviation ennemie. Papa s'en est heureusement sorti sans dommage. Il nous conseille de rester à la maison pour ne pas risquer nous-mêmes notre vie sur les routes encombrées.

En cette soirée du 15 juin 1940, les nouvelles que nous apprenons par la rumeur publique sont de plus en plus alarmantes.

Les Allemands seraient arrivés cet après-midi près d'Auxonne. On se battrait en bordure de la Saône. Besançon serait également tombée. On entend d'ailleurs au loin des explosions (1).

Ma cousine Lélette, employée à la recette-entrepôt des tabacs, a reçu, comme les autres fonctionnaires de cette administration, l'ordre de quitter Dole. Le personnel doit rejoindre par ses propres moyens la ville de Moulins. Quant aux cheminots du dépôt S.N.C.F. de Dole et à leurs familles, ils sont invités à embarquer le nuit prochaine sur des trains spéciaux en direction du Midi via Mouchard, Lons-le-Saunier et Bourg-en-Bresse.

Toutes ces nouvelles ne font qu'accroître notre inquiétude. Il est évident que si l'Administration donne à ses agents l'ordre d'abandonner leurs postes, c'est qu'ils sont en danger. Les rumeurs concernant les exactions commises par les Boches sont sans doute réelles. D'ailleurs, cet après-midi, j'ai entendu dire

---

(1) Ces nouvelles étaient anticipées de plusieurs heures. En fait, les explosions entendues à Dole provenaient des stocks de munitions que les « rampants » de l'aérodrome militaire de Tavaux faisaient sauter avant leur départ.

qu'à Paris, les nazis tiraient à vue sur tous les passants. Ils ne tiendraient pas compte du fait que la capitale avait été déclarée ville ouverte. Il y aurait déjà des dizaines de milliers de morts dans les rues. L'eau de la Seine serait devenue toute rouge de sang.

Cette rumeur de massacre en a engendré une autre. On dit qu'après avoir été informés de ce qui se passait à Paris, les Américains et les Russes viendraient de déclarer la guerre à l'Allemagne. D'autre part, à la suite de la violation de son espace aérien par les avions ennemis, la Suisse nous aurait demandé secours. Une de nos armées de réserve, après avoir traversé rapidement le territoire helvétique, serait entrée en Allemagne par la trouée de Bâle, si bien que les Boches, désormais pris entre deux feux seraient bientôt obligés de battre à leur tour en retraite.

Toutes ces nouvelles contradictoires accroissent encore la confusion. Personne ne comprend plus rien à la situation. Alors que j'ai vu, de mes propres yeux, des unités d'artillerie, de blindés ultra-modernes refluer en catastrophe en direction du Midi, voilà qu'on parle à présent de l'installation d'une ligne de défense en bordure du Doubs. Le grand L., ce soldat originaire du Haut-Jura devenu un ami de la famille depuis qu'il cantonne au Poiset, nous apprend en effet que les réservistes de son unité, après avoir effectué un petit tour en camion dans les environs de Gray, ont reçu l'ordre de prendre position sur la rive gauche du Doubs, de chaque côté du pont, près des abattoirs et de l'usine à gaz. Ils ont pour mission d'empêcher coûte que coûte les Boches de traverser la rivière. Avec leurs vieilles pétoires datant souvent de la guerre de 1870, je me demande ce que ces malheureux territoriaux pourront bien faire face aux canons et aux tanks de l'ennemi ?

En fin de soirée, le flot humain ne s'est pas ralenti, au contraire, sur la route nationale, devant notre maison. Des proches voisins commencent eux aussi à partir. La plupart d'entre eux s'en vont à pied ou à bicyclette car peu de personnes possèdent une automobile dans notre quartier.

Vers 22 heures, nous tenons, chez grand-mère Julie Cornu, dans ma maison natale située non loin de celle de mes parents, une sorte de conseil de famille. Après une discussion incertaine au cours de laquelle maman fait valoir les arguments de mon père en faveur de notre maintien à domicile, cousine Lélette finit par nous convaincre de prendre la route à notre tour. Nous partirons demain matin à l'aube. Seule, mon autre grand-mère, Céline Besson, la mère de mon père, refuse de nous accompagner. Elle cherche même à nous dissuader de partir :

– Les Prussiens, dit-elle, je les ai vus arriver en 1871. A l'époque aussi on prétendait qu'ils massacraient les gens. Qu'ils égorgeaient les femmes et les enfants. Pourtant, ils sont venus et je suis encore là ! Quand ils seront sur le point d'arriver, je ferai comme autrefois. J'irai me cacher dans la forêt de Chaux et je verrai bien ce qui se passera...

Marie M., notre voisine et amie, qui tient un modeste café sur le côté droit de la route nationale dans un quartier du Poiset, qu'on appelle le Petit-Crissey, partage l'avis de grand-mère Céline. Elle restera aussi chez elle. Par contre, grand-mère Julie décide de nous accompagner. Elle est encore très valide malgré ses soixante et onze ans. Bien qu'elle ait vu aussi les Prussiens dans sa petite enfance et qu'ils ne lui aient fait aucun mal, elle préfère cette fois ne plus les rencontrer. Nous décidons donc de nous retrouver devant son domicile demain à cinq heures du matin.

De retour à la maison, maman commence à faire le tri des maigres biens que nous emporterons. Elle charge, sur sa voiture de lingère, en osier tressé, tout ce qui lui paraît avoir une certaine valeur : quelques bijoux, des couverts en argent, des bibelots, une petite pendule, du linge... Elle emporte aussi nos vêtements les plus neufs ainsi que des provisions pour le voyage.

De mon côté, je garnis les sacoches de ma bicyclette et mon sac de scout d'objets de toilette, de quelques effets et de livres. Le choix de ces derniers me pose un dilemme. Ma bibliothèque ne compte qu'une quarantaine d'ouvrages, mais je suis très attaché à chacun d'entre eux. Si je ne porte plus guère d'intérêt aux illustrés de ma petite enfance, les romans, les recueils de poèmes parus dans des collections populaires me tiennent tous à cœur. Je me trouve dans la situation du naufragé auquel on ne permettrait d'emporter qu'un seul livre sur son île déserte. Je décide d'en emporter cinq. En ce qui concerne les poètes, je n'hésite pas longtemps. Ce sera « L'Anthologie des poètes du XIX^e siècle » d'Edouard Maynial et « Cyrano de Bergerac » d'Edmond Rostand. Pour les romans : « Notre-Dame de Paris » de Victor Hugo, « Colomba » de Prosper Mérimée et « David Copperfield » de Charles Dickens. Je glisse aussi dans mon sac, outre mes derniers carnets intimes, le cahier sur lequel j'ai collé des articles, des poèmes découpés dans les journaux et également mon dictionnaire de rimes.

Je suis triste en regardant, sur le rayonnage de ma petite bibliothèque, les livres que je vais devoir abandonner. C'est un peu comme si je quittais des amis. Quelques instants plus tard, avant d'aller me coucher, tandis que sur la route nationale Paris-Genève un immense fleuve humain continue de s'écouler, je note sur mon journal, ce 15 juin 1940 :

« Il y a un an, lorsque Fernando M. me racontait ce qui lui était arrivé dans son pays, je n'imaginais pas que, quelques mois plus tard, la France connaîtrait la même tragédie que l'Espagne. Que je serais moi aussi obligé de quitter mon foyer, mes habitudes, pour partir Dieu sait où ?... »

## « SUR LES ROUTES DE FRANCE... »

Dimanche 16 juin 1940. Cette fois, le sort en est jeté. Nous partons. Comme des millions et des millions d'autres Français. A l'aventure sur les routes de l'exode.

A cinq heures pile, ma mère et moi nous retrouvons devant la maison de grand-mère Julie. Nous sommes accompagnés d'un couple ami. Les F., et de leur fils Robert, mon cadet de deux ans. Comme nous, ils avaient décidé de retarder leur départ jusqu'à ce matin. Nous cheminerons donc ensemble. Entre gens de connaissance. Ce qui peut être utile par la suite si nous avons besoin de nous entraider.

Originaire de Tarare, dans la région lyonnaise, M. F. occupait autrefois d'importantes fonctions. Des revers financiers l'ont contraint à venir s'installer à Dole où il gère une modeste épicerie-buvette dans notre quartier. De ses activités et de sa prospérité passées, notre voisin a conservé une allure distinguée et un langage châtié. Ce jour-là, selon son habitude, il porte un élégant costume blanc, un chapeau de paille et une aristocratique paire de besicles. Malgré ce raffinement vestimentaire, il n'en pousse pas moins, d'une manière toute prolétaire, une simple brouette de jardinier sur laquelle est ficelée une malle noire contenant l'essentiel de leurs biens transportables. Sa femme, discrète et menue, le suit en portant à la main un sac volumineux. Quant à mon copain Robert, il avance comme moi, en marchant à côté de sa bicyclette dont les sacoches sont bourrées jusqu'à la gueule.

Sur la route Paris-Genève, dans la lumière parfaitement pure de ce beau matin de juin, l'interminable défilé militaire et civil se poursuit sans relâche. Il est à présent presque exclusivement pédestre. Eclopés et traînards de notre malheureuse armée en déroute marchent sans aucun encadrement. Par bandes d'une quinzaine d'hommes harassés, barbus, poussiéreux, débraillés. La plupart d'entre eux ont abandonné casque et fusil. De leur équipement militaire, ils n'ont conservé que la musette et surtout la gourde. Certains en portent même deux ou trois en bandoulière. C'est bien connu, l'armée française marche au pinard !

Tante Henriette, qui a décidé de vider sa cave avant son départ, distribue généreusement ses dernières bouteilles de Bourgogne et de Jura aux soldats. Ceux-ci les happent au passage, et, sans s'arrêter, les liquident aussitôt à la régalade.

Après avoir ainsi épuisé tout son petit stock de bon vin, ma tante, satisfaite de son geste, rentre une dernière fois dans sa maison en disant :

– C'est autant que les Boches ne boiront pas !

Avant de quitter la cuisine, elle laisse encore au milieu de la table une bouteille de rhum intacte à l'intention des fugitifs qui trouveraient asile chez elle après notre départ. Elle ressort de sa maison sans refermer la porte à clef, comme M.F. le lui a conseillé. Il prétend que les Allemands l'enfonceraient de toute façon à coups de crosse pour pénétrer à l'intérieur.

Après avoir embrassé grand-mère Céline, qui a décidé de partir ce matin pour Crissey, le village voisin, chez tante Lucie, sa belle-fille, nous prenons la route.

Notre petit convoi est ainsi constitué : Tante Henriette marche en tête, poussant sa voiture lourdement chargée. Vient ensuite maman, avec sa charrette-corbeille en osier. Puis grand-mère Julie et sa carriole basse à plateau. A l'arrière-garde, notre épicier, toujours très digne, trimballe sa brouette dont la roue grince un peu, tandis que sa femme trottine à ses côtés. Cousine Lélette, mon ami Robert et moi fermons la marche, en poussant nos bicyclettes que nous enfourcherons de temps en temps pour aller nous rendre compte de ce qui se passe en avant lorsque le convoi dans lequel nous nous intégrons ralentira à la suite d'un incident.

Alors que la plupart des gens fuient vers le sud, sans but précis, nous, nous avons au départ une destination : Moulins ! C'est là que ma cousine doit rejoindre les fonctionnaires de son administration. Cette ville prend aussitôt pour nous une signification mythique. Nous nous y dirigeons comme vers la terre promise. Si les autorités administratives ont décidé d'y replier leur personnel, ce ne peut être, bien sûr, qu'un havre à l'abri des armées ennemies.

Ce matin, avant de quitter notre maison, j'ai jeté un coup d'oeil sur mon petit atlas, pour situer Moulins. J'ai vu que cette cité se trouvait dans le centre de la France, au-delà de la Loire. C'est rassurant de savoir qu'il y aura ce grand fleuve entre les Allemands et nous. Je me souviens qu'en évoquant la guerre 1870-1871, grand-mère Céline nous a souvent parlé de l'armée de la Loire qui avait, à l'époque malmené les Prussiens. J'imagine que l'état-major français aura, cette fois encore rassemblé sur les berges de ce fleuve, des forces puissantes. Espérons qu'elles auront repoussé l'envahisseur avant notre arrivée ! Quant à la distance qui nous sépare de ce lointain refuge, l'échelle cartographique ne m'en a fourni qu'une vague indication. Je pense que ma cousine a reçu toutes les informations utiles de ses chefs concernant l'itinéraire à emprunter et les différentes étapes de ce voyage. Nous lui faisons en tout cas confiance et cela malgré la présence parmi nous de M. F., qui suit plutôt le mouvement au lieu de le précéder, sinon de l'infléchir vers une autre direction.

En ce qui nous concerne, mon ami Robert et moi sommes partagés entre deux sentiments contradictoires : d'une part la tristesse d'abandonner notre ville, notre foyer, d'autre part l'excitation de vivre une aventure extraordinaire. Cette migration humaine me remémore la lecture des romans de Gustave Aimard racontant l'épopée des pionniers américains en marche vers l'Ouest, au siècle dernier.

Comme nous venons seulement de démarrer, nous sommes encore frais et dispos. Nous remontons allègrement la colonne dans laquelle nous nous sommes glissés. Nous doublons plusieurs groupes que nous avons vu passer un peu plus tôt lorsque tante Henriette distribuait ses bouteilles de bon vin. Beaucoup de soldats et de civils, exténués par des jours et jours de marche, traînent lamentablement les jambes. Dès la sortie de la ville, nous voyons des gens encore endormis en bordure de la route, allongés dans le creux des fossés, sur le revers des talus.

En traversant Villette-lès-Dole, le village le plus proche de notre quartier, nous faisons halte un instant devant la maison, de tante Mélie, veuve de mon oncle Armand. Elle vient à peine de se lever. Derrière ses épaisses lunettes de myope, son regard semble effaré à la vue de notre groupe.

– Mais où donc allez-vous comme ça mes pauvres gens ? nous demande-t-elle avec son fort accent alsacien.

Comme nous lui expliquons que nous décampons avant l'arrivée des Boches, elle essaie aussitôt de nous dissuader de partir.

– Vous n'irez pas loin. Les Allemands vous rattraperont avant demain ! Radio Stuttgart a annoncé hier soir que leurs avant-gardes avaient déjà atteint Gray et Dijon...

Pour justifier notre fuite, maman avance l'argument des atrocités commises par les nazis. Tante Mélie tente de dissiper nos craintes :

– Vous savez, les Boches, moi je les ai connus durant mon enfance puisque l'Alsace était allemande à l'époque. Je ne crois pas du tout ce qu'on raconte. Parmi eux, il y a de bons et de mauvais sujets, comme dans tous les peuples. Vous feriez mieux de rentrer au Poiset et d'attendre leur arrivée. Je suis presque sûre qu'ils ne feront aucun mal aux civils.

Malgré ces propos rassurants, nous décidons néanmoins de poursuivre notre équipée et reprenons peu après la route. Le flot qui l'encombre est toujours aussi dense. Les soldats semblent de plus en plus en complète débandade. Cette piétaille éreintée, sans casque, sans arme, souvent même sans sac, fait pitié à voir. Certains ont les pieds en sang et vont clopin-clopant appuyés sur des bâtons ou soutenus par des camarades. L'un d'eux, qui chemine un instant avec nous ne cesse de vitupérer contre les politiciens, contre les généraux :

– Ah ! les pourris ! Ils nous ont mis dans la merde et se sont tous taillés ! Salopards ! J'espère qu'on les retrouvera. Qu'on leur fera payer leurs erreurs ! Douze balles dans la peau, c'est tout ce qu'ils méritent !

Les autres sont plus calmes. Comme résignés à leur triste sort de vaincus. A part leurs uniformes chiffonnés, ils n'ont plus rien de militaire dans l'allure. On dirait une bande de vagabonds.

Je suis aussi très impressionné par tout le matériel abandonné le long de la route. Des milliers de fusils, de grenades, de caisses de cartouches, de cantines, jonchent les talus. On voit également dans les fossés des sacs et des valises ayant appartenu à des civils. Leurs propriétaires, sans doute eux aussi harassés, ont préféré s'en séparer afin de s'enfuir plus vite. Ici et là, des véhicules en panne de moteur ou d'essence jalonnent le parcours. Au sommet de la côte de l'As de Pique, un camion de pompier gît, les quatre roues en l'air dans un ravin. Un peu plus loin, une luxueuse Bugatti est arrêtée, capot et coffre ouverts. Elle est vide. Seuls ses chromes brillent au soleil, de tout leur éclat. Militaires et civils passent, indifférents, devant ce véhicule symbole des grandes fortunes. A présent, il ne sert plus à rien. Il vaut moins cher qu'une voiture hippomobile. Je me dis que ses riches propriétaires sont sans doute devenus comme nous, des piétons. Qu'ils cheminent quelque part en portant leurs bagages sur le dos ou à bout de bras.

Les plus privilégiés parmi les fugitifs sont sans conteste les paysans. Ils ont sorti toutes les charrettes, tous les tombereaux des remises. Parfois même d'antiques calèches. Les hommes marchent à la tête des attelages, souvent relayés par les femmes lorsqu'ils sont las. Le reste de la famille, juché sur ces véhicules agricoles tirés par des chevaux de labour ne fatigue guère. Certains emmènent une partie de leur cheptel : des vaches, des chèvres attachées à l'arrière des chars par des licous. Parmi l'invraisemblable bric-à-brac de caisses, de sacs, de tonneaux, de paniers, de matelas entassés sur les voitures, on voit aussi souvent des cages contenant des poules et des lapins.

La majorité des fuyards est cependant composée de piétons. De gens qui poussent, traînent des remorques, des voiturettes à bras, des brouettes surchargées. De toutes jeunes mamans portent même leurs bébés sur les bras. Des petits enfants de quatre ou cinq ans marchent aussi bravement sur la route, un sac minuscule sur le dos, ou, sur l'épaule, un bâton avec un paquet au bout, noué aux quatre coins.

Parmi la cohue se faufilent aussi de nombreux cyclistes. Au sommet d'une côte, un couple de jeunes gens s'affaire autour d'un tandem dont la roue arrière est à plat. Grâce à ma trousse, je parviens à les dépanner en leur donnant une rustine. Ils me racontent qu'ils viennent d'Epinal. En cours de route, quelque part en Haute-Saône, ils ont été pris sous un bombardement de l'aviation allemande. Ils sont encore sous le choc de ce qu'ils ont vu. L'ennemi a mitraillé sans pitié une longue colonne de fugitifs semblable à la nôtre. Il y a eu des dizaines de morts, de blessés, d'innombrables véhicules incendiés. La jeune fille ne peut s'empêcher de pleurer en évoquant ce drame. Au cas où j'entendrais le ronflement d'un avion dans le ciel, elle me recommande de m'allonger immédiatement derrière un mur ou dans un fossé.

Pendant la traversée du Deschaux, un village que je connais bien, nous constatons qu'une partie des maisons sont abandonnées. Les cours sont désertes. Par les portes, souvent grandes ouvertes sur la rue, on aperçoit les cuisines vides, de même que les étables. Avant de s'enfuir, les cultivateurs ont lâché les bêtes dans les pâtures, parfois même nous dit-on dans les bois.

Avant d'être sortis du village, nous voyons passer soudain, très haut dans le ciel, une escadrille d'avions. Ça crée un début de panique mais on se rend très vite compte que les appareils n'ont aucune intention malveillante à notre égard. Amis ? Ennemis ? Impossible de le savoir, étant donné leur altitude. C'est pourtant avec soulagement que nous entendons décroître le bruit de leurs moteurs.

Nous continuons à progresser, sous un soleil qui devient de plus en plus chaud au fur et à mesure que la matinée s'avance. En arrivant à Tassenières, pour respecter l'itinéraire prévu par Lélette promue de facto chef de convoi, nous obliquons sur notre droite et empruntons une route en direction de la Bresse. Au passage devant une ferme, des gens nous interpellent. Il s'agit de M. et M$^{me}$ G. un couple de restaurateurs dolois dont l'établissement est situé place Grévy et que tante Henriette connaît. Ils se sont arrêtés dans cette maison qui leur appartient avant de poursuivre eux-mêmes leur fuite en automobile car ils ont la chance d'en posséder une.

Tandis que nous parlons avec ces personnes, nous entendons tout à coup au loin, provenant de la direction de Dole, une série de sourdes explosions. Puis nous revoyons peu après passer des avions, mais cette fois beaucoup moins hauts dans le ciel. Comme le téléphone continue de fonctionner, nous apprenons quelques instants plus tard par un habitant du village que notre vieille ville a été bombardée. Plusieurs quartiers seraient en feu. Il y aurait des victimes. Nous songeons aussitôt à grand-mère Céline. A nos maisons. Ne vaudrait-il pas mieux rebrousser chemin ? Cette question, nous nous la posons tous. Mais sans oser prendre la décision de rentrer au bercail. Ce matin, nous avons fait un choix. Même si cela a été une erreur, nous nous y tenons.

Après nous être reposés et restaurés quelque peu auprès de M. et Mme G., nous reprenons la route. Celle que nous empruntons est moins carrossable que la nationale. Sur certains tronçons, elle n'est même pas goudronnée. Elle est heureusement moins fréquentée. Ceux qui la suivent sont apparemment des gens de la région. Certains d'entre eux semblent avoir une notion très approximative de la géographie. Un grand-père, sa femme et ses trois petits-enfants nous déclarent qu'ils se dirigent vers Lyon. Comme nous leurs faisons remarquer qu'ils se trompent de route : Lyon se trouve au sud, alors que nous marchons vers l'ouest, ils mettent nos propos en doute et continuent leur chemin en direction du village des Hays.

Bien qu'elle ne le manifeste pas ouvertement, j'ai depuis quelques temps l'impression que cousine Lélette n'est plus tout à fait sûre d'avoir eu raison de nous entraîner dans cette randonnée. Notre rythme s'est beaucoup ralenti depuis le départ. A présent, chaque petite côte nous contraint à un arrêt car la fatigue commence à se faire sentir. Je constate que nous n'avons pas encore parcouru beaucoup de chemin depuis Dole. Nous sommes toujours dans le Jura. Or, avant de partir, j'avais remarqué, en consultant mon atlas, que pour atteindre Moulins, il nous faudrait traverser aussi entièrement le département de Saône-et-Loire, ainsi qu'une partie de celui de l'Allier. Nous ne sommes pas encore au bout de nos peines. D'ailleurs, je suis toujours tourmenté par la même question : aurons-nous le temps d'arriver à destination avant les Allemands ?

Alors que la crainte du lendemain continue de me préoccuper, d'autres prennent au contraire les choses du bon côté. C'est le cas des frères M. du Boichot. Partis quelques heures après nous à bicyclette, ils viennent de nous rattraper. Ils cheminent quelques minutes en notre compagnie puis remontent sur leurs vélos. Ils nous quittent en nous gratifiant de ce refrain à la mode chanté par Jean Sablon : « Je tire ma révérence et m'en vais au hasard. Sur les routes de France, de France et de Navarre... » Jamais chanson ne fut plus prophétique et mieux adaptée à la situation actuelle de millions de Français.

Au moment où nous venons de quitter les ombrages d'un petit bois pour nous engager dans une plaine où des blés déjà hauts ondoient sous le soleil, un cri poussé par une femme marchant devant nous retentit :

– Un avion !

D'autres ne tardent pas à confirmer la menace :

– Un avion ! un avion !

C'est aussitôt l'affolement. Les gens abandonnent les voitures, les brouettes, les bicyclettes et s'allongent dans les fossés ou plongent dans les buissons. Je fais comme tout le monde. Sans demander mon reste, je me couche dans un creux garni d'orties qui me piquent cruellement les mollets car je suis en short. Tout en restant dans cette inconfortable position, je lève les yeux vers le ciel d'un bleu vitrail. J'aperçois effectivement, juste au-dessus de nous, une grande forme noire, presque immobile, qui semble nous observer.

Il fait une chaleur étouffante, amplifiée par la réverbération du soleil. Les cris se sont apaisés. Le silence d'été pèse sur la sérénité des lieux. Là-haut, l'appareil tourne lentement en rond. Sans doute est-il en train de nous repérer avant de fondre sur nous d'un instant à l'autre.

Mais ce n'est pas l'éclatement des bombes ni les rafales des mitrailleuses qui retentissent soudain. C'est un énorme juron :

– Bon Dieu de cons ! A présent, voilà qu'on prend une buse pour un avion !

Penauds, mais néanmoins fort heureux qu'il s'agisse d'une méprise, nous sortons tous des fossés et éclatons de rire à notre tour. Nous reprenons peu après la route, tandis que dans le ciel de juin, le rapace continue de tourner en rond dans l'air immobile.

Un peu plus loin, nous rencontrons une petite fille en pleurs. Elle sanglote en appelant désespérément :

– Camille ! Camille ! ...

Elle a quatre ou cinq ans. Elle est vêtue d'une jolie robe blanche à pois rouges. Grand-mère Julie lui demande :

– Comment t'appelles-tu ?

Elle répond :

– Zézette...

– Pourquoi pleures-tu ?

Elle se remet à sangloter de plus belle. Il est impossible d'en apprendre davantage sur les raisons de son gros chagrin. Sur la route, les gens continuent de passer, sans s'arrêter pour s'enquérir de l'événement. Pressés, indifférents, tous n'appliquent qu'une seule règle de conduite : chacun pour soi !

Nous voilà à présent bien embêtés. Nous sommes déjà tellement surchargés qu'il nous est difficile d'emmener cette fillette abandonnée. D'autant que nous ignorons si ses parents ne lui ont pas demandé de rester un instant en cet endroit en attendant qu'ils viennent la rechercher ?

Les minutes s'écoulent, mais personne ne vient. L'enfant continue de pleurer, sans nous donner la moindre explication. Comme nous sommes en train de réfléchir pour essayer de trouver une solution à ce singulier problème, une voiture tirée par deux chevaux s'arrête à notre hauteur. Elle transporte toute une famille paysanne avec ses bagages. Le conducteur s'approche de notre groupe.

– C'est la petite B., dit-il. Elle est de notre village. D'Oussières. Son père est mobilisé. Sa mère a été transportée il y a quelques jours à l'hôpital de Poligny. La gamine a dû partir ce matin en compagnie de son frère âgé de huit ans. Sans avertir leur tante qui s'occupe d'eux pendant la maladie de leur maman...

Nous comprenons alors l'origine de ce petit drame. Le frère a sans doute voulu faire comme tout le monde. Il est parti sur la route en emmenant sa petite sœur. Tout à l'heure, en entendant les cris annonçant le passage d'un avion, il a dû prendre peur. Il a décampé en abandonnant la fillette. Pris de remords, peut-être est-il actuellement en train de la rechercher ?

Sans tenir compte de cette éventualité, la famille paysanne charge la petite Zézette sur la voiture, à côté de ses propres enfants et reprend la route. Ça prouve qu'il y a encore des braves gens dans la France en décomposition. Nous repartons à notre tour, soulagés par l'heureuse conclusion de cet incident.

## SUR LE CHEMIN DU RETOUR

18 juin 1940. Nous venons de marcher durant deux jours complets, de l'aube au crépuscule, sur les routes du Jura et de La Bresse. Dans des conditions de plus en plus difficiles. D'abord parce que nous sommes tous très fatigués. Aussi parce que la voiture de grand-mère Julie s'est déglinguée. La jante en fer d'une des roues s'est séparée des rayons. Elle a continué a rouler « sur trois pattes » comme on dit. Dans un gros village, un charron compatissant a tenté de dépanner la charrette. Comme la confection d'une nouvelle roue de même gabarit aurait pris trop de temps, il a remplacé la défaillante par une autre. Mais celle qu'il a remise sur l'essieu est plus petite que la précédente, si bien que la voiturette de ma pauvre grand-mère avance à présent de guingois. Comme la carriole poussée par Charly Chaplin dans l'un de ses films.

Nous venons aussi de passer deux nuits dans des granges, où nous avons couché sur la paille. Nous sommes arrivés hier soir au Portail, un hameau situé à trois kilomètres de Bellevesvre. Harassés, incapables de faire un kilomètre de plus, nous avons demandé l'hospitalité dans une ferme située en bordure d'un chemin creux. Une brave paysanne et sa petite-fille nous ont accueillis.

– Las-moi ! Mes pauv'gens ! D'où c'est t'y donc qu'vous venions ? nous a demandé la vieille femme.

Nous lui avons raconté notre odyssée mais j'ai l'impression qu'elle n'a pas très bien compris pourquoi nous avons décidé de partir sur les routes avant-hier matin. Pour elle, Dole, ça doit être situé au bout du monde. Elle nous a dit qu'elle n'avait jamais quitté son village. Qu'elle n'était même jamais allée à Louhans, la ville la plus proche, à une trentaine de kilomètres. Quant à la guerre, c'est pour elle un événement dont elle ne réalise ni l'ampleur ni la gravité. Son défunt mari n'ayant pas été mobilisé pendant celle de 14-18, parce qu'il avait un pied bot, elle n'a pas eu à en subir les conséquences. Ce que nous lui racontons concernant les atrocités commises par les Allemands lui fait pousser des petits cris de frayeur. Je suppose qu'elle assimile nos propos aux histoires d'ogres ou de loups-garous racontées au coin de l'âtre durant les veillées d'hiver.

La brave femme a fait mentir le dicton qui prétend que les Bressans sont pingres et grincheux. Elle nous a régalés d'une bonne soupe de pois chiches et d'une grosse platée de pommes de terre au lard. Après ce rustique mais copieux repas, nous avons tous dormi comme des loirs dans le grenier à foin de la ferme.

Ce matin, réveillé au chant du coq, après avoir fait un brin de toilette devant l'auge à bestiaux, au milieu de la cour, je reprends mon carnet pour la première fois depuis notre départ. J'y note succinctement les principaux événements survenus au cours de notre équipée. J'y exprime aussi mes doutes quant à la poursuite de notre voyage. Nous avons en effet perdu beaucoup de temps hier à cause de l'avarie survenue à la voiture de grand-mère. Il est probable qu'aujourd'hui nous ne ferons guère plus de chemin avec sa carriole détraquée.

D'autant que les routes bressanes sont caillouteuses, parsemées d'ornières. Dans ces conditions, il me semble bien illusoire de chercher à rejoindre Moulins. Compte tenu du temps que nous mettons pour atteindre cette ville, les Allemands y seront arrivés avant nous ou ils auront été repoussés par l'armée de la Loire.

Cousine Lélette, qui garde la maîtrise de notre expédition, décide que nous partirons aux nouvelles avant que notre petit convoi ne reprenne la route. Il faut absolument que nous sachions comment la situation a évolué. Depuis notre départ, nous sommes complètement coupés de la réalité. Notre hôtesse, pas plus que ses proches voisins, n'ont la T.S.F. On dirait que les événements en cours ne les concernent pas. Ils semblent vivre sur une autre planète, continuent de vaquer à leurs occupations habituelles sans se soucier de savoir ce qui se passe au-delà des limites de leur hameau.

La dernière information que nous avons apprise remonte à hier après-midi. Le conducteur d'une camionnette civile nous a raconté qu'une grande bataille s'était déroulée entre Dijon et Besançon, dans la plaine de la Saône. Les Allemands y auraient subi une cuisante défaite. Ils reflueraient depuis lors en direction de la frontière, talonnés par notre armée de l'Est. Sur le moment, cette bonne nouvelle nous a un peu rassérénés, mais sans nous convaincre tout à fait. Les gens prennent tellement leurs désirs pour des réalités qu'ils colportent n'importe quel bobard. Nous sommes devenus méfiants vis-à-vis de ces rumeurs incontrôlées. En tout cas, jusqu'à notre arrivée au Portail, personne ne nous a confirmé ni infirmé cette information.

Après avoir laissé le reste de la troupe à la ferme, cousine Lélette et moi prenons, à bicyclette, la route conduisant à Bellevesvre. Il fait toujours un temps magnifique. Un de ces matins printaniers qui font croire au bonheur. Nous pédalons allègrement jusqu'au bourg que nous atteignons sans encombre.

Soudain, en arrivant près d'un carrefour, nous remarquons un attroupement. Des gens nous font signe de nous arrêter. De loin, au milieu d'un nuage de poussière, nous voyons défiler des véhicules militaires : des camions, des chenillettes, des canons auto-tractés... Un habitant nous renseigne :

– Ce sont les Allemands. Il en passe comme ça depuis le milieu de la nuit.

Un sentiment de stupeur, aussi de frayeur nous saisit. Ça doit se lire dans nos yeux, sur notre visage. Notre interlocuteur juge bon de nous rassurer :

– Ils ne sont pas méchants. Ils sont très corrects. Ils distribuent même des bonbons et du chocolat aux enfants...

Comme pour nous convaincre définitivement, le bonhomme nous fait part de cette dernière nouvelle :

– D'ailleurs, la guerre est finie ! Le maréchal Pétain a demandé l'armistice à l'Allemagne hier après-midi !

Cette information incroyable nous fait l'effet d'un coup de massue. Lélette et moi nous nous regardons, bouleversés. La France est vaincue ! Un brusque désespoir nous étreint, s'ajoute à notre peur. Comme si un cataclysme venait de ravager notre paisible univers. Comme s'il n'y avait plus désormais pour nous ni passé, ni présent, ni avenir !

De retour au Portail, quelques instants plus tard, nous communiquons la triste nouvelle à nos proches. Ceux-ci tombent à leur tour dans le même abattement. A l'annonce de la défaite, de l'envahissement du pays par l'ennemi abhorré, maman et tante Henriette ne peuvent retenir leurs larmes. J'ai moi-même le cœur gros. Je commence à me poser des questions pour savoir ce que nous allons devenir à présent que nous sommes tombés sous la coupe des Allemands ?

Grand-mère Julie est la première à reprendre le dessus. Avec sa bonhomie habituelle, elle tente de nous rassurer par cette boutade :

– En 71, j'étais petite lorsque les Prussiens sont arrivés dans mon village, à Saint-Seine-en-Bâche. Ils ne m'ont pas mangée puisque je suis toujours là ! Puisqu'ils nous ont rattrapés, on va s'en retourner à Dole. Ma foi, on verra bien... On fera avec...

Après avoir remercié chaleureusement notre hôtesse et sa petite fille pour leur accueil, nous reprenons la route. En sens inverse cette fois. Par les mêmes chemins encaissés entre des haies vives, à l'écart des grands axes de circulation où les Allemands doivent continuer de passer.

Notre petite troupe, toujours un peu ralentie dans sa progression par la voiture défaillante de grand-mère, n'en remonte pas moins ici et là des groupes de fugitifs qui regagnent comme nous leurs domiciles. Quelques uns d'entre eux ont déjà eu l'occasion de voir les Boches de près. Ils nous confirment les propos rassurants entendus à Bellevesvre. Les soldats ennemis ne sont pas des sauvages. Ils ne se livrent nulle part aux exactions qu'on leur prêtait ces derniers temps. Il ne massacrent pas les gens, ne brûlent pas les villages, ne pillent pas. Au contraire, ils viennent en aide aux civils. Ils soignent les blessés, les malades ; procèdent à des distributions de nourriture. Ces informations me semblent tellement idylliques que j'ai peine à les croire. Je me demande s'il ne s'agit pas de bobards aussi gros, aussi faux que ceux qui circulaient à contrario il y a quelques jours ?

A midi, nous arrivons sur la place d'un village et entrons dans un café pour acheter quelques bouteilles de limonade car il fait une chaleur étouffante. Des consommateurs, parmi lesquels se trouvent plusieurs soldats français en uniforme, mais sans armes, sont regroupés autour d'un poste de T.S.F. au fond de la salle ombreuse. Ils attendent le bulletin d'informations. Nous décidons nous aussi de l'écouter avant de reprendre la route.

Soudain, un speaker, dont la voix nous est inconnue annonce :

– Mesdames, Mesdemoiselles, Messieurs, nous allons rediffuser intégralement le message que M. le maréchal Pétain, président du Conseil, a adressé hier à la nation...

Après quelques mesures de la « Marseillaise », une voix grave, un peu chevrotante, en tout cas très émouvante, commence à parler.

– Français ! A l'appel de M. le Président de la République, j'assume à partir d'aujourd'hui la direction du gouvernement de la France. Sûr de l'affection de notre admirable armée qui lutte avec un héroïsme digne de ses longues traditions militaires, contre un ennemi supérieur en nombre et en armes ; sûr que par sa magnifique résistance elle a rempli nos devoirs vis-à-vis de nos alliés ; sûr de l'appui des anciens combattants que j'ai eu la fierté de commander ; sûr de la confiance du peuple tout entier, je fais à la France le don de ma personne pour atténuer son malheur. En ces heures douloureuses, je pense aux malheureux réfugiés qui, dans un dénuement extrême, sillonnent nos routes. Je leur exprime ma compassion et ma sollicitude. C'est le cœur serré que je vous dis aujourd'hui qu'il faut cesser le combat. Je me suis adressé cette nuit à l'adversaire pour lui demander s'il est prêt à rechercher avec nous, entre soldats, après la lutte et dans l'honneur, les moyens de mettre un terme aux hostilités. Que les Français se groupent autour du gouvernement que je préside pendant ces dures épreuves et fassent taire leur angoisse pour n'écouter que leur foi dans le destin de la patrie.

Après avoir entendu la diffusion de ce message, nous avons tous le cœur gros, les larmes aux yeux. A présent, il n'y a plus aucun doute : nous avons perdu la guerre ! Je suis à la fois très triste mais aussi, je l'avoue, lâchement soulagé. Nous allons pouvoir rentrer tranquillement chez nous. Sans craindre les mitraillages des avions ni les soi-disant méfaits des Allemands. Nous retrouverons notre maison. Nous reprendrons notre petite vie paisible d'autrefois.

J'ai été très frappé par une phrase du discours : « Je fais à la France le don de ma personne pour atténuer son malheur... »

Ainsi, ce noble vieillard, dont j'ai vu récemment un portrait dans « Match » se sacrifie pour nous sauver. J'ignore encore quelle sorte d'expiation les vainqueurs lui feront subir ? Mais je trouve ce geste chevaleresque. Quel contraste avec l'irresponsabilité, la pleutrerie de nos anciens dirigeants ! Où sont-ils tous ces êtres méprisables qui nous ont conduits au désastre ? Ces ministres plus occupés de leur carrière politique que de l'Etat ? Ces généraux qui se gargarisaient en parlant de l'invincibilité de notre armée ? Ils se cachent ou ils sont en fuite, laissant à un vieillard le soin de sauver ce qui peut l'être encore de notre malheureux pays.

Dans notre famille, mon père, ses belles-sœurs, toutes veuves de guerre, ont toujours eu beaucoup de respect pour le maréchal Pétain. Une semaine plus tôt, en apprenant qu'il venait d'entrer au gouvernement, nous avons pensé, comme la majorité des Français, qu'il allait redresser la situation, faire un miracle. Hélas ! Il était déjà trop tard. Rien ne pouvait empêcher la France de sombrer. Dans les heures dramatiques que nous vivons, j'éprouve une profonde admiration pour ce grand soldat. Lui qui avait sauvé la patrie en danger à Verdun, de quel courage, de quelle abnégation doit-il faire preuve aujourd'hui pour demander à notre armée de déposer les armes afin de lui épargner une hécatombe inutile ?

A l'intérieur du café, autour de nous, les consommateurs approuvent les propos que nous venons d'entendre. Des réflexions fusent. Les soldats en rupture de ban formulent les critiques les plus acerbes contre les responsables du désastre :

– Pétain a raison de demander l'armistice. On allait tous se faire massacrer. Ça ne pouvait pas durer longtemps comme ça !

– Avant son arrivée, il n'y avait que des incapables à la tête du gouvernement et de l'armée.

– On a été trahis !

– Ah ! Si seulement Joffre et Foch avaient été là !

– Et Clemenceau !

– C'étaient quand même des chefs d'une autre taille que nos Daladier, nos Reynaud, nos Gamelin...

Tout en finissant tristement mon verre de limonade, je songe à quel point ces hommes ont raison. Il ne leur a pas fallu longtemps pour comprendre où se situaient les responsabilités dans le drame que nous vivons. Nous payons sept années d'impéritie, de gâchis. Car enfin, le réarmement de l'Allemagne, son esprit expansionniste, son mépris pour la démocratie étaient connus depuis l'avènement de Hitler, au printemps 1933 ! Mon pauvre père, simple ouvrier céramiste, avait compris dès cette époque le danger que le maître du Troisième Reich ferait bientôt courir à l'Europe. Comment nos gouvernants, avec toutes les sources d'informations dont ils disposaient de la part des ambassades, des agents du Deuxième Bureau, ont-ils pu laisser le chancre nazi se développer ? Comment, au nom d'un pacifisme bêlant, ont-ils refusé de voter les crédits qui eussent permis à notre armée de s'équiper pour défendre notre territoire ? Hélas ! on ne refait pas l'Histoire avec des regrets. A présent, comme cela s'est déjà produit tant et tant de fois dans le passé, le peuple de France va encore payer pour les erreurs commises par ses dirigeants. La défaite que nous subissons va nous plonger dans une situation terrible, dont nous n'imaginons sans doute pas toutes les conséquences. En ces heures dramatiques, je ne peux m'empêcher de songer aux récits de mon père sur les méthodes hitlériennes et aux propos de mon ami Fernando sur le fascisme.

Alors que la grande majorité des consommateurs semble accepter la défaite avec soulagement, un homme, un seul parmi l'assistance, émet, à la surprise générale, une opinion discordante. Il s'agit d'un grand mutilé âgé d'une cinquantaine d'années. Il est manchot, borgne, son visage porte d'horribles cicatrices. Sans élever la voix, sans s'adresser particulièrement à quelqu'un, après avoir bu son demi de bière, le rescapé de la tuerie précédente dit, comme s'il se parlait à soi-même :

– Si les chefs ne valaient pas grand chose, les soldats ne valaient guère mieux. Nous, à Verdun, on n'a pas reculé devant l'ennemi. Quand notre capitaine est tombé, c'est un sergent qui l'a remplacé. Ce sergent, c'était moi. Après, un obus est arrivé au milieu de la tranchée. Trois copains ont été tués. Je m'en suis tiré dans l'état où je suis. Les autres ont tenu bon. Malgré les pertes. Les Boches ne sont pas passés. Ceux qui viennent de se sauver comme des lapins, vont savoir à présent ce que c'est de vivre sous une domination étrangère. Ils n'ont pas fini de regretter leur lâcheté !

Un silence gêné succède à ces propos auquel personne n'a le courage de répliquer. Les soldats baissent la tête. Ils sont cinq. Le seul gradé est un caporal qui porte la barbe. Il s'agit sans doute de traînards, d'une troupe d'arrière-garde qui s'est débandée en apprenant que l'ennemi lui coupait la retraite. Nous-mêmes, qui avons fui un peu trop précipitemment devant un danger supposé, ne sommes pas très fiers de notre comportement. Nous profitons du malaise général pour régler nos consommations et nous éclipser discrètement. Nous reprenons aussitôt la route, en proie à un trouble qui mettra longtemps à se dissiper.

Nous ne sommes pas les seuls à avoir cédé à la panique générale en participant à cet incroyable exode. Des dizaines et des dizaines de gens de toutes conditions, de tous âges rentrent aussi, piteusement, chez eux. Sans doute pas plus fiers que nous ne le sommes d'avoir eu la frousse.

Dans bien des villages traversés, les maisons semblent inhabitées. Dans les pâtures, des vaches regroupées devant les barrières meuglent lamentablement. Leurs pis gonflés les font souffrir. Personne n'est venu les traire depuis longtemps. Un incident nous montre à quel point la peur a rendu les gens lâches et cruels envers leurs animaux familiers. Alors que nous nous arrêtons devant une ferme abandonnée pour nous désaltérer en tirant un seau d'eau fraîche d'un puits à balancier, nous entendons des gémissements. Nous nous dirigeons vers la grange où un pauvre chien est enfermé. Avant de partir, ses maîtres ne lui ont même pas laissé une gamelle d'eau. Il n'a sans doute rien bu ni mangé depuis plusieurs jours. A peine libéré, le malheureux animal ne fait qu'un bond jusqu'à l'auge à bestiaux, au milieu de la cour. Il s'y désaltère pendant de longues minutes. Il se jette ensuite sur un quignon de pain dur que nous conservions au fond d'un sac. Indifférents à ses souffrances, à sa longue agonie prévisible, ses mauvais maîtres l'avaient stupidement enfermé dans la grange, de peur qu'il ne les suivît dans leur fuite précipitée.

Plus nous nous rapprochons de Dole, plus nous redécouvrons le lamentable spectacle de la débâcle militaire. Nous croisons une suite ininterrompue de véhicules accidentés ou en panne. Par milliers, les fusils, les grenades, les obus, les bandes de mitrailleuses jonchent les fossés, les talus. Partout, des coffres éventrés, des caisses déclouées offrent à la vue de tous, les dossiers contenant les archives des unités en déroute. Depuis notre passage, l'avant-veille, des gens sont venus faire une razzia de matériel dans ce gigantesque bazar. On a dérobé des outils, des roues de camions, de voitures. On a pillé des chargements de boîtes de conserve, des sacs de farine, de café, de sucre. Dans leur précipitation, les maraudeurs ont éventré l'un de ceux-ci. Des chiens se gavent de sucre en morceaux, tandis qu'un peu plus loin, d'autres se disputent un énorme saucisson.

Cousine Lélette ramasse une gamelle de soldat, moi une petite pince universelle qui traîne en bordure de la route. Nous pourrions, si nous le voulions, inventorier tous ces chargements, toutes ces caisses. Elles contiennent sans doute des trésors. En tous cas des marchandises valant des centaines et centaines de milliers de francs. Pour l'instant, les Allemands ont d'autres chiens à fouetter que de s'occuper de la récupération de ce matériel abandonné. Il est certain qu'ils y procéderont dès que les opérations en cours leur en laisseront le loisir. C'est une des règles de la guerre : le butin appartient au vainqueur.

Ces vestiges du désastre nous ramènent une fois encore à la dure réalité. Que sont devenus les soldats qui ont abandonné ces véhicules, ces armes, ce matériel ? Ont-ils été tués ? Sont-ils prisonniers ? Je songe à mon père dont l'unité est partie aussi il y a quelques jours sur les routes de l'exode. Est-il parvenu sain et sauf dans le Midi ? Les Allemands sont-ils arrivés là-bas avant lui ? Quel va être son sort à présent ?

Une autre appréhension nous étreint. Quand allons-nous rencontrer les Boches ? Seront-ils aussi civilisés que ceux que nous avons entrevus de loin à Bellevesvre ? Jusqu'à présent, depuis que nous avons rejoint la route Paris-Genève, nous n'en avons pas encore croisé un seul. La circulation ne s'effectue d'ailleurs que dans le sens Lons-le-Saunier-Dole. A perte de vue, on distingue des civils à pied qui regagnent, comme nous, leur domicile.

Et puis soudain, à la sortie du village du Deschaux, en franchissant un petit pont sur une minuscule rivière appelée l'Orain, nous découvrons un spectacle tout à fait irréel compte tenu des circonstances. Assis sur un pliant, le long de la berge, un homme coiffé d'un chapeau de paille est tranquillement en train de pêcher. Comme si rien ne s'était passé. Comme si le drame vécu par des millions et des millions de Français ne le concernait pas !

## L'ARMÉE DES VAINQUEURS

Notre progression vers Dole se poursuit. A un rythme toujours lent en raison du mauvais état de la charrette de grand-mère. Je suis obligé de l'aider à la pousser dans les côtes. Nous sommes tous très fatigués. Le temps lourd rend notre retour encore plus pénible. Au loin, un orage menace. Le ciel noir se balafre de longs éclairs. Comme nous marchons dans sa direction, nous risquons de subir le déchaînement des éléments. Nous n'avions pas besoin de cela.

Lors d'un arrêt, quatre soldats français nous rattrapent. Ils se dirigent aussi vers Dole. Ils sont en uniformes de fantassins. Le calot sur la tête, le barda sur le dos, mais sans armes.

– Où allez-vous comme ça ? Leur demande tante Henriette.

– A Dole. Vers un centre de regroupement des prisonniers.

– Parce que vous êtes prisonniers ?

– Oui. On a été pris par deux Allemands montés sur un side-car. Ils nous ont dit de jeter nos fusils et de rejoindre la ville la plus proche pour y être démobilisés aussitôt après la signature de l'armistice. On a eu affaire à de braves types. Ils nous ont même offert des cigarettes !

Ces soldats volontairement en marche vers la captivité étonnent grand-mère Julie.

– Puisque vous êtes encore libres, leur suggère-t-elle, pourquoi n'essayez-vous pas de vous mettre en civil et de rentrer chez vous ?

L'un d'eux, un petit rouquin à l'accent parisien, hausse les épaules et répond :

– Faut pas déconner, mémère ! Nous, on tient pas à avoir des ennuis par la suite. On veut des papiers en règle. On va les chercher. Comme la guerre est finie, vous pensez bien que les Allemands ne nous garderont pas longtemps ! Un autre, un grand maigre à lunettes, approuve son camarade :

– On va pas se mettre dans des emmerdes au moment où tout s'arrange ! A présent, faut obéir aux vainqueurs !

Les quatre hommes marchent plus vite que nous. Ils ne tardent pas à nous distancer. Ils disparaissent bientôt, mêlés au flot des réfugiés qui remonte à présent en direction de Dole.

Cette rencontre me plonge dans une extrême perplexité. Comment ces quatre soldats se sont-ils laissés prendre par deux motocyclistes ? Alors qu'ils avaient encore leurs armes ? L'inverse aurait été plus logique. Je suis également frappé par l'espèce de veulerie que la défaite a engendrée chez ces hommes. Par le fait qu'ils n'emploient plus le terme de Boches en parlant de l'ennemi. Comme s'ils étaient non seulement résignés à leur sort de vaincus, mais presque contents d'avoir été faits prisonniers. Prêts à lécher les bottes de l'envahisseur !

Nous venons de vivre une guerre étrange. Une guerre d'abord sans combats. Puis, à peine l'ennemi venait-il de lancer sa première offensive que tout s'est détraqué. Comme si du général en chef au plus obscur fantassin, personne ne voulait se battre. Une vraie démission collective. Comment expliquer autrement le fait que nous ayons vu, à Dole, refluer précipitamment vers le sud des dizaines et des dizaines de chars, de canons flambants neufs, de camions vides ? Les troupes à pied, qui sont venues ensuite, dans leur fuite pitoyable, nous ont offert un spectacle encore plus affligeant. Dans les règlements de l'armistice, les vainqueurs tiendront-ils compte de la dérive pacifiste de notre armée ? Se montreront-ils au contraire arrogants, méprisants vis-à-vis d'un peuple aussi pleutre ? C'est la question que se posent sans doute aujourd'hui beaucoup de Français et à laquelle nous ne tarderons pas à connaître la réponse.

L'orage, dont nous avons vu briller au loin les éclairs, s'est abattu quelques dizaines de minutes avant notre arrivée sur la colline de l'As de Pique. Nous la descendons afin de rejoindre la longue plaine qui nous sépare de Dole. La route est jonchée de branchages feuillus arrachés aux arbres. Les fossés dégoulinent d'eau boueuse. Heureusement, le soleil est déjà revenu. Les nuées noires s'éloignent en direction de la forêt de Chaux.

Notre première rencontre avec les soldats ennemis, l'événement que nous attendions et redoutions depuis Bellevesvre, se produit à mi-pente de la colline. Une dizaine de véhicules militaires bariolés par le camouflage sont à l'arrêt en bordure de la route. Des hommes aux uniformes verdâtres semblent avoir mis pied à terre pour se dégourdir les jambes. Plusieurs d'entre eux urinent côte à côte contre le talus. D'autres esquissent des flexions de jambes, des mouvements de gymnastique. Pour la première fois de ma vie, j'entends le parler guttural des Teutons. Certains rient bruyamment, s'interpellent d'un bout à l'autre du petit convoi.

Apparemment, aucun des soldats que nous croisons sans trop oser les regarder en face, ne fait attention à nous. Pourtant, alors que nous allons arriver en queue du détachement, grand-mère, qui chemine toujours en tête de notre groupe, esquisse un brusque geste de frayeur. Elle pense que l'un des Boches braque son fusil dans sa direction. En fait, l'Allemand tient son arme à l'envers. Il s'assure simplement que la pluie n'a pas mouillé l'intérieur du canon. Le mouvement de crainte n'a pas échappé au soldat. Il éclate de rire et, comme s'il cherchait à se faire pardonner, nous adresse au passage un petit signe de sympathie.

Décidément, c'est vrai : les ennemis ne sont pas les monstres assoiffés de sang qu'on nous a dépeints avant la débâcle. Ils n'ont manifestement, jusqu'à présent aucune animosité vis-à-vis de la population civile et sans doute aussi à l'égard de nos malheureux prisonniers. C'est du moins mon analyse à l'issue d'un premier contact avec les Boches.

Nous sommes donc tous un peu plus rassurés jusqu'au moment où nous traversons le pont suspendu sur la Loue. De l'autre côté, à l'entrée du village de Parcey, sur la gauche, il y a une charmante gentilhommière flanquée d'une tourelle. Nous la connaissons d'autant mieux que mon grand-père Edmond Cornu, le mari de grand-mère Julie, y fut employé. Dans la cour de la demeure, nous apercevons un autre groupe d'Allemands, ceux-ci beaucoup moins amènes que les précédents. Ils entourent, fusils braqués, les quatre soldats français qui nous ont dépassés un peu plus tôt. Les pauvres diables ont les bras levés. Ils n'en mènent pas large. Ils nous regardent passer avec un air dépité qui en dit long sur leurs regrets de ne pas avoir suivi le conseil de ma brave grand-mère. Un peu plus loin, celle-ci ne peut s'empêcher de s'exclamer :

– Les imbéciles ! Ils sont bien avancés à présent !

Des Allemands, nous n'allons plus cesser d'en voir jusqu'au Poiset. A Villette-lès-Dole, une unité blindée nous croise. Nous nous garons prudemment dans la cour d'une ferme pour leur laisser libre passage sur toute la largeur de la route. Les tanks, plus surbaissés que ceux de notre armée, se suivent à moyenne allure, à dix mètres d'intervalle environ. Le buste de chaque chef de char émerge de la tourelle. Ils sont en uniforme noir. Leur casque ressemble beaucoup à ceux des aviateurs. Ils portent l'aigle allemand sur le côté droit de la poitrine, deux tibias croisés surmontés de la tête de mort sur le col rabattu de la vareuse. Ça leur donne un air impressionnant.

Entre chaque section d'une dizaine de tanks, s'intercalent, en nombre égal, de longues autochenilles tractant des canons, des caissons de munitions. Des hommes casqués et armés sont assis à l'arrière des véhicules, face à face par rangées, bien droits sur leurs bancs. De temps en temps, d'étranges petites voitures grises, de forme carrée, transportant des officiers coiffés de casquettes plates, remontent la colonne à toute vitesse. Sans arrêt, irrésistiblement, sous le soleil redevenu étincelant et torride, le fleuve monstrueux dont la source se trouve à Berlin, roule sous nos yeux effarés ses flots d'acier, dans le rugissement de ses moteurs. Le crissement de ses chenilles qui arrachent, par plaques, l'asphalte de la route.

Nous sommes stupéfaits, subjugués par ce prodigieux spectacle. Comment ne ferions-nous pas la comparaison entre cette armée mécanisée, disciplinée, impeccable, et celle que nous avons vue refluer quelques jours plus tôt dans la plus extrême confusion ? Entre ces soldats splendides, marmoréens, figés comme à la parade et les troupiers sales, débraillés, traînant lamentablement leur misère et notre honte sur les routes de la débâcle ? Le contraste entre ces deux défilés est trop saisissant pour ne pas s'imposer à notre esprit.

Face à cette image absolue de la puissance, de la supériorité matérielle de l'organisation militaire, je réalise une fois encore la responsabilité criminelle que nos dirigeants politiques, nos généraux, ont prise en déclarant la guerre à l'Allemagne. Avec notre armée d'un autre âge, sans idéal, nous ne pouvions être que broyés, écrasés par ces divisions blindées commandées par des chefs jeunes, compétents et hardis.

Nous sommes enfin de retour au Poiset ! Chez grand-mère Julie, dans ma maison natale. Rien n'a changé depuis notre départ. Si quelqu'un est entré dans la cuisine, il ne devait pas être amateur d'alcool. La bouteille de rhum posée au milieu de la table est restée intacte.

Marie M., la patronne du café tout proche nous a vu arriver. Elle vient nous saluer et nous raconte ce qui s'est passé durant notre absence. Dole a été bombardé le 16 juin vers onze heures du matin. De nombreux projectiles lancés par une vague d'avions allemands, sont tombés sur les annexes militaires, la gare de triage, le faubourg de Gray. Les bombes ont fait aussi des dégâts boulevard Wilson et rue Mont-Roland. On ignore le nombre des victimes. Parmi les tués figurent M. et M$^{me}$ O., pharmaciens à Dole. M. O. était connu dans toute la France et à l'étranger. Il avait inventé et commercialisé un insecticide anti-poux très efficace baptisé par lui « Veldalice ». Les ventes de ce produit s'étant révélées florissantes, l'apothicaire dolois avait fait construire dans le quartier résidentiel du Parc de Scey, face à la vallée du Doubs, une superbe propriété de style néopalladien qu'on baptisait irrespectueusement la « Villa des poux » en raison de l'origine de la fortune de son propriétaire.

Marie M., très informée par ses clients des récents événements locaux, nous raconte aussi que les sapeurs français du génie ont fait sauter, dans la nuit du 16 au 17 juin, le grand pont Louis XVI sur le Doubs. Depuis lors, la traversée de la rivière s'effectue exclusivement en barque pour les civils.

Quant aux Allemands, ils sont arrivés à Dole le 17 au matin. Les premiers, cinq motocyclistes, ont traversé, au ralenti, une ville aux rues vides, aux volets clos. Alors qu'ils remontaient la rue Louis Pasteur, un coup de feu a claqué. Le quartier a été aussitôt cerné, mais, bien qu'ils eussent enfoncé plusieurs portes et soient descendus dans des caves où se terraient des habitants, les Boches n'ont pas découvert le coupable.

Quelques instants plus tard, tandis qu'il se trouvait en conversation avec le maire de Dole, M. P. et le chanoine N., curé de la paroisse, l'officier commandant l'unité ennemie d'avant-garde a fait adosser ces deux personnalités contre le mur de la Collégiale en menaçant de les faire fusiller si on tirait encore contre ses troupes. M. V., professeur d'allemand qui servait d'interprète a plaidé la cause des deux otages. Ils ont été finalement relâchés. Il n'y a pas eu d'autres velléités de résistance, mais, profitant de l'incident et sous prétexte de poursuivre les recherches de son auteur, les Boches ont pénétré à l'intérieur d'un certain nombre de magasins, dont la bijouterie P., qu'ils ont complètement pillée.

Les Allemands, qui étaient, entre temps, parvenus à franchir le Doubs, ont fait leur apparition le même jour au Poiset. Dans l'après-midi, avec des éléments blindés. Ils n'ont pas cessé depuis lors d'y défiler par centaines, sur des chars, des camions et même des voitures hippomobiles. Selon certaines informations, ces unités progresseraient en direction de la Suisse. Elles envahiraient bientôt ce pays pour le punir d'avoir accueilli sur son sol plusieurs divisions françaises en retraite.

Au sujet du sort réservé à nos troupes, Marie M. a appris qu'on regroupait actuellement sur le champ de foire les innombrables prisonniers de tous grades, de toutes armes que le vainqueur a fait au cours de son avance foudroyante. Notre amie nous raconte une histoire édifiante concernant la piteuse débâcle de nos troupes, telle qu'elle s'est déroulée devant chez elle, quelques heures après notre départ.

Dans la matinée du 16 juin, la commerçante a reçu la visite d'un de ses vieux clients, le père Edouard G., ancien combattant de la guerre 14-18, ex-contremaître aux fonderies Bermond. Le brave homme avait revêtu son uniforme bleu horizon, lacé ses bandes molletières, coiffé son casque et épinglé sur sa vareuse toutes ses décorations de valeureux poilu. Il portait à la bretelle une antique pétoire avec laquelle il chassait depuis toujours dans la plaine de Crissey.

En le voyant dans ce guerrier équipage, Marie M. a demandé au bonhomme :

– Où allez-vous donc comme ça, l'Edouard ?

– Moi, a dit le vieux, je vais leur faire voir, à ces jeunes blancs-becs d'officiers comment on fait remonter au front une section qui se défile devant l'ennemi !

Après avoir bu sa traditionnelle chopine de blanc, le père G. est sorti sur le seuil de l'établissement. Il s'est mis à haranguer les soldats en retraite :

– Allez les gars ! soyez pas des fouiroux (1), faut pas avoir la chiasse comme ça ! Suivez-moi ! On va les arrêter les Boches ! Comme à Verdun !

Les hommes ont continué à défiler devant le vieux. Souvent en détournant la tête au passage. Pas très fiers d'eux. Finalement, la tragi-comédie s'est achevée sur répartie cruelle lancée par l'un des fuyards :

– Allons, pépé, rentre chez toi ! C'est plus de ton âge de jouer au petit soldat !

Mortifié, le bonhomme est revenu s'asseoir à l'intérieur du café. Il n'a cessé de boire jusqu'au soir. Pour noyer son chagrin. En rabâchant inlassablement :

– C'est pas des hommes ! C'est des mauviettes ! Des mauviettes !

Le 17 juin dans l'après-midi, peu après l'arrivée des Allemands, le père G. est allé se jeter dans le Doubs. On l'a heureusement repêché à temps. A présent, il se repose de ses émotions chez une de ses nièces. Il paraît qu'il ne cesse de répéter :

– Fallait me laisser crever ! Je recommencerai ! Je ne veux pas voir ça !

---

(1) Atteint de diarrhée, en patois franc-comtois.

Bon gré mal gré, le pauvre vieux poilu est comme nous tous. Obligé de subir le défilé de l'armée abhorrée qu'il avait pourtant héroïquement combattue en 14-18. Pour combien de temps est-elle là ? Personne ne peut le dire !

Amère ironie : sur la porte de la grange d'un de nos voisins une affiche de propagande, qui n'a pas encore été déchirée proclame : « Français... Méfie-toi, la 5^e^ colonne est encore là ! ». Hélas ! Cette fois, il n'y a pas que la 5^e^ colonne qui est là, mais toutes les autres !

## LA PARADE FORCÉE

**Lundi 1^er^ juillet 1940** *(Extrait de mon Journal)*

« La vie reprend tant bien que mal son cours. Notre quartier n'a pas souffert du bombardement. A l'exception de quelques maisons dévalisées en l'absence de leurs propriétaires, la guerre n'a pas laissé de traces au Poiset. Nous avons été parmi les premiers à rentrer. A présent, nos voisins regagnent peu à peu à leur tour leurs domiciles. Si nous n'assistions pas aux passages intermittents de convois militaires allemands et surtout au reflux des prisonniers et des réfugiés, on se croirait revenu à un paisible été d'avant 1939... »

Pourtant, beaucoup de choses ont changé en quelques semaines. Elles commencent à compliquer insensiblement notre existence. Par exemple, depuis le début de la débâcle, il n'y a plus de pain dans notre faubourg, et plus de viande. Le boulanger a épuisé son stock de farine. Le boucher a pris la route de l'exode avec sa famille. Quant aux épiceries, elles sont dévalisées par les ménagères du quartier. La plupart des produits courants, tels que le beurre, le fromage, l'huile, le sucre et bien sûr le café, manquent totalement. Ma mère a pu acheter quelques provisions chez notre voisine, M^me^ F. et chez Albert B., qui ont rouvert leurs magasins. Mais ça ne constitue pas de bien grosses réserves. Heureusement, on dit que les approvisionnements vont vite redevenir normaux. Que nous ne manquerons de rien pour l'hiver. La pénurie actuelle sera passagère.

Autre changement dans notre mode de vie, l'instauration de ce que nous appelons « l'heure allemande ». Il a fallu avancer d'une heure toutes les pendules afin de nous mettre au diapason de celles de l'Europe centrale. Les matins sont plus pénibles au moment du réveil. Nous y gagnons de plus longues soirées. Nos nuits sont également réglementées par ces Messieurs. Ils ont institué un couvre-feu de 22 heures à 5 heures du matin. Il est interdit de circuler pendant ce laps de temps dans les rues sous peine de sanction. Les médecins, les cheminots, tous ceux qui travaillent durant la nuit doivent être munis d'un laissez-passer qui porte en allemand le nom d'ausweis.

En matière militaire et politique, les événements ont également évolué. Pendant deux ou trois jours, on a bien cru que les hostilités allaient reprendre, ou plutôt se poursuivre. On a prétendu que le général Weygand était en désaccord avec le maréchal Pétain au sujet de la conclusion d'un armistice. On a raconté qu'il avait regroupé une partie de notre armée, déclenché une vigoureuse contre-offensive sur la Loire et dans la région lyonnaise. Ces bobards ont été rapidement démentis.

Le 22 juin, le bulletin d'information du soir de Radio Sottens nous a appris qu'un armistice entre les états-majors allemands et français venait d'être signé, mettant définitivement fin aux combats. Le commentateur suisse a parlé de conditions dures, mais honorables. On ignore tout de ce que contient cet accord, mais j'avoue que, comme tous mes proches, j'ai été soulagé en apprenant l'arrêt des hostilités.

Notre vieux voisin, le père Auguste M. est consterné par cette nouvelle. Il n'arrive pas à comprendre comment, un peu moins de 22 ans après le 11 novembre 1918, l'armée française a pu capituler devant l'armée allemande ? Cela, suprême humiliation, dans la clairière sacrée de Rethondes ! Dans le wagon où le maréchal Foch avait reçu les plénipotentiaires ennemis pour leur signifier nos propres conditions d'armistice à la fin de la Première Guerre mondiale !

– Dire qu'on s'est saigné à blanc pendant quatre ans pour en arriver là ! vitupère le vieux poilu, les larmes aux yeux, en brandissant le poing dans un geste d'impuissance contre les responsables du désastre. Il est, pour l'instant, bien incapable, comme nous tous, de désigner nommément les coupables. Ce sont à la fois les politiciens, les culottes de peau, tous ceux qui se sont succédé depuis le dernier conflit à la tête du gouvernement et de l'armée.

Si je partage sur le fond, l'indignation de l'ancien combattant, la signature de l'armistice me semble, compte tenu de la situation catastrophique dans laquelle se trouve notre pays, le moins mauvais des palliatifs. Les événements me rendent égoïste. Le sort de la France m'importe moins que celui de mon père. Nous sommes sans nouvelles de lui depuis plus d'une semaine. Sans doute n'en recevrons-nous pas avant longtemps car les services postaux ne fonctionnent plus. Nul ne sait quand ils seront rétablis ? Maman et moi sommes très inquiets au sujet de papa. On dit que beaucoup de convois militaires ont été bombardés, mitraillés sur les routes par l'aviation ennemie. Mon père a-t-il pu atteindre le sud de la France ? Est-il prisonnier ? Autant de questions qui nous angoissent et auxquelles personne ne nous apporte pour l'instant de réponse.

Oui, c'est aujourd'hui ma profonde conviction, comme d'ailleurs celle de la majorité des Français : il était temps d'arrêter la guerre ! Les Allemands ont montré leur supériorité partout, sur terre, dans les airs et même sur la mer. Ils disent qu'ils débarqueront bientôt outre-Manche. Qu'ils écraseront les Anglais comme ils nous ont écrasés. Ça ne fait pour moi aucun doute. J'ai écouté hier soir sur Radio Stuttgart la traduction de la proclamation adressée, depuis Besançon, par le général Guderian, chef de l'armée blindée allemande, à ses troupes victorieuses :

« L'Allemagne est fière de ses divisions blindées et je suis fier d'être votre commandant. En avant vers de nouvelles tâches avec le même dynamisme et les mêmes succès jusqu'à la victoire définitive du Grand Reich ! »

J'ai cru entendre un des ordres du jour que Napoléon I^er^ adressait à ses soldats au cours de ses campagnes. C'est autrement percutant que les propos bêtifiants que nos propres généraux ont tenus à nos troupes durant la « Drôle de guerre ».

Même si je suis à présent soulagé à l'idée que nous ne risquerons plus de périr sous les bombes ou la mitraille, j'enrage d'avoir été berné, trahi par nos dirigeants. Par leur propagande mensongère. Je ne peux m'empêcher de songer à ce que le père C., notre marchand de journaux philosophe, disait à mon père quelques mois avant la mobilisation : « Je n'ai aucun respect pour les hommes politiques. La plupart d'entre eux sont ou des démagogues ou des médiocres. Ils ne songent qu'à leur carrière ou à l'argent. Ils sont prêts à toutes les compromissions pour conserver leur siège. Ils ne font que répéter, comme des perroquets, ce que pensent, ce que disent les chefs de leur parti. Même lorsque ces chefs se trompent, ils n'ont jamais le courage de dire non. »

Nous payons aujourd'hui la platitude, la veulerie de nos gouvernants de droite et de gauche. Dès 1933, ils se sont trompés sur Hitler. Ils n'ont pas senti venir la menace. Même lorsque les fascistes ont déclenché la guerre d'Espagne, avec toutes ses horreurs, il y a encore eu des politiciens pour prôner le désarmement de la France. On voit à présent où nous a conduit leur aveuglement.

Ce même 1er juillet, dans l'après-midi, je descends à pied, en compagnie de mon ami Louis R., vers le centre de la ville. Au bas de la colline de La Bedugue, nous voyons pour la première fois les destructions engendrées à Dole par la guerre. Notre magnifique grand pont est en partie détruit. Les deux premières arches ont sauté. Leurs pierres blanches forment un énorme tas de gravats au milieu du Doubs. Pour traverser la rivière, comme tous les habitants de la rive gauche, nous prenons place à bord d'une barque du père T., maître nageur aux bains publics du Pré Marnoz. Il est devenu passeur pour la circonstance. On a tendu un câble d'acier entre les deux berges. Les usagers aident de leurs bras la manœuvre du bonhomme en tirant tous ensemble sur le filin.

La ville nous semble encore déserte. La plupart des magasins de la Grande rue ont leurs rideaux baissés. Sur l'un d'eux, une épicerie, nous lisons cette annonce pléonastique qui ferait rire en des circonstances moins dramatiques : « Fermé pour cause de fermeture d'évacuation ».

Des gens font la queue devant une boucherie rouverte, tandis qu'un magasin de lingerie féminine est bondé de soldats allemands. Ceux-ci se livrent à des emplettes pour leurs gretchen. Il paraît qu'en entrant dans les boutiques de mode, ils ont tous la même expression pour s'adresser aux vendeuses : « Pour Matâme ». Ils en ressortent les bras chargés de paquets. Il faut dire que le change institué en leur faveur est une aubaine pour les occupants. Un seul mark a la valeur de 20 francs. Les commerçants ne doivent accepter que l'argent allemand. Ne pas refuser la vente des produits qu'ils ont dans leurs rayons ou leurs réserves. Tous les magasins rouverts font des affaires d'or. Même les simples feldgrau semblent disposer d'un confortable viatique en monnaie d'outre-Rhin (1). Selon notre copain Jean R. qui habite rue Arney et que nous rencontrons près de l'Ancienne Poste, les Boches achètent tout ce qu'ils trouvent : des vêtements civils, des chaussures, des objets de toilette, de la parfumerie, sans oublier la confiserie, le chocolat et bien sûr les alcools. Ironie : sur une grande affiche placardée contre la devanture d'un magasin rempli de militaires ennemis, on voit un soldat allemand souriant tenant un garçonnet dans ses bras sous l'œil admiratif de deux fillettes. L'affiche proclame en grosses lettres : « Populations abandonnées, faites confiance au soldat allemand ». J'ai l'impression qu'on peut leur faire confiance aussi pour dévaliser – en payant en monnaie de singe – ce qu'il reste de marchandises dans nos boutiques !

Place du marché, devant la mairie, des gens sont agglutinés devant les panneaux d'affichage. Nous y prenons connaissance de l' « Ordre n° 2 du commandant allemand ». L'affiche indique non seulement l'heure du couvre-feu et le cours du change, mais signale aussi que les soldats français, en vêtements militaires ou civils, doivent se présenter à la Kommandantur. Que toutes les armes à feu ou les armes blanches doivent être immédiatement déposées au commissariat de police.

---

(1) Le simple soldat allemand touchait à l'époque une solde journalière de 3 marks, ce qui lui permettait de faire en France de nombreux achats.

Sur un autre panneau sont épinglés des messages personnels. La plupart malhabilement écrits sur un simple morceau de papier ou de carton. Nous lisons : « M$^{me}$ C. de Molsheim a perdu sa fille Catherine, âgée de 6 ans le 17 juin en arrivant à Dole. La personne qui aurait retrouvé l'enfant est priée de le faire savoir à l'Institution des Ursulines où M$^{me}$ C. est actuellement hébergée. » Ou bien encore : « Gustave H., serrurier faubourg de Besançon, informe sa clientèle qu'après le bombardement, il a transféré son atelier rue Pierre-Curie. »

Dans les rues, à chaque carrefour, des panneaux fléchés ont été installés pour faciliter la circulation de nos « visiteurs ». Tous sont rédigés en lettres gothiques, noires sur fond blanc. Des noms nouveaux auxquels il faudra bien nous habituer font leur apparition : « Kreiskommandantur », « Soldatenheim », « Lazaret »...

Jean R., très au courant de ce qui se passe à travers la ville, nous invite à nous rendre sur le Cours Saint-Mauris. Un triste spectacle nous attend sur la promenade publique. Les allées de gravier ont été labourées par les chenilles des chars allemands. Les parterres de fleurs saccagés. Des boîtes de conserves vides, des bouteilles cassées, des papiers gras traînent partout, mêlés à d'innombrables déjections humaines. Un vrai cloaque. Suprême dégradation, la gracieuse statue de Flore ornant le fond du parc a été renversée de son piédestal. Elle gît, brisée en plusieurs morceaux au pied de son socle. Quant au monument élevé à la mémoire de notre illustre compatriote Louis Pasteur, il est maculé de croix gammées noires.

– Voilà, dit notre ami Jean, j'ai tenu à vous montrer ça ! Car j'en ai marre d'entendre partout qu'ils sont « corrects, propres, respectueux et tout et tout... »

Comme nous revenons vers la place Grévy, nous assistons au rassemblement d'un important détachement de feldgrau. Il s'agit d'une musique militaire. Elle fait face à l'une des façades de l'hôtel de Lyon dont l'un des balcons est orné d'un grand drapeau à croix gammée. Sous le soleil d'été, les cuivres des instruments brillent d'un vif éclat. La formation possède aussi des fifres et des tambours. Je remarque également la présence d'un étrange accessoire : une sorte de chapeau chinois avec une couronne de grelots et un croissant aux cornes duquel pendent des queues de cheval. Tous les musiciens sont casqués, en tenue de campagne.

A l'entrée des principales rues débouchant sur la place, d'autres militaires interdisent la circulation des véhicules. Ils arborent sur la poitrine, attachée par une chaînette, une curieuse plaque triangulaire aux angles arrondis portant l'inscription « Feldgendarmerie ». Toujours à l'affût d'un bon mot, Jean R. nous dit :

– On dirait des vaches primées !

Nous ne rions pas longtemps de cette boutade. En effet, en quelques minutes, un véritable cordon de police composé cette fois de simples soldats a entouré la place Grévy. Ils interdisent à ceux qui s'y trouvent d'en sortir. C'est notre cas.

– M... ! s'exclame notre ami, on va être obligé d'assister au concert ! Ils font ça depuis hier, car tout le monde se débinait pour ne pas les regarder.

Autour de nous, une cinquantaine de Dolois, piégés de la même manière, sont contraints de rester sur place.

Soudain, des ordres brutaux retentissent. Ils sont proférés, plutôt aboyés par le chef de musique, en casquette à visière, sanglé dans sa vareuse, le pistolet au ceinturon. Tous les feldgrau rectifient la position et apprêtent leurs instruments. Au même instant, nous remarquons l'arrivée, sur le balcon de l'hôtel de Lyon, de plusieurs personnages aux uniformes chamarrés. Il s'agit d'officiers aux fringantes tenues, arborant des croix de fer et autres décorations, coiffés de casquettes plates à haut fronton. Après un nouvel hurlement de leur chef, les musiciens entament un morceau. Derrière moi, un spectateur forcé, sans doute un mélomane, dit :

– C'est la marche militaire de Schubert.

Croyant avoir repéré une faille dans le dispositif de bouclage, mon ami Louis nous fait signe de battre en retraite en direction de la rue Jean-Jaurès, qu'on appelle plus communément la Rampe du Cours. Las ! Nous avons à peine fait trois pas qu'un énergique :

– Verboten ! nous cloue sur place.

La troupe de parade se met en branle, précédée par le tambour-major, la canne au poing. Les soldats commencent à défiler au pas de l'oie, dans une superbe ordonnance. Jusqu'à présent, je n'avais vu ce spectacle qu'aux actualités cinématographiques. Le martèlement des bottes, le son des cuivres, le rythme aigre des fifres, le roulement sourd des tambours plats est impressionnant. Je suis également étonné par la dextérité avec laquelle le porteur du chapeau chinois hisse ce lourd engin de cuivre au-dessus de sa tête en faisant vibrer ses sonnettes.

Après un tour complet de la place Grévy, la troupe revient à son point de départ et s'arrête de jouer, tandis qu'au balcon de l'hôtel, les officiers figés saluent les exécutants.

Seuls, quelques maigres applaudissements se font entendre en provenance des rangs des badauds bloqués comme nous sur les trottoirs. Je remarque que ces sympathisants portent eux-mêmes des uniformes allemands. La plupart des autres témoins, comme mes amis et moi-même, s'abstiennent de toute marque de sympathie ou d'hostilité. Un bonhomme, qui connaît Jean R., nous raconte à mi-voix un incident. Ils s'est déroulé en ce même lieu le 17 juin dernier au matin, lors de l'arrivée des troupes ennemies. Alors que les premières colonnes de Panzer traversaient la place Grévy, sous les yeux atterrés de quelques habitants du quartier, un inconnu d'une trentaine d'années se mit à les applaudir frénétiquement au passage. Son attitude souleva une muette réprobation des Dolois présents, mais nul n'osa lui demander de modérer un enthousiasme aussi déplacé. Un moment donné, un officier ennemi circulant avec son chauffeur à bord d'une petite voiture carrée grise, remarqua le comportement de l'homme. Il fit stopper son véhicule et revint, à pied, vers le personnage. Il le gifla par deux fois en disant :

– Vous, mauvais Français ! A la guerre, vaincu pas applaudir vainqueur !

Puis l'Allemand repartit vers sa voiture tandis que l'admirateur des envahisseurs s'éclipsait à la grande satisfaction des témoins. Cette anecdote nous ravit, mais nous n'en sommes pas moins tous un peu fascinés par le spectacle qui se déroule sous nos yeux. Par la mise en scène rigoureuse de cette parade symbolisant la puissance de l'armée ennemie.

Lorsqu'un instant plus tard, avec toujours la même impeccable ordonnance, la musique militaire s'engage dans la rue de Besançon pour poursuivre à travers la ville son défilé triomphal, Louis R. et moi nous empressons de quitter la place Grévy. Les Boches ont fini par lever les barrages qui y entravaient la libre circulation non seulement des véhicules mais aussi des piétons. Nous empruntons un itinéraire plus tranquille par le port du canal afin de rentrer au Poiset.

La contrainte qu'on vient de nous imposer manu militari nous a beaucoup marqués. C'est à vrai dire la première fois que nous subissons la loi de l'occupant. En proie à un indicible malaise, je ne peux m'empêcher de demander à mon ami :

– Tu crois qu'ils vont rester longtemps chez nous ?

Louis hausse les épaules d'un air évasif, puis finit par répondre :

– C'est un commencement. A présent, j'ai l'impression qu'ils n'ont pas fini de nous faire ch... !

## « NOUS SOMMES ICI POUR MILLE ANS ! »

**Lundi 15 août 1940** *(Extrait de mon Journal)*

« Depuis deux mois, nous sommes dans l'incertitude. Nous vivons dans l'angoisse à cause de mon père. Nous n'avons plus de nouvelles de lui depuis le 14 juin, date à laquelle son unité a quitté précipitamment Besançon. Un ami bisontin ne nous a pas rassurés en nous disant que les batteries défendant la ville auraient été, à cette date, dirigées en renfort vers l'Alsace. »

« Ma mère est désespérée. Elle pleure souvent. Le long silence de mon père lui fait redouter le pire. Il faut dire que notre famille a tellement été éprouvée lors du précédent conflit qu'elle est persuadée qu'il n'en reviendra pas vivant. J'essaie de la consoler en évoquant la désorganisation des communications ou en exprimant l'espoir qu'il a été fait prisonnier. Car il en est ainsi dans toutes les familles sans nouvelles de leurs proches mobilisés. On préfère apprendre que le mari, le père, le frère, le fiancé sont en captivité plutôt que leur décès... »

Des prisonniers, il semble y en avoir des dizaines parmi les gens que nous connaissons. Il y en a même déjà un dans notre propre famille. Capturé pendant la débâcle, le mari de ma cousine Germaine Royer est détenu dans un camp d'internement, quelque part en France, ou en Allemagne.

Chaque matin, comme de nombreux Dolois, je me rends devant la mairie. Au milieu d'une incroyable bousculade, j'essaie de m'approcher des panneaux où sont inscrits les noms des prisonniers de guerre originaires de la ville. Ces listes s'allongent de jour en jour. Elles portent aussi l'adresse des camps de transit : Pont-Hubert, Drancy, Beaume-la-Rolande, Pithiviers... J'ai pu apprendre à deux familles de mon quartier que les noms de leurs fils, Gaby R. et Albert L. figuraient sur les panneaux de la mairie. Ces braves gens, qui, comme nous, redoutaient le pire ont été soulagés. Quant à moi, je rentre chaque jour un peu plus désespéré de ne pas avoir trouvé le nom de papa sur ces listes.

Selon une rumeur qui commence à se propager, tous les prisonniers seraient prochainement libérés. Ça ferait partie des clauses de l'armistice signé par le maréchal Pétain. Ça semble d'ailleurs logique. A présent que la guerre a pris fin entre la France et l'Allemagne, on se demande pourquoi le vainqueur garderait tant de bouches inutiles à nourrir et à surveiller dans des camps. Alors qu'il va avoir besoin de toutes ses troupes pour conquérir l'Angleterre.

Au sujet du maréchal, son nom est révéré partout. Même par notre ami M. S. l'ancien douanier. Il dit qu'il est dommage que le vainqueur de Verdun n'ait pas eu plus tôt la possibilité de s'occuper des affaires du pays. Quant à André, le fils de M. S., il a lui aussi été fait prisonnier, ce qui a bien sûr rassuré ses parents.

Le soulagement de ceux qui connaissent le sort de leurs proches rend notre attente encore plus intolérable. Notre espoir s'amenuise de jour en jour.

D'autant qu'on a annoncé depuis deux semaines la démobilisation, dans le sud de la France, des anciens combattants 1914-1918. Mon père faisant partie de cette catégorie de réservistes aurait du bénéficier de cette mesure. Son retard devient de plus en plus inquiétant.

Un événement a encore accru notre anxiété. Nous avons appris que les gendarmes français de la brigade de Dole étaient venus récemment annoncer à M^me^ T., des Cités du Boichot, le décès de son mari. La pauvre femme reste seule pour élever ses deux fillettes. Depuis que nous avons connu cette triste nouvelle, nous appréhendons de recevoir à notre tour la visite des sinistres messagers. Ma foi, qui s'était affadie depuis ma première communion, renaît dans cette épreuve. Je renoue chaque soir avec le Bon Dieu en lui adressant une fervente prière afin qu'il nous ramène mon père sain et sauf à la maison.

Le climat d'angoisse dans lequel ma mère et moi vivons en permanence, fait passer au second plan un certain nombre d'événements et de petits faits de notre vie quotidienne. Je note sur mon carnet :

## Samedi 17 août 1940 *(Extrait de mon Journal)*

« Notre cité est occupée depuis deux mois par les Allemands. On les voit partout : dans les rues, les magasins. Ils logent dans les deux casernes de la ville, mais aussi aux annexes militaires, de même qu'à la cité des Polonais dans notre quartier. Ils ont également réquisitionné de nombreuses maisons et des appartements. Ils doivent être des milliers. Ils grouillent tellement dans la ville à certains moments de la journée qu'on a l'impression qu'ils ont complètement remplacé les Dolois. Leur invasion leur vaut un nouveau surnom. On ne les appelle plus les Boches, mais les Doryphores. C'est le nom des bestioles qui prolifèrent dans nos champs de pommes de terre, depuis quelques années et ravagent tout sur leur passage. »

Les Allemands se comportent effectivement comme une nuée de prédateurs. Ils ont de l'argent plein les poches. Ils achètent sans compter tout ce qu'ils trouvent dans les magasins. Les commerçants n'ont pas le droit de leur refuser la vente des marchandises. Ils ne doivent pas non plus profiter de l'occasion pour majorer leurs prix. L'un d'eux, qui a commis cette infraction, vient d'être condamné à quinze jours de prison pour hausse illicite.

Le mercantilisme de certains se double aussi hélas ! d'une véritable abjection. La semaine dernière, en faisant la queue à la confiserie F., au centre de la ville, j'ai été témoin d'une scène écœurante. La propriétaire du magasin s'est précipitée au-devant de deux officiers allemands qui venaient d'entrer. Elle les a fait passer devant la longue file d'attente des clients locaux, en claironnant : « Allons messieurs-dames ! Faites place à nos vainqueurs ! » Alors que dans cette boutique les achats des consommateurs civils sont limités à un seul paquet, les Boches sont repartis les bras chargés de pain d'épice, de gâteaux secs et de bonbons. Personne n'a pipé mot en entendant les propos scandaleux de M^me^ F., ni en constatant de quel favoritisme les occupants bénéficiaient. Mais j'ai vu naître une lueur de haine au fond de bien des regards.

Cette flagornerie vis-à-vis des vainqueurs, on la remarque aussi hélas ! dans le comportement d'autres Dolois qui font des amabilités aux Doryphores. Certains en invitent chez eux pour trinquer autour d'une bonne bouteille. Aux bains publics du Pré Marnoz, on commence à voir des filles jouer au water-polo avec eux, se montrer peu farouches face aux avances des Aryens blonds.

Heureusement, la majorité des gens tiennent leurs distances face à l'occupant et gardent leur dignité. M^lle^ D., l'ancien professeur de lettres qui me prête toujours des livres, m'a fait lire récemment le texte du sermon prononcé en chaire le dimanche 23 juin dernier par M^gr^ Dubourg, archevêque de Besançon : « Oui mes frères, disons-le bien haut. C'est trahir la patrie et l'honneur que d'accueillir comme des amis ceux qui viennent chez nous, si corrects soient-ils, avec le seul droit de la force. Donnons-leur ce que nous ne pouvons pas leur refuser, c'est le droit de la guerre. Soyons corrects, mais pas serviles. A plus forte raison, ni sourire de complaisance, ni familiarité ». Ce texte, paru à la fin du mois de juin dans la « La Voix diocésaine » reflète mes propres pensées. Je n'avais d'ailleurs pas attendu ce message pour adopter une attitude réservée vis-à-vis des Allemands.

Depuis la signature de l'armistice, le climat qui règne en France s'est déjà sensiblement dégradé. Le couvre-feu est devenu en particulier plus rigoureux. Plusieurs personnes ont été arrêtées par des patrouilles ennemies alors qu'elles circulaient dans les rues de Dole entre 21 heures et 6 heures du matin. Les contrevenants ont été retenus pendant quelques jours. On leur a fait balayer la cour des casernes, vider les tinettes et cirer les bottes de ces messieurs. Depuis le mois de juillet, on emprisonne beaucoup. La plupart des gens incarcérés, en dehors des resquilleurs du couvre-feu, sont des soldats français qui s'étaient cachés au moment de la débâcle et cherchaient à regagner clandestinement leurs domiciles. Il y a aussi des civils, hommes et femmes, trouvés sans papier d'identité. Cette inflation pénitentiaire contraint les occupants à surcharger non seulement la prison locale mais à créer aussi d'autres lieux de détention. On a ainsi transformé en geôle le cinéma catholique « Le Foyer », boulevard Wilson.

Les unités allemandes stationnées en bordure de la Loue sont de grandes pourvoyeuses de détenus. Elles surveillent la nouvelle frontière qui traverse actuellement la plaine du Val d'Amour. Un nom vient de faire brusquement son apparition dans notre vocabulaire : la ligne de démarcation ! Il s'agit d'une limite militaire et administrative qui partage désormais en deux le territoire français. On parle à présent de « zones ». La première, au nord, géographiquement et économiquement la plus prospère, est occupée par les forces armées allemandes. La seconde au sud, est théoriquement « libre ». Elle forme un nouvel Etat dont le maréchal Pétain assume les destinées. Il a choisi la ville de Vichy comme capitale provisoire.

Du jour au lendemain, la circulation entre les deux parties de la France a été sévèrement réglementée. Comme s'il s'agissait de deux pays étrangers. Par exemple, on ne franchit plus librement les ponts qui enjambent la Loue. Il faut être en possession d'un passeport spécial, un ausweis délivré par les autorités allemandes. Les cultivateurs ou les forestiers de l'un ou l'autre côté de la ligne de démarcation exploitant des terres ou des bois sur la rive opposée de la rivière, doivent eux aussi posséder un sauf-conduit.

On dit que plusieurs milliers de soldats démobilisés résidant en zone occupée, mais aussi des réfugiés belges, Luxembourgeois, Hollandais, démunis de ce fameux laissez-passer s'agglutinent actuellement dans toutes les localités de la Bresse jurassienne, entre Mont-Sous-Vaudrey et Chaussin dans l'espoir de pouvoir rentrer chez eux. Beaucoup tenteraient de passer clandestinement la nouvelle frontière. Pour surveiller celle-ci, les Boches auraient installé de nombreux postes de garde et patrouilleraient à présent le long de la Loue. Ils captureraient chaque jour des contrevenants. On dit même qu'ils tireraient à vue sur ceux qui ne répondraient pas à leurs sommations.

Parmi les autres contraintes imposées par l'occupant, il y a la réquisition de nombreux appartements et villas. Les officiers, parfois les simples hommes de troupes se sont installés dans toutes les résidences d'un certain standing abandonnées par leurs propriétaires. Ils ne se privent pas pour piller tout ce qui a de la valeur : mobilier, œuvres d'art...

Les Allemands n'ont pas été les seuls à profiter de l'abandon des maisons bourgeoises. Des Dolois peu scrupuleux se sont servis avant et même après leur arrivée. Un voisin nous raconte que les frères K., voleurs et braconniers notoires, ont entreposé dans un hangar des dizaines d'objets d'art, de l'argenterie, de la lingerie, en provenance de plusieurs villas et de l'un des châteaux d'Azans.

Les astreintes aux diktats de l'occupant ne concernent pas que les humains. Selon un avis récemment placardé sur les murs de Dole, on a pu lire :

« Par décision de la Kreiskommandantur, tout chien trouvé errant sera immédiatement abattu par les patrouilles allemandes ! »

Cette menace n'a pas tardé à être suivie d'effet et, à plusieurs reprises, on a entendu des rafales de mitraillettes qui ont fait passer de vie à trépas de malheureux clébards abandonnés.

Parmi les tracasseries imposées par les Doryphores, il en est qui ne sont pas tout à fait négatives. Par exemple, ce qui vient de se passer dans le Val d'Amour. Un officier boche est venu voir successivement tous les maires des villages de la région. Il les a mis en demeure, sous peine de fortes amendes infligées à la population, de faire nettoyer toutes les rues recouvertes de bouses de vaches et de mettre de l'ordre dans les cours des fermes. La menace a été efficace. Aujourd'hui, ces localités sont devenues plus propres qu'elles ne l'ont jamais été au cours de leur histoire.

A Dole, par contre, les autorités occupantes ont mis en application une mesure très contrariante pour la population. Ils ont institué un sens unique rue de Besançon, rue des Arènes, rue Chifflot et rue des Remparts. Les artères de la vieille ville étant particulièrement étroites, à tel point que deux véhicules ont souvent du mal à s'y croiser, c'est avant tout pour leur propre commodité que les Doryphores ont pris cette décision. Nos concitoyens, qui sont principalement des cyclistes, rechignent à obtempérer. Certains se sont déjà fait verbaliser par la feldgendarmerie. Pour ma part, j'ai réussi à braver une ou deux fois impunément l'interdiction en roulant à contre-sens sur mon vélo.

Toutes ces contraintes montrent, à l'évidence, que l'ordre allemand n'est guère compatible avec l'esprit français. Nous aurons du mal à nous y plier. Si nous voulons conserver nos habitudes individualistes, préserver notre mode de vie, il faudra tricher ou alors vivre dangereusement.

Par insouciance plus que par bravade, nous avons d'ailleurs commencé, fin juin, avec un certain nombre d'amis, à défier les strictes consignes imposées par l'ennemi. Un jour que nous nous promenions dans la forêt de Chaux, il y avait là notamment Daniel F., Camille G. et les frères B., nous avons découvert, en bordure de la route Dole-Goux, un invraisemblable bric-à-brac abandonné dans sa fuite par une unité sanitaire vietnamienne en déroute. Les talus, les fourrés proches étaient jonchés non seulement de bagages divers mais aussi de matériel, d'armes individuelles, de munitions et d'effets militaires. Le capharnaüm habituel d'une troupe en complète débandade. Sans y voir le moindre mal ni en mesurer le danger, nous avons ramassé, par jeu, une brassée de fusils, de cartouchières, de baïonnettes et d'effets militaires. Durant cette opération de récupération, nous avons entendu passer plusieurs véhicules allemands sur la route, mais aucun d'eux ne s'est heureusement arrêté. Le ramassage des épaves et autres vestiges de la déroute par les vainqueurs ne s'est effectué méthodiquement qu'à partir de juillet.

Par prudence, nous avons donc transporté ce jour-là nos prises dans une clairière au milieu de la forêt. Nous nous sommes amusés à manier les armes, à manœuvrer les culasses, en évitant bien sûr de tirer pour ne pas attirer l'attention. Nous étions malgré tout très conscients de commettre un acte répréhensible. En effet, l'Ordre N°1 signé par le Commandant allemand de la place, Günther, apposé sur tous les murs de Dole, stipulait :

« ... Tous ceux qui sont en possession d'armes à feu ou d'armes blanches, devront les remettre au commissariat de police. Toute désobéissance sera punie sévèrement. »

Cet ordre a d'ailleurs été inégalement suivi. Si certains sont allés déposer leurs fusils de chasse ou leurs armes de collection, beaucoup d'autres les ont planquées dans les greniers.

Daniel F., le plus réfléchi d'entre nous, a été le premier à mettre un terme à nos irresponsables gamineries. Il a dit :

– On s'est assez amusé, les gars ! Si on se fait prendre avec ces flingues, on finira tous en taule !

– Qu'est-ce qu'on va en faire ? a demandé Camille G. On va quand même pas les livrer aux Boches ?

– Non, a répondu Daniel, on va les enterrer. Elles pourront peut-être resservir un jour...

Une heure plus tard, après nous être munis du matériel de terrassement indispensable, nous avons creusé un grand trou au milieu de la clairière. Nous avons enveloppé soigneusement les fusils (une douzaine de mousquetons et de Lebel) ainsi que les munitions et les baïonnettes dans des chiffons enduits de graisse. Nous les avons roulés dans des feuilles de papier goudronné et enfouis sous un bon mètre de terre. Ensuite, nous avons recouvert l'emplacement avec de la mousse et des feuilles mortes. Puis nous avons fait chacun le serment de garder le secret de ce dépôt d'armes jusqu'au départ des Allemands.

Ce départ n'est, hélas ! pas pour demain. Hier, tante Mélie, que je suis allé voir à Villette-les-Dole et qui sert d'interprète bénévole aux habitants de son village dans leurs relations avec les occupants, m'a raconté qu'un officier nazi lui avait dit :

– Nous ne partirons jamais de la Franche-Comté, car cette province appartenait autrefois à l'Empire germanique. Nous sommes ici pour mille ans !

## LE RETOUR DE MON PERE

**Vendredi 23 août 1940** *(Extrait de mon Journal)*

« M. Gustave S. me montre un récent exemplaire du journal "Le Matin" qui publie une carte de France sur laquelle est tracé, en pointillé, le nouveau découpage de la zone d'occupation. Depuis quelques jours, on parlait d'une décision surprenante qui allait encore bouleverser notre statut précaire. Cette carte nous en apporte l'inquiétante confirmation... »

Avec effarement, sans très bien comprendre les raisons du morcellement infligé à la partie nord et nord-est de notre pays, je constate qu'on vient d'y instaurer une frontière intérieure supplémentaire. Elle est dénommée « ligne Führer » et devient pour tous ceux qui n'y résident pas, une « zone interdite ». Elle isole complètement de la France occupée un certain nombre de provinces : la Flandre, les Ardennes, un quart de la Lorraine, les Vosges et une grande partie de la Franche-Comté.

Selon « Le Matin », ces nouvelles dispositions prises par les autorités allemandes en vertu de l'ordonnance du 13 août 1940, auraient pour prétexte la préparation de la prochaine invasion de l'Angleterre. En y réfléchissant, je ne vois pas pourquoi notre région, éloignée de la Manche, est concernée par la création de cette sorte de no man's land ?

Ancien douanier, M. S., qui s'y connaît en matière de frontières, m'explique que les Boches viennent en fait de recréer les limites d'un ancien Etat, la Lotharingie, lequel appartenait autrefois à l'Empire germanique. La France se trouve ainsi ramenée ipso facto dans ses limites antérieures à la mort de Charles le Téméraire.

Notre ami est très pessimiste quant aux conséquences de ce charcutage historico-administratif. Il redoute que nous soyons purement et simplement déchus de notre nationalité.

Selon lui, nous risquons de devenir les sujets d'un nouvel Etat tampon entre la France et l'Allemagne, dont les dirigeants seraient évidemment nazis. Nous subirions alors le sort des Alsaciens-Lorrains car l'occupant n'a pas fait traîner les choses : toute l'administration de ces deux provinces est déjà rattachée à celle du IIIe Reich.

Dans le nouveau découpage, la région doloise hérite d'un triste privilège. Elle est la seule, en France, à être située à l'intersection de trois zones : zone interdite au nord et à l'est, zone occupée à l'ouest, zone libre au sud. M. Gustave prévoit que cela va nous amener un renforcement des contrôles et de nouvelles contraintes.

**Jeudi 29 août 1940.** *(Extrait de mon Journal)*

« Nous sommes toujours sans nouvelles de mon père. A la maison, le climat et de plus en plus déprimant. Maman pleure souvent. Grand-mère Céline, qui est venue déjeuner avec nous ne formule aucune conjecture quant au sort de papa. Cet après-midi, elle n'a cessé de prier, tout en tricotant, assise au pied du sureau qui ombrage la cour. Elle, à qui le destin a déjà infligé tant d'épreuves. A qui tant de fois on est venu annoncer une nouvelle tragique concernant ses fils, ne conserve sans doute plus beaucoup d'espoir... »

Depuis quelques jours, chaque fois que nous voyons passer des gendarmes français à bicyclette sur la route, ma mère et moi les suivons des yeux avec frayeur. Nous redoutons de les voir s'arrêter chez un voisin pour demander notre adresse. Annoncer aux familles dans l'angoisse la mort d'un de leurs proches, c'est à cette sinistre corvée que sont astreints depuis quelques semaines nos braves pandores.

A chaque instant, durant la journée, mais aussi tous les soirs avant de m'endormir, une terrible angoisse m'étreint. Je pleure en silence dans mon lit. J'ai de plus en plus le pressentiment que mon pauvre papa a été tué quelque part sur les routes de l'exode. Son silence ne peut pas s'expliquer autrement. Dans le quartier, il est l'un des derniers à ne pas avoir donné de ses nouvelles. Je suis malheureux comme les pierres à la pensée que je ne le reverrai plus.

**Vendredi 30 août 1940** *(Extrait de mon Journal)*

« Cette journée est l'une des plus merveilleuse de ma vie. Deux nouvelles nous sont parvenues aujourd'hui. Comme par un coup de baguette magique, elles ont transformé l'atmosphère de la maison. Le facteur nous a d'abord apporté vers onze heures une carte postale interzone écrite par mon père. Elle est datée de Toulouse, le 17 juillet 1940 (1). Elle est très brève, mais ô combien rassurante ! En complétant au crayon l'une des treize formules imprimées sur ce document qui ne doit comporter aucune autre mention, papa à mis fin à notre interminable angoisse par ce message laconique : « Je suis EN BONNE SANTÉ ».

Le même jour, durant l'après-midi, un visiteur originaire de Parcey nous apporte une nouvelle encore plus fraîche, plus rassurante. Ce messager du bonheur est un marchand de bois ami de notre famille. Ce matin, en allant prendre livraison d'un chargement de grumes dans une coupe située sur le territoire de Rahon, en zone libre, il a rencontré papa. Celui-ci est arrivé dans ce village il y a quelques jours, à l'issue d'un long périple à pied à travers le sud de la France. Il est provisoirement hébergé chez Henri M. le meunier, un de ses camarades de régiment. Mon père nous fait demander de nous rendre demain après-midi au poste frontière du pont de Parcey afin que nous envisagions ensemble le moyen de lui permettre de rentrer le plus tôt possible à la maison. Il nous suggère aussi de tenter une démarche auprès des autorités occupantes pour essayer de lui obtenir un sauf-conduit.

Après le départ de M. B., que nous avons bien remercié pour sa serviabilité, ma mère et moi nous nous embrassons en pleurant de joie. Après tant et tant de jours d'anxiété, notre long cauchemar vient de s'achever. Nous n'en prenons pas moins conscience des difficultés qui nous attendent encore avant que papa puisse nous rejoindre. Par exemple, il est pour l'instant exclu que nous obtenions le document qui lui permettrait de franchir légalement la ligne de démarcation. A la suite d'un incident survenu à Montbarrey (des coups de feu tirés contre une patrouille allemande en bordure de la Loue), la Kreiskommandantur de Dole refuse, pour une période indéterminée, de délivrer des ausweis à ceux qui désirent rentrer en zone occupée. Ma cousine Henriette, qui a repris ses fonctions à la Recette-Entrepôt des Tabacs nous confirme cette nouvelle.

Ce soir, nous sommes certes très heureux de savoir papa en bonne santé, à dix kilomètres seulement de chez nous, mais son retour n'en demeure pas moins fort aléatoire à cause de cette maudite frontière dressée en bordure de l'affluent du Doubs. On raconte que les Boches arrêtent des dizaines de personnes qui tentent de traverser clandestinement cette ligne de démarcation. Nous en voyons d'ailleurs passer très souvent encadrées par des soldats armés. Certains de ces malheureux sont enchaînés deux par deux comme des malfaiteurs. Les Allemands tireraient aussi à vue sur les fugitifs qui passeraient la rivière à la nage.

---

(1) Cette carte avait mis 45 jours pour nous parvenir. Mon père nous en avait adressé plusieurs autres depuis la fin juin. La plupart ne nous parvinrent jamais. L'une d'elles arriva en janvier 44.

Ainsi, chaque jour un peu plus, nous réalisons à quel point la défaite a bouleversé notre existence. Les vainqueurs arrogants nous font subir durement leur loi. Celui qui transgresse l'ordre nazi risque la prison, sinon la mort. Je me demande si M. S. n'a pas raison ? Nous ne sommes déjà peut-être plus Français !

Le lendemain, samedi 31 août, je me rends à Parcey en compagnie de ma cousine Henriette qui ne travaille pas cet après-midi. J'ai enfourché la bicyclette neuve de maman. Nous bénéficions toujours d'un merveilleux temps d'été. Un vrai temps de vacances. En arrivant à proximité du pont suspendu par des câbles d'acier servant de passage entre les deux zones, nous remarquons le gigantesque pavillon à croix gammée surmontant la chaussée. Quatre soldats allemands stationnent devant une guérite noire ornée de chevrons blancs. Comme nous demandons l'autorisation de passer sur l'autre rive, l'un des feldgrau nous renvoie au poste de garde voisin où, sur présentation de nos cartes d'identité, on nous délivre un laissez-passer provisoire valable trois heures.

Avant de traverser le pont, on nous ordonne d'abandonner nos bicyclettes contre un mur. Il y en a déjà une cinquantaine en cet endroit, entassées les unes sur les autres, appartenant à des gens qui ont obtenu, comme nous, l'autorisation de se rendre en zone libre.

Nous franchissons donc à pied les quelques dizaines de mètres nous séparant de la berge opposée. Ça nous fait une drôle d'impression de voir, en face de nous, une guérite surmontée d'un drapeau tricolore et des soldats en uniforme français armés de mousquetons. C'est un peu comme si nous quittions un pays étranger pour rentrer en France.

Il y a foule au-delà de la barrière. Des civils, mais aussi des militaires aux tenues disparates. Les Doryphores refusent systématiquement de les laisser rentrer en zone occupée, malgré leurs attestations de démobilisation. Certains, dit-on, se trouvent bloqués ici depuis plusieurs semaines. Ils viennent chaque jour au pont de Parcey avec l'espoir de pouvoir traverser la ligne de démarcation. Selon une rumeur, les Boches lèveraient de temps en temps inopinément la barrière pour permettre à une fournée de gens de traverser. Ce n'est certainement plus le cas depuis quelques temps car la frontière est à présent plus hermétique que jamais.

Soudain, parmi la foule, une silhouette familière se détache. C'est papa ! Il est encore vêtu d'un pantalon kaki mais porte une chemise à carreaux. Il a le visage tout bronzé et paraît en pleine forme. Je m'élance. Nous nous étreignons un long instant. Puis il embrasse ma cousine.

Comme il fait très chaud, nous allons nous asseoir à l'ombre d'un frêne en bordure de la route et nous écoutons mon père raconter son odyssée. Après son départ de Besançon, l'unité à laquelle il appartenait a connu bien des tribulations. Elle a notamment subi un bombardement et un mitraillage meurtriers quelque part aux environs de Bourg-en-Bresse. Deux de ses camarades ont été tués à ses côté, d'autres grièvement blessés. Puis la fuite s'est accélérée de plus en plus en direction du sud-ouest, pour s'achever finalement à Muret, en Haute-Garonne. Ensuite, ce fut la pagaille la plus complète, le désœuvrement des hommes, leur attente d'une démobilisation sans cesse annoncée et sans cesse reculée. Lorsqu'il eut enfin en poche le précieux papier le rendant à la vie civile, papa dut encore rejoindre le Jura par ses propres moyens. Il décida de rentrer à pied et traversa la moitié de la France par étapes de 25 à 30 kilomètres par jour, couchant dans les granges, mangeant, comme un vagabond, à la table de gens charitables, tout au long de son périple.

Mais papa est aussi curieux que nous de connaître nos propres aventures. Nous lui contons notre brève et cocasse randonnée sur les routes de l'exode. Il est heureux de nous savoir tous sains et saufs car il a vu, en chemin, bien des choses atroces. Il s'est fait souvent du souci à notre sujet, surtout après qu'on lui eut appris que Dole avait subi un bombardement. Il est très amer en évoquant les événements qui viennent de se dérouler. Il pense que nous avons été trahis. Nos gouvernants, nos chefs militaires n'ont pas été à la hauteur. Dans sa propre unité, la moitié des officiers se sont enfuis en voitures légères, abandonnant leurs hommes à leur triste sort. Des règlements de comptes ont d'ailleurs eu lieu à Muret quelque temps après l'armistice, lorsque les pleutres ont repris contact avec le régiment.

Comme tous les anciens combattants de la Grande guerre, papa est ulcéré par la défaite. Il approuve le maréchal Pétain d'avoir mis fin à un combat meurtrier devenu inutile. Il évoque le nom d'un général passé en Angleterre et dont Radio Sottens a parlé à quelques reprises ces derniers temps. Cet officier s'appelle de Gaulle. Il aurait appartenu à l'ancien gouvernement, et, en compagnie d'un certain nombre d'autres militaires et civils français réfugiés à Londres, il poursuivrait la lutte aux côtés des Anglais. Mon père n'est guère optimiste quant à la suite du conflit. Il pense que nos Alliés d'outre-Manche seront vaincus comme nous venons de l'être car leur gouvernement, pas plus que le nôtre, ne les a préparés à affronter la redoutable armée allemande.

Puis nous abordons le problème de son retour à la maison. Ce ne sera pas une simple formalité. Les Doryphores refusent de laisser rentrer les démobilisés en zone interdite. Nul ne sait quant ils reviendront sur cette décision. Depuis son arrivée à Rahon, papa a eu le temps de mûrir un plan. Puisqu'il ne pourra certainement pas obtenir un ausweis, il a décidé de traverser clandestinement la ligne de démarcation. Il connaît la Loue comme sa poche pour y être venu pêcher autrefois avec ses frères. Il sait qu'il existe un gué en amont du pont. La rivière étant en cette saison à son étiage, il ne risquera pas de s'y noyer. Pour esquiver le danger des patrouilles, il passera en plein midi. A l'heure où, dans toutes les armées, on procède à la relève de la garde. Je serai chargé de venir à sa rencontre à l'entrée du village de Parcey en amenant sa bicyclette.

Après être convenus des détails de ce plan pour le lendemain, ma cousine Henriette et moi nous quittons mon père pour regagner la « Bochie », surnom sinistre par lequel les gens de la zone libre désignent à présent la France occupée.

Une fois le pont franchi, une surprise désagréable m'attend sur l'autre rive. La bicyclette flambant neuve de ma mère a disparu ! Je refuse tout d'abord d'y croire. Je déplace un à un les autres vélos alignés le long du mur. Las ! Celui que je recherche n'y est plus. Catastrophé par ce qui m'arrive, je questionne une personne habitant une maison voisine. Elle m'apprend que les vols de bicyclettes sont fréquents en ces lieux depuis quelque temps. Les coupables sont le plus souvent des gens qui viennent d'être autorisés à traverser la ligne de démarcation et désirent s'en éloigner le plus vite possible. Les Allemands en déroberaient eux aussi de temps en temps. Nous tentons alors, avec ma cousine, une démarche auprès d'un officier du poste de garde. Le gradé boche rejette évidemment aussitôt la faute sur les « Français grosses filous » et ne me laisse aucun espoir de pouvoir récupérer un jour la bicyclette maternelle. C'est donc assis à califourchon sur le porte-bagages du vélo de Lélette que je regagne Le Poiset en fin d'après-midi.

Ce soir, alors que devrais être tout à la joie d'avoir revu mon père, cet incident fâcheux me révolte et gâche un peu mon bonheur. J'éprouve d'autre part une appréhension concernant l'expédition que papa doit effectuer demain. Si la traversée de la Loue ne présentera guère de difficultés, les patrouilles ennemies seront pour lui un réel danger. Tant qu'il n'aura pas rejoint notre maison, il ne sera pas tiré d'affaire.

### Dimanche 1er septembre 1940

Dès onze heures trente, je suis présent au rendez-vous fixé à l'entrée de Parcey. Je suis venu sur la bicyclette de mon père. J'ai eu l'idée de lui apporter un râteau en bois et son chapeau de paille. Grâce à cet attirail, il pourra, en cas de contrôle sur la route nationale, prétendre qu'il vient de faner ses regains.

La journée est splendide, comme toutes celles qui l'ont précédée. Il commence à faire très chaud. J'attends à l'ombre, accoté au tronc d'un frêne. Mon angoisse ne cesse de grandir au fur et à mesure que le temps s'écoule. Je suis d'autant plus inquiet que des voitures, des motocyclistes allemands circulent fréquemment devant moi et que leurs conducteurs me regardent au passage. Si l'un d'eux s'arrête pour me demander ce que je fais là, je dirai que j'attends ma mère qui doit venir de Dole.

Midi, midi quinze, midi trente... Toujours personne ! Normalement, depuis le gué situé en amont du pont de chemin de fer sur la Loue, il ne faut guère plus de dix minutes pour arriver jusqu'à l'endroit où je me trouve. Papa a certainement été retardé. Les patrouilles boches n'ont peut-être pas la régularité d'horaire qu'il escomptait ?

Soudain, venant de très loin, d'un point indéterminé, j'entends retentir un claquement sec. Coup de feu ou autre bruit ? Impossible de le déterminer. J'imagine aussitôt le pire.

Un nouveau quart d'heure, interminable, s'écoule. J'échafaude toutes sortes d'hypothèses, plus tragiques les unes que les autres.

Tout à coup, au moment où je sombre dans le désespoir, je vois apparaître, par-dessus le remblai de la voie ferrée Dole-Mont-sous-Vaudrey une silhouette familière qui me fait de grands signes. C'est mon père. Il arrive presque en courant. Il ne porte pas de valise à la main mais un sac de pomme de terre sur l'épaule. Je remarque que son pantalon est mouillé jusqu'à mi-cuisses.

Nous nous embrassons rapidement et, après avoir ficelé le sac dans lequel il a fourré toutes ses affaires, sur le porte-bagages de la bicyclette, nous prenons, à pied, la direction de Dole. Papa coiffe son vieux chapeau et prend le râteau. A présent, il a vraiment l'air d'un paysan qui rentre des champs.

Comme prévu, à cette heure de la journée, la circulation des véhicules allemands s'est ralentie. Nous n'en croisons que trois entre Parcey et Le Poiset. Leurs conducteurs ne nous prêtent aucune attention.

Nous arrivons un peu après quatorze heures à la maison. Mes deux grands-mères, ma tante Henriette, cousine Lélette, sont là pour nous accueillir. Elles aussi étaient très inquiètes du retard de papa. Il y a un fort moment d'émotion lorsque mes parents s'étreignent. Maman pleure à chaudes larmes. Mais la joie revient vite. La famille enfin réunie après tant de jours d'incertitude et d'angoisse déjeune, détendue, d'un odorant civet de lapin et d'un biscuit de Savoie préparés pour cette heureuse circonstance. Nos retrouvailles et ces agapes me font penser à un jour de fête d'avant la guerre. Nous plaisantons, nous rions, comme si les événements dramatiques que nous venons de vivre ne s'étaient jamais produits. A présent que papa est de retour, j'espère que notre petite vie tranquille va reprendre, comme autrefois. Je deviens volontairement égoïste. Je fais abstraction de la situation dans laquelle se trouve notre pays. Des ruines innombrables occasionnées par les combats, des morts, des blessés, des prisonniers, des familles séparées. Aujourd'hui, je veux oublier aussi que nous sommes un peuple vaincu, humilié, soumis à la loi d'un vainqueur qui n'a rien de magnanime.

Pourtant, ce même soir, 1er septembre 1940, une scène pitoyable me ramène à la tragique réalité. Je vois passer à pied, devant la maison une dizaine de pauvres diables encadrés par quatre feldgrau allemands à cheval. Les captifs sont des soldats français. La plupart d'entre eux portent encore une partie de leurs uniformes. L'un d'eux est blessé à une jambe. Il boîte, soutenu par deux de se compagnons. La petite troupe arrivant de la direction de Parcey se dirige vers le centre de Dole.

Ce spectacle nous est, hélas ! devenu familier depuis quelques semaines. Ces malchanceux se sont fait prendre en tentant, comme l'a fait mon père, de traverser frauduleusement la ligne de démarcation. Ils n'ont pas eu sa chance. Ils seront enfermés dans l'une des geôles doloises prévues à cet effet, avant d'être jugés par un tribunal allemand et de prendre, ensuite, la direction d'un camp de prisonniers, outre-Rhin.

En regardant s'éloigner ces pauvres gars, je me réjouis que papa ait pu échapper à leur triste sort. Mais je ne peux m'empêcher de m'interroger : ne sommes-nous pas nous-mêmes déjà en prison dans la zone interdite ?

DEUXIÈME PARTIE

1941-1942

# NOS ANNÉES DE DÉSESPÉRANCE

## NOUS SOMMES ENTRÉS DANS UN TUNNEL

**Mercredi 1er janvier 1941** *(Extrait de mon Journal)*

« Triste, triste jour de l'An. Je suis malade depuis plus d'une semaine. Une fièvre qui ne parvient pas à se dissiper. Dehors, il fait un froid humide : brouillard tenace et pluie mêlée de neige. Un temps gris, de circonstance avec l'époque que nous vivons. Où sont les fêtes familiales d'antan ? Les repas plantureux, la lumière, la joie, les rires ?... »

Nous avons terminé l'année 40 d'une manière bien morose. Sur une nouvelle tragique. Nous avons appris il y a quelques jours le décès de mon cousin Royer, le jeune époux de ma cousine Germaine. Fait prisonnier en juin dernier, ce garçon sympathique est mort en Allemagne, à Bonn, le 16 novembre, dans des circonstances qui nous sont inconnues. Ce décès s'ajoute au long martyrologe de ceux qui sont morts à la guerre ou de ses suites dans notre malheureuse famille.

A la maison, comme dans tous les foyers du quartier, les restrictions commencent à se faire cruellement sentir. A présent, il faut des tickets partout et pour tout. Mais même lorsqu'on en a, il est de plus en plus difficile de se procurer les rations qui nous sont attribuées. Les commerçants ne reçoivent pas suffisamment de marchandises pour approvisionner la population. Tous les rayons des magasins sont à présent désespérément vides.

Il en est pourtant qui ne souffrent pas de la pénurie. Ces « Messieurs » (ainsi désigne-t-on péjorativement les occupants), ne manquent de rien. Pour le réveillon de Noël, ils ont sablé le champagne autour de tables bien garnies dans les restaurants où ils sont reçus à bras ouverts. L'un de nos proches voisins, cheminot à la gare de triage de Dole, nous raconte que depuis trois mois, il voit passer chaque jour des trains entiers chargés de marchandises réquisitionnées, à destination de l'Allemagne. Une formule expressive commence à faire florès : « Ils nous prennent tout ! ». A ces critiques, la propagande nazie répond : « Le soldat allemand paie tout ce qu'il achète ». Certes, mais compte tenu de la dévaluation de notre monnaie et d'une parité outrageusement favorable au mark, les Boches font d'excellentes affaires pour presque rien. Une bouteille de très bon vin d'Arbois leur revient par exemple à 25 pfennigs. On comprend pourquoi l'un de leurs aphorismes familiers dit : « Vivre comme Dieu en France !»

Les occupants ne sont pas les seuls à profiter des circonstances. Les Français fortunés n'ont eux aussi aucun mal à s'approvisionner. Il suffit d'y mettre le prix et on peut acheter à peu près tout ce qu'on veut chez certains commerçants. Café, sucre, chocolat, beurre, huile, fromage, viande et vin se vendent sous les comptoirs à des cours prohibitifs pour les petites bourses. Parallèlement au commerce officiel, un négoce clandestin se pratique sur une grande échelle. Seuls les privilégiés y ont accès. On appelle ce trafic le « marché noir ». Cette nouvelle expression n'a pas été sans intriguer Colette S., notre petite voisine. Elle m'a demandé : « Qu'est-ce que c'est, André, qu'un marché noir ? ». Après réflexion et dans l'impossibilité de lui expliquer les nuances entre commerce légal et illégal, je m'en suis tiré avec cette boutade : « C'est un marché dont les commerçants sont des nègres ! »

Hier soir, alors que maman avait puisé dans nos petites réserves de farine pour confectionner un biscuit, au moment où nous nous apprêtions à le déguster en famille, l'ampoule de la lampe de la cuisine s'est brusquement éteinte. Il a fallu terminer la soirée à la lueur d'une bougie. Ces coupures d'électricité sont de plus en plus fréquentes. Quelquefois, l'intensité de la lumière baisse tellement qu'il devient impossible de lire. Dehors, c'est encore pire. Les rues ne sont plus éclairées. Même lorsque la rigueur du couvre-feu s'assouplit un peu, comme c'est le cas actuellement en raison des fêtes de fin d'année, les gens n'osent pas sortir. Il est difficile de se repérer dans la nuit noire. D'autant plus qu'à cause du calfeutrage des fenêtres, que les procès-verbaux dressés par la feldgendarmerie rendent de plus en plus efficient, aucun rayon de lumière ne filtre de l'intérieur des maisons.

Cette obscurité est à l'image des temps que nous vivons. J'ai de plus en plus l'impression que les Français sont entrés dans une sorte de tunnel où ils avancent tous à l'aveuglette, sans pouvoir revenir en arrières, sans savoir où et quand ils en sortiront ?

Que nous réservent l'année 1941 et la décennie qui commence aujourd'hui ? Personne ne se hasarde à faire un pronostic. Il y a un an, le 1er janvier 1940, qui aurait dit que nous allions subir, quelques mois plus tard la tempête qui nous a emportés ? Nous étions encore pleins d'illusions, pleins d'espoirs sur l'issue de la guerre. Nous avions confiance en notre armée dont on ne cessait de répéter, ce qui hante encore dérisoirement ma mémoire, qu'elle était « la plus puissante, la plus valeureuse du monde ». Or, toutes ces aberrations ont été balayées en quelques jours. La réalité, longtemps masquée par la propagande officielle est brusquement apparue aux yeux des Français bernés.

Aujourd'hui, nous ne sommes plus rien. Qu'une nation vaincue. Qu'un peuple d'esclaves soumis aux exigences de l'ennemi. Les Allemands sont chez nous, innombrables, triomphants, arrogants. Ils nous font payer cher le fait de les avoir longtemps humiliés, considérés comme des hâbleurs lorsqu'ils parlaient eux-mêmes de la puissance de leur armée. Eux ne bluffaient pas. Ils sont pratiquement maîtres aujourd'hui de toute l'Europe de l'Ouest. A l'exception toutefois de l'Angleterre. Mais combien de temps ce pays résistera-t-il ? Londres est pilonné chaque jour par des centaines d'avions de la Luftwaffe. Semaine après semaine, les sous-marins de la Kriegsmarine coulent des dizaines de bateaux britanniques. Or, cette île ne peut pas vivre sans l'apport d'un commerce maritime extérieur. Les Anglais seront bientôt affamés. Leur industrie de guerre, privée de matières premières. On dit aussi que Hitler prépare un formidable débarquement pour le printemps prochain. Personne ne donne une seule chance à l'armée britannique de repousser cette invasion.

Parmi les autres raisons qui accroissent la désespérance et le scepticisme des Français, il y a l'attitude incompréhensible du maréchal Pétain. Durant tout l'été, puis une partie de l'automne, la majorité de nos compatriotes lui a fait une confiance aveugle. On l'a considéré comme un sauveur. Une chanson écrite à sa gloire dit d'ailleurs : « Maréchal, nous voilà, devant toi, le sauveur de la France ! ». On a pensé qu'il allait pouvoir négocier une paix honorable avec les Allemands. Qu'il ferait libérer les prisonniers. Que le sort des habitants de la zone occupée serait amélioré. Mon père, plein de respect pour lui, disait : « Ce n'est pas un politicien, mais un ancien soldat. Les Allemands le respectent ». Après l'odieux attentat de la flotte anglaise contre nos bateaux ancrés à Mers El-Kébir la plupart des Français ont approuvé le maréchal lorsqu'il a élevé une véhémente protestation contre nos ex-Alliés. Léon D., notre voisin, l'ancien colonial qui ne cache plus ses sympathies pro-nazies, a même souhaité publiquement, à l'époque, que nous entrions en guerre contre l'Angleterre. Je l'ai entendu dire : « On y gagnera au moment de la signature de la paix. On récupérera toutes les colonies que les « Rosbifs » nous ont prises au cours des siècles. »

Le préjugé favorable dont bénéficiaient le maréchal Pétain et son gouvernement s'est rapidement transformé en hostilité lorsqu'on a appris que son entourage était composé de politiciens aux idées réactionnaires, pas tellement différentes de celles pratiquées en Allemagne. Ce qui nous a le plus ulcérés, c'est le fait que les gens de Vichy se sont totalement désintéressés du sort des habitants de la zone occupée. Quant à la partition encore plus rigoureuse dont nous sommes victimes depuis l'instauration de la « ligne Führer » elle n'a suscité aucune réaction de la part du maréchal. Nous sommes abandonnés à notre triste sort. Comme les Alsaciens et les Lorrains qui eux, sont déjà devenus purement et simplement allemands avant même la signature d'un traité de paix.

M. Pierre D., représentant de commerce pour une firme de Mulhouse s'est rendu récemment dans cette ville. Il en est revenu consterné. Là-bas, on arrache toutes les enseignes, tous les panneaux portant des inscriptions françaises. Personne ne doit plus parler notre langue dans les lieux publics. Les noms, les prénoms des habitants doivent être germanisés. On ne dit plus Jean mais Hans. Huguette se traduit Huglinde. Le port du béret basque entraîne six mois de prison. On détruit tous les monuments, toutes les statues rappelant l'appartenance de l'Alsace à la France. Il a même vu des jeunes gens arborant le brassard nazi, brûler des livres français sur une place. Pierre D. s'est d'autre part entendu signifier son licenciement par son patron. Celui-ci lui a dit, d'un air navré, qu'il ne pouvait plus désormais l'employer car il ne parlait pas allemand...

L'ami de mon père, qui nous a raconté ses avatars, nous a dit qu'il y avait aussi un côté dérisoire dans la précipitation et la rage des Boches à vouloir germaniser les noms. A Mulhouse, l'artère principale de la ville s'appelait la « Rue du sauvage ». Elle est devenue désormais la « Adolf Hitler Strasse ». Ça fait dire aux Mulhousiens, qui ont conservé leur esprit et le sens de l'humour, que dans le fond, ça signifie toujours la même chose !

La rupture entre les habitants de la zone occupée et le maréchal Pétain a eu lieu brutalement le 30 octobre dernier. Ce soir-là, on a entendu, sur les antennes de Radio Paris, la retransmission d'une allocution prononcée à Vichy par le chef de l'Etat français. Il annonçait notamment qu'il avait rencontré Hitler six jours auparavant à Montoire, une petite ville du Loir-et-Cher. Selon lui, les points de vue entre les deux gouvernements s'étaient rapprochés. Nous devions à présent collaborer avec les Allemands. Pour le plus grand bien de la France et de l'Europe. Mon père, qui écoutait aussi cette émission m'a regardé d'un air consterné. En effet, si pour les habitants de la zone dite « libre » le mot « collaboration » est une formule vague, pour nous, en zone interdite, il a une toute autre connotation. Il signifie tout simplement que, selon le maréchal nous devons dorénavant considérer les Boches comme des Alliés, sinon comme des amis. Accepter non seulement notre sort sans récriminer, mais en plus cirer les bottes de ceux qui nous écrasent.

A l'exception de quelques partisans du rapprochement franco-allemand, dont notre voisin Léon D. fait bien sûr partie, personne n'a approuvé les propos de Pétain. En quelques jours, beaucoup de gens ont changé d'opinion sur son compte. Le lendemain, mon père a été outré de voir, sur la photographie d'un journal, le maréchal en train de serrer la main de Hitler. Cette désaffection vis-à-vis du vainqueur de Verdun s'est d'ailleurs généralisée au fur et à mesure que nos conditions d'existence se sont dégradées à la suite des nouvelles mesures édictées par les occupants. Ces mesures restreignent de plus en plus nos libertés. Ceux qui les enfreignent sont nombreux à connaître la prison. Quant aux restrictions, elles s'aggravent de jour en jour à la suite du pillage systématique dont l'économie française est l'objet. Enfin, contrairement à ce que la propagande de Vichy a laissé espérer durant quelques temps, les prisonniers de guerre ne sont pas rentrés avant Noël dans leurs foyers. On dit maintenant qu'ils ne seront pas libérés avant la signature d'un traité de paix entre la France et l'Allemagne. Hitler se servira d'eux comme moyen de pression pour nous imposer ses conditions.

Le maintien en captivité de un million cinq cent mille hommes est durement ressenti par la population. Dans un grand nombre de foyers, l'absence du chef de famille est un véritable drame. Beaucoup de femmes sans ressources tentent de trouver un emploi pour nourrir leurs enfants. Des parents se privent afin d'adresser des colis à leurs fils. Il ne se passe pas de jour sans que soit évoqué à la radio, dans la presse ou dans les conversations privées le douloureux problème des prisonniers. Pour ma part, je songe souvent aux quatre soldats qui firent un bout de chemin avec nous au retour de l'exode. Eux aussi croyaient à une libération prochaine. Ils faisaient confiance au maréchal pour les tirer d'affaire après la signature de l'armistice. Où sont-ils aujourd'hui ces quatre naïfs ? Sans doute se morfondent-ils quelque part dans un camp, en Allemagne, en se reprochant amèrement leur crédulité.

Les habitants de Franche-Comté ont été quant à eux rapidement éclairés sur les intentions allemandes et la manière dont l'occupant réglait les problèmes qui le gênait. Le premier de ces exemples fut l'expulsion vers la zone libre de cent mille lorrains « francophiles ». Pendant plusieurs jours, à la mi-novembre, nous avons vu passer des centaines et des centaines de malheureux, hommes, femmes, enfants, vieillards, infirmes, cheminant à pied en direction de Parcey. Ces pauvres gens portant de maigres bagages étaient escortés de soldats armés. Ma mère s'est fait rabrouer par l'un de ceux-ci en offrant un bol de lait chaud à une vieille femme épuisée qui s'était arrêtée un instant devant notre maison.

Ce déplacement massif de population est une preuve supplémentaire de l'annexion par l'Allemagne de l'Alsace-Lorraine. Il m'est revenu en mémoire le très beau conte d'Alphonse Daudet que M. B. le directeur de l'école primaire de La Bedugue nous avait lu il y a quelques années. Il s'agissait de « La dernière classe », le récit d'un petit alsacien durant la guerre 1870-1871. Ça nous avait beaucoup ému. J'ai aujourd'hui le cœur gros en songeant à tous les pauvres gens qui, dans ces deux provinces proches de la nôtre, sont à nouveau contraints par la force de renier leur nationalité et même leur propre identité lorsque celle-ci n'est pas de consonance suffisamment germanique. Ce qui nous révolte le plus dans ces mesures d'exclusion, dans ce viol des consciences, c'est le silence des autorités de Vichy, plus particulièrement celui du maréchal Pétain.

Quel avenir le vainqueur nous réserve-t-il à nous mêmes, les habitants de Franche-Comté ? Nous ne le savons pas encore mais il y a déjà de quoi s'inquiéter de certaines mesures. Ce n'est sans doute pas pour rien si l'ennemi a instauré une « zone interdite » régie par des dispositions spécifiques dont nous faisons chaque jour la dure expérimentation. A Dole, on peut dire que nous « bénéficions » d'un régime tout à fait particulier. Plus rigoureux que dans tout le reste de la France occupée. La ville est bordée par trois frontières ce qui ne facilite guère les échanges familiaux et commerciaux. Il nous est par exemple impossible de nous rendre sans ausweis à Tavaux en zone occupée où résident nos cousins B., bouchers-charcutiers dans ce village.

Pour pallier ces entraves à la libre circulation des gens et même du courrier entre les différentes zones, un certain nombre de riverains des nouvelles frontières sont devenus par la force des choses des sortes de contrebandiers. Ces pratiques ont commencé par le transport clandestin de lettres, les Allemands n'autorisant l'emploi que de cartes simplifiées à l'extrême, comprenant seulement treize lignes préimprimées. Des cultivateurs, des forestiers, exploitant des propriétés sur l'un ou l'autre côté de la ligne de démarcation ont commencé, pour rendre service à des proches, à des amis, à passer du courrier qu'ils postaient ensuite normalement dans la zone où résidaient les destinataires concernés. Ces trafics ont pris rapidement une extension considérable. Le téléphone arabe ayant fonctionné, on a su que dans tel ou tel village, des personnes pouvaient se charger de faire transiter des lettres. Des habitants de Montbarrey, de Parcey, de Molay, ont ainsi reçu des centaines et des centaines de missives sous double enveloppe, en provenance de tous les coins de France. Mais les Allemands n'ayant pas tardé à avoir vent de ce trafic postal, ont commencé à procéder à des fouilles, à des perquisitions. Les passeurs de courrier ont dû avoir recours aux procédés habituels de contrebande : lettres dissimulées dans les guidons, les tubes de selles de bicyclette, sous des chargements de bois, de paille, même de fumier... De nombreuses femmes sont devenues aussi factrices clandestines, glissant les enveloppes dans leurs corsages, sous leurs jupes...

Ces pratiques délictueuses ont très vite débouché sur d'autres activités beaucoup plus dangereuses : le passage clandestin d'êtres humains. Les milliers de réfugiés cherchant à regagner leurs domiciles, les centaines de prisonniers évadés s'agglutinant de chaque côté de la ligne de démarcation ont fait appel à la solidarité des habitants de la région pour qu'ils les aident à franchir la Loue-frontière, soit à gué, soit, lorsque les crues d'automne ont fait monter le niveau de la rivière, au moyen de barques de pêche. De nombreuses personnes résidant dans les villages du Val d'Amour sont ainsi devenues passeurs. La plupart bénévolement. Pour rendre service à leur prochain. Aussi parce que l'esprit frondeur des Francs-comtois joue un rôle dans cette action délictueuse. Beaucoup le font pour la beauté du geste, pour narguer les Teutons.

Hélas ! certains profitent des circonstances pour en tirer bénéfice. Depuis l'automne, on cite les noms de gens qui se livrent à cette activité moyennant finance. Ils sont devenus passeurs professionnels. On dit même que des malhonnêtes ouvrent systématiquement le courrier qu'ils reçoivent en vue de son transfert vers l'autre zone. Ils empocheraient sans aucun scrupule les billets de banque souvent pliés en quatre dans les lettres et destinés à venir en aide à des correspondants en détresse. Pire, d'autres passeurs seraient de connivence avec les Boches. Ils leurs signaleraient à l'avance l'heure de passage de leurs clients, lesquels se feraient cueillir par les patrouilles. Outre les primes reçues pour leur délation, ils partageraient ensuite avec l'ennemi le contenu des bagages des réfugiés trahis.

Une quantité d'histoires circulent depuis l'automne dernier sur les passeurs clandestins. Il est bien difficile d'en démêler le vrai du faux. Ce qui est sûr, c'est que les Allemands ont déjà arrêté, sur dénonciation, plusieurs personnes soupçonnées de traverser la Loue en fraude. Certains de ces passeurs ont été condamnés à plusieurs mois de prison. L'un deux a été grièvement blessé alors qu'il tentait de s'enfuir. A Chamblay, un homme et une femme ont été tués en octobre, juste au moment où ils allaient prendre pied sur la rive de la zone libre.

Depuis quelques semaines, les contrôles effectués à chaque point de passage de la ligne de démarcation sont devenus plus rigoureux. Les fouilles à corps sont fréquentes. Les postes de garde ont été renforcés par l'arrivée de celles qu'on désigne par le surnom péjoratif de « souris grises ». Il s'agit d'auxiliaires féminines allemandes en uniforme. Elles sont encore plus hargneuses que leurs collègues masculins. Elles fourragent sous les jupes des femmes, inspectent les ourlets des manteaux, les semelles des chaussures...

Comme cela s'est toujours produit au cours des événements exceptionnels de l'Histoire, la comédie côtoie souvent la tragédie en de telles circonstances. On nous a raconté récemment une scène comique qui s'est déroulée sur le pont de Parcey. Un habitant du coin, le gros H., disposant d'un ausweis réglementaire, avait depuis la mi-juillet, l'habitude de traverser régulièrement à cet endroit la ligne de démarcation pour se rendre, à bicyclette, chez l'un de ses parents demeurant au Deschaux. Grâce à des poches habilement cousues dans le bas des jambes de son pantalon, il transportait chaque fois clandestinement plusieurs dizaines de lettres. Etant accoutumés à le voir passer, les Allemands qui le reconnaissaient en raison de sa taille et de son poids respectables, le laissaient franchir la barrière sans même lui demander de présenter ses papiers. Or, un matin du mois de décembre, alors que le gros H. arrivait en vue du poste de garde, il remarqua que les sentinelles n'étaient plus celles qui le connaissaient. Les nouveaux gardes se livraient à la fouille systématique des gens en transit sur le pont. Il fut sur le point de battre en retraite prudemment mais il n'eut pas le temps de le faire. L'un des Boches lui intimait déjà l'ordre d'avancer. Il obtempéra donc, persuadé qu'il allait, cette fois, passer un mauvais quart d'heure. En effet, juste avant lui, un habitant de Parcey subissait un contrôle en règle par palpation de ses vêtements. H. comprit qu'il était perdu. Les Doryphores ne manqueraient pas de découvrir, dans les jambes de son pantalon, la vingtaine de lettres qu'il transportait ce jour-là ! Il lui vint alors une idée farfelue, comme celles qui naissent parfois dans les situations désespérées. Profitant d'un moment d'inattention du garde qui venait de l'interpeller, il dégrafa subrepticement sa ceinture, si bien que lorsque l'autre lui demanda de lever les bras pour la fouille, sa large culotte tomba en tire-bouchon sur ses chevilles. Comme beaucoup de paysans, le bonhomme ne portait pas de caleçon. On devine quel genre de spectacle s'offrit aux regards des Allemands. Ceux-ci éclatèrent aussitôt de rire. Ils rirent tellement de l'incident qu'ils en oublièrent de contrôler le gros H. Faussement confus, celui-ci se reculotta en hâte et s'empressa de traverser le pont en direction du poste français, sur la rive opposée.

Cette aventure cocasse a bien sûr fait le tour du village de Parcey et n'a pas tardé à être connue dans toute la région. D'autres bonnes histoires, celles-ci inventées, circulent aussi de bouche à oreille, témoignant que malgré la défaite, l'esprit français n'a rien perdu de son sel. On pose par exemple cette petite devinette : « Quel est le comble de la disette ? » La réponse : « C'est de nourrir en France un million de vaches vertes et de manquer de lait blanc ! « Mon ami Louis

R. m'a raconté dernièrement cette autre histoire-devinette inspirée par les risques de notre actuelle sous-alimentation : « Quel est le plus court chemin pour se rendre au cimetière ? » Réponse : « Continuer d'emprunter la rue... Tabaga ! » J'ai entendu aussi début décembre cette petite fable :

« Pourquoi Noël ne sera-t-il pas célébré cette année ?
Parce que la Sainte-Vierge et le petit Jésus
Sont évacués, le Saint Joseph prisonnier en Allemagne,
L'étable réquisitionnée par la Wehrmacht,
Les anges ont été descendus par la D.C.A. anglaise,
Les Rois mages sont sans le sou,
L'âne est à Rome,
La vache à Berlin,
L'étoile a été repeinte en bleu par la Défense Passive,
Moralité : l'occupation, c'est la désolation ! »

Ces historiettes ne sont certes pas d'une très haute intellectualité, mais elles permettent au peuple d'exprimer son opposition larvée à toute forme de collaboration avec l'occupant. Puisqu'on ne peut pour l'instant pas faire autrement, on le supporte en silence, mais pas question de faire ami-ami avec lui. Le projet formulé par Pétain à l'issue de la rencontre de Montoire a été un fiasco presque total en zone occupée. A l'exception des sympathisants fascistes et de margoulins du marché noir qui en tirent profit, personne n'a suivi les conseils du vieux maréchal. Mon père, très déçu par l'attitude incompréhensible de celui pour qui il avait autrefois tant de respect, hausse à présent les épaules en entendant parler de lui.

– Pour nous recommander de collaborer avec les Allemands ironise-t-il, Pétain, ne sait plus ce qu'il dit. Il est devenu gâteux. Pour moi, un Boche sera toujours un Boche ! Tant qu'il seront chez nous, je les considérerai comme des ennemis ! Quant à leur Europe nouvelle, on en reparlera plus tard lorsqu'ils seront rentrés chez eux !

En ce début d'année 1941, notre situation n'est donc guère brillante et personne ne peut dire aujourd'hui si elle n'empirera pas encore demain. Pour certains pourtant, un fragile espoir subsiste. Ce sont ceux, bien peu nombreux, qui ne croient pas en la victoire finale de l'Allemagne. Ils se raccrochent aux propos d'un homme dont on entend de plus en plus parler : le général de Gaulle. Nous l'avons nous-mêmes écouté à plusieurs reprises sur Radio Londres. Il s'exprime d'une voix étrange, avec beaucoup de conviction. Il répète que la guerre n'est pas terminée. Que nous n'avons perdu qu'une bataille. Que les Allemands seront finalement vaincus. Il a fallu que je lise dernièrement un tract clandestin pour connaître la véritable orthographe du nom de cette officier. Je pensais qu'il s'appelait de Gaule. Que s'était un pseudonyme. La France, de Gaule, ça sonnait bien. M. S. m'a dit qu'il s'agissait d'un vrai patronyme. Le général de Gaulle a fait partie du dernier gouvernement de la République, avant la défaite.

Les propos de celui qu'on désigne désormais comme étant le chef des Forces françaises libres, laissent mon père très sceptique. Il a été tellement déçu par les politiciens, par les porteurs de galons, y compris le maréchal Pétain, qu'il ne croit plus aux belles paroles :

– Avant juin 40 aussi on chantait victoire ! On a vu comment ça s'est terminé ! dit-il.

La seule nouvelle qui lui a redonné un peu d'optimisme, c'est qu'il a enfin retrouvé du travail en fin d'année. Son entreprise ayant fermé ses portes peu après la déclaration de la guerre, il s'est retrouvé au chômage lors de sa démobilisation. Il vient heureusement d'être recruté comme employé auxiliaire en qualité de chauffeur, par l'Administration des Eaux et Forêts.

## LA SEPTIÈME COLONNE

**Samedi 15 février 1941** *(Extrait de mon Journal)*

« Nous subissons cette année un hiver d'une extrême rigueur. Depuis le début du mois de janvier, la neige recouvre le paysage. Elle forme une couche verglacée dans les rues. Même durant la journée, la température ne remonte jamais au-dessus de zéro. Il a fait plusieurs nuits de suite moins vingt cinq degrés. Grand-mère Céline, qui passe ses journées à la maison, me raconte les hivers terribles du temps de son enfance et de sa jeunesse. Elle habitait alors avec ses parents bûcherons-charbonniers dans les villages rustiques construits au cœur de la forêt de Chaux [(1)]. Elle évoque le temps des loups rendus féroces par les grands froids et la faim. Elle prévoit que si la guerre se prolonge et si nous subissons plusieurs hivers de suite semblables à celui-ci, ces animaux sauvages venus par bandes d'Europe centrale, referont leur apparition en Franche-Comté. »

Aux conditions climatiques extrêmes s'ajoutent cette année les difficultés de ravitaillement. Pain, pâtes, sucre, café, matières grasses, viandes, tout est sévèrement rationné. On ne peut s'approvisionner qu'en échange de tickets d'alimentation. Encore n'est-on pas toujours sûr d'obtenir satisfaction car les arrivages sont insuffisants. Seuls, les passe-droits ou ceux qui se présentent les premiers aux distributions sont servis. Les retardataires se heurtent le plus souvent à des rideaux baissés, à des portes closes ou à des écriteaux portant cette mention laconique : « Stock épuisé ». Il faut même un ticket pour obtenir du savon à barbe ! Quant aux vêtements et aux chaussures, ils ont tous disparu des magasins. Heureusement, grâce à mon grand-oncle Michelin qui exerce encore dans le quartier le vieux métier de sabotier, je suis chaussé chaudement d'une paire de sabots. Quant à tante Henriette, une très bonne couturière, elle confectionne pour moi des costumes à ma taille dans des vêtements démodés ayant appartenu à ses riches clients.

Les Français souffrent aussi du froid. Les puits, désertés par les mineurs de fond au moment de l'exode n'ont été que très progressivement remis en marche. Le charbon extrait part à présent vers l'Allemagne, comme d'ailleurs la plus grosse partie de la production industrielle française.

A la maison, la pénurie d'anthracite ne nous affecte pas tellement. Avant la guerre déjà nous nous chauffions surtout au bois. L'automne dernier, alors qu'il se trouvait encore sans emploi fixe, mon père est allé en forêt de Chaux. Il y a fait une ample provision de bois mort. Malgré un bûcher bien rempli, par mesure d'économie, nous ne chauffons que la cuisine où nous nous tenons du matin au soir.

Grand-mère Céline passe ses journées assise devant la fenêtre un tabouret bas sous les pieds. Elle tricote inlassablement. Avec une patience d'ange, elle

---

(1) A partir des notes prises à cette époque (1938-1943), André Besson a pu écrire un livre consacré à l'histoire de sa grand-mère et de ses ancêtres bûcherons-charbonniers : « Une fille de la forêt », 3e édition Edit. France-Empire Paris. Cet ouvrage a obtenu le Prix des Ecrivains de langue française.

défait des pull-overs usagés dont elle récupère la laine qu'elle roule ensuite en pelote. Elle s'en sert pour confectionner des gilets, des cache-nez, des mitaines et même des chaussettes. Lorsque je suis libre, si je ne lis pas, je lui demande de me raconter des histoires du temps passé. Elle évoque souvent l'invasion des Prussiens, en 1871, qu'elle a connue quand elle était jeune fille. Elle parle de la retraite de l'armée Bourbaki, une débâcle qui fut terrible, car elle se déroula en plein hiver, dans la neige, par des températures rigoureuses comme celles que nous subissons actuellement. Elle se souvient de la rapacité de l'occupant qui pillait et rançonnait les gens. De la brutalité des uhlans qui parcouraient les campagnes. Des combats sanglants les opposèrent aux francs-tireurs, dont l'un de ses oncles fit partie. Je trouve qu'il y a beaucoup d'analogies entre cette époque et la nôtre. L'occupation prussienne ne fut pas non plus très drôle au siècle dernier pour les habitants de Franche-Comté. Grand-mère Céline cherche néanmoins à me redonner courage et confiance en l'avenir. Comme elle est très pieuse, elle conclut souvent ses récits par des paroles d'espoir !

– On s'en est sortis parce qu'on a tous beaucoup prié. La Sainte-Vierge nous a aidé à tenir bon. Et finalement, les Prussiens sont partis !

Je n'ai malheureusement pas sa foi de charbonnier. Je voudrais bien croire en des jours meilleurs mais je n'y parviens pas. Il me semble que cette guerre durera éternellement. Qu'elle emportera ma jeunesse, peut-être même ma vie, comme les précédentes ont emporté celles de mes oncles.

Le régime auquel les Allemands nous soumettent devient de jour en jour plus coercitif. Ils s'en prennent à présent à des innocents. Ce fut le cas le 24 janvier où, à la suite d'une rixe survenue dans un café du centre ville entre deux feldgrau et deux civils dolois, bagarre au cours de laquelle les Boches reçurent une sévère correction, le commandant de la place fit arrêter deux membres du conseil municipal, dont le brave M. P., premier adjoint. Les deux otages ont été retenus en prison pendant 24 heures. On a fermé tous les autres cafés et le cinéma, rendu le couvre-feu plus strict. Une vingtaine d'hommes et de femmes contrôlés hors délais par les patrouilles ont été conduits dans les casernes et contraints d'effectuer des corvées.

Hier, 14 février, mon ami Louis R. qui travaille chez un commerçant, sur la place du marché, nous a rapporté une nouvelle consternante. Trois jours plus tôt, les Boches ont arrêté plusieurs autres dolois. En particulier le curé de Dole, le brave chanoine Alphonse N., quatre de ses vicaires, le docteur B., M. et M^me^ G., photographes, M. K., tailleur, M. G., restaurateur, le commandant B. et d'autres personnes moins connues. On chuchote qu'elles auraient été les maillons d'une filière d'évasion de prisonniers de guerre et de jeunes alsaciens. Grand-mère Céline est très affectée par l'arrestation du chanoine N. Agé d'une soixantaine d'années, celui-ci a été en 14-18, pendant la campagne d'Orient, aumônier dans une unité où servait mon oncle Armand. Ce prêtre affable et enjoué, très proche des humbles, est venu plusieurs fois rendre visite à mon aïeule ces dernières années. Il ne manquait jamais de lui apporter quelques friandises.

Si cette rafle a indigné la plupart des Dolois, elle a confirmé la rumeur qui courait depuis quelques temps : à savoir qu'un certain nombre de gens s'employaient secrètement à faciliter le passage de la ligne de démarcation à des fugitifs traqués par la police allemande. Notre amie Marguerite J., qui connaît M^lle^ P., la directrice de l'Institution « La Providence » nous a dit récemment que cet établissement hébergeait fréquemment des prisonniers évadés, lesquels étaient ensuite mis en relation avec des passeurs.

Les Boches ont certainement eu vent de quelque chose car ils ont renforcé les effectifs de leurs gardes-frontière dans le Val d'Amour. Un récent incident les a aussi contraints à se montrer plus sévères. Mon père, qui conduit l'un des camions des Eaux et Forêts et circule professionnellement dans toute la région, a entendu raconter cette histoire surprenante. L'un des « Zollbeamter » (bureau de douane) installé en bordure de la ligne de démarcation avait été doté, fin octobre, de quatre chiens loups féroces dressés spécialement pour la recherche des gens cherchant à franchir clandestinement la frontière. Selon une technique éprouvée, les Boches faisaient jeûner leurs bêtes un jour sur deux et partaient patrouiller alternativement avec l'un des couples de molosses. En arrivant à proximité des points de passage habituels des fugitifs, ils lâchaient les chiens dans la nature en hurlant : « Bring her ! Bring her ! » (Apporte ici ! Apporte ici !) Les limiers se lançaient aussitôt à la recherche des évadés et en débusquaient souvent dans les buissons le long de la rive de la Loue. En récompense, les fauves recevaient une bonne pâtée ce qui les rendait d'autant plus efficaces. Ils étaient très redoutés par les passeurs locaux.

Las de voir des malheureux arrêtés et souvent mordus cruellement par les molosses, un habitant du Val d'Amour se jura de mettre un terme à cette traque infernale. Après avoir fait frire à la poêle des boulettes de viande, il en balança à plusieurs reprises par-dessus la clôture du chenil où les fauves étaient parqués. D'abord méfiants, ceux-ci finirent par s'habituer à cette provende et à celui qui la leur lançait. Quand il eut bien appâté les féroces animaux, le bonhomme leur fit frire de la même façon des éponges qu'ils avalèrent avec la même gloutonnerie. Bientôt, les magnifiques chiens-loups se mirent à dépérir et crevèrent tous les uns après les autres des suites d'un mal implacable, car, en gonflant dans leur estomac, les éponges les privait totalement d'appétit.

Cette histoire, dont le nom du protagoniste est resté inconnu, prouve que les Français sont de moins en moins disposés à subir passivement la loi du vainqueur. Une sourde hostilité a remplacé la résignation et l'attentisme du début de l'occupation. On commence même à voir fleurir sur les murs des inscriptions vengeresses : « A bas Hitler ! », « Mort aux Boches ! » On a vu aussi apparaître un signe étrange. Un grand V enserrant une croix à deux branches, l'une plus petite que l'autre. Au début, personne n'a su ce que ce graffiti signifiait. Quelque temps après, des tracts distribués anonymement dans les boîtes aux lettres, nous ont appris qu'il s'agissait du symbole choisi par les partisans du général de Gaulle. Le V signifie victoire, la croix, emblème de la Lorraine, l'affirmation que les Français libres n'oublient pas cette province et qu'ils se battent pour la libérer.

Le gouvernement de Vichy est de plus en plus l'objet du mépris et de l'animosité de nos concitoyens de la zone occupée. En quelques mois, l'opinion qui était, au départ, presque entièrement favorable au maréchal Pétain, est devenue hostile à celui-ci. Au Poiset, si on excepte Léon D. et deux ou trois anciens poilus, personne n'approuve sa politique. On entend souvent des réflexions de ce genre :

« Puisqu'il prône la collaboration avec les Boches, qu'il vienne donc un peu voir ici comment ces Messieurs nous traitent !

On reproche à Pétain et à son gouvernement de se désintéresser totalement de notre sort. Comme s'il avait passé le Nord de la France par profits et pertes. Jamais aucune protestation émanant de Vichy ne s'élève pour désapprouver les arrestations arbitraires, les exactions, les pillages dont nous sommes victimes. Certains disent : « Le maréchal est trop vieux ». D'autres renchérissent : « Il est gaga ». Comme l'humour est devenu un moyen de contestation du pouvoir, on colporte à l'envi un bon mot en forme de contrepèterie : « A Paris, on ne dit plus le métropolitain, mais Pétain mollit trop ! »

L'hostilité à l'occupant croît de jour en jour. Elle se manifeste d'abord dans le langage. De nouveaux noms péjoratifs sont apparus pour désigner les Allemands. Avant 39 et durant la « drôle de guerre » on a continué à les appeler les Boches, comme en 14-18. En juin, après l'invasion est né le terme Doryphore. A présent, ont dit aussi les Fridolins, un dérivé de Fritz et plus récemment les Chleuhs, du nom d'une tribu sauvage du Rif marocain.

Tout ce qui peut ridiculiser l'occupant est apprécié dans les conversations. Après avoir été éblouis par la puissance, la discipline de la Wehrmacht, les Français se gaussent secrètement de la balourdise de ses soldats. Nous sommes de moins en moins impressionnés par leurs défilés militaires, par leurs musiques et leurs chants. Le refrain « Halli ! Hallo ! Halla ! » que l'on entend presque quotidiennement est vite devenu « Allez à l'eau, les gars ! » en leur souhaitant de boire la tasse lorsqu'ils tenteront d'envahir l'Angleterre au printemps prochain comme ils en ont l'intention.

Beaucoup de plaisanteries circulent ainsi de bouche à oreille. Selon les réactions de ceux qui entendent ces brocards, ont devine immédiatement quels sont leurs sentiments vis-à-vis des occupants. Un de nos amis résidant à Paris, qui est venu récemment à Dole pour voir ses parents, nous en a rapporté une bien bonne entendue à la fin de l'année dernière dans un cabaret de la rive gauche. Un soir où le chansonnier montmartrois Martini se produisait sur scène, alors qu'une ouvreuse aidait un officier boche à enlever son manteau, l'artiste a suscité l'hilarité de la salle en lançant cette boutade : « Mais non, mademoiselle, ce n'est pas ce qu'il vous demande ! Au lieu de la lui enlever, aidez plutôt monsieur à passer la Manche ! »

L'Angleterre, jusqu'ici inviolée suscite l'admiration de bien des Français. Non seulement les Boches n'y ont pas débarqué l'automne dernier, comme on le pensait, mais il semble que leur offensive aérienne se soit soldée par un échec. Ils n'ont pas anéanti la R.A.F. La preuve nous en est fournie presque chaque semaine depuis la mi-décembre. Nous entendons en effet passer dans la nuit, au-dessus de la région doloise, des vagues d'avions anglais. La radio suisse annonce, le lendemain, que ces escadrilles sont allées bombarder des objectifs militaires dans le nord de l'Italie. Berlin a été aussi plusieurs fois attaqué par des formations aériennes britanniques. Elles y auraient causé d'importants dégâts et des victimes.

Sans nous redonner totalement confiance en l'avenir, ces nouvelles nous réjouissent. C'est sans doute mesquin, mais tous les malheurs qui peuvent accabler les Fritz nous causent le plus grand plaisir. C'est ainsi que nous avons récemment jubilé en apprenant qu'un certain nombre d'entre eux venaient d'être victimes d'un accident dans la forêt de Chaux. Selon une rumeur non confirmée, un camion chargé de feldgrau en cantonnement à Fraisans, se serait rendu à Arbois pour y chercher du vin. Au retour de l'expédition, après moult libations, son conducteur serait rentré de plein fouet dans l'une des colonnes monumentales dressées sur la route de Grand Contour. On aurait retiré plusieurs victimes du véhicule disloqué. La nouvelle a fait l'objet d'une plaisanterie de circonstance. On dit que si en juin 40 nous avons eu à souffrir des agissements de leur cinquième colonne, les Boches n'ont pas volé d'être à leur tour victimes de la nôtre, qui porte sur les cartes le numéro sept ! (1)

---

(1) Comme beaucoup d'autres rumeurs, celles-ci ne fut jamais confirmée. Après la guerre, de nombreuses versions contradictoires circulèrent au sujet de cet accident.

## LE « CHIEN PENDU »

**Lundi de Pâques, 14 avril 1941** *(Extrait de mon Journal)*

« Je viens de vivre ces deux journées pascales dans une grande désespérance. Le temps maussade que nous connaissons depuis des semaines et des semaines n'incite guère à l'optimisme. Après l'un des hivers les plus rigoureux que j'aie connus (55 nuits, 51 jours de gel, 28 jours de neige en janvier et février) le printemps ne s'est toujours pas installé. Il fait encore très froid. Il pleut sans arrêt. A la maison, le climat est aussi bien morose. Hier et aujourd'hui, en guise de menu de fête, ma mère n'a pu nous préparer qu'un infect ragoût composé de mou de bœuf et de rutabagas. Au dessert, nous avons eu droit à une galette de gaudes à la saccharine ».

Depuis près d'un mois, toutes nos réserves de nourriture sont épuisées. Plus de pommes de terre, de haricots secs, d'huile, de sucre... La dernière poule de notre petite basse-cour a été mise au pot en février. Le dernier lapin sacrifié début mars. Nous ne vivons à présent que de nos seules rations alimentaires. Elles sont maigres en début de printemps à cause des réquisitions de l'ennemi et des difficultés de transport dues au mauvais temps. La semaine dernière, les tickets n'ont même pas pu être honorés faute d'arrivages de marchandises chez les détaillants.

Depuis des jours et des jours, la faim me tenaille. Nos repas sont si peu consistants que j'ai l'impression d'avoir l'estomac encore vide en me levant de table. L'adolescence étant l'âge où les êtres humains ont le plus d'appétit, rien de ce que je consomme ne me rassasie. Une idée lancinante m'obsède sans cesse : Manger ! Manger n'importe quoi pour calmer ma fringale. J'ai tellement faim que je serais capable de voler de la nourriture si je savais où en trouver. Seule, la nuit fait disparaître un peu cette obsession, confirmant le vieil adage : « Qui dort, dîne ». Hélas ! ce n'est pas toujours vrai. Je suis souvent réveillé par de terribles crampes d'estomac.

Moi qui n'était déjà pas tellement épais, je suis devenu quasi squelettique. Ça désespère ma mère. Elle rogne sur ses propres rations de pain et de viande pour accroître un peu les miennes. Mon père a lui aussi maigri en quelques mois. Il a l'air de flotter dans ses vêtements. A la fin de l'année dernière, il a pris la décision de ne plus fumer. En troquant les quelques paquets de tabac qui lui sont alloués, il a pu obtenir des semences de pommes de terre et de maïs chez des paysans. Il a commencé à bêcher, en profitant d'une ou deux éclaircies. Non seulement son jardin, mais aussi un grand champ qui lui appartient derrière la maison de tante Henriette. Je suis allé l'aider plusieurs fois, mais, outre que mon rendement n'est pas très fameux, ce travail au grand air attise encore mon appétit. J'en reviens épuisé et encore plus affamé.

A la maison, un peu comme la Perrette de la fable, nous fondons tous beaucoup d'espoirs sur ces travaux de jardinage. Si la récolte est bonne, nous aurons l'hiver prochain une réserve de pommes de terre et de carottes. Ma mère fera des conserves de haricots et de petits pois. Mon père envisage aussi de repeupler notre basse-cour, notre clapier et même... d'élever un porc !

En attendant ces jours meilleurs, toute la famille souffre pour l'heure en silence, de la faim, et maigrit à vue d'œil.

Hier soir, dans mon lit, avant de m'endormir le ventre creux, j'ai songé aux quêtes que l'on faisait autrefois, avant la guerre au profit de l'œuvre des petits chinois menacés par la famine. Le brave curé L. nous expliquait que notre obole, même modique, servirait à l'achat de deux ou trois bols de riz. Je me suis demandé si quelque part à travers le monde, d'autres enfants quêtaient aussi pour nous ? Je me suis endormi en rêvant d'une énorme assiettée de riz au lait sucré.

Si la semaine pascale n'a guère été faste en matière alimentaire, elle s'est mieux achevée dans un autre domaine. La plupart des Dolois arrêtés dans l'affaire de la filière d'évasion de « La Providence » ont été relâchés jeudi dernier. Seul, le commandant B. resterait encore incarcéré.

La nouvelle de la libération du chanoine N. s'étant rapidement répandue à travers la ville, des dizaines de paroissiens se sont massés spontanément devant la cure. Le brave prêtre et ses vicaires sont sortis pour les remercier. Ils ont fait l'objet d'une longue ovation. Très ému, le chanoine s'est adressé à la foule en ces termes :

« Merci mes bons amis pour vos marques de sympathie. A présent, rentrez chez vous et priez pour que tous ceux qui sont encore emprisonnés soient bientôt libérés. Quant à moi, je vais aller faire mes Pâques et rendre grâce au Seigneur ! »

Marguerite J., qui a assisté hier à la grand messe à la collégiale Notre-Dame, nous a dit que l'église était pleine à craquer. Beaucoup de fidèles ont eu du mal à retenir leurs applaudissements lorsque M. le curé N. a terminé son sermon par ces mots :

« Honte à ceux qui bafouent nos valeurs chrétiennes. Un jour prochain viendra où les forces du bien l'emporteront sur celles du mal ! »

Pour l'instant hélas ! les prédictions du brave chanoine ne sont que des vœux pieux. Loin de s'améliorer, la situation militaire de ceux qui combattent l'ennemi allemand vient au contraire de se dégrader un peu plus. Alors qu'on croyait les Anglais définitivement victorieux en Libye, les Boches, venus au secours des Italiens en mauvaise posture, ont réoccupé la ville de Benghazi. De même, les troupes hitlériennes sont passées à l'offensive en Yougoslavie et en Grèce. Elles ont investi le port de Salonique, menacent Belgrade et Athènes. A nouveau, les Allemands volent de victoire en victoire sur tous les fronts. Aucune force ne semble capable de leur résister. Ils seront bientôt maîtres de l'Europe entière et de l'Afrique du Nord s'ils continuent sur leur lancée.

L'attitude ambiguë de la Russie accroît encore notre pessimisme. Notre voisin Albert G. et quelques-uns de ses amis communistes ont propagé un instant l'idée selon laquelle le traité de non-intervention germano-soviétique était une ruse de Staline. Celui-ci aurait négocié avec Hitler pour gagner du temps et préparer en secret l'armée rouge à une attaque contre l'Allemagne. Cette argumentation est sans cesse démentie par les faits. Alors qu'une menace des Russes sur ses arrières eût empêché le maître du Troisième Reich de concentrer toutes ses forces sur le front ouest, il a pu, en toute tranquillité, mener contre nous sa foudroyante offensive. Depuis, l'U.R.S.S. ne manifeste pas la moindre velléité d'opposition à l'expansionnisme germanique. Au contraire, elle a laissé la Roumanie et la Bulgarie basculer dans le camp nazi. Le reste des autres pays balkaniques tombe à présent dans l'escarcelle de Hitler sans que le dictateur du Kremlin réagisse. Il a même signé hier, à Moscou, un traité de neutralité et d'amitié avec le Japon, l'Allié de l'Allemagne !

Le jeu de Staline déconcerte ses partisans. Dans notre quartier où habitent un certain nombre d'ouvriers et surtout de cheminots communistes, bien peu se sont ralliés aux mots d'ordres du comité central clandestin du parti, qui saluait en juin dernier dans un tract : « La victoire des Etats prolétariens sur les pays capitalistes » et incitait les ouvriers à fraterniser avec les soldats allemands. A l'exception d'Albert G. que mon père considère comme un bolchevik de la pire espèce, les autres communistes que nous connaissons éprouvent, comme tous les Dolois, la même aversion, la même hostilité latente contre les Boches.

Ce que nous voyons journellement en zone interdite depuis le début de l'hiver n'est guère de nature à nous inciter à collaborer avec l'occupant. C'est ainsi qu'on a vu apparaître récemment, à la devanture d'un certain nombre de magasins, une affiche jaune portant ces mots en gros caractères : « JUDISCHES GESCHÄFT » (Entreprise juive). Des gens sans scrupules se sont aussitôt après installés à la place des commerçants israélites. Ils les ont purement et simplement dépossédés de leurs biens. Les Allemands ont d'autre part poursuivi le pillage systématique des boutiques, achetant, grâce à leur monnaie hégémonique tout ce qui offrait de l'intérêt : meubles, literies, ustensiles de cuisine, outillage, même les œuvres d'art et les objets d'antiquités. Ils se sont également livrés à des réquisitions. On a embarqué à la gare de triage de Dole, à destination de l'Allemagne, des centaines de chevaux et d'animaux de boucherie. Ils nous ont volé aussi des camions, des automobiles, des motocyclettes...

Au Poiset, nous avons eu souvent sous les yeux depuis quelques mois un autre exemple révoltant de la manière dont les nazis traitent ceux qu'ils rejettent. Nous avons vu défiler des centaines et des centaines d'expulsés, encadrés par des S.S. en armes et des chiens. Bien qu'il fût strictement interdit d'adresser la parole à ces gens en marche vers Parcey, nous avons su qu'il s'agissait de Juifs et aussi de personnes portant des noms à consonance française établies parfois depuis plusieurs générations dans nos provinces de l'Est. On a tout pris à ces malheureux, leur maison, leur appartement, leur mobilier, leur argent. On ne leur a permis d'emporter qu'une seule valise avec quelques vêtements et 2 000 F en numéraire. Une ultime fouille a eu lieu au passage de la ligne de démarcation, au cours de laquelle on leur a confisqué leurs manteaux de fourrure et les bijoux qu'ils tentaient de dissimuler dans des doublures ou dans leurs poches.

Nous avons appris aussi que la Saline royale d'Arc-et-Senans où le régiment de mon père a séjourné quelques temps durant l'automne 1939, sert à présent de camp d'internement pour les Tziganes. Les Allemands ont arrêté ces derniers mois tous ceux qu'ils ont rencontrés sur les routes de Franche-Comté. Ils ont conduit les roulottes et leurs occupants dans la cour du vaste édifice construit par l'architecte Claude-Nicolas Ledoux. Ils seraient plusieurs centaines de familles à y vivre dans des conditions abominables en attendant d'être rapatriés en Bohème, leur pays d'origine.

Quant aux arrestations en bordure de la ligne de démarcation, elles continuent de plus belle. Les prisons de Dole sont pleines à craquer. Des barrages volants sont même établis souvent à l'intérieur de la zone interdite pour vérification des papiers. J'en ai subi pour ma part trois depuis le mois de janvier à l'entrée de la ville, sur le pont Louis XVI. J'ai montré ma carte d'identité à ces « Messieurs » qui ont aussi fouillé les sacoches de ma bicyclette et ma serviette. Les gros hommes bottés et casqués, à l'aspect sauvage, aux manières brutales, qu'on appelle les « colliers de chiens » à cause de la chaîne et de la plaque d'acier qu'ils portent en sautoir sur la poitrine, sont haïs par tous les jeunes Dolois. Ils ne cessent en effet de nous brimer, de nous humilier. Passer les mains dans les poches devant un édifice où flotte un drapeau à croix gammée est sanctionné. C'est encore pire sur la place Jules-Grévy où il faut respecter une totale immobilité au moment du lever des couleurs. Un avis placardé à travers la ville rappelle à tous cette disposition :

« Le maire de Dole porte à la connaissance de la population l'ordre des autorités allemandes suivant. Pendant le salut au drapeau devant le bâtiment de la Division (Place-Grévy), chacun doit rester immobile jusqu'à la fin de la cérémonie. Tout contrevenant sera puni. »

Déjà, de nombreux cas d'insubordination ont été sanctionnés. Des cyclistes, des passants, qui ne respectaient pas les dispositions édictées par les Boches ont été conduits dans les locaux de la Feldgendarmerie où ils ont reçu de mémorables raclées. De nombreux autres actes peuvent valoir des ennuis à leurs auteurs. Par exemple, afficher un sourire jugé narquois ou méprisant en passant près d'un officier allemand, circuler à contre-sens dans une rue, sans tenir son guidon, ou juchés à deux sur une bicyclette, sont des infractions sévèrement réprimées. Pour que ça serve d'exemple, les « colliers de chiens » ont un moyen plus efficace qu'une paire de claques ou une amende. A l'aide d'une petite pince, ils coupent tout simplement les valves des chambres à air de ceux qu'ils interpellent. Ça rend les vélos aussitôt inutilisables car en raison du contingentement des accessoires, il est impossible de les remplacer. Les contrevenants sont condamnés à la marche à pied.

Cette répression mesquine et quotidienne ne facilite pas les rapports entre occupants et occupés. L'hostilité de la population contre les Boches croît de jour en jour. Elle se manifeste en paroles mais aussi en actes depuis quelques temps. On commence à parler de sabotages, contre des câbles téléphoniques, des panneaux de signalisation. Plusieurs véhicules allemands auraient eu leurs pneus crevés à coups de poinçons. Dans d'autres régions, ces agissements sont même encore plus graves car on a pu lire récemment dans la presse qu'un ouvrier agricole de Maison-Neuve en Champagne avait été fusillé pour attentat à main armée contre les troupes d'occupation.

A Dole, l'opposition larvée de la population se manifeste d'une manière moins violente mais très significative. On voit fleurir de plus en plus d'inscriptions hostiles à l'occupant sur les murs et les chaussées, de même que de grand V et des croix de Lorraine. Les propriétaires et les locataires des immeubles où sont tracés ces graffiti sont tenus de les effacer dès la levée du couvre-feu, sous peine de sanctions. Certains de ces épigraphes clandestins inscrits sur des édifices publics y demeurent plus longtemps. Le petit sourire affiché par les passants qui les lorgnent discrètement, en dit long sur les sentiments qu'ils éprouvent.

Mon père a été récemment témoin d'un fait semblable dans la forêt de Chaux. Au cœur de celle-ci existe un carrefour de routes qui porte le nom curieux de « Chien Pendu ». Pendant plusieurs jours, les usagers circulant à cet endroit ont pu voir un grand dessin, assez bien exécuté, représentant Adolf Hitler avec une corde au cou, tirant une langue démesurée. Le portrait avait été accroché sous le poteau de signalisation portant l'indication « Chien Pendu ». La farce a duré plus d'une semaine au cours de laquelle de nombreux Dolois sont venus se promener spécialement jusqu'à ce carrefour forestier pour profiter du provocant spectacle. Celui-ci n'a sans doute pas été du goût de tout le monde car quelqu'un a averti les Allemands. Ils ont enlevé le portrait de leur maître et embarqué aussi, durant cette expédition trois bûcherons qui travaillaient dans des coupes proches du lieu-dit le « Chien Pendu ». Il les ont retenus et questionnés à la Kreiskommandantur de Dole pendant une journée, avant de les relâcher faute de preuves. Ils les ont menacés de prison si une semblable plaisanterie se renouvelait dans ce secteur.

## BICYCLETTES ET GAZOGÈNES

**Lundi 23 juin 1941** *(Extrait de mon Journal)*

« Hier soir, Radio Sottens a annoncé une nouvelle surprenante : l'invasion de l'U.R.S.S par les armées hitlériennes ! Selon le speaker helvétique, des forces considérables seraient engagées, côté allemand, dans la plus grande offensive militaire de l'Histoire. Au moins 150 divisions, c'est-à-dire les trois-quarts des effectifs de la Wehrmacht. Près de trois millions d'hommes !

« D'après Radio Paris écouté ce matin, la progression des assaillants se déroulerait sur un front de plusieurs milliers de kilomètres Selon la tactique du « Blitzkrieg » (guerre éclair). Avec une rapidité, une efficacité comparables à la campagne de France l'année dernière. L'effet de surprise aurait été tel dans les rangs adverses, que des centaines de milliers de soldats soviétiques seraient déjà encerclés. »

La nouvelle a suscité beaucoup de commentaires. Les avis sont très partagés. Certains pensent qu'on va assister à une réédition des événements de juin 40. Selon ces pessimistes, les Russes seront rapidement écrasés. Rien ne peut actuellement résister à la puissance militaire allemande. Après la Pologne, après la France, de nombreux autres pays d'Europe ont eu le tragique honneur d'en faire l'expérience. Hitler a en effet étendu son hégémonie dans les Balkans et en Méditerranée. Il a conquis successivement, avec une étonnante facilité, la Yougoslavie, l'Albanie, la Grèce. Ses forces sont aussi arrivées aux portes de l'Egypte. Rien ne permet donc de penser que l'armée rouge sera capable d'endiguer la marée verte qui déferle actuellement sur le territoire de l'U.R.S.S.

D'autres personnes ont une opinion moins pessimiste. C'est le cas de M. Gustave S. Notre ami m'a prêté ce matin un ouvrage intitulé « La campagne de Russie ».

– On prétend que l'Histoire ne se renouvelle jamais de la même manière m'a-t-il dit. Moi, je suis d'un avis contraire. L'Histoire est faite par les hommes, or, les hommes arrivent toujours à se tromper dans leur appréciation des forces qui leurs sont opposées. Hitler vient de commettre une grave erreur en s'attaquant à l'U.R.S.S. C'est un pays immense, aux ressources humaines et matérielles considérables. Un pays dont les meilleures défenses sont constituées par son étendue et son climat. L'armée allemande s'y enfoncera, s'y enlisera, y périra de froid, comme celle de Napoléon Ier. Hitler a commis la même bévue que l'Empereur. Il s'est engagé dans cette aventure avant d'avoir battu l'Angleterre. Ça lui sera fatal. Lis ce livre, André, c'est la préfiguration des événements futurs !

L'entrée en guerre de l'Allemagne contre la Russie était totalement imprévisible. Nous nous attendions plutôt à un débarquement massif de l'armée nazie sur les plages du Royaume Uni. Les Fritz eux-même en étaient persuadés. M. Roger C., contremaître en bâtiment, qui travaille sur le gigantesque chantier d'agrandissement des pistes et installations de l'aérodrome militaire de Tavaux, nous a raconté récemment qu'un officier allemand supervisant les travaux lui avait confié que la Wehrmacht serait à Londres avant la mi-juillet. C'est la raison pour laquelle lorsque plusieurs milliers de soldats en garnison à Dole ont quitté la région au début de juin, nous avons tous cru qu'ils partaient à destination d'un lieu de concentration quelque part dans le Nord ou le Pas-de-Calais.

L'invasion annoncée s'est en fait limitée à un seul individu : Rudolf Hess, le bras droit d'Hitler, qui a sauté en parachute le mois dernier au-dessus de l'Angleterre pour une raison jusqu'ici inconnue. L'affaire a fait grand bruit.

Aussi bien d'un côté que de l'autre de la Manche. Berlin a immédiatement tenté de minimiser l'événement en faisant passer le transfuge pour fou. En Angleterre, cette histoire abracadabrante a suscité la verve des humoristes. Radio Londres a raconté récemment ce qui se serait dit lors de la rencontre entre Churchill et Hess : « Alors, c'est vous, le fou ? aurait demandé le Premier ministre britannique. Non, je suis seulement son substitut aurait répondu Hess ! » Cet épisode rocambolesque a fait les délices de la B.B.C. qui a répété pendant plusieurs jours de suite le communiqué apocryphe suivant : « Aujourd'hui, on n'a pas signalé à nos services de nouvelles arrivées de ministres de Hitler ! »

Après avoir lu une partie de « La campagne de Russie », je ne partage pas encore l'optimisme de M. S. quant à une défaite inéluctable de l'armée allemande. Même si depuis hier soir je me suis penché studieusement sur mon atlas et si je souhaite de tout cœur que les Boches échouent dans leur tentative, je ne peux m'empêcher de penser que Staline n'a pas volé ce qui lui arrive. Il est en train de payer deux ans de duplicité. Non seulement ça ne lui aura servi à rien de signer un traité de non-agression avec Hitler, mais aujourd'hui, il se trouve dans une situation pire qu'en 1939. Il n'en serait pas là s'il avait soutenu les démocraties occidentales au moment de l'invasion de la Pologne et attaqué l'Allemagne sur ses arrières. Le sort de la guerre en eut sans doute été bien différent.

En fin de soirée, ce 23 juin 1941, alors que mon père, ma mère et moi sommes occupés à jardiner sur une parcelle de terrain que nous louons rue Montciel, nous voyons arriver Albert G. qui exploite un petit lopin à côté du nôtre. Tout en travaillant, il oriente la conversation sur les récents événements. Avec un aplomb sans pareil, le communiste-pacifiste qui, il y a seulement quelques jours, donnait raison à Staline de pactiser avec Hitler contre les ploutocrates et les capitalistes occidentaux, tient à présent des propos bellicistes. Il promet pour bientôt une cuisante défaite aux Boches car, dit-il : « L'armée rouge, avec ses cadres sortis des rangs du peuple, c'est autre chose que l'armée française commandée par une caste d'aristos et des vieilles badernes ! »

Mon père, qui n'a pourtant rien d'un polémiste, ne peut s'empêcher de faire remarquer à notre interlocuteur que Staline a quand même été pendant deux ans l'allié potentiel de Hitler. Il l'a laissé perpétrer, sans réagir, tous ses mauvais coups en Europe. Il a même continué à lui fournir des matières premières pour son industrie d'armement. Ces arguments n'ébranlent pas la foi communiste d'Albert G. Son admiration pour le pape de Moscou est aussi peu raisonnée que celle d'un fasciste pour le pape de Berlin. J'en arrive à la conclusion que les gens inféodés à une idéologie sont aussi bornés les uns que les autres. Pour prouver qu'ils ont raison, ils sont capables de nier l'évidence et de faire preuve de la pire malhonnêteté intellectuelle.

A la maison, depuis que nos travaux maraîchers sont devenus productifs, notre régime alimentaire s'est amélioré. Certes, nous manquons encore de graisse et de viande, mais, avec les premières pommes de terre nouvelles, les petits légumes, nous mangeons presque à notre faim. Mon père est optimiste en ce qui concerne la prochaine récolte. Il pense que notre production nous mettra à l'abri de la disette subie l'hiver dernier. Maman a pu acheter des poussins sur le marché, de même que deux lapines. A l'automne, nous envisageons toujours d'élever un porc.

Jusqu'à la mi-juin, la soudure a pourtant été difficile. Pendant deux mois, nous avons littéralement crevé de faim. J'ai vécu cette période comme un cauchemar. Je ne suis pas près de l'oublier. Durant des jours et des jours, je n'ai songé qu'à une seule chose : manger ! J'ai imaginé toutes les façons de tromper ma fringale en rongeant n'importe quoi, des raves, des betteraves crues... Ma mère a souvent pleuré en cuisinant d'infects ragoûts, en cachant nos rations de pain dans un placard fermé à clé pour m'éviter la tentation d'en dérober entre les repas.

Avec papa, nous avons même usé nos maigres forces en nous rendant à bicyclette jusqu'à Auxonne pour y acheter quelques kilos de pommes de terre et quelques oeufs. J'y suis allé aussi avec cousine Lélette et plusieurs fois avec des copains du quartier. Hélas ! beaucoup d'autres Dolois et des Dijonnais avaient eu avant nous la même idée. La région auxonnoise, riche en cultures maraîchères était littéralement envahie par des meutes de citadins aussi affamés que nous. Comme nous n'avions aucune relation parmi les producteurs, il a fallu frapper au hasard à la porte des fermes. Nous y avons été reçus souvent d'une manière peu accueillante, parfois carrément hostile. Si nous ne sommes jamais revenus complètement bredouilles de ces expéditions, nous le devons plus à l'esprit mercantile des paysans d'Auxonne qu'à leur esprit de charité. Outre le prix prohibitif payé pour quelques médiocres pommes de terre, déjà en partie germées ou à demi blettes, nous avons du donner chaque fois en échange des paquets de cigarettes ou de tabac. Heureusement, comme mon père avait cessé de fumer l'automne dernier, grâce à sa ration épargnée, nous avons pu nous livrer à ce troc moyenâgeux : des marchandises contre d'autres marchandises. Mais que de palabres, que de courbettes il a fallu faire pour conclure ces marchés ! Combien de fois avons-nous serré nos poings dans nos poches !

Dans une ferme, au hameau des Granges, tandis que nous traitions laborieusement l'une de ces affaires, une camionnettes de l'armée allemande est arrivée dans la cour. Alors que la patronne venait de nous dire que ses poules ne pondaient plus, elle est allée chercher un plein panier d'œufs préparé à l'intention des Boches. Ceux-ci sont repartis après avoir payé royalement leur fournisseur qui leur a fait de grandes démonstrations de sympathie.

Ailleurs, un paysan nous a dit qu'il pouvait nous procurer tout ce que nous voulions : du lard, du jambon, du beurre, des œufs, mais qu'il acceptait uniquement des pièces d'or en paiement !

Je suis revenu chaque fois profondément écœuré de ces randonnées auxonnoises. Humilié par tous les salamalecs auxquels nous avons dû nous livrer pour mendier (tout en payant le prix fort) un peu de nourriture chez ces profiteurs sans cœur ni conscience.

Nous sommes rentrés aussi complètement fourbus. Au terme de voyages épuisants et mouvementés. En effet, alors que le plus court chemin pour rejoindre Auxonne depuis Dole est la Route Blanche Paris-Genève, nous avons dû emprunter un itinéraire malaisé à travers le Bois des Crochères, à la limite des départements du Jura et de la Côte d'Or. Cela parce que nos expéditions étaient menacées par un double danger. D'une part, nous quittions la zone interdite pour nous rendre en zone occupée, sans être munis d'un ausweis. Nous étions donc à la merci de la rencontre d'une patrouille allemande. D'autre part, nous risquions aussi de nous faire arrêter par la gendarmerie « française ». Celle-ci a établi un poste de contrôle quasi permanent à Villers-Rotin, en bordure de la route nationale.

Comme de nombreux autres « contrebandiers » dolois, mon père, cousine Lélette et moi avons emprunté à pied, en poussant nos bicyclettes chargées d'un sac de pommes de terre en travers du guidon, dans le silence le plus total, un sentier forestier à quelques dizaines de mètres seulement derrière le poste de garde de la maréchaussée. Cet itinéraire est encore aujourd'hui le seul qui permet de transporter impunément quelques kilos de marchandises chèrement acquises en provenance de la région d'Auxonne. Chaque semaine, des gens moins informés ou moins méfiants que nous se font prendre par la gendarmerie, soit sur la route, soit à la gare de Dole en débarquant du train. Ils font non seulement l'objet d'un procès verbal pour trafic illicite, mais on leur confisque en outre les produits qu'ils rapportent. La police « française » fait montre d'un zèle odieux à l'encontre de la population. Comme si elle voulait prouver à ses maîtres allemands qu'elle n'a rien à envier à leur efficacité et à leur rigueur.

Nous vivons décidément une drôle d'époque. On nous considère, on nous traque, on nous traite comme de vulgaires malfaiteurs. Comme si nous commettions un crime en allant chercher un peu de nourriture à la campagne ! Pourtant, ces marchandises nous ne les volons pas ! Nous les payons même hors de prix ! Tous ceux que nous avons rencontrés en chemin étaient, comme nous, de pauvres affamés, réduits à cet expédient par les restrictions alimentaires, dues surtout aux pillages systématiques organisés par les Allemands. Il existe certes des trafiquants du marché noir qui profitent de la raréfaction des produits pour s'enrichir. C'est contre eux que devrait s'exercer la répression policière et non contre des malheureux obligés d'aller quémander quelques misérables patates au hasard des fermes.

Nous avons donc, à plusieurs reprises, fin avril et début mai, participé, avec des fortunes diverses, à ces expéditions clandestines. Elles n'ont pas toujours été très fructueuses mais nous ont quand même permis de faire la soudure avec notre propre récolte maraîchère. Ces équipées n'ont été possibles que grâce à nos bicyclettes. A son retour à la maison, en septembre, mon père m'en a acheté une d'occasion, pour remplacer celle de ma mère. Cet engin est véritablement devenu la « petite reine » comme on l'appelait autrefois avant la guerre, aux heureux temps du tour de France. A part les trains qui fonctionnent avec des retards considérables en raison des destructions de ponts, de voies ferrées et des transports allemands prioritaires, il n'y a pratiquement plus d'autres moyens de locomotion que la bicyclette. Les automobiles ont, soit été réquisitionnées par l'occupant, ou mises sur cales faute d'essence. Seuls obtiennent des ausweis de circulation et quelques litres de carburant, les membres du corps médical et les services économiques. Encore leur conseille-t-on d'utiliser une autre source d'énergie que la benzine. Quant aux voitures hippomobiles, style calèche ou char à bancs, il en passe de moins en moins. Les chevaux qui les tiraient ont été pris en grand nombre, d'abord par l'armée française en 1939, puis après la débâcle, par la Wehrmacht.

A présent, tout le monde se déplace à vélo. Le riche comme le pauvre, le commerçant comme l'ouvrier, l'ecclésiastique comme le fonctionnaire. Les bécanes sont rares et convoitées car on n'en fabrique plus beaucoup. Elles coûtent très cher, c'est pourquoi on en vole de plus en plus. Rendu prudent depuis l'affaire de Parcey, je cadenasse soigneusement la mienne, lorsque je l'abandonne quelque part.

A la fin de l'année dernière, nous avons vu apparaître sur les routes de bien curieux engins. Il s'agit de véhicules à gazogène, c'est-à-dire des camions ou des voitures dotés d'énormes chaudières alimentées au bois concassé ou au charbon. Ces « gazos » comme on les appelle, roulent un peu moins vite qu'à l'essence mais rendent néanmoins service aux transporteurs et aux commerçants ambulants. L'inconvénient, c'est qu'il leur faut emporter de grosses quantités de combustible qui empiètent sur la place disponible. Selon les marques et les cylindrées, la consommation atteint de 70 à 150 kilogrammes de bois au cent kilomètres et de 10 à 50 litres d'eau. Ces appareils sont aussi dangereux. Il se produit souvent des retours de gaz au moment de leur rechargement. Des usagers se sont fait brûler cruellement le visage ou les mains. Ces machines infernales ont flanqué le feu dans plusieurs hangars.

Mon père conduit lui-même l'un de ces mastodontes pour le compte des Eaux-et-Forêts. Son énorme camion, datant d'avant la guerre 14-18, n'est pas muni de pneus à chambre à air mais de jantes pleines. Remis en service en raison des circonstances, ce véhicule antédiluvien a été lui aussi doté d'un « gazo » qui fonctionne à l'aide d'un curieux mélange de sciure de bois, de déchets de scierie imbibés d'huile de vidange. Ça crache, ça fume, ça pue, mais ça roule ! Papa réalise des moyennes d'environ 35 à 40 kilomètres à l'heure. Lorsque cet engin, qui tient du rouleau compresseur, traverse la ville, on ne risque pas de ne pas le voir ni de l'entendre, d'autant qu'au bruit du moteur s'ajoute celui des roues qui font un boucan terrible sur le macadam.

Camions, automobiles transformées en fardiers à Cugnot, bicyclettes à remorques servant au transport des marchandises les plus diverses, vélos-taxis convertis en pousse-pousse chinois, partout on s'ingénie à pallier la pénurie de moyens de locomotion. Il en est même qui profitent de la situation pour se livrer à de véritables escroqueries. Il y a quelques mois, au moment où le manque d'essence commençait à se faire sentir, le bruit a couru, dans la région dijonnaise, qu'un inventeur avait trouvé l'astuce de faire rouler les voitures au moyen d'un gros ressort d'horlogerie. Ce système ingénieux, relevant presque du mouvement perpétuel, permettrait au mécanisme de se remonter lui-même en roulant. Alléchés par une publicité enthousiaste, une vingtaine d'automobilistes se présentèrent dans un garage de la banlieue de Dijon et confièrent leurs véhicules au génial «inventeur » pour qu'il les équipe de son procédé. Ils lui versèrent aussi 2 200 francs d'acompte sur les travaux de transformation. Un mois plus tard, lorsque les candides propriétaires revinrent chercher leurs voitures, ils trouvèrent celles-ci dépouillées de leurs pneus, de leurs batteries et autres accessoires, ainsi que des quelques litres d'essence restant au fond des réservoirs. Quant à l'ingénieux garagiste, il avait disparu en emportant aussi, bien sûr, l'argent de ses dupes !

## APRÈS L'HUMILIATION, LA HAINE
### 1er janvier 1942 (Extrait de mon Journal)

« Ce nouvel an s'est infiniment mieux passé que le précédent. Grâce aux produits de notre jardinage, à notre basse-cour repeuplée, à nos expéditions alimentaires dans les régions d'Auxonne et du Val d'Amour, nous avons eu droit à un excellent repas de fête confectionné par maman. La famille a pu se réunir à la maison autour d'une table presque aussi bien garnie qu'avant guerre ».

« Depuis que je tiens mon journal, chaque premier janvier est pour moi l'occasion de m'interroger sur ce que nous réservent les douze mois à venir. Je ne manque pas aujourd'hui de me poser la même question. Quels événements allons nous vivre en 1942 ? Quels dangers nous menaceront ? Quelles privations, quelles nouvelles contraintes nous seront-elles imposées ? Verrons-nous la fin de cette guerre interminable ? Sortirons-nous enfin du tunnel noir dans lequel nous sommes entrés en juin 1940 ?...

Rien n'est encore décisif, mais il me semble qu'un certain nombre d'événements récents auront tôt ou tard des répercussions sur l'issue du conflit. Celui-ci s'est brusquement mondialisé le 7 décembre dernier lorsque le Japon a traîtreusement attaqué la flotte américaine à Pearl Harbour. Certes, nous avons su depuis que la marine des Etats-Unis avait subi dans cette affaire un effroyable désastre. Il a provoqué en Amérique un véritable électrochoc. Une prise de conscience collective et immédiate face aux dangers que font courir au monde libre les pays totalitaires. Le gouvernement des U.S.A. est entré en guerre, non seulement contre son agresseur japonais, mais aussi contre tous les pays de l'Axe.

M. S., avec lequel j'ai tant de plaisir à bavarder, a aussitôt analysé comme suit la nouvelle donne de la situation internationale :

– Tu vois, André, m'a-t-il dit, contrairement aux apparences ce 7 décembre 1941 est une défaite pour les dictateurs. Ils viennent de commettre une erreur dont ils ne tarderont pas à subir les lourdes conséquences. Ils ont contraint l'Amérique à entrer en guerre alors que sans doute elle n'y était pas unanimement disposée. A partir d'aujourd'hui, une énorme machinerie va se mettre en branle. Elle va produire à la chaîne des milliers et des milliers d'avions, de chars, de canons. Rien ne résistera à ce flot de matériel qui finira par submerger les ennemis de la liberté. Certes, les démocraties subiront sans doute encore ici et là des revers, mais je suis sûr à présent qu'elles triompheront, grâce à la supériorité industrielle des Etats-Unis.

Venant d'un homme cultivé, réfléchi, d'une grande modération, ces propos optimistes m'ont mis du baume au cœur. Je les accepte mieux que ceux venant d'autres personnes. Par exemple, nous entendons souvent, sur Radio Londres, des commentaires exaltants, dans la bouche des journalistes de la France-libre dont les noms nous sont devenus familiers : Pierre Bourdan, André Gillois, Jean Oberlé, Maurice Schumann. De même, lors de chacune de ses interventions radiodiffusées, le général De Gaulle fait montre d'une inébranlable assurance quant à la victoire finale des Alliés. Bien qu'ils correspondent à tous mes espoirs, je garde un certain recul, sinon quelques méfiances vis-à-vis de ses propos. Je me méfie des nouvelle de la B.B.C. presque autant que de celles diffusées par Radio Paris. Ces gens-là ne disent pas toute la vérité ou alors ils l'embellissent, la transforment pour les besoins de la propagande de leur camp respectif.

La seule station objective, c'est Radio Sottens. Le seul commentateur intègre et digne de foi, c'est René Payot. Chaque vendredi soir, dans ses chroniques sans concession pour l'un ou l'autre des antagonistes, il brosse un tableau impartial de la situation. Lui aussi a salué comme un événement capital l'entrée en guerre des Etas-Unis, mais il n'a pas caché que le conflit n'en était pas pour autant terminé. Le potentiel militaire et économique des puissances de l'Axe est encore considérable. Des mois, sans doute des années, s'écouleront avant que le plateau de la balance penche en faveur des démocraties.

Ce matin, 1er janvier 1942, une nouvelle est cependant venue confirmer l'optimisme raisonné de M. S. C'est lui qui me l'a apprise lorsque je suis allé lui présenter mes vœux ainsi qu'à son épouse. Il a entendu, lors du bulletin d'informations de la Radio suisse romande, que l'armée allemande venait de subir de graves revers devant Moscou. Elle aurait reculé de deux cents kilomètres, dans des conditions épouvantables, à la suite d'une contre-offensive déclenchée le 6 décembre dernier par les troupes du maréchal Joukov. Contrairement à ce que Hitler avait prétendu il y a quelques semaines dans l'un de ses discours, les Russes ne sont pas vaincus ! La Wehrmacht n'est pas parvenue à prendre Moscou ! Les prévisions de M. Gustave S. quant à la similitude des campagnes de 1812 et de 1941 se révèlent exactes. Hitler a même moins bien fait que Napoléon qui lui, était entré dans la capitale de la Russie. Les nazis ont été victimes de la forfanterie de leur chef. Il a non seulement trop préjugé de ses forces et de sa stratégie, mais aussi inconsidérément négligé l'importance du facteur climatique. Dès la mi-novembre, la température est descendue jusqu'à moins 30° C. sur le front de l'Est. De formidables tempêtes de neige se sont abattues sur l'armée allemande encore paraît-il équipée de minces tenues d'été !

Même si je sais bien qu'en Union Soviétique la partie en cours se joue entre deux dictateurs aussi méprisables l'un que l'autre, avides de s'assurer la suprématie en Europe, la nouvelle de la défaite allemande me comble de joie. Après des mois et des mois de victoires, de progressions fulgurantes, les soldats nazis connaissent enfin le goût amer de l'échec. Ils battent en retraite à leur tour. Dans des conditions beaucoup plus difficiles que celles de notre armée, il y a dix huit mois. J'exulte en pensant qu'ils ont des dizaines de milliers de morts, de blessés, de prisonniers. Qu'ils crèvent aussi de froid !

Je suis sûr que cette opinion radicale est partagée par plus de quatre vingt quinze pour cent des habitants de la zone interdite. Depuis trois ou quatre mois, l'hostilité que nous éprouvions vis-à-vis de l'occupant s'est transformée en une véritable haine. Ce sentiment s'est encore aggravé en octobre dernier, lorsque 22 otages ont été fusillés à Nantes et 50 autres à Bordeaux. Radio Paris a eu beau expliquer qu'il s'agissait de « bandits communistes, d'apatrides et d'israélites », cette répression aveugle et sanglante a révolté la population. J'ai éprouvé personnellement une vive émotion en lisant, le 10 octobre, le communiqué suivant dans un journal : « Lucien Marcot, de Vexaincourt (Vosges) a été condamné à mort et fusillé pour avoir caché 3 fusils, plus de 100 cartouches ainsi que de la poudre et du plomb destinés à la fabrication de munitions. »

J'ai bien sûr pensé aussitôt à notre propre dépôt d'armes enterré au milieu de la forêt de Chaux. Mes copains et moi en avons cachés beaucoup plus que le pauvre Lucien Marcot. Il est certain que nous subirions tous le même sort si l'un de ceux qui participèrent à cette opération de récupération venait à vendre la mèche. Heureusement, jusqu'à présent, notre secret est resté entre nous et j'ai toute confiance en ceux qui étaient présents au moment des faits. L'été dernier, en me promenant, je suis allé jeter un coup d'œil dans la clairière où sont enfouies les armes et les munitions. La nature y a repris ses droits. Le trou est totalement invisible sous l'humus et l'herbe nouvelle. Je souhaite ardemment qu'un jour prochain nous puissions révéler cette cache à ceux qui viendront nous délivrer afin que ces fusils servent à chasser nos oppresseurs.

Je m'interroge parfois en me sentant gagné chaque jour un peu plus par un sentiment de haine irréductible envers les Allemands. Moi qui dans la vie ne ferait pas de mal à une mouche, il me vient souvent des idées de meurtre à leur encontre. Je m'explique mieux aujourd'hui pourquoi mon ami Fernando tenait des propos excessifs contre les fascistes. Il disait : « Si je pouvais avoir Franco à ma merci, je lui brûlerais les yeux au fer rouge !... » La guerre est une expérience atroce qui ramène l'homme à ses instincts bestiaux. Moi aussi, si j'en avais la possibilité, je tuerais non seulement Hitler, mais également tous ceux qui le révèrent.

Je ne suis pas le seul à professer ces sentiments extrémistes. La plupart des gens que je connais éprouvent la même aversion vis-à-vis des Boches. Malgré tous les efforts déployés par la propagande vichyssoise : discours à la radio, articles de presse, affiches, tracts, l'opinion des Français de la zone occupée ne s'est pas ralliée à la collaboration. D'après ce qu'on peut savoir, il n'y aurait par exemple qu'une demi-douzaine de Dolois à s'être enrôlés dans la « Légion des volontaires contre le bolchevisme ». Nous ne connaissons personnellement que le fils R. dont les parents sont négociants, de même que le nommé I. qui fut, peu de temps avant la guerre, ouvrier céramiste à l'usine Idéal Standard. Son ralliement au nazisme n'étonne pas mon père. Il a une très mauvaise opinion sur ce personnage qu'il a connu autrefois et que la direction de l'entreprise avait renvoyé à la suite d'un vol.

Le départ des supplétifs de la Wehrmacht a suscité le mépris des Dolois et cette réflexion : « Bon débarras ! Souhaitons qu'ils se fassent bientôt trouer la peau par les Russes ! ». Ce qui, par contre, scandalise les gens, c'est le tract récemment diffusé par les partisans de Jacques Doriot, reproduisant un texte récent du maréchal Pétain. Dans cette citation, parlant des soldats de la L.V.F. (Légion des volontaires français contre le bolchevisme), le sénile chef du gouvernement de Vichy disait que ces hommes détenaient : « une part de l'honneur militaire de la France ». Cette infamie a enlevé a beaucoup d'anciens combattants les dernières illusions qu'ils avaient encore concernant l'attitude de leur ancien chef face aux hitlériens (1).

Vichy a obtenu de meilleurs résultats dans l'opération baptisée « La Relève ». Il s'agit du départ volontaire de travailleurs français pour l'Allemagne. Selon une propagande bien orchestrée, cet échange de main-d'œuvre permettrait à un certain nombre de prisonniers de guerre de regagner leurs foyers. Dans notre région, l'affaire a été grandement favorisée par la conjoncture économique difficile. Le chômage, les salaires médiocres versés par les entreprises locales ont incité beaucoup d'ouvriers à partir outre-Rhin. Mais depuis peu le vent commence à tourner. On vient d'apprendre que les conditions dans lesquelles travaillent les volontaires ne sont pas aussi idylliques que la propagande le prétend. Charles S. de La Bedugue, a été récemment rapatrié après avoir été victime d'un bombardement à Hambourg. Il a raconté à mon père que les ouvriers français étaient parqués dans des baraquements infects situés à l'extérieur de la ville et qu'ils étaient très mal nourris. Astreints aux cadences des trois huit, sous la férule de contremaîtres allemands irascibles, leur situation sociale s'apparenterait à un véritable esclavage. En outre, ils seraient comme d'ailleurs toute la population locale, de plus en plus menacés par les raids fréquents et meurtriers de l'aviation Alliée. Charles S. offre un tragique exemple de ce péril aérien car il a perdu un bras lors d'un bombardement.

Ce récit est donc loin de correspondre aux slogans que l'on a pu voir affichés ces derniers mois sur les murs de Dole. On voyait un ouvrier français souriant, penché sur une machine-outil, sous l'œil amical d'un contremaître allemand. Un texte proclamait en grosses lettres : « A présent, je suis très heureux. Je travaille en Allemagne et je gagne bien ma vie ! »

---

(1) Lors de son procès, Pétain prétendra qu'il n'avait pas lu le « papier » que Fernand de Brinon lui avait fait signer, en novembre 1941 en réponse à un message de fidélité envoyé depuis le front russe par le colonel Laborde, premier chef de la L.V.F.

Seule, cette dernière affirmation n'était pas totalement fausse, car ceux qui ont accepté de partir outre-Rhin touchent entre 4 000 et 5 000 francs par mois. C'est nettement supérieur à ce que gagne mon père et au salaire moyen des ouvriers restés en France. Toutefois, malgré les efforts de la propagande ennemie pour nous persuader que de nombreux prisonniers de guerre ont été libérés à la suite de ces échanges, nous n'avons pas encore vu le résultat de cette opération. Dans notre quartier, aucun captif n'a bénéficié d'un rapatriement. On dit qu'à Dole il n'en serait rentré qu'une douzaine. Surtout des grands blessés et des malades.

La population n'oublie pas les prisonniers. Ils sont l'objet de beaucoup de sollicitude et de solidarité de la part des Dolois. Des œuvres charismatiques, Croix Rouge, Mouvements Catholiques, Comité d'Assistance, s'ingénient à récolter de l'argent et des dons pour l'envoi de colis dans les stalags et oflags. Le Cercle Suisse, qui regroupe les membres de la communauté helvétique de Dole, se dévoue beaucoup pour cette cause humanitaire. Il a constitué un orchestre d'accordéonistes qui donne de nombreux concerts à travers la région au profit des prisonniers. Bien que leur pays d'origine soit neutre, les Suisses ne cachent pas leur antipathie vis-à-vis des Allemands. On m'a rapporté à ce sujet une anecdote très significative. Dernièrement, au cours d'un concert d'accordéon du Cercle Suisse, un Boche, sans doute mélomane, s'approcha de l'un des musiciens et se pencha sur sa partition. Il fut aussitôt apostrophé en ces termes par l'un des membres de l'association, l'industriel Henri J., que ses amis appellent familièrement « Kiki » : « Mais bougre de con, tu vas rien y comprendre ! C'est de la musique suisse ! ».

Le Fridolin ne parlait heureusement pas Français, c'est pourquoi l'énorme éclat de rire qui souleva la salle après cette plaisanterie, l'étonna sans doute, mais lui fut incompréhensible.

Si la « Relève » ne fonctionne hélas ! qu'à sens unique, des prisonniers reviennent pourtant en France par un autre truchement. Il s'agit des évadés. Des réseaux, ayant des ramifications jusqu'en Allemagne, se seraient constitués pour leur venir en aide. Au péril de leur vie, des gens les hébergent, les aident à franchir la ligne de démarcation pour rejoindre la zone libre. On chuchote souvent des noms, on rapporte des faits le plus souvent incontrôlables, à l'exception de ceux qui se terminent mal.

Au printemps dernier, mon père, qui sillonne sans arrêt la région, a eu l'occasion de prendre à bord de son camion à gazogène, deux pauvres diables exténués rencontrés sur une route de la forêt de Chaux. Ces hommes lui ont raconté qu'ils s'étaient évadés d'un stalag situé dans la région de Munich et qu'on leur avait dit qu'ils trouveraient aide et assistance pour passer en zone libre en s'adressant au café D., à La Vieille-Loye. Papa a conduit les deux gars à l'endroit indiqué où on s'est aussitôt occupé de leur donner à manger. Nous ne pensions plus à cette histoire lorsqu'à la mi-mai, nous avons appris l'arrestation de Mlle Claire D. la propriétaire de l'auberge en question. Jugée à Besançon quelques semaines plus tard par un tribunal militaire allemand, cette personne a été condamnée à six ans de travaux forcés et déportée en Allemagne.

On ne raconte pas toujours de très belles choses sur les passeurs de la ligne de démarcation. Un drame qui s'est déroulé l'automne dernier à la gare de Mouchard nous a bouleversés. Deux petits enfants, deux frères, l'un d'environ dix ans, l'autre de huit ans, ont débarqué un soir, d'un train en provenance de Besançon. Sans quitter le quai, ils se sont adressés aux voyageurs en leur présentant un billet de cent francs et en leur demandant de les aider à passer en zone sud. Il s'est paraît-il trouvé un salaud pour empocher le billet de banque et entraîner les deux gamins dans la campagne. Il les a ensuite abandonnés à la lisière d'un bois, non sans les dépouiller de leurs maigres bagages et de l'argent qu'ils portaient sur eux. Plus tard, une patrouille allemande a découvert les deux petits en pleurs. Comme il s'agissait d'enfants juifs, on les a emmenés vers une destination inconnue.

Henri D., le cheminot qui nous a raconté ces faits, avait la gorge étreinte par l'émotion et la colère. Il a dit :

– Si seulement je connaissait le fumier qui a fait ça, il ne ferait pas de vieux os !

C'est vrai qu'on ne peut s'empêcher d'avoir des idées de meurtre en face de semblable infamies. Mon Dieu ! Quand cette guerre horrible s'arrêtera-t-elle ? Quand cessera-t-elle d'engendrer de tels actes ? De susciter en nous des pensées homicides ? Quand retrouverons-nous le simple bonheur de vivre au lieu d'être sans cesse partagés entre le désespoir, la peur et la haine ?

Les histoires concernant les passages de la ligne de démarcation ne sont heureusement pas toutes aussi tragiques ni aussi sordides. Grand-mère Julie, qui coud à domicile dans un certain nombre de maisons bourgeoises, nous a rapporté une anecdote qu'elle a entendue raconter chez l'un de ses clients, M. Justin P., le directeur d'un des cinémas de Dole. L'affaire s'est déroulée le 27 décembre dernier. Ce jour-là, le docteur L., maire d'Arbois, a procédé à un mariage peu commun entre deux ressortissants belges originaires de Gand. Réfugiée à Lyon au moment de la débâcle, la fiancée n'avait pas été autorisée à regagner son pays. Son futur, qui lui, se trouvait en Belgique, a remué ciel et terre pendant des mois pour obtenir la permission de se marier. Cette autorisation lui fut finalement accordée, mais, et c'est là un exemple supplémentaire de la méchanceté gratuite allemande, à la seule condition que la cérémonie se déroulât sur la ligne de démarcation. C'est donc de chaque côté de la barrière séparant la zone interdite de la zone libre que les deux promis ont prononcé le oui traditionnel, sous l'œil goguenard des douaniers boches. Après la cérémonie, les deux conjoints se sont embrassés par-dessus la barrière, puis sont repartis tristement chacun de leur côté.

## TOUJOURS LES RESTRICTIONS !

**Mercredi 18 mars 1942** *(Extrait de mon Journal)*

« Je revis à nouveau le même cauchemar qu'il y a un an. La faim ne cesse de me tenailler l'estomac depuis le début du mois. Manger est redevenu une idée fixe. Du matin au soir, je rêve à ce qui pourrait calmer ma fringale. J'avais lu autrefois des textes sur les grandes famines en Chine ou en Inde. Ils m'avaient ému, mais les drames qu'ils rapportaient restaient pour moi des abstractions. Il est difficile de se faire une idée juste sur des événements que l'on n'a pas vécus soi-même. A présent, je sais ce qui se cache derrière l'expression « Mourir de faim » ! C'est une sensation terrible. Je n'arrive plus à penser à autre chose pendant la majeure partie de la journée. Je compte les heures qui me séparent de l'instant où nous passerons à table. Je sais aussi que je la quitterai insatisfait, tellement nous sommes réduits à des portions congrues. En cette veille de printemps 1942, personne ne mange à sa faim dans la famille car nos réserves sont quasiment épuisées. Il me semble cependant que cette année, mes parents résistent mieux que moi au manque de nourriture. Peut-être parce que ce sont des adultes et que l'adolescence me rend plus vulnérable à la disette ? Papa et maman souffrent de me voir rachitique. Bien qu'ils me réservent toujours la plus grosse part lors du partage quotidien de la ration de pain et en me servant la soupe ou le ragoût, je reste maigre et affamé comme un chien errant. Notre amie Marie M., avec son franc-parler, a profondément choqué ma mère en lui disant : « Tu sais, Hélène, je crois que ton André file un mauvais coton ! Ça ne m'étonnerait pas qu'il devienne poitrinaire. » Cette prédiction a bouleversé ma pauvre maman qui doit vivre depuis lors avec la hantise de me voir contracter la tuberculose. »

Nous venons de connaître un hiver très rigoureux. On dit qu'il fut le plus froid depuis 1894. Il y a eu 80 jours de neige sur le Bas Jura et des températures sibériennes. Alors que mon père pensait que nous pourrions faire la soudure avec la prochaine récolte printanière, nos réserves potagères se sont révélées insuffisantes. Nous n'avons plus de pommes de terre. Un tiers de notre dernière production a servi à nourrir le porc que nous avons élevé à partir de l'été dernier. C'est étonnant ce que cet animal a pu engloutir ! Son engraissement nous a entraînés dans un cercle vicieux car il a consommé une partie de notre stock de patates. Il a d'ailleurs fallu le sacrifier plus tôt que prévu car nous n'avions plus rien à lui donner à manger. Il n'était donc pas très gras lorsque Pierre B., commis boucher à La Bedugue est venu le saigner. Sa viande et son lard nous ont quand même permis de traverser à peu près correctement le début de l'hiver. Mais comme les rations alimentaires qui nous sont attribuées officiellement se sont encore amenuisées en 1942 par rapport à celles de l'année dernière, ma mère a été obligée de puiser souvent dans le saloir. Celui-ci est vide depuis le début du mois.

Nous avons donc repris, à bicyclette, la route d'Auxonne et aussi celle du Val d'Amour pour essayer d'améliorer un peu notre ordinaire. Hélas ! nous rentrons à présent très souvent bredouilles de ces expéditions. Les maraîchers ne veulent plus d'argent en échange de leurs produits. Ils demandent des choses que nous sommes bien incapables de leur procurer : pneus de vélos, fil de fer, clous, ficelle, tissus... Il n'y a guère qu'à Monbarrey et à La Loye que les paysans se montrent un peu plus charitables. Nous rapportons de temps en temps de ces villages quelques kilos de lentilles ou de « glinglins » (1). Mais cet apport de légumes secs est trop parcimonieux pour compenser les carences de notre alimentation.

Nous ne sommes pas les seuls à subir les conséquences de cette atroce disette. Dans la France occupée, tout le monde ou presque souffre de la faim. Seuls les agriculteurs échappent à ce triste régime, de même qu'une partie des commerçants et des gens fortunés. Les collaborateurs et les trafiquants du marché noir, qui sont souvent les mêmes personnes, vivent au contraire grassement en profitant de la misère des autres.

Les problèmes du ravitaillement, sont partout le sujet de conversation prioritaire des Français. On en parle beaucoup plus que des événements militaires ou politiques. Les gens d'une même famille ou les amis très proches s'échangent des adresses de producteurs susceptibles d'approvisionner les uns ou les autres sur recommandation. Les ménagères se refilent des recettes de cuisine. Elles

---

(1) En patois franc-comtois, ce terme désigne le petit doigt mais aussi une variété de minuscules et prolifiques haricots blancs.

apprennent à accommoder sans une once de graisse des rutabagas ou des topinambours, à confectionner des galettes de gaudes sans œufs. A faire de la mélasse avec des betteraves à sucre. De l'ersatz de café avec de l'orge, des glands, des graines de lupins torréfiées...

Mais ces palliatifs ne satisfont personne. Chacun aspire à bénéficier d'un approvisionnement correct. Sur les files d'attente où je relaie parfois ma mère, j'entends de plus en plus souvent vilipender l'occupant « qui nous prend tout », critiquer le gouvernement de Vichy qui « se fout de nos difficultés », vouer aux gémonies « les salauds du marché noir qui rançonnent le pauvre monde ».

Depuis juin 1940, notre existence n'est plus qu'une interminable attente ponctuée d'une litanie de diatribes contre ceux qui nous réduisent à notre misérable état d'ilotes. Nous passons notre vie à faire la queue. Ça commence par le retrait des carte d'alimentation, dans les sinistres bureaux du « Ravitaillement » au Palais de Justice. Ensuite, il faut poireauter devant les magasins pour essayer d'obtenir les produits contingentés auxquels on a droit. Les files s'allongent chaque jour un peu plus sur les trottoirs devant les boulangeries, les boucheries, les épiceries, cela quel que soit le temps. Lorsqu'on a eu la chance d'être dans la confidence, pour ne pas louper un arrivage de marchandise il faut partir tôt. Cela confirme un de nos vieux adages francs-comtois : « Il faut savoir se lever matin pour ouvrir sa porte au pain ! ». Certains quittent leur domicile dès la fin du couvre-feu pour être les premiers servis à l'ouverture des magasins. Les queues sont constituées de patients de tous âges, de toutes conditions sociales. Les ménagères à la mise négligée y côtoient les bourgeoises mieux vêtues. On y remarque aussi souvent des gamins ou des adolescents comme moi qui relaient leurs parents empêchés. Les plus nombreux parce que les plus disponibles sont les vieilles personnes. Elles s'y retrouvent comme elles se retrouvaient autrefois dans les bistrots ou au « Poêle des Gueux ». (1) sur le cours Saint-Mauris. Des pêcheurs d'ablettes y apportent même leurs pliants qu'ils déplacent au fur et à mesure de l'avance de la file. On fait la queue pour tout et n'importe quoi. Pour ce qui se mange, ce qui se boit, sert à se vêtir, à se chausser, à se laver... Pour le combustible également, car la rigueur du climat est aussi dure à supporter que la disette. Les marchands de bois et de charbon ne livrent plus leurs clients à domicile. Devant les entrepôts presque toujours vides, on voit stationner des dizaines de Dolois avec des remorques, des voitures à bras sur lesquelles ils chargent, avec un peu de chance, quelques dizaines de kilos de mauvais boulets ou quelques bûches qu'il faut ensuite scier et monter dans les greniers.

La France, repliée sur soi-même vit au ralenti. Elle attend. Elle ne songe qu'à une seule chose : manger pour survivre ! Hier, chez le coiffeur, en attendant mon tour, j'ai eu sous les yeux la caricature de l'état d'esprit obsessionnel qui caractérise actuellement le comportement des Français. Sur le dessin humoristique d'un magazine était représentée la scène suivante : on y voyait courir, vers un point indéterminé, des citoyens des deux sexes portant des sacs et des cabas à provision. En premier plan, un quidam s'enquérait des raisons de cet émoi collectif, ce qui donnait le dialogue suivant :

– Que se passe-t-il ?
– Y paraît qu'y en a !
– De quoi ?
– On sait pas... Mais y en a !

---

(1) Bancs de pierre bien exposés au soleil dans l'un des jardins publics de Dole.

Et chacun de courir vers un hypothétique arrivage de marchandises.

Cette parodie est à peine forcée. Nous avons tous un comportement semblable lorsque nous apprenons qu'il est possible de faire honorer quelque part nos tickets d'alimentation. Le plus grand drame que nous puissions vivre en ces temps de vaches maigres, c'est de manquer une répartition. D'arriver trop tard. De nous heurter à des portes de magasins fermées, barrées de cette laconique inscription : « Les retardataires seront servis lors du prochain arrivage ». Ça signifie qu'il faudra attendre un mois ou deux avant de percevoir les rations auxquelles on a droit, et, bien souvent, ne rien obtenir à la suite de nouvelles dispositions plus restrictives.

Quant à la qualité des produits que l'on peut se procurer légalement elle est déplorable. La viande, issue d'animaux trop vieux ou trop maigres, souvent réformés lors des réquisitions opérées par l'armée allemande est dure comme de la semelle. On dit qu'à l'abattoir, les vétérinaires chargés de contrôler l'état sanitaire des bêtes laissent passer, sur ordre des autorités d'occupation, des quartiers ou abats gangrenés par la tuberculose et d'autres maladies. Le pain contient un pourcentage de sciure de bois. Il est si noir, si mauvais, qu'on l'a baptisé « le pain caca ». Le lait est coupé d'eau, l'huile sent le rance. Le café promu « mélange National » ne contient en fait que 10% de vrai café, le reste étant composé de succédanés d'orge, de chicorée et de glands. Avant la guerre, les Etablissements Graf fabriquaient à Dole un délicieux fromage fondu : la « Tartinette ». Aujourd'hui, ils mettent sur le marché un produit sans ticket appelé « Le Sauveur », sorte de pâte gélatineuse et insipide qui ne réussit hélas ! pas à calmer notre faim. Quant au chocolat, il y a belle lurette qu'on n'en a plus vu le moindre cran. La saccharine, substitut chimique du sucre ne s'obtient pas non plus facilement dans les pharmacies. De même en ce qui concerne l'habillement ou les chaussures. Il ne faut pas oublier de se faire inscrire six mois à l'avance pour acquérir contre coupons, un costume, une robe ou une paire de souliers.

Toutes ces restrictions, ces contraintes, décuplent l'imagination et l'esprit de débrouillardise des Français. Ils sont devenus par la force des choses les rois du système D. On commence par exemple à voir sur les marchés ce qu'on appelle pudiquement des chaussures « compensées ». Celles-ci sont en réalité faites en bois, avec quelquefois des semelles articulées. Ces étranges souliers sont surtout portés par les femmes. Ils engendrent un déséquilibre esthétique car à présent, les hommes apparaissent plus petits que leurs compagnes. Pour remplacer les bas devenus introuvables dans les boutiques, les jeunes filles se teignent les jambes à l'aide d'une mixture à base de thé noir. Le nec plus ultra est, depuis cette année, l'emploi du produit « Noviba », une nouvelle teinture vendue par correspondance dont la réclame des journaux annonce : « qu'elle remplace avantageusement les bas et permet de donner, à n'importe quelle partie du corps féminin, l'apparence d'une peau brunie par le soleil ! »

Compte tenu de notre état de sous-alimentation chronique, nous avons cherché aussi à la maison un appoint à notre nourriture insuffisante. En utilisant les ressources que nous offre la nature. De son enfance forestière, grand-mère Céline a retrouvé l'habitude de la cueillette et de la conservation des champignons, des baies et autres plantes sauvages. Elle a renoué avec une pratique plus délictueuse : le braconnage. L'automne dernier, elle est allée plusieurs fois tendre des collets à la lisière de la forêt de Chaux et nous a rapporté quelques lièvres. Elle a pris aussi des perdrix avec des gluaux et en posant des fils de crin de cheval dans les champs de betteraves. Mon père n'est plus d'accord pour qu'elle poursuive cette activité. Non pas parce qu'elle est répréhensible. A son âge un garde ne pourrait guère la verbaliser. Mais en raison de son état de santé, il craint qu'elle ne tombe lors d'une de ses escapades et qu'on ne puisse pas lui porter immédiatement secours.

Alors, comme elle ne peut plus s'en aller rôdailler à travers la campagne, grand-mère piège actuellement à domicile. Elle m'a appris comment capturer les oiseaux, surtout les moineaux, dans notre petite basse-cour. C'est un exercice qui demande beaucoup de patience. On commence par faire rentrer les poules dans le poulailler. Puis on étend une poignée de blé sur une surface plane et bien propre. Ensuite, à côté de cette aire, on dresse verticalement une claie grillagée de deux mètres cinquante de long sur un mètre cinquante de large, en la lestant avec une lourde pierre dans sa partie supérieure. Dissimulés à l'abri d'une porte mi-close, tout en maintenant le piège bien droit grâce à une longue ficelle, on attend que les moineaux viennent picorer les graines éparpillées. Ça prend beaucoup de temps car les piafs sont d'une engeance particulièrement méfiante. Finalement, lorsqu'ils voient un ou deux de leurs congénères en train de boulotter le blé, les moineaux du voisinage rappliquent en masse. C'est le moment d'agir. On laisse filer la ficelle, et la claie, entraînée par le contrepoids, se rabat brusquement sur la bande des maraudeurs. A quelques exceptions près, le piège les plaque au sol sous le grillage. Il n'y a plus qu'à ramasser les prisonniers. Mais ensuite, quelle corvée pour plumer les minuscules bestioles ! Heureusement, grand-mère qui a une grande patience s'y entend très bien et nous prépare de temps en temps des fricassées de moineaux. A défaut d'apaiser notre fringale, ce menu hors d'œuvre est quand même agréable à déguster.

Mon ami Camille G., dont les parents, anciens bûcherons, habitent un « bacul » [1] construit sur le revers d'un coteau dominant le quartier du Poiset, à la lisière de la forêt de Chaux, capture quant à lui à l'aide de trébuchets, de lacets et de glue, des merles, des grives et même des corbeaux. La viande de ce volatile est d'après lui un peu coriace, mais une fois bouillie, elle est tout à fait mangeable.

Un autre copain, le grand F., des Cités du Boichot, s'est spécialisé dans le capture des chats de gouttière du quartier. Il n'a pas son pareil pour les amadouer et les enfouir dans un sac. Son frère, plus âgé, les dépouille et les vend à des restaurants de la ville. Mon père, qui a eu l'occasion de manger du chat en civet au cours de la guerre 14-18, dit qu'on ne se rend pas compte de la différence avec la viande de lapins. Quant à la fourrure de ses victimes, le grand F. les cède à un authentique piégeur de sauvagines qui travaille lui-même pour le compte d'un pelletier de Chalon-sur-Saône. En ces temps de grandes froidures, les peaux de chats sont très recherchées pour la confection de manteaux féminins.

La chasse aux chats domestiques a cependant émue la société protectrice des animaux. Elle a fait récemment paraître sur un journal un article que j'ai recopié sur mon carnet :

« Par ces temps de restrictions, certaines personnes affamées ne craignent pas de capturer des chats pour en faire un civet. Ces personnes ne connaissent pas le danger qui les menace. En effet, les chats ayant comme but utilitaire de tuer et manger les rats porteurs de bacilles les plus dangereux, peuvent être, de ce fait particulièrement nocifs ».

---

(1) Nom donné, en Franche-Comté, aux habitations des bûcherons.

Je ne sais pas si ces recommandations seront dissuasives ? En tout cas, mon propre chat ne risque guère d'attirer l'attention des chasseurs de "greffiers". Il est aussi étique que son jeune maître !

Outre celui des moineaux et des chats, le braconnage du gibier s'est beaucoup développé depuis deux ans, à la fois en plaine et en forêt. La chasse ayant été interdite dès le début de la guerre, la région est devenue fort giboyeuse. Les paysans, les bûcherons, tout le monde piège et collete peu ou prou. Quant aux Allemands, jouissant du droit des vainqueurs, ils ne se privent pas de traquer le gros gibier, notamment en forêt de Chaux. Ils s'y livrent à de véritables carnages trois ou quatre fois l'an. Ils ont un secteur de prédilection situé entre les Baraques du Cinq et celles du Huit (1). Or, il se trouve que cette réserve est aussi fréquentée par le père B., de Moulin Rouge, l'un des braconniers notoires de la région. Papa, qui connaît bien le bonhomme a appris récemment son dernier exploit.

A la fin de l'automne dernier, les Boches ayant décidé de procéder à une battue, avaient envoyé sur place, quelques jours plus tôt, deux fefdgendarmes, sans doute eux-mêmes chasseurs, afin de localiser quelques belles pièces. Au cours de leur reconnaissance, les Allemands tombèrent inopinément sur un piège à chevreuil constitué d'un câble en acier actionné par un baliveau. Un magnifique brocart s'y était imprudemment laissé prendre. En constatant le délit, les Fridolins furieux décidèrent de tendre une embuscade à son auteur et de l'arrêter lorsqu'il viendrait relever son piège. Ils commencèrent donc à monter la garde à côté du chevreuil, pensant que le braconnier ne tarderait pas à se manifester. C'était sans compter avec le flair du petit fox-terrier accompagnant toujours le père B. Averti du danger par son compagnon à quatre pattes, le vieux nemrod ne tomba pas dans le traquenard qu'on lui tendait. Au contraire, loin de le décourager, ce contretemps stimula sa hardiesse. Avec un culot sans pareil, il se planqua lui-même dans les environs et se mit à observer les Boches. En fin de journée, lorsque ceux-ci s'éloignèrent un instant pour aller accueillir, sur la route de Our, ceux qui devaient les relever pour la nuit, le braco se précipita vers son piège, détacha le chevreuil et récupéra même son câble en acier. Ensuite, par des sentiers connus de lui seul, il gagna la lisière de la forêt et, lorsque la nuit fut venue, rejoignit tranquillement son domicile, sa prise sur les épaules. Malgré l'enquête aussitôt diligentée par la Kreiskommandantur de Dole, l'auteur de cet exploit n'a pas été démasqué.

Un incident mettant en cause un autre braconnier, celui-ci habitant notre quartier, s'est déroulé il y a quelques jours seulement. Comme la précédente, cette affaire de chasse prohibée aurait pu très mal se terminer. Elle a encore heureusement tourné à la confusion des Fritz. Le héros de l'aventure fut Edmond D., vieux célibataire moustachu, au béret posé en soucoupe sur le haut du crâne, que je vois passer journellement devant chez nous à bicyclette. Le bonhomme habite une maison située à la limite du Poiset et de Villette-lès-Dole, tout près de la forêt de Chaux. Chasseur invétéré, durant l'été 1940, il avait refusé de déposer au commissariat de police sont vieil hammerless et l'avait dissimulé quelque part dans sa propriété. Dès 1941, en subissant comme nous tous les restrictions alimentaires, son instinct de nemrod se réveilla. Il ressortit son fusil et se « fit », selon ses dires, un ou deux chevreuils et quelques sangliers. N'ayant pas de gros revenus, le brave homme revendit une partie du gibier pour arrondir un peu ses

(1) Noms donnés à d'anciens villages de bûcherons en forêt de Chaux.

fin de mois. Hélas ! notre époque propice à la délation, permet à d'odieux salopards de régler de mauvais comptes nés de jalousies remontant parfois à des dizaines d'années. Il s'est trouvé un voisin envieux ou rancunier pour dénoncer Edmond D. aux Boches. Un matin, quatre feldgendarmes ont débarqué à son domicile. Il nous a raconté, par la suite, le dialogue qui s'est engagé :

– Nous savons que vous avez un fusil ! a dit l'un des Fritz.

Un peu surpris, le vieux braco a cependant immédiatement compris le danger qui le menaçait.

– Oui, c'est vrai, j'ai un fusil, a-t-il reconnu.

– Alors, allez le chercher !

Sans se presser, suivi par ses quatre visiteurs, le père D. s'est dirigé vers un appentis attenant à sa maison. Il a ouvert le tiroir d'un meuble qui s'y trouvait et en a retiré un objet en acier muni d'un manche en bois qu'il a aussitôt tendu à son interlocuteur.

– Qu'est-ce que c'est que ça ? a demandé le Boche.

– Ben, c'est un fusil !

Il s'agissait effectivement d'un instrument portant ce nom, servant à affûter les couteaux de boucherie.

La plaisanterie n'a pas été du goût des Fridolins qui se sont mis à retourner la maison de fond en comble. Heureusement sans découvrir l'hammerless. Vexés par l'insuccès de l'opération, ils ont emmené le vieux avec eux à la Kreiskommandantur et l'ont gardé deux jours au poste. Cet incident prouve que dans les situations les plus délicates, nos compatriotes ont appris à s'en sortir souvent par une pirouette. Ça justifie le qualificatif dont les Boches nous gratifient « Français, tous grosses filous ! »

## COCARDES TRICOLORES ET ÉTOILES JAUNES

**Mardi 14 juillet 1942** *(Extrait de mon Journal)*

« Le mot d'ordre a circulé discrètement parmi les jeunes, dans le courant de la semaine dernière : « le 14 juillet, tout le monde devra arborer sur soi les couleurs nationales ! ». J'ai cherché longtemps comment je pourrais participer moi-même à cette manifestation symbolique. En ces temps de restrictions, il est impossible d'acheter des vêtements ou même simplement un morceau de tissu. J'ai tourné la difficulté en confectionnant, avec du papier crépon, une pochette tricolore pour orner ma chemisette. Je suis descendu en ville vers 17 heures. Il y avait un monde fou sur les trottoirs. Surtout des jeunes. La plupart de ceux que j'ai croisés, connus ou inconnus, affichaient avec ostentation une cocarde, un ruban, un insigne, un foulard aux trois couleurs. J'ai vu des garçons vêtus d'un pantalon bleu, d'une ceinture blanche et d'une chemise rouge. Des filles avaient des socquettes rouges, une jupe blanche et un corsage bleu. Certaines portaient même dans les cheveux de gros nœuds tricolores.

« Avec plusieurs copains, nous avons « fait » (1) trois fois la ville. En nous observant au passage avec d'autres groupes de jeunes, en simulant avec les doigts le V de « victoire ». Une douzaine de filles et de garçons ont même chanté « La Marseillaise » pendant un instant sur le Place aux Fleurs, devant la pharmacie de

---

(1) L'expression « faire la ville » à Dole, signifiait arpenter dans les deux sens les rues des Arènes et de Besançon.

M. S., qui a été récemment arrêté par les Allemands pour propagande gaulliste. Les adultes étaient moins nombreux à arborer les trois couleurs nationales, mais à plusieurs reprises, des personnes âgées, surtout des anciens combattants nous ont félicités. Il n'y a pas eu de réaction du côté de l'occupant. Pas plus que de la part de la police française. Peut-être avaient-ils reçu l'ordre de ne pas intervenir ? Peut-être ont-ils été dépassés par l'ampleur de la manifestation ? Pour arrêter aujourd'hui tous ceux qui affichaient leur républicanisme, il eut fallu bloquer complètement la ville. Or, depuis quelques mois, les Frisés sont beaucoup moins nombreux à Dole qu'au début de l'occupation. Ils sont partis en grand nombre sur le front russe. Dieu veuille qu'ils y crèvent tous ! »

J'ai écrit ces lignes après avoir regagné, assez tard, juste à l'extrême limite de l'heure du couvre-feu, la maison familiale. Je me suis fait bien sûr enguirlander par mes parents. Mais ils ont été heureux d'apprendre le succès remporté cet après-midi par l'opération tricolore. Cette forme d'opposition à l'occupant est sans doute bien puérile. Elle n'en reflète pas moins l'opinion de la majeure partie de la population. En particulier celle de la jeunesse.

La France occupée devient de plus en plus hostile à toute forme de cohabitation affable avec les Boches. Les gens ont été outrés d'entendre récemment sur les ondes de Radio Paris, le traître Laval proclamer : « Je souhaite la victoire de l'Allemagne ! ». Cet infect politicien d'avant-guerre, revenu au pouvoir grâce à l'appui de l'ennemi dont il sert les desseins, est vomi par la plupart des Français de la zone occupée. Mais il n'est hélas ! pas le seul à prôner la collaboration. Il n'a fait que vulgariser et amplifier une idée émise à l'origine par Pétain. Ce dernier s'est d'ailleurs déconsidéré une fois de plus en adressant des éloges aux soldats de la L.V.F. Peu nombreux sont ceux qui lui pardonnent d'avoir écrit que ces salopards détenaient « une part de l'honneur militaire de la France... ». C'est à partir de cette profession de foi proallemande que l'opinion publique a basculé en quelques semaines dans le camp gaulliste. Selon notre ami M. G., marchand de bestiaux à Crissey, qui se rend fréquemment en zone libre pour ses affaires, les gens ne partagent pas les mêmes idées que nous dans le sud de la France. Ils sont restés très attachés au maréchal et à sa politique. Seule, une poignée de gens lui seraient hostiles. On voit bien que les habitants du Midi ne supportent pas comme nous les odieuses contraintes de l'occupation !

Ici, l'attitude de nos dirigeants est jugée écœurante. Si on peut comprendre la méfiance de quelques uns vis-à-vis des Anglais, si l'anticommunisme de certains autres leur fait redouter l'installation en France, après la guerre, d'un gouvernement de type Front Populaire, rien ne justifie une alliance franco-allemande. Comment pourrions-nous, sans perdre notre âme, nous associer avec ceux qui nous ont battus ? Qui ne font preuve que de mépris à notre égard ? Qui nous écrasent de leur morgue, nous bafouent et nous pillent chaque jour un peu plus ?

Honte aux thuriféraires du nazisme ! Honte aux dirigeants du soi-disant « Etat français » qui apportent leur caution morale à ceux qui versent dans la collaboration. Ils entraînent dans la trahison des égarés, pas fatalement malhonnêtes. Grand-mère Julie, qui exerce son métier de couturière à domicile dans différentes familles doloises, nous a appris récemment l'enrôlement dans la L.V.F. du fils S. De quelques années mon aîné, celui-ci faisait des études de droit à Dijon, dans la perspective de reprendre un jour la charge de son père. Pierre S. est un type pour lequel j'éprouvais une certaine sympathie. J'ai eu plusieurs fois l'occasion de discuter avec lui. Il admire Montherland, Marcel Aymé, Maxence

Van der Meersch. Il m'a prêté un ouvrage sur l'histoire de Dole que je ne lui ai pas encore rendu. C'est un idéaliste, comme son père ancien membre des Croix de Feu. C'est aussi un inconditionnel de Pétain. En s'enrôlant contre le bolchevisme, je suis sûr qu'il croit servir Dieu et la France. Il s'engage dans cette croisade comme au temps de Saint-Bernard. C'est triste d'en arriver, pour des idées fausses, à trahir son propre pays en endossant un uniforme étranger.

Un jour viendra peut-être où nous pourrons réaliser ce grand rêve de Victor Hugo, dont j'ai lu récemment un article sur ce sujet : les Etats-Unis d'Europe. Compte tenu du caractère cruel et dominateur des Allemands, j'ai personnellement des doutes sur la possibilité de faire aboutir ce projet. Il faudrait vraiment qu'il se produise je ne sais quelle révolution, quel cataclysme, pour que ces deux peuples qui se haïssent depuis longtemps arrivent, sinon à s'aimer, du moins à faire cause commune. Pour l'instant, l'Europe ne pourrait être rassemblée que par la force, sous l'hégémonie hitlérienne. Comment accepter une telle situation ? Après tout ce que les Teutons nous font subir ?

Il ne se passe pas une semaine sans que nous apprenions des arrestations, des exécutions, des sévices, des déportations. La répression la plus odieuse que nous subissons de la part de l'occupant, c'est la prise d'otages innocents et leur mise à mort. Cette pratique nous ramène aux temps les plus barbares. Les Chleuhs ont commencé à l'employer sur une grande échelle l'année dernière au mois d'octobre à Châteaubriand, près de Nantes. Les radios suisses et anglaises nous ont appris comment des gens qui n'avaient rien à se reprocher ont été fusillés par représailles à la suite d'un attentat perpétré contre un officier supérieur allemand. La même tragédie s'est répétée peu de temps après à Bordeaux, Paris, Besançon et dans bien d'autres villes de la zone occupée.

Les Français ont été bouleversés, indignés par cette répression sanglante et aveugle. Nous étions pourtant tous prévenus. Le haut commandement des forces d'occupation avait fait placarder à travers la zone nord des affiches disant en substance :

« Etant donné qu'en cas d'attentat contre les troupes d'occupation les coupables trouvent généralement de l'aide auprès de leurs familles, désormais, pour tout attentat de ce genre, lorsqu'on n'aura pas pu saisir le coupable, ses ascendants et descendants de sexe masculin, frères, beaux-frères, cousins germains, âgés de plus de 17 ans, seront fusillés. Ceux au-dessous de cet âge seront condamnés aux travaux forcés. Les femmes de même degré de parenté au-dessus de 17 ans subiront les travaux forcés et au-dessous de cet âge, seront internées ».

Une autre affiche remettait en cause la sécurité de n'importe quel voyageur, cycliste ou même piéton arrêtés en route pour une banale infraction lors d'un contrôle d'identité :

« Tous les Français mis en état d'arrestation par les autorités allemandes pour quelque cause que ce soit, seront considérés comme otages. En cas d'un nouvel attentat, un nombre d'otages correspondant à la gravité de l'acte criminel commis sera fusillé ! ».

Par ces mesures extrêmes, contraires à toutes les règles du droit international, les Boches ont cru impressionner l'opinion française. Ils l'ont, à l'inverse dressée encore un peu plus contre eux. Des protestations se sont élevées partout pour dénoncer ces crimes indignes d'un pays civilisé. Les églises, les nations neutres ont exprimé leur réprobation. Les Teutons n'ont pas tardé à comprendre qu'ils faisaient erreur en dévoilant publiquement leurs pratiques odieuses et en publiant les listes interminables des suppliciés.

Aujourd'hui, selon Radio Londres, ils poursuivraient leurs massacres, mais ils les perpétueraient discrètement, avec la même implacable sauvagerie.

Comment la patrie de Beethoven, de Goethe – dont je viens de lire récemment « Faust » – ces deux génies de l'humanité, a-t-elle pu engendrer aussi un monstre comme Hitler ? Je n'arrive pas à comprendre pourquoi Dieu a laissé faire une chose pareille ? Des crimes, il s'en commet chaque jour des dizaines au nom de l'idéologie nazie, dans notre malheureux pays. Nous venons d'en avoir récemment un exemple au Poiset. Nous avons vu comment la cruauté allemande s'exerçait contre les innocents.

A la fin de l'année 1940, une famille alsacienne, les K., originaire de Strasbourg, comprenant la mère, âgée d'une trentaine d'années et deux fils d'environ huit et six ans, s'était installée dans notre quartier, dans un petit logement situé pas très loin de notre domicile. Chassés de leur province par les mesures draconiennes édictées par les Allemands, ces gens avaient vécu depuis lors dans une très grande discrétion, sans chercher à s'intégrer à la population locale. Cette très jolie femme, parlant français avec un fort accent germanique, n'exerçant aucune profession et dont le mari, prisonnier outre-Rhin, avait paraît-il été autrefois chirurgien, passait pour fière et distante. Lorsque je la rencontrais parfois à la boulangerie, je la trouvais pour ma part plutôt douce, craintive et surtout fort triste. Au cours du dernier hiver, elle et ses enfants ont maigri d'une manière effrayante. Dans un quartier où tout le monde a beaucoup décollé depuis deux ans, et pour cause, ces pauvres gens étaient encore plus décharnés que nous. Comme ils ne fréquentaient personne et ne disposaient même pas d'une bicyclette pour aller quêter un peu de ravitaillement à la campagne, ils n'ont sans doute mangé pendant des mois que ce que leur accordait les cartes d'alimentation, c'est-à-dire des rations de famine.

Un matin, début juin, alors qu'elle descendait à pied avec ses deux enfants, en direction du centre ville, nous avons été stupéfaits de voir que Mme K. et ses petits portaient tous trois, sur le côté gauche de la poitrine, une étoile jaune à six pointes

Par Radio-Paris et le « Le Petit Comtois », nous avions eu connaissance des nouvelles dispositions prises par les Allemands à l'encontre des israélites, notamment l'obligation de porter dorénavant un signe distinctif. C'était la première fois que nous assistions à la mise en application de cette honteuse mesure. Jusque-là, personne dans notre quartier n'avait soupçonné que la jeune femme et ses enfants pussent être des juifs.

Les jours suivants, nous avons eu la preuve qu'il existe des braves gens dans notre pays. Beaucoup de voisins ont commencé à faire passer discrètement des paniers de fruits et de légumes à la famille K. Je leur ai porté moi-même, de la part de mes parents, deux kilos de pommes de terre nouvelles récoltées dans notre jardin. La jeune maman et ses enfants m'ont bien remercié. Alors que les nazis prétendent que les israélites sont tous de riches exploiteurs, j'ai pu constater, en pénétrant dans le petit logement des K., que ces juifs-là vivaient comme des pauvres, avec un mobilier vétuste, sans doute prêté par leur propriétaire.

S'il y a des gens de cœur au Poiset, il y a aussi de sinistres canailles. On m'a rapporté la réflexion faite par Léon D. notre voisin admirateur de Hitler. Contrairement à d'autres collaborateurs, celui-ci ne fraye pas avec les Boches. Il n'en reçoit jamais chez lui. Les mauvaises langues prétendent qu'il ne tient pas à attirer les loups dans la bergerie car il est très jaloux de sa jeune et jolie compagne indochinoise. Le manchot n'a par contre pas abdiqué ses idées nazies. Comme on lui demandait ce qu'il pensait de la mesure frappant la famille K. obligée de porter désormais un insigne racial, il a répondu cyniquement :

« Moi, j'aime pas les gens qui portent des étoiles de couleur ! Pas plus les rouges que les jaunes ! »

Depuis la semaine dernière, ce triste individu n'a plus, hélas ! à supporter la vue de la famille juive. Mercredi 8 juillet, une voiture conduite par des civils est venue stopper devant le domicile des K. Les policiers nazis ne leur ont accordé qu'une demi-heure pour faire leur valise. Une voisine a entendu pleurer les enfants tandis que la mère ne cessait de répéter : « Mais on ne faisait pas de mal ! On ne faisait pas de mal ! ». Les Boches ne se sont pas laissés attendrir. Ils ont emmené la mère et ses deux petits à Besançon. Deux jours après, leur propriétaire s'est adressé à la Kreisskommandantur de Dole pour essayer d'avoir de leurs nouvelles. On lui a répondu que la famille K. serait prochainement dirigée vers l'Allemagne où, paraît-il, des villages accueillants ont été construits pour les juifs.

Voilà comment se comportent ceux avec qui on nous recommande en haut lieu de collaborer ! On arrête arbitrairement les gens innocents et on les déplace de force, même si c'est vers un lieu plus confortable, ce qui reste encore à prouver. Comment pactiser avec de tels individus ?

Il n'est donc pas étonnant qu'à l'opposition passive du début de l'occupation, ait succédé une véritable rébellion armée de la part de Français courageux. Il se perpétue de plus en plus d'attentats contre l'armée allemande. Deux mots ont fait, depuis l'année dernière, leur apparition dans notre vocabulaire : celui de « résistance » et de « terrorisme » ! L'un et l'autre désignent les mêmes actes mais ne sont pas employés par les mêmes personnes. Les occupés utilisent le premier, les occupants le second.

Les attaques menées par des partisans s'intensifient de mois en mois. Lignes téléphoniques coupées, voies ferrées dynamitées, pylône électriques renversés, pneus de véhicules militaires crevés, réservoirs rendus inutilisables, wagons citernes percés, toutes les formes de sabotage sont mises en pratique. Certains « terroristes » déposent aussi des bombes devant les bâtiments militaires ou s'attaquent directement à des soldats ennemis. Les informations concernant les pertes subies par l'occupant ne sont évidemment pas données par la presse officielle mais circulent de bouche à oreille à travers la France. Les tracts et la presse clandestine nous fournissent aussi de plus en plus souvent des nouvelles sur les actions menées par la résistance. M. Justin P., le propriétaire de l'Omnia Cinéma, qui possède une maison de vacances dans notre quartier, passe souvent des journaux interdits à mon père qui les fait circuler dans le milieu des employés des Eaux et Forêts. Je lis aussi des tracts que me donne Daniel F. Je suis à peu près certain que son père, artisan mécanicien au Poiset, et son oncle, font partie d'un mouvement de résistance. J'ai surpris récemment, dans l'atelier du père de mon ami une conversation entre les deux hommes, au cours de laquelle ils évoquaient, avec des détails, l'un des récents attentats commis sur une voie ferrée.

Ces actions terroristes ne sont sans doute que des coups d'épingle sur la peau de l'éléphant allemand. Elles ont par contre une énorme influence sur notre moral. Elles démontrent que malgré les difficultés présentes, des gens courageux gardent suffisamment confiance en l'avenir pour oser s'attaquer à l'énorme machine de guerre nazie qui opprime tant de gens en Europe et ailleurs.

Il faut dire que depuis quelques temps les nouvelles qui nous parviennent des différents fronts ne sont à nouveaux plus très réconfortantes. Presque partout, les Chleuhs ont repris l'offensive et connaissent le succès. En Libye, les troupes de Rommel auraient infligé une cuisante défaite aux Anglais. En U.R.S.S, après avoir piétiné devant Moscou et même reculé l'hiver dernier, la Wehrmacht a repris sa progression. Elle s'est emparée de Voronej, à 240 kilomètres à l'Est de Koursk, au-delà du Don. Quant aux Japonais, ils semblent avoir battu définitivement les Chinois de Tchang Kaï-chek. On dit qu'ils vont entrer en guerre contre les Russes ce qui empêcherait Staline de prélever des forces dans ses provinces orientales pour les opposer aux Allemands.

En cette mi-juillet 1942, la situation n'est décidément pas très brillante pour les Alliés. Ceux qui prédisaient une fin rapide du conflit après l'entrée en guerre des Etats-Unis se sont montrés trop optimistes. Il faut nous attendre à passer encore un nouvel hiver de disette et sans doute aussi de froidure. Heureusement, notre récolte potagère est abondante. Nous tiendrons peut-être mieux le coup grâce à nos réserves. Par contre, il est vraisemblable que les rations alimentaires officielles seront encore amenuisées.

Ce soir de 14 juillet, je songe aux grandes fêtes qui étaient organisées autrefois en l'honneur de la République. Aux défilés des enfants des écoles, aux concours de gymnastique, de chants choraux, aux joutes nautiques sur le canal du Rhône au Rhin, aux superbes feux d'artifices tirés depuis Le Pasquier. Reverrons-nous un jour toutes ces festivités, cette joyeuse animation ? Dieu seul le sait. Ce soir, le ciel s'est brusquement couvert. On n'y voit pas briller une seule étoile. Un orage gronde dans le lointain...

## RÉSISTANCE... PASSIVE

**Dimanche 27 septembre 1942** *(Extrait de mon Journal)*

« Il m'est arrivé cet après-midi une singulière aventure que je ne suis pas près d'oublier ! Comme il faisait un temps maussade, mon ami Louis R. et moi avons décidé d'aller au cinéma. En arrivant sur le pont traversant le canal du Rhône au Rhin, nous avons aperçu un attroupement de badauds qui regardaient par-dessus le parapet, les manœuvres de six longues vedettes rapides allemandes flambant neuves, armées de canons et de mitrailleuses lourdes, attendant, à la queue leu leu de pouvoir franchir l'écluse du Jardin Philippe. Outre de nombreux civils dolois, parmi les spectateurs se trouvaient plusieurs marins de la Kriegsmarine. Sans doute étaient-ils descendus à terre pour se dégourdir les jambes.

Mon copain Louis a attiré discrètement mon attention sur un engin arrimé par des câbles sur l'une des vedettes plus longue que les autres. Il s'agissait d'une chose bizarre, de forme cylindrique, d'environ six mètres d'envergure, pointue à chaque extrémité et munie en son centre d'un minuscule cockpit où un homme paraissait pouvoir se glisser.

– C'est quoi à ton avis, ce machin ? m'a demandé Louis.

Un nom est venu spontanément à mon esprit. J'ai répondu :

– Ça doit être un sous-marin de poche.

A peine avais-je prononcé ces mots que l'un des Fridolins se trouvant derrière moi m'a saisi par l'épaule, fait pivoter sur les talons et, avant que j'aie pu esquisser le moindre geste de défense, m'a administré la plus magistrale paire de claques de mon existence.

– Toi dire Boche ! Toi dire Boche ! a-t-il hurlé.

La baffe du colosse blond m'avait tellement sonné que sur le moment, j'en ai vu trente six chandelles. Comme l'autre continuait à vitupérer dans son jargon en ameutant ses copains, j'ai cru bien faire en tentant de m'expliquer. J'ai bafouillé :

– Non... Je n'ai pas dit ça... J'ai voulu dire à mon ami qu'il s'agissait d'un sous-marin de poche...

Que n'avais-je retenu ma langue ! Le fait d'utiliser à nouveau le mot qu'il avait mal interprété a décuplé la fureur du Teuton. Il m'eut sans doute mis en charpie si un officier attiré par l'altercation, n'était arrivé. Sur sa demande, j'ai dû m'expliquer à nouveau, en prenant mon copain Louis à témoin. Le gradé allemand parlait heureusement mieux français que son subordonné. Il a fini par réaliser qu'il s'agissait d'un quiproquo linguistique. Il s'est mis à rire en répétant tout haut :

– Ach ! So ! Zou-marin de boche ! Zou-marin de boche !

Comme il prononçait le p comme le b, ça n'arrangeait évidemment pas tellement mes affaires. L'officier avait cependant compris la nuance et jugé de ma bonne foi. Après avoir expliqué au marin qu'il avait commis une méprise phonétique, il nous a invités d'un geste à déguerpir, ce que nous avons fait sans demander notre reste ! »

Durant une partie de l'après-midi, j'ai gardé sur les joues la cuisante empreinte des doigts de mon interlocuteur aryen, en étant néanmoins bien heureux de m'en être tiré à si bon compte. Il faut croire que la poisse nous poursuivait décidément ce jour-là, car un autre incident a bien failli nous valoir aussi un sérieux ennui avec les policiers chleuhs. L'affaire s'est déroulée à l'intérieur de la salle de l'Omnia Cinéma où nous avions pris place mon ami et moi.

A partir de la fin de l'année 1940, les projections des bandes d'actualités allemandes et surtout l'apparition de Hitler ou de Mussolini sur l'écran ont été régulièrement saluées à Dole par des ricanements et des sifflements. Au début, les Boches qui se trouvaient dans la salle ont fait interrompre la séance et rétablir la lumière. Ça ne leur a quand même pas permis de découvrir les perturbateurs. En raison de la persistance de ces manifestations d'hostilité, la Kreisskommandantur a demandé à M. Justin P., propriétaire de l'établissement, de laisser la salle éclairée pendant la projection des actualités.

Cet après-midi, au moment où défilaient sur l'écran des images montrant la progression de l'armée du général von Paulus en direction de Stalingrad, quelqu'un, assis sur un fauteuil d'orchestre dans notre rangée, a sifflé bruyamment dans ses doigts. Moins d'une minute après, deux types en civil sont arrivés dans notre coin et, avec un fort accent teuton, ont demandé à tous les hommes de les suivre dans le hall.

Nous nous sommes retrouvés une dizaine environ à l'extérieur de la salle. Les policiers chleuhs ont commencé par contrôler nos cartes d'identité, puis ils ont exigé que le coupable se dénonce. Comme personne ne répondait, l'un des deux flics, qui semblait être le chef, a menacé de nous embarquer tous jusqu'au poste de garde. C'est alors que l'un des spectateurs, qui ne devait guère apprécier cette perspective, un homme d'une cinquantaine d'années, portant des lunettes aux verres très épais et un nœud papillon, a désigné du doigt un jeune gars de notre âge :

– C'est lui qui a sifflé ! a-t-il dit.

Les Boches n'ont pas cherché d'autre coupable. Malgré les dénégations de l'intéressé, ils l'ont emmené aussitôt sans ménagement. En nous permettant de rentrer à nouveau dans la salle de cinéma.

Cet incident, dont les conséquences sont hélas ! tristement prévisibles : passage à tabac, emprisonnement, condamnation à deux ou trois mois de taule sinon plus pour « outrage envers la Nation allemande » a gâché le reste de notre après-midi. A l'issue de la séance, lors de la sortie, l'une des deux filles qui se trouvaient en compagnie du perturbateur a traité le quinquagénaire de salaud, de collaborateur et lui a craché au visage.

Ces marques d'hostilité contre les occupants et leurs sympathisants sont de plus en plus fréquentes. Elles prennent parfois des formes humoristiques. Au printemps dernier une histoire a beaucoup fait rire les Dolois. Elle avait pour auteur un marchand de chaussures de la rue de Besançon. Appliquant strictement les consignes du gouvernement de Vichy demandant aux commerçants d'exposer le portrait du maréchal Pétain dans leurs vitrines, celui-ci avait placé une photographie du géronte au milieu d'un assortiment de chaussures à semelles compensées. Juste sous le portrait, du chef de l'Etat français, le facétieux négociant avait planté un écriteau en gros caractères avec cette mention : « Vendu sans tickets ». Pendant une semaine, une partie de la population doloise hilare a défilé devant la vitrine. La police ayant eu vent de l'histoire a mis le commerçant en demeure d'enlever le panneau tendancieux. Il a préféré retirer la photographie de Pétain.

Nous avons pu voir aussi récemment sur une affiche de propagande allemande, représentant un ouvrier français volontaire du travail outre-Rhin, l'air heureux devant sa machine, un graffiti qui changeait du tout au tout le sens du message. Une main anonyme avait simplement dessiné, au crayon noir, un gros anneau passé dans les narines du personnage, lequel le transformait ipso facto en esclave !

Une forme de résistance graphique s'est beaucoup développée ces derniers mois. Il s'agit des inscriptions tracées sur les murs et sur les chaussées. Outre les « Mort aux Boches ! », « Pétain vendu ! », « Laval au poteau ! » et les « Vive de Gaulle », ce sont surtout les V et les croix de Lorraine qu'on voit un peu partout.

En ce qui concerne le V symbolisant le mot victoire, les Boches, passés maîtres dans l'art de récupérer à leur profit les idées des autres, ont fait imprimer d'énormes affiches représentant l'Europe avec des flèches partant de tous les pays occidentaux, dirigées vers le cœur de l'U.R.S.S. Ces placards vantant la croisade contre le bolchevisme sont illustrés aussi par un énorme V surmonté du mot « Victoria » et de la croix gammée. Jusqu'ici, malgré toute leur imagination, les gens qui s'occupent de faire de la réclame pour les Chleuhs, ne sont quand même pas encore parvenus à intégrer la croix de Lorraine à leur propagande.

Si elles ne causent pas de gros préjudices à l'occupant et à ses adulateurs, les épigraphes et autres griffonnages antiallemands sont des exutoires bénéfiques. Nous en avons bien besoin pour nous remonter le moral car les nouvelles du conflit ne sont toujours pas très encourageantes. On a pris hélas ! avec le temps, l'habitude d'apprendre le flux ou le reflux des adversaires sur l'immense mer de sable du désert libo-égyptien. Pour l'instant, une contre-attaque de Montgomery vient d'échouer. Les troupes de Rommel avancent à nouveau. A l'Est, la situation n'est pas brillante. La 6e armée allemande a atteint la Volga et vient de déclencher l'offensive finale contre la ville de Stalingrad. Partout, la puissance militaire hitlérienne reste prépondérante, cela malgré l'immensité du front.

On parle depuis quelques temps de la création d'un nouveau théâtre d'opérations en Europe. Il prendrait les Boches à revers et les obligerait à retirer une partie de leurs troupes de Russie. Staline demande à cor et à cri l'ouverture de ce second front pour soulager sa propre armée. Il y a eu, le mois dernier à Dieppe, une opération de commando anglo-canadienne de débarquement, sans doute organisée pour satisfaire le maître du Kremlin. Elle a lamentablement échouée. Sur les 6000 hommes engagés, les Alliés en ont perdu plus de la moitié et ont fait demi tour en abandonnant un matériel considérable sur le terrain. Nous avons pu voir ce désastre aux actualité cinématographiques.

M. Gustave S. et mon père pensent tous deux qu'il s'agissait d'une diversion. Les Anglais auraient volontairement sacrifié ces soldats pour faire croire aux Allemands qu'ils étaient intéressés par le nord de la France, alors qu'en fait, leur véritable objectif serait les Balkans. L'un des endroits où, depuis toujours, s'est joué le sort de l'Europe. Selon mes deux stratèges, l'ouverture d'un second front n'est sans doute pas pour cette année car il faut du temps et des moyens pour préparer une invasion. Or, les Alliés n'ont toujours pas la maîtrise des mers. Les sous-marins allemands continuent de leur causer d'énormes pertes. Les vedettes de la Kriegsmarine que nous avons vu passer à Dole cet après-midi vont certainement renforcer encore quelque part leur dispositif de défense naval.

Heureusement, nous savons à présent que nous ne sommes pas les seuls à souffrir de la folie criminelle de Hitler. L'Allemagne et l'Italie sont bombardées chaque semaine par la R.A.F. Elle est révolue l'époque où Goering se targuait de protéger les villes de son pays contre toute attaque aérienne grâce à la suprématie de la Lufftwaffe. « Je me ferai appeler David Meyer si un seul avion ennemi survole Berlin ! » proclamait-il. Aujourd'hui, le dauphin de Hitler porte certainement l'étoile jaune car la capitale du IIIe Reich, de même que Munich, Nuremberg, Rome et Milan ont déjà reçu plusieurs fois la visite des bombardiers Alliés.

C'est avec une intense jubilation que nous écoutons, certaines nuits, le passage des escadres aériennes anglo-saxonnes. Ça commence par un lointain ronronnement qui va en s'amplifiant de seconde en seconde. Depuis juin 1940, on n'entend plus retentir les sirènes d'alerte. Comme si les Boches ne tenaient pas à ce que nous sachions que les Alliés avaient la maîtrise de l'air. Parfois, lorsqu'il ne fait pas trop mauvais, mon père et moi nous nous levons et, en chemises de nuit, sortons dans la cour de la maison pour suivre un spectacle qui en vaut la peine.

Au moment où le grondement atteint sont intensité maximum, des lumières jaillissent brusquement des ténèbres. Les longs pinceaux lumineux de la flack allemande commencent à balayer le ciel. Presque simultanément, les canons de la D.C.A se mettent à tonner. Des lueurs fulgurantes illuminent la nuit. Selon la trajectoire suivie par les avions, mon père nous fait rentrer en hâte à la maison. Son expérience d'artilleur le rend prudent. En effet, si les appareils Alliés ne lâchent jamais leurs bombes sur la région, les éclats des obus boches sont par contre très dangereux. Plusieurs personnes ont déjà été blessées par ces projectiles et de nombreuses toitures traversées de part en part.

Quelquefois, l'un des faisceaux des projecteurs localise un avion qu'on distingue nettement dans la lumière. Les batteries ennemies se déchaînent aussitôt contre lui. Heureusement, les canonniers nazis ne sont pas très efficaces car jusqu'à ce jour les appareils de la R.A.F. ont pu poursuivre leur route sans encombre. De même, les avions de chasse des Chleuhs stationnés sur la base de Tavaux évitent prudemment de décoller pendant le passage des escadrilles Alliées.

Le lendemain, nous apprenons, par la radio suisse, que Milan, Gênes, La Spézia, Freiburg ou Karlsruhe ont été bombardés la nuit précédente. Ce qui nous étonne et nous intrigue beaucoup, ce sont les mystérieuses petites bandes de papier métallisé qui jonchent le matin les rues, les toits et les jardins. Elles sont argentées sur une face, noires sur l'autre. Personne ne sait à quoi elles peuvent servir ? Certains pensent qu'il s'agit d'un message symbolique que nous adressent les Anglais : noire serait notre condition actuelle, étincelant demain notre avenir !

Les gens ont tellement besoin d'espoir qu'ils sont prêts à croire n'importe quelles sornettes, n'importe quelles prédictions annonçant des jours meilleurs.

Les passages nocturnes des avions Alliés, les barrages d'artillerie antiaériens qu'ils déclenchent suscitent depuis quelques mois d'étranges collections. Dès le lendemain, les habitants se mettent en quête dans leurs jardins ou dans leur champs, des éclats d'obus de la flack. Ceux-ci sont souvent très beaux. De véritables objets d'art, avec des parties déchiquetées souvent coupantes comme du verre et des couleurs chatoyantes. L'un d'eux est tombé récemment dans notre potager. Il a une forme bizarre et, sur une partie peinte en vert, j'ai déchiffré ces lettres et ces numéros : EHW 7277 K. J'ai posé l'éclat sur ma table-bureau où il me sert désormais de presse-papier.

Bien que les objectifs visés par la R.A.F. ne soient pas situés dans notre région, les Allemands sont devenus plus exigeants en matière de respect du couvre-feu. Ils effectuent de nombreuses patrouilles de nuit pour s'assurer que le camouflage des lumières est bien efficace. Les contrevenants sont taxés de lourdes amendes.

Un ami de notre famille, le père Camille N., ancien cheminot du P.L.M., qui demeure rue Léon Guignard, nous a raconté l'histoire qui lui est arrivée récemment. Dans sa maison, comme dans la plupart des maisons ouvrières, y compris la nôtre, les W.C ne sont pas situés à l'intérieur mais dans un édifice en planches installé au fond du jardin. Une nuit, pris par un besoin naturel, le brave cheminot gagna la guérite en s'éclairant à l'aide d'une lampe pigeon, afin de ne pas risquer de trébucher dans les allées. Assis sur le trône, il était tranquillement en train de lire un journal à la lueur de sa lanterne lorsqu'il entendit tambouriner contre la porte des cabinets. Celle-ci s'ouvrit brutalement et il vit apparaître deux feldgendarmes qui, sans se soucier de ses problèmes intestinaux, commencèrent à l'engueuler :

– Lumière verboten ! Vous, payer amende !

– Vingt Dieu ! nous expliqua le bonhomme, j'avais pas pensé à masquer le cœur !

La porte de son édicule s'ornait en effet d'une échancrure en forme de cœur qui servait à éclairer le petit coin durant la journée, mais qui avait laissé filtrer traîtreusement la clarté de la lampe pigeon.

J'ignore si la suite de l'histoire telle que nous l'a racontée le père Camille est exacte ou s'il l'a inventée pour les besoins de la cause ? Je la rapporte en tout cas dans toute sa verdeur :

– J'ai été bien obligé de payer, dit l'ancien du P.L.M. Je pouvais pas faire autrement. Mais je leur ai dit ce que je pensais : Alors, comme ça, non seulement vous n'arrêtez pas de nous faire chier durant toute la journée, mais voilà qu'à présent, vous nous empêchez de chier en paix durant la nuit !

Connaissant le mauvais caractère du bonhomme, cette histoire de résistance... passive, pourrait bien être vraie.

## L'INVASION DE LA ZONE LIBRE

**Mercredi 11 novembre 1942** *(Extrait de mon Journal)*

« Dès le milieu de la nuit dernière, nous avons su qu'il se passait un événement grave. A la maison, nous avons tous été tirés du sommeil par de sourds grondements. Sans allumer l'électricité, nous nous sommes précipités à la fenêtre de la cuisine donnant sur la rue. Par l'entrebâillement des volets, nous avons assisté à un spectacle impressionnant. Comme si nous avions revécu en cauchemar des scènes vieilles de deux ans et demi ».

« Sur la route Paris-Genève, dans une brume épaisse qui les rendaient encore plus inquiétants, nous avons vu défiler pendant deux heures en direction du sud des dizaines et des dizaines de chars, de canons, de camions allemands bourrés de soldats. L'invasion recommençait, cette fois par un temps humide, maussade, dans une sinistre obscurité. Les lourds véhicules roulaient au pas, tous feux éteints. Seules, de temps en temps, des gerbes d'étincelles jaillissaient sous les chenilles des tanks, des retours de gaz d'échappement provoquaient de brèves lueurs bleues dans le sillage de ceux-ci ».

« Certes, depuis le début de l'occupation, nous avons pris l'habitude de voir passer de temps en temps quelques automitrailleuses ou des camions chargés de feldgrau. Ces unités effectuaient des exercices en bordure de la Loue ou de la forêt de Chaux et regagnaient ensuite leur cantonnement. Jamais nous n'avions revu des blindés lourds, comme en juin 40 ».

« Cette nuit, en écoutant le roulement continu de la force mécanisée allemande, en entrevoyant les mastodontes en progression vers le sud, tel un fleuve irrésistible, nous avons compris qu'il ne s'agissait pas d'une simple manœuvre. D'autant que les événements survenus les jours précédents laissaient conjecturer un nouveau coup de force de l'occupant ».

« Mon père a aussitôt émis une hypothèse : « Les Alliés ont débarqués dans le Midi ! Les Boches vont envahir la zone libre ! ». « Après avoir regardé pendant un long instant l'interminable défilé, nous sommes retournés nous coucher. J'ai eu beaucoup de mal à me rendormir tellement la perspective d'un débarquement anglo-américain dans le sud de la France excitait mon imagination et me transportait de joie ».

Ce matin, nous avons eu, vers onze heures, confirmation du franchissement de la ligne de démarcation par les Allemands. La nouvelle nous a été apprise par la Marie G., une volaillère du Deschaux qui dispose d'un ausweis permanent entre les deux zones. Elle nous a dit que les Boches avaient traversé le pont de Parcey à 7 heures et s'étaient élancés en direction de Lons-le-Saunier après avoir désarmé les gendarmes français au poste de garde sur la rive gauche de la Loue.

Contrairement à ce que pensait mon père, aucun débarquement ne s'est produit dans le sud de la France. C'est donc uniquement à titre préventif que les

Allemands ont envahi la zone dite « libre » et rompu les accords d'armistice. Cette manœuvre était devenue inéluctable à la suite des récents événements.

Depuis la Toussaint, j'ai commencé à suivre avec de plus en plus d'intérêt les opérations qui se déroulaient en Afrique. Après différentes péripéties, l'Afrika-Korps du général Rommel, sévèrement étrillé par les Anglais à El Alamein, battait à présent en retraite. Je n'ai manqué aucun bulletin d'informations de la B.B.C. et, chaque soir, j'ai consciencieusement annoté sur mon atlas la progression des armées de Montgomery. Celui-ci me semble être un fameux stratège.

Le dimanche 8 novembre à 12 h 30, après la diffusion des quatre notes de cinquième symphonie de Beethoven, indicatif de Radio Londres, j'ai pu capter, malgré l'habituel et lancinante scie du brouillage, cet étonnant communiqué que j'ai scrupuleusement résumé sur mon carnet :

« La nuit dernière, après avoir traversé l'Atlantique, une force navale anglo-américaine considérable a débarqué les troupes d'un corps expéditionnaire au Maroc et en Algérie. Ce débarquement s'est opéré avec succès malgré une légère résistance de certaines unités françaises du gouvernement de Vichy. Le général Eisenhower, commandant les armées Alliées, vient de prononcer l'allocution suivante : « Français de l'Afrique du Nord, les forces que j'ai l'honneur de commander viennent chez vous en amies pour faire la guerre contre vos ennemis. Il s'agit d'une opération militaire dirigée contre les forces italo-allemandes. Notre seul but est d'écraser l'ennemi et de libérer la France. Je n'ai pas besoin de vous dire que nous n'avons aucun dessein, ni sur l'Afrique du Nord, ni sur aucune partie de l'Empire français ».

Cette déclaration était confortée par un autre message du général Giraud, récemment évadé d'Allemagne, invitant les Français à «... œuvrer avec l'aide de l'Amérique, pour le relèvement de la France et de sa grandeur ».

La nouvelle du débarquement en Afrique du Nord nous a tous transporté d'allégresse. Beaucoup d'entre nous ont pensé que notre marine de guerre intacte allait profiter de cette occasion pour rallier les forces navales alliées, cela d'autant plus que l'amiral Darlan se trouvait, comme par hasard, à Alger au moment des événements.

Hélas !, depuis lors, ce scénario optimiste ne s'est pas produit, au contraire. Resté fidèle au camp qu'il a choisi, c'est-à-dire celui de l'Allemagne, le maréchal Pétain a même ordonné à notre armée d'Afrique de résister contre ce qu'il appelle les « agresseurs anglo-américains » ! Ainsi, à cause de la pusillanimité d'un vieillard, de son obstination dans l'erreur, cet ordre criminel va contraindre des Français à combattre d'autres Français, comme cela s'est déjà produit il y a quelques mois en Syrie. De pauvres diables enrôlés dans l'armée d'armistice, trompés par le funeste prestige du vainqueur de Verdun, vont mourir, par discipline, pour une cause contraire aux intérêts de notre pays !

Dans ce tragique imbroglio, une autre voix s'est brusquement faite entendre hier soir, celle du général de Gaulle. J'ai retenu et noté aussi quelque unes de ses formules :

« Français d'Afrique du Nord, voici le grand moment. Voici l'heure du bon sens et du courage... Si vous rentrez en ligne d'un bout à l'autre de la Méditerranée, voilà la guerre gagnée grâce à la France ! »

Même si elles me semblent un peu emphatiques, ces paroles d'un grand patriote nous font chaud au cœur. Ce général de Gaulle, qui symbolise depuis des mois tous nos espoirs, il n'a été pour la plupart d'entre nous, jusqu'à la fin de l'été dernier, qu'une simple voix, car personne ne connaissait son visage. Une simple voix donc. Mais quelle voix ! Un langage clair, souvent solennel, parfois orgueilleux, toujours fascinant. Ses allocutions sont immédiatement comprises, même par les gens les plus humbles, les plus incultes. Elles frappent les esprits, entretiennent en nous cette toute petite flamme vacillante qui n'est autres que l'âme de la France éternelle. De Gaulle, c'est tout à la fois pour nous, Vercingétorix et Jeanne d'Arc. M. Gustave S., qui a plutôt des idées de gauche, antimilitaristes, est très impressionné par les discours du général. « Il y a du Clemenceau dans cet homme-là, dit-il. S'il avait été aux commandes en 38-39, nous n'aurions pas perdu la guerre »

En août dernier, pour la première fois, j'ai pu découvrir, sur un tract de la Résistance, le portrait de Charles de Gaulle. Je dois avouer que j'ai tout d'abord été un peu déçu. Je ne me représentait pas le chef de la France-libre sous les traits et l'allure de ce personnage au long nez, à la moustache un peu ridicule, figé au garde à vous dans un ample uniforme à l'intérieur duquel son grand corps maigre semblait flotter. Il faut dire que le cliché illustrant l'article clandestin était de mauvaise qualité, comme d'ailleurs le papier du tract.

Les événements d'Afrique du Nord et les propos du général de Gaulle concernant le ralliement des troupes coloniales françaises aux forces Alliées devaient fatalement susciter une rapide réaction des Boches. Ça n'a pas traîné. Dans la crainte de voir ce qu'il nous restait de nos forces militaires basculer dans le camp adverse, ils ont préféré prendre les devants, envahir la zone sud et neutraliser l'armée de Vichy.

Les commentateurs de la Radio suisse romande, toujours parfaitement renseignés, ont annoncé ce soir que les blindés allemands fonçant depuis l'aube à toute vitesse vers le sud de la France, sont déjà aux portes de Valence, d'Aurillac, de Cahors et d'Agen. Ils ont investi Vichy dès midi. Il est prévisible qu'ils atteindront Marseille demain matin. Quant à Toulon et à la flotte française, nul ne sait quel sort lui sera réservé ? Mais les journalistes suisses ne se font guère d'illusions. Selon eux, elle tombera bientôt dans l'escarcelle des Boches. Le général Bridoux, secrétaire d'Etat du gouvernement de Pétain a donné l'ordre à toutes les troupes françaises de l'armée d'armistice de ne pas quitter leurs casernes et de se laisser passivement désarmer. Elles ne tenteront même pas un ultime baroud pour sauver leur honneur. Comble d'humiliation, les Italiens se sont aussi emparés de Nice sans coup férir. Ils avancent de leur côté en direction de Toulon.

Ce soir, en réfléchissant aux événements dramatiques de cette journée du 11 novembre 1942, je suis tout à fait de l'avis de mon père. Il pense que l'invasion de la zone sud n'est qu'une lamentable péripétie qui ne changera pas le cours de la guerre. Quoi qu'ils fassent, les Chleuhs finiront pas être écrasés par la supériorité matérielle des Alliés.

L'occupation brutale de la zone dite « libre » va sans doute dessiller bien des yeux. Les adulateurs du « Maréchal-nous-voilà », qui ne cessent depuis deux ans de nous vanter les mérites de sa politique, vont enfin comprendre qu'en collaborant avec l'Allemagne, ils œuvrent en réalité contre les intérêts de la France. Le seul avantage que nous valait cette méprisable collusion avec l'ennemi était la fiction de l'indépendance de l'Etat français. Aujourd'hui, cette duperie grâce à laquelle les nazis espéraient rallier les Français à leur cause vient de révéler son inanité. Tout le monde sait à présent ce qu'en vaut l'aune des promesses de Hitler. Bien naïfs ceux qui ont cru qu'il respecterait la parole donnée et les traités signés.

Contrairement à ce qu'affirment à longueur de journée la radio vichyssoise, il n'y a pas que des inconditionnels de Pétain en zone sud. Un garde forestier qui s'est rendu récemment à Louhans où il a de la famille a raconté à mon père ce qui s'est passé le 23 octobre dernier à Montcony, un petit village de Saône-et-Loire. Cette nuit-là, un gros bombardier anglais atteint par la D.C.A. boche s'est écrasé à proximité de la localité. Dans les débris de l'appareil, on a retrouvé les restes calcinés des neuf hommes d'équipage dont les dépouilles ont été conduites dans la salle de l'école communale. Vichy ayant été avisé de l'accident, ses sbires ont fait aussitôt interdire l'accès de cette chapelle ardente et le dépôt de fleurs. Malgré cela, les obsèques des pilotes anglais ont donné lieu, le lundi 26 octobre, à une imposante manifestation silencieuse regroupant plus de 4 000 personnes venues de toute la région. Au grand dam de la police pétainiste, le cercueil du commandant de bord a été recouvert du drapeau anglais et tous les autres croulaient sous les couronnes et les fleurs. Le « God save the king » a été chanté par plusieurs personnes dans le petit cimetière. Le garde forestier a rapporté de Montcony des tracts trouvés près de la carcasse de l'avion. Ils étaient destinés à être largués sur l'Italie. Ils représentent des soldats Italiens défilant devant Mussolini et le saluant de la phrase célèbre des gladiateurs :

« Ave Caesar, morituri te salutant »

La manifestation proanglaise de Saône-et-Loire nous a rassurés quant aux sentiments de nos compatriotes de la zone sud vis-à-vis de la collaboration prônée par le régime de Vichy. Longtemps, en zone occupée, nous avons été abusés par la propagande des adeptes de la « Révolution Nationale » qui nous dépeignaient la France pétainiste comme une sorte de principauté où tout le monde portait un uniforme et marchait au pas cadencé en beuglant des chants ineptes. Depuis les enfants de six ans embrigadés dans les « Jeunesses », jusqu'aux « anciens combattants » porteurs de francisques ou d'insignes de la Légion. Il nous semblait que tout le monde était pour le maréchal, acquis à l'idée d'une Europe définitivement dominée par le nazisme. Nous avions heureusement une fausse opinion des Français de la zone sud. Ils viennent de prouver qu'ils n'ont pas perdu le sens de l'honneur ni leur patriotisme.

Ici, du côté nord de la ligne de démarcation, il y a belle lurette que nous avons choisi notre camp, rejeté toute compromission avec les Boches et que nous méprisons les fantoches du régime de Vichy. Peu ou prou, chacun milite à sa façon contre la propagande ennemie et, s'il le peut, sabote l'effort de guerre allemand. C'est le cas de notre voisin Maurice H., manutentionnaire à la gare de triage. Il nous a raconté comment ses collègues et lui perturbaient le trafic des trains en partance pour l'Allemagne en arrachant les étiquettes des wagons ou en falsifiant leur destination, ce qui amène les responsables à les faire détacher de certains convois pour les laisser à l'abandon sur des voies de garage. Ainsi, l'été dernier, un wagon entier d'œufs de réquisition en provenance du Morvan est resté immobilisé pendant deux mois en plein soleil au triage de Dole. La puanteur qui s'en dégageait a finalement attiré l'attention des agents de la Reichsbahn qui ont été obligés de faire jeter le chargement avarié à la décharge.

Malgré la présence des nombreux cheminots allemands – qu'on surnomme les « Banoffes » – les sabotages ferroviaires prennent de plus en plus d'importance. Le plus courant est la vidange ou l'altération des huiles de graissage, ce qui fait chauffer les essieux et entraîne l'arrêt des convois. Les coupures des boyaux de freins sont aussi rapides et efficaces. Malgré leur parfaite connaissance du métier, un certain nombre de saboteurs du dépôt de Dijon se sont faits prendre et ont été déportés en Allemagne. Car les Boches exercent une répression impitoyable, même sur de simples présomptions.

Comme la majorité des Français, je n'ai pas l'occasion de pouvoir effectuer des actes de résistance ni de nuire directement aux Allemands. Je ne peux qu'adopter une attitude antipathique à leur égard. Parmi les jeunes de ma génération, nous sommes un certain nombre à suivre les recommandations suggérées dès juin 1940 par Monseigneur Dubourg : « Avec l'occupant, soyons corrects mais ne soyons pas serviles. A plus forte raison, ni sourire de complaisance, ni familiarité... »

Heureusement, en dehors des contrôles d'identité fréquents auxquels les garçons de mon âge sont soumis lorsqu'ils franchissent les barrages de la Feldgendarmerie dressés sur le pont du Doubs, j'ai peu l'occasion de fréquenter directement les Boches. Le mois dernier pourtant, à la bibliothèque municipale, alors que j'empruntais quelques livres, j'ai été interpellé par un officier allemand dont j'avais remarqué plusieurs fois la présence à la table d'étude. Il s'agissait d'un homme d'une quarantaine d'années, portant les épaulettes de hauptman, grand, maigre, au front dégarni et, dans l'ensemble, de mine assez avenante. Comme il attendait derrière moi pour faire enregistrer ses propres prêts par M. Auguste V., la bibliothécaire, il a vu que j'empruntais une biographie de Charles Quint. Il m'a dit alors, dans un Français impeccable :

« Il s'agit d'un très grand personnage. C'est l'une des périodes les plus brillantes de l'histoire européenne. »

Interloqué par cette interpellation, j'ai bafouillé piteusement quelques mots, ce qui m'a sans doute fait passer pour un garçon tout à fait stupide. Dans le fond, c'était aussi bien. Le Fritz n'a pas insisté et je n'ai plus eu l'occasion de renouer par la suite conversation avec lui. Par M. Auguste V., j'ai su, depuis lors, que l'officier féru d'histoire était parti quelques jours après pour le front russe.

C'est par ce genre d'incident anodin que commence, en général, la collaboration avec l'occupant. Les Boches se trouvent des points communs avec les Français, parlent métier, sport, musique, peinture, littérature, et entrent ainsi en relations. Au Boichot, M$^{lle}$ T., que rien ne disposait, au départ, à fréquenter un officier allemand, car il s'agissait d'une fille sérieuse et réservée, est devenue la petite amie de l'un d'eux parce qu'ils étaient l'un et l'autre d'excellents violonistes et avaient eu l'occasion de jouer ensemble lors d'un concert de la garnison. Le bel aryen a lui aussi quitté notre cité il y a trois mois pour la Russie. Depuis sont départ, on ne voit plus M$^{lle}$ T. dans les rues de Dole. On dit que le Boche lui aurait laissé un « cadeau » encombrant.

Depuis juin 1940, personne chez nous n'a jamais éprouvé la moindre tentation de faire ami-ami avec les Chleuhs. Quant à moi, après la baffe magistrale que l'un d'eux m'a donnée en septembre dernier, je n'éprouve plus que de la haine pour cette sale engeance.

TROISIÈME PARTIE

1943-1944

# LA HAINE ET L'ESPÉRANCE

## MAL DE VIVRE AVEC LES BOCHES

**Vendredi 1er janvier 1943** *(Extrait de mon Journal)*

« Encore une nouvelle année qui commence. La quatrième depuis le début de cette interminable guerre. Qui aurait dit, en 1939, qu'elle durerait aussi longtemps ? La plupart d'entre nous pensions, qu'étant donné les moyens d'extermination mis en œuvre, elle serait de courte durée. Nous nous étions hélas ! tous trompés. Aujourd'hui, elle est non seulement dix fois plus meurtrière, mais elle est devenue aussi totale. C'est vraiment une nouvelle guerre mondiale. Elle embrase l'ensemble de la planète. Personne ne se hasarde plus à formuler des pronostics quant à son achèvement. Nous avons trop de fois été trompés, déçus par les rumeurs faisant état de tractations secrètes entre les belligérants, par l'annonce d'une fin prochaine des hostilités. Depuis 1940, au moins dix chaînes de prédictions annonçant la paix ont circulé sous le manteau. La plus récente, soi-disant tirée des Centuries astrologiques de Nostradamus, prétendait que la guerre s'achèverait par la mort brutale de Hitler, frappé par une justice immanente le 25 décembre 1942 ! Le sinistre Adolf est hélas ! toujours bien vivant en ce 1er janvier 1943. On pourrait rire de ces sornettes si elles n'étaient aussi tragiques... »

Pour avoir trop cru à ces prévisions fallacieuses, je suis devenu à présent très sceptique, aussi très pessimiste. Je ne crois pas à la fin prochaine de notre calvaire. Pourtant, depuis quelques mois, la situation militaire a cessé de se dégrader du côté des Alliés. A Stalingrad, les Russes semblent prendre peu à peu le dessus. Les Américains viennent de se rendre maîtres du Maroc, de l'Algérie et d'une partie de la Tunisie. Montgomery poursuit son offensive victorieuse en Libye où les Forces Françaises libres ont remporté brillamment la seconde bataille de Bir-hakeim. Enfin, presque chaque nuit, les Allemands et les Italiens subissent des bombardements meurtriers. Nous entendons passer au-dessus de Dole une interminable noria de forteresses volantes dont les premières vagues rentrent déjà vers leurs bases alors que les dernières sont encore en vol vers leurs objectifs. Les Boches et les Macaronis connaissent à leur tour, et c'est justice, le sort qu'ils ont réservé pendant tant et tant de mois, à Londres et à Malte !

Quant à la situation générale de la France, elle est de plus en plus difficile. Il y a d'abord eu, le 11 novembre dernier, l'envahissement de la zone libre. Ce coup de force allemand a entraîné des vagues d'arrestations. On dit que le gouvernement de Vichy aurait fourni aux Hitlériens des listes de juifs, de communistes et de gaullistes. Que la police française a coopéré à ces rafles. Pétain n'a élevé qu'une protestation très symbolique à la suite de la violation des accords d'armistice. Il vient de se déconsidérer une fois de plus en donnant les pleins pouvoirs à Laval. Mais ces deux sinistres personnages ne sont cependant pas parvenus totalement à leurs fins. Alors qu'ils croyaient sans doute contraindre notre flotte à « collaborer » avec l'Allemagne, comme ils le recommandaient d'une manière scandaleuse, nos bateaux de guerre se sont au contraire sabordés lorsque les Boches ont tentés, le 27 novembre dernier, de s'emparer du port de Toulon.

Mais quel gâchis ! Notre splendide marine, seconde force navale mondiale au début du conflit, a sombré corps et biens en quelques heures dans les eaux de la Méditerranée. 90 bateaux, dont le « Strasbourg », le « Colbert », le « Dunkerque », les magnifiques croiseurs fleurons de notre Royale, ont coulé sur un ordre de l'amiral Laborde.

Cette destruction de notre flotte est diversement commentée. Pour les uns, elle est tout à l'honneur de notre marine qui a préféré se faire hara-kiri plutôt que de tomber entre les mains des nazis. Pour d'autres, dont je suis, il s'agit au contraire d'une trahison. Darlan n'aurait jamais dû laisser toute notre flotte concentrée à Toulon où elle était vulnérable. Il fallait lui enjoindre des ordres précis pour appareiller au cas où les Allemands chercheraient à s'en emparer. Quant aux officiers de l'escadre, ils devaient, dès la rupture des conventions d'armistice, lever l'ancre aussitôt et rejoindre les Alliés en Afrique du Nord. Même si Pétain et Laval, les deux acolytes de Hitler, leurs avaient intimé, par calcul, des injonctions contraires.

Hélas ! les responsables de notre état-major sont décidément indécrottables. En juin 40, la plupart d'entre eux se sont révélés incapables et lâches. En novembre 42, une partie des mêmes officiers ont encore fait preuve de pusillanimité et d'indignité. Ce serait à désespérer de l'avenir de notre nation si le général de Gaulle n'avait pas lavé l'opprobre qui entachait notre drapeau en relevant le défi.

Honte à ceux qui ont laissé perpétrer le désastre de Toulon ! Pour moins que ça, après Trafalgar, Napoléon n'hésita pas à pousser l'amiral Charles de Villeneuve au suicide, sinon à le faire assassiner, comme je l'ai lu récemment. On a beau dire que l'histoire ne se répète jamais, je crois pourtant que le désastre maritime que nous venons de vivre ressemble beaucoup à celui que nous infligèrent les Anglais en 1805.

Le 24 décembre dernier, à Alger, l'amiral Darlan a été victime d'un attentat qui lui a coûté la vie. Personne ne connaît les détails de cette affaire dont les radios des belligérants parlent peu. Elle a au moins le mérite de moraliser une situation scandaleuse. Dauphin de Pétain, Darlan avait en effet, comme son vieux complice, avalisé toutes les mesures prises en faveur de la collaboration franco-allemande. Le ralliement tardif de cet opportuniste aux Alliés nous avait semblé méprisable. J'ignore si ce sentiment est partagé par les habitants du sud de la France, mais ici, en zone nord, il n'y a pas beaucoup de monde pour le regretter.

Les événements qui viennent de se dérouler ont encore dégradé nos conditions d'existence. Les contrôles d'identité se sont renforcés. Il ne se passe guère de jour sans que nous apprenions l'arrestation de réfractaires du S.T.O. Le Service du Travail Obligatoire, cette sinistre traite des ouvriers français au profit des négriers allemands a été instituée en septembre dernier par un décret du gouvernement de Vichy. Désormais, tous les hommes de dix-huit à cinquante ans et les femmes célibataires de vingt et un à trente-cinq ans sont contraintes d'aller travailler en Allemagne. Déjà, à Dole, plusieurs centaines de personnes ont été requises dans les usines, les commerces ou les bureaux et sont parties outre-Rhin. On dit qu'à Dijon, à Besançon et dans d'autres villes, ces départs ont donné lieu à des manifestations hostiles. Les partants auraient proféré des insultes contre Pétain, Laval et bien sûr contre Hitler. Des femmes, des enfants de travailleurs requis de force auraient chanté la Marseillaise, acclamé le nom du général de Gaulle, cela malgré la présence de soldats allemands en armes sur les quais.

On dit aussi que de nombreux requis du S.T.O. ne répondent pas aux convocations de la Préfecture. Ils quittent leur domicile pour aller se cacher dans les campagnes et dans les bois. Depuis quelques temps, un mot est beaucoup employé. Il s'agit de « maquis ». Il concernait jusqu'ici la végétation méditerranéenne. A présent, de celui qui quitte son foyer pour ne pas partir travailler en Allemagne, on dit qu'il « prend le maquis ». Cette expression me fait songer à une nouvelle de Prosper Mérimé, intitulée « Colomba » que j'ai lue autrefois.

Pour tenter de convaincre les réticents au S.T.O., les Boches ont placardé d'immenses affiches sur les murs de Dole. L'une d'elle proclame : « En Allemagne, il y a du travail pour toi ! Du travail très bien payé ! ». Une autre, sur fond rouge, représente un ours bolchevique casqué menaçant de ses crocs une mère de famille et son enfant, tandis qu'un ouvrier français, en salopette bleue, s'oppose au fauve en brandissant un marteau. La réclame fallacieuse énonce : « En travaillant pour l'Europe, tu protèges ton pays et ton foyer ! »

La réponse à la propagande nazie ne s'est pas faite attendre. Des tracts clandestins ont circulé quelques jours après. J'en ai conservé un où on peut lire : « Un homme qui part est un otage aux mains de l'ennemi. Si tu ne veux pas subir les brimades des Hitlériens et mourir sous les bombes alliées, il vaut mieux ne pas partir ! »

Pour symptomatiques qu'elles fussent de l'état d'esprit des Français de la zone nord, ces manifestations d'hostilités larvées ne changent cependant pas grand chose à notre triste sort. Hommes, femmes, enfants, vieillards, nous restons tous sous le joug de l'occupant. Nous gardons toujours l'échine basse sous la férule d'un maître implacable. Ceux qui essaient de redresser la tête, de se rebeller, de s'attaquer au monstre sont impitoyablement châtiés. Chaque jour, des gens sont arrêtés, fusillés, déportés pour détention illégale d'armes, fabrication de faux papiers, hébergement d'aviateurs alliés, d'israélites, de prisonniers évadés. On punit même pour « propagation de fausses nouvelles ». Il s'agit en fait de toutes celles qui ne sont pas favorables aux Boches. Dans les queues qui s'allongent chaque jour un peu plus devant les magasins les gens qui avaient l'habitude de commenter publiquement la situation se taisent. On sait que des policiers français en civil se répartissent parmi les badauds, écoutent, surveillent, notent les réflexions. Depuis quelques temps, un nouveau mal sévit. Il s'agit de l'horrible exutoire de la jalousie : la délation. Des voisins, dénoncent leurs voisins. Des familles divisées pour de mesquines raisons d'héritage vendent leurs parents plus privilégiés. Des couples séparés règlent bassement leurs comptes. Par lettres, par coups de fil anonymes, certains êtres ignobles avertissent la Kreiskommandantur que M. Untel a des idées communistes ou gaullistes. Que Mme X. tient des propos antiallemands. Que M. Z. écoute la radio anglaise...

Cette mésaventure vient d'arriver à une amie de grand-mère Julie. Cette personne, qui vit à La Bedugue avec son fils, dans un immeuble comprenant quatre appartements dont elle est propriétaire, a reçu récemment la visite de deux policiers. Ceux-ci sont entrés brutalement chez elle et se sont aussitôt précipités sur son poste de T.S.F. L'aiguille du cadran était restée, depuis la veille, sur la longueur d'ondes de la B.B.C. Comme elle tentait de se disculper, la pauvre femme s'est fait gifler. Les flics lui ont infligé une forte amende et sont repartis en emportant l'objet du délit. L'amie de grand-mère est persuadée qu'elle a été dénoncée par l'un de ses locataires auquel elle avait reproché, quelques semaines plus tôt, de lui avoir dérobé du bois dans son bûcher.

Voilà ce que c'est l'Occupation : un univers de menaces, de contraintes, de privations, de frustrations permanentes. Un monde d'égoïsme ou l'homme perd vite la notion du bien et du mal. Où personne n'a confiance en la parole de personne. On se méfie de tout. On baigne sans arrêt dans une peur diffuse car nous sommes tous susceptibles d'être un jour sanctionnés par la répression allemande ou par celle de leurs complices vichyssois. S'il est un mot banni de notre langage, c'est celui d'innocence. Nous nous sentons tous coupables.

A la maison, comme nous ne sommes pas non plus à l'abri d'une dénonciation, nous baissons chaque soir le son de la radio pour écouter Londres. Nous changeons l'aiguille de place après chaque émission. Pour ma part, je dissimule aussi soigneusement les carnets où j'exprime librement mes impressions et mes idées. J'ai trouvé à cet effet une cachette sûre entre deux cloisons.

Face à cette situation qui s'envenime de mois en mois, nous sommes devenus non seulement des révoltés, des écorchés vifs, mais aussi des êtres malveillants. Nous nous réjouissons des malheurs qui frappent l'oppresseur. Nous souhaitons sa mort et celle de toute sa descendance. L'annonce des défaites subies par les Boches en Libye, en Russie, le chiffre de leurs pertes nous comblent de joie. Nous applaudissons chaque raid allié sur les villes allemandes. Le fait que les victimes soient surtout des civils ne nous cause aucun état d'âme. Nous souhaitons au contraire que là-bas, toutes les familles soient frappées dans leur chair, dans leur affection, dans leurs biens.

J'ai été récemment surpris par la violence de mes ressentiments contre l'occupant. J'ai découvert à quel point je les abhorrais. A vrai dire, ils ne m'ont pas encore fait personnellement de mal, mais j'éprouve à leur égard une aversion quasi viscérale. Cette terrible révélation m'est apparue en un lieu où pourtant tout aurait du m'inciter à la tolérance, au pardon, à l'amour de mon prochain. Ça s'est passé à l'église du Sacré-Cœur de La Bedugue.

Pour répondre à un vœu formulé par ma grand-mère Céline, qui ne peut guère se déplacer en raison de son grand âge et de son infirmité, j'ai accepté, la semaine dernière, d'assister à la messe de minuit. « Ce sera la première fois de ma vie que j'en manquerai une, m'a-t-elle dit. Je serais heureuse si tu pouvais y aller à ma place. Pour prier à la mémoire de nos morts et pour la paix ! »

Dans notre famille, si nous sommes tous catholiques, il faut bien avouer qu'à l'exception de grand-mère Céline, nous ne sommes ni très pratiquants, ni même très croyants. Personnellement, depuis ma première communion solennelle, je n'assiste pas souvent aux offices. L'été dernier, ça m'a d'ailleurs valu un amical reproche du brave curé L. qui m'a dit : « André, ça fait bien longtemps que je ne te vois plus dans notre église. Craindrais-tu par hasard qu'elle ne te tombe sur la tête ? »

Donc, pour faire plaisir à mon aïeule, que j'aime beaucoup, je me suis rendu le 24 décembre dernier à l'église paroissiale de La Bedugue afin d'assister à la messe de minuit qui avait lieu... à dix sept heures ! En effet, comme toutes les autres institutions françaises, les autorités religieuses doivent elles aussi se plier à la loi de l'occupant. Même pour la célébration de cette cérémonie on ne peut plus pacifique, ils avaient refusé, pour d'obscures raisons, qu'elle se déroulât à l'heure traditionnelle.

Dans le petit sanctuaire mal chauffé, mal éclairé car on y souffre aussi de la pénurie, la messe était déjà commencée depuis quelques minutes lorsque soudain deux militaires allemands sont entrés. Pensant sans doute qu'ils trouveraient des places libres dans le transept, ils ont remonté l'allée en direction du chœur. Mlle C., qui tenait comme de coutume l'harmonium, s'est arrêtée de jouer en entendant résonner le bruit de leurs bottes sur les dalles. Tous les fidèles se sont retournés pour regarder les intrus.

Il s'agissait de deux officiers, sanglés dans leurs uniformes, tenant à la main leurs casquettes galonnées. Voyant qu'il n'y avait plus de place, ils ont rebroussé chemin et sont revenus vers le fond de l'église où je me trouvais. Un banc étant libre devant moi, ils s'y sont installés.

Pendant toute la cérémonie, j'ai eu sous les yeux les silhouettes massives des deux hommes. A leurs épaulettes, j'ai reconnu qu'ils avaient le grade de hauptmann. L'un, presque chauve, portait de fines lunettes cerclées de fer. L'autre, d'un blond lumineux, était athlétique. Un véritable archétype de la race aryenne. Il s'agissait manifestement de catholiques pratiquants car ils ont suivi le déroulement de la messe avec une grande ferveur en observant toute la liturgie.

Cette foi apparemment sincère aurait dû normalement, sinon me rapprocher d'eux, tout au moins me les rendre moins antipathiques. Il n'en a rien été, bien au contraire. Durant toute la cérémonie, la haine pour leur engeance, leurs uniformes, n'a pas cessé de grandir en moi. Même leur odeur m'a indisposé : une odeur de cuir, d'eau de Cologne. Une odeur de Boches ! Alors que dans son homélie le brave curé L. a parlé de l'amour du Christ pour les hommes, de la fraternité, du retour de la paix entre les peuples déchirés, j'ai souhaité pour ma part voir mes deux voisins tomber foudroyés à mes pieds. J'aurais voulu pouvoir impunément poignarder leurs larges dos. Je n'ai pas osé prier pour qu'ils crèvent, mais je n'en ai pas été loin !

A mon retour, je n'ai bien sûr pas raconté cette histoire à grand-mère Céline qui en eût été épouvantée. Le soir de Noël, avant de m'endormir, je me suis quand même posé cette question : Comment ai-je pu, moi qui suis d'humeur pacifique, tolérant de nature, qui m'efforce toujours de comprendre les idées ou le comportement des autres, comment ai-je pu en arriver à une telle extrémité ? A une telle violence, une telle sauvagerie dans mes ressentiments contre les Allemands ? La haine est-elle donc à ce point inséparable du désespoir ?

## CRAINTES ET CONTRAINTES

**Mercredi 3 février 1943** *(Extrait de mon Journal)*

« Dans mes carnets où je note jour après jour les événements les plus marquants de notre triste existence d'occupés, j'évite le plus possible d'évoquer des faits intimes et notamment ce qui relève de mes problèmes de santé. Force m'est pourtant de parler aujourd'hui des semaines pénibles que je viens de vivre et durant lesquelles j'ai été incapable d'écrire la moindre ligne. Pendant presque un mois, j'ai été malade. Le plus souvent alité, en proie jour et nuit à une fièvre qui, sans être très élevée (entre 38,5 et 39,5°) m'a beaucoup affaibli. Tout a commencé par l'apparition d'énormes ganglions autour du cou et à l'aine, puis d'anthrax douloureux à l'aisselle et au genou gauche. Le docteur B., notre médecin de famille a diagnostiqué une sorte de septicémie compliquée par une anémie généralisée.

« Durant les deux premières semaines de ma maladie, j'ai avalé consciencieusement tous les médicaments prescrits par le praticien. Mon état ne s'est pas amélioré. Chaque matin, ma température était de 38,5°, chaque soir de 39,5°. Quant à mes furoncles, ils ne manifestaient aucun signe de guérison. En dépit des soins constants prodigués par ma mère et des petits plats qu'elle s'ingéniait à me mijoter au prix de je ne sais quelles prouesses en raison des restrictions, j'en étais arrivé à ne plus avoir d'appétit, à ne plus pouvoir avaler un simple bol de soupe.

« Depuis le début de ma maladie, grand-mère Céline avait proposé de me soigner à sa façon. Cest-à-dire avec les plantes qu'elle récolte dans les bois et les prés à longueur d'année. Elle les fait sécher au soleil et confectionne chaque jour pour elle-même des tisanes et des potions. Mes parents, sceptiques, n'ont tout d'abord pas eu confiance en cette pharmacopée fourragère. L'impuissance de la médecine traditionnelle les a amenés à accepter d'expérimenter les remèdes de grand-mère. C'est ainsi que depuis une semaine, j'ingurgite chaque jour des litres et des litres d'une infusion au goût, dans le fond pas si désagréable. Grand-mère l'appelle la « tisane des trois misères ». Elle m'en a appris la composition en utilisant les noms de terroir qu'elle emploie pour désigner ces herbes : la goupiotte, la grande gaugée, le Saint-Sylvère...

J'ignore si les drogues pharmaceutiques ont eu, à la longue, un effet bénéfique sur mon état ou si je dois ma guérison aux breuvages concoctés par mon aïeule ? Depuis trois jours, je vais de mieux en mieux. Ma fièvre est tombée complètement, mes abcès se cicatrisent, je commence à me réalimenter et mes forces reviennent peu à peu... ».

Tandis que je vivais dans un état végétatif, coupé, par la fièvre et l'asthénie des réalités du monde, celui-ci a continué de tourner. Il s'est passé un événement capital dans le déroulement de notre interminable guerre. Les Boches ont subi en Russie une terrible défaite. Mon vieil ami, M.S. est venu hier me rendre visite et m'apporter quelques pommes. Il a évoqué pour mois l'essentiel de l'actualité militaire de ces derniers jours. Notamment la capitulation, le 30 janvier, de la 6e armée allemande encerclée depuis plusieurs semaines dans la ville de Stalingrad. Les Russes ont infligé des pertes considérables aux hitlériens : 150 000 morts, plus de 100 000 prisonniers dont 25 généraux, parmi lesquels le commandant en chef, le général Von Paulus.

« Cette défaite marque un tournant décisif dans le conflit, m'a dit M. Gustave S. Elle aura les mêmes répercussions que la bataille de Verdun, en 1916 ! »

Ce rapprochement historique formulé par un homme de grande expérience, dont la plupart des prévisions se sont jusqu'ici révélées exactes, me réjouit et m'inquiète tout à la fois. Je me souviens en effet que la bataille de Verdun s'est achevée en août 1916 alors que la guerre ne s'est arrêtée que plus de deux ans après, en novembre 1918. La perspective d'attendre aussi longtemps la fin de notre calvaire me terrifie. Je n'en peux plus de cette vie sans espoir, sans joie, sans horizon. De cette médiocrité ambiante, de cette misère, de cette grisaille où nous vivons confinés comme des cloportes. J'en ai assez des restrictions, de l'omniprésence des Boches, des innombrables contraintes physiques et morales qu'ils nous imposent.

J'ai lu récemment « Sido » de Colette, « Les copains » de Jules Romain, « Le grand Meaulne » d'Alain Fournier. Est-il possible qu'il y ait eu des périodes de paix aussi agréables que celles durant lesquelles se déroulent ces romans ? Une époque où les gens ne cherchaient pas à s'entre-tuer, ne se haïssaient point, mais profitaient des joies offertes par la vie, par la nature. Des années où tout le monde pouvait aller et venir librement. Où on mangeait à sa faim. Où la fête récompensait l'effort. Où l'avenir pouvait, sinon se prévoir, du moins s'organiser pour être agréable. Où on songeait plus à l'amitié, à l'amour, aux sorties, aux jeux, qu'à la recherche problématique d'un peu de nourriture pour survivre.

Je me rends bien compte que les années d'adolescence que je traverse – celle qu'on prétend les plus belles d'une existence humaine – me sont littéralement volées. On me les arrache comme les feuilles d'un calendrier. A cause de la cruelle expérience que je suis en train de vivre, des séquelles qu'elle laissera dans mon esprit, dans ma chair, même si nous retrouvons un jour la paix, j'en serai marqué à tout jamais. J'en arrive à la conclusion que celui qui connaît le bonheur d'être libre, même s'il ne possède pas tout ce qu'il désire, ne devrait jamais se plaindre de son sort.

Pourtant, jusqu'à présent, dans notre famille, nous ne sommes pas les plus malheureux. Les mesures répressives de l'occupant ne nous ont pas encore cruellement frappés. Mon père a la chance de ne pas être prisonnier. D'avoir retrouvé un emploi. Je ne suis moi-même menacé qu'à moyen terme puisque je me trouve en-dessous de la limite d'âge du S.T.O. Malgré cela, l'occupation nous pèse chaque jour un peu plus. Notre situation « privilégiée » par rapport à celle de nombreux foyers français, ne nous dispense pas de subir les multiples sujétions inhérentes à notre état d'asservissement.

L'obligation qui me pèse le plus, c'est d'être obligé de présenter à tout bout-de-champ mes papiers d'identité aux gendarmes et aux policiers allemands. Ces contrôles inopinés, de plus en plus fréquents, concernent surtout les jeunes. On cherche ainsi à nous impressionner, à nous mater. Lorsque ces messieurs nous arrêtent, pas question de garder un béret ou une casquette sur la tête, d'avoir les mains dans les poches, encore moins d'affecter une attitude insolente, même un simple sourire. Une taloche, voire un coup de bottes dans les fesses ont tôt fait de ramener les récalcitrants à la raison du plus fort.

Comme nous demeurons sur la rive gauche du Doubs et qu'il nous faut traverser le pont de la rivière, celui du canal du Rhône au Rhin et celui des Tanneurs, pour rejoindre le centre ville, nous sommes plus que d'autres, soumis aux tracasseries policières. Des barrages sont souvent dressés en ces points de passages obligatoires.

Les contrôles ne donnent pas lieu qu'à des incidents dramatiques. J'ai assisté à une scène très drôle à la fin de l'automne dernier et l'ai notée sur mon carnet. Ce matin-là, il y avait foule à l'entrée du pont Louis-XVI car c'était le jour de marché et beaucoup de paysans des environs désiraient venir à Dole. Les Fritz, particulièrement pointilleux, épluchaient les papiers, fouillaient en détail les sacs, les paniers et les voitures hippomobiles qui se présentaient au contrôle. L'effectif des policiers avait d'ailleurs été renforcé pour la circonstance. Devant moi, sur la file d'attente se trouvait un vieux cultivateur originaire de Goux. Lorsque notre tour arriva, le felgendarme le plus proche de nous, un grand type au faciès de brute nous fit signe d'avancer. S'adressant au bonhomme, il réclama d'un ton rauque :

– Papiers bitte !

– Quoi qu'c'est donc qu'y veut ? fit le paysan en patois.

– Il vous demande vos papiers d'identité, dis-je.

– Ya ! Karte identité ! hurla le Boche.

– Une carte d'antiquité ? J'en on jamais eu d'ma vie ! rétorqua le vieux. A quatre vingt cinq ans, te vois ben qu'j'en suis une d'antiquité, s'pèce de denrée !

La répartie, prononcée d'une voie forte, comme le font les gens de la campagne, suscita aussitôt l'hilarité de ceux qui attendaient leur tour sur la file. Les rires ne tardèrent pas à se tarir. Comprenant qu'on venait de se moquer de lui, le Fritz se remit à aboyer. Il attira l'attention du feldwebel dirigeant les opérations. Celui-ci se fit expliquer les raisons de l'incident. Après avoir toisé un instant le perturbateur octogénaire, il hésita, puis, comprenant sans doute qu'il ne grandirait pas le prestige de l'armée allemande en l'arrêtant, il lui fit un geste méprisant de la main en hurlant à son tour :

– So ! Passire ! Raous ! Raous !

Le petit vieux traversa tranquillement le barrage, non seulement sans présenter de papiers, mais également sans qu'on lui demandât d'ouvrir le sac tyrolien qu'il portait sur le dos.

Une autre mésaventure, dont j'ai été le principal acteur quelques jours auparavant, m'a laissé un souvenir beaucoup moins drôle. Un soir d'octobre de l'année dernière, tandis que je rentrais à bicyclette à la maison, je suis tombé une fois encore sur un incontournable barrage allemand, établi celui-là devant le bâtiment de l'ancien Octroi, près du Jardin Philippe. Il n'y avait que deux personnes devant moi. Je me suis rendu compte immédiatement que les Boches contrôlaient non seulement les papiers d'identité, mais qu'ils fouillaient aussi les hommes à corps, en les obligeant à retourner leurs poches et à étaler leur contenu sur une table. La peur me serra brusquement les entrailles lorsque je réalisai que la veille un ami m'avait remis un tract clandestin. Il s'agissait d'un de ceux que les avions de la R.A.F. avaient lâchés en grand nombre au-dessus de la région doloise quelques nuits plus tôt. A la suite de ce largage, la Kreiskommandantur avait fait placarder des affiches disant :

« Des tracts ont été lâchés la nuit dernière par l'aviation ennemie. Ces tracts contiennent des affirmations mensongères, hostiles à l'Allemagne. Il est donc recommandé de détruire ces documents et de les faire disparaître de tous les lieux publics ou privés où ils pourraient être tombés. Les personnes qui ramasseraient ces tracts, qui en assureraient la diffusion ou qui les conserveraient par devers elles, s'exposeraient à de très graves sanctions ».

Dans mon émotion, ce soir-là, je n'arrivais plus à me souvenir de ce que j'avais fait du papier. D'habitude, je les lisais et les passais à des amis pour qu'ils les fassent eux-mêmes circuler. J'étais persuadé de ne pas m'en être débarrassé. Je l'avais sans doute encore sur moi. Ma situation devenait dramatique. Je devais être vert de peur. J'allais immanquablement être arrêté, recevoir une bonne raclée, être mis en prison pour un temps indéterminé. Un instant, je songeai à glisser ma main dans la poche de ma veste pour en retirer le papier compromettant mais je n'en fis rien car l'un des Boches me regardait. Il me fit signe d'avancer, de ranger ma bicyclette contre le mur de l'Octroi. Je lui tendis ma carte d'identité à laquelle il ne porta nulle attention. Il me fit lever les bras, me palpa rapidement des aisselles aux jambes, puis, me désignant du doigt la petite table, il ordonna !

– Vous, vider ici vos « boches » !

A cause de son odieux accent teuton, lui aussi venait d'employer inopportunément le mot « boche » pour le mot « poche ». Ça ne me fit pas rire. La panique me gagnait, je sentais mes jambes flageoler. Un goût amer empâtait ma bouche.

Je sortis tout d'abord mon mouchoir, mon porte-monnaie, mon couteau suisse et un demi-crayon de cahier. C'était le contenu de mes poches de

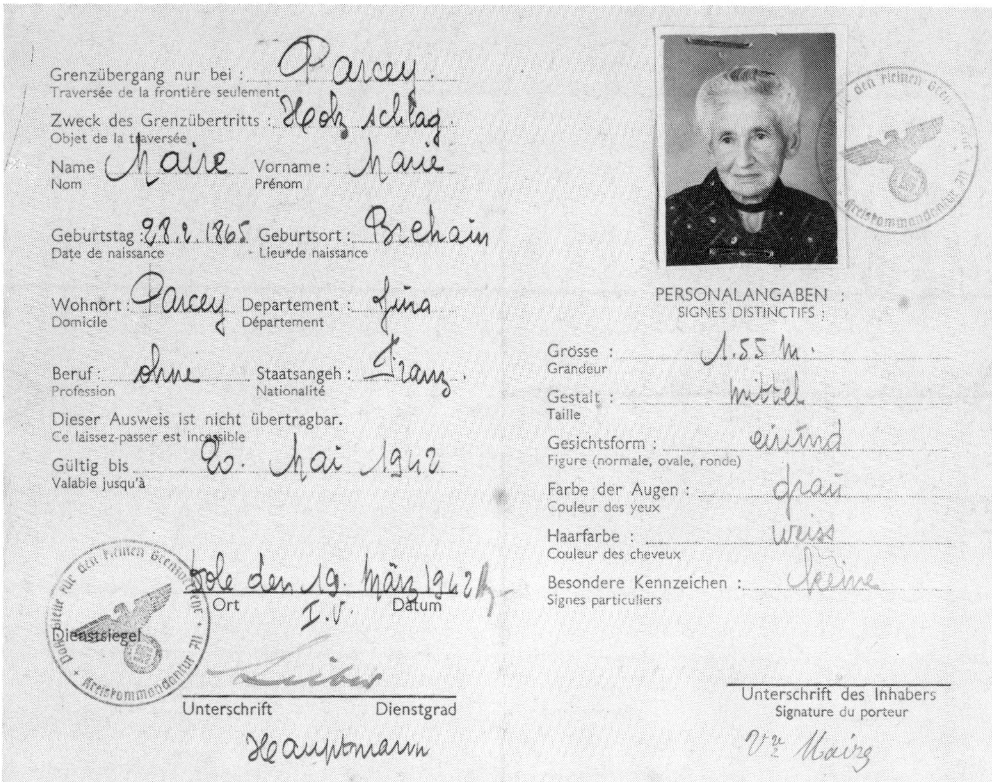
Grenzübergang nur bei : Parcey
Traversée de la frontière seulement
Zweck des Grenzübertritts : Holz schlag
Objet de la traversée
Name Maire Vorname : Marie
Nom Prénom
Geburtstag 28.2.1865 Geburtsort : Brehain
Date de naissance Lieu de naissance
Wohnort : Parcey Departement : Jura
Domicile Département
Beruf : ohne Staatsangeh : Franz.
Profession Nationalité
Dieser Ausweis ist nicht übertragbar.
Ce laissez-passer est incessible
Gültig bis 20. Mai 1942
Valable jusqu'à
Dole den 19. März 1942
Ort Datum
I.V.
Dienstsiegel
Unterschrift Dienstgrad
Hauptmann

PERSONALANGABEN :
SIGNES DISTINCTIFS :
Grösse : 1.55 m.
Grandeur
Gestalt : mittel
Taille
Gesichtsform : eirund
Figure (normale, ovale, ronde)
Farbe der Augen : grau
Couleur des yeux
Haarfarbe : weiss
Couleur des cheveux
Besondere Kennzeichen : keine
Signes particuliers
Unterschrift des Inhabers
Signature du porteur
Vve Maire

Cet ausweis autorisait les riverains de la ligne de démarcation à Parcey à se rendre en zone libre pour une journée seulement.

A partir de l'automne 1940, un vaste mouvement de solidarité se développa en faveur des prisonniers de guerre et de leurs familles.

# ORDRE N° 2
## DU
# COMMANDANT ALLEMAND

Le Commandant de Place ordonne :

1° Les magasins (sauf restaurants et cafés) seront fermés le dimanche ;

2° Dans l'intérêt de la population, les jours de semaine, les heures d'ouverture sont fixées comme suit :

Le matin, de 9 à 11 heures ;

L'après-midi, de 15 à 17 heures ;

Les cafés, hôtels et restaurants resteront ouverts chaque jour de 7 à 20 heures 30 ;

3° Les soldats allemands ont l'ordre de payer ; le cours est fixé ainsi :

1 Mark = 20 francs ; 1 franc = 5 Pfennig ;

4° Le fait de loger, d'entretenir ou d'habiller en civil des soldats français sera sévèrement puni ;

5° Pour éviter toute punition de la part des autorités allemandes, tous les soldats français, qu'ils soient vêtus d'habits militaires ou civils, doivent se présenter à la Kommandantur (à la Mairie) ;

6° Toute insoumission aux ordres de l'autorité allemande sera sévèrement punie ;

7° Toute atteinte à la vie et à la propriété des troupes allemandes sera punie de mort ;

8° La population ne doit plus circuler dans les rues entre 21 heures et 5 heures (heure allemande) à l'exception des médecins, sage-femmes, pompiers, gardes civiques, tous munis d'une autorisation de circuler signée par le Commandant de Place ;

9° Toute arme à feu et toute arme blanche doit être déposée immédiatement au Commissariat de Police ;

10° L'emplacement des cantonnements est réglé uniquement par la Kommandantur.

*Le Commandant de Place,*

**HECK,**

*Hauptmann.*

DOLE - Imprimerie [illegible]

Une des affiches placardées sur les murs de Dole par les autorités allemandes en juin et juillet 1940.

RÉPUBLIQUE FRANÇAISE

V RAVITAILLEMENT GÉNÉRAL V

MODE D'UTILISATION
DE LA
CARTE D'ALIMENTATION

La carte se compose d'une couverture et d'un encartage dit feuille de coupons, qui comporte pour chaque mois dix coupons numérotés de 1 à 10. Chacun de ces coupons correspond à une denrée déterminée pour la consommation de six mois à l'expiration desquels la feuille de coupons est remplacée par les soins des municipalités contre remise du COUPON D'ECHANGE, par une feuille valable pour les six mois suivants.

Le Gouvernement détermine les denrées contingentées et le coupon auquel elles correspondent.

Pour les denrées achetées au jour le jour, le consommateur échange, où et quand il lui est indiqué, le coupon contre des tickets de consommation dont le total correspond à la ration allouée, pour le mois, aux consommateurs des diverses catégories suivant le taux fixé pour chacune d'elles : ils ne sont valables qu'à la date qu'ils portent. Pour les autres denrées, elles sont acquises contre remise directe du coupon au détaillant à qui incombe l'obligation de le détacher.

Les coupons correspondant à des denrées contingentées, détachés par le consommateur, sont sans valeur.

V V

Imprimé à l'Imprimerie Nationale. — J. 9362-39.

RÉPUBLIQUE FRANÇAISE

V RAVITAILLEMENT GÉNÉRAL V

CARTE INDIVIDUELLE
D'ALIMENTATION

Département du JURA

Commune de DOLE

Nom BESSON

Prénoms Hélène

Profession Sans

Sexe F Age 40

Né le 21.3.1901

à DOLE (..........)

Adresse le Paiset DOLE

Délivrée le 27.5 1940

Signature : Cachet de la Mairie :

V N° V

Carte d'alimentation délivrée aux citoyens français dès le début de la Seconde Guerre mondiale.

On commence à parler des premières opérations de parachutage d'armes
et d'atterrissages clandestins des avions alliés.

M. Séraphin Besson, le père de l'auteur (le 3e à partir de la gauche) en cantonnement à Arc-et-Senans durant la « Drôle de Guerre ».

Camille G., un des amis d'enfance d'André Besson, qui connut une fin héroïque en 1944.

André Besson en 1942.

Louis R. l'ami d'enfance de l'auteur.
Déporté du travail, mort en 1943.

Mme Julie Cornu, l'une des grands-mères
de l'auteur qui partit, malgré son âge,
avec sa famille sur les routes de l'exode.

Sinistre ironie : les nazis souillent de leur emblème les tombes de leurs esclaves
(ici la tombe de Louis R. à Duisburg).

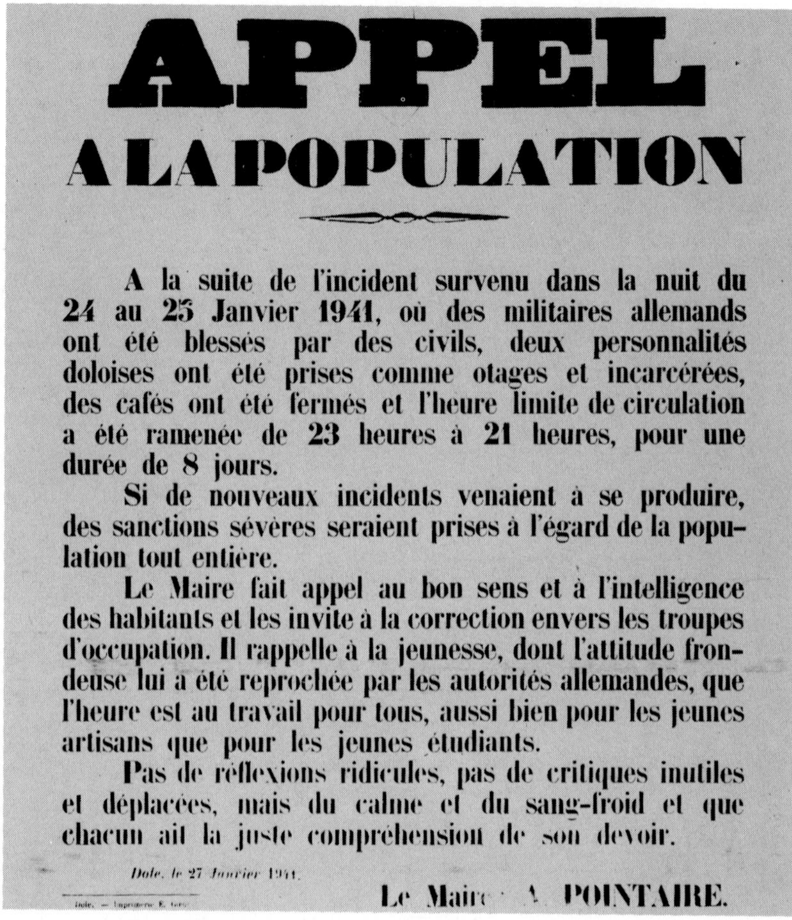

# APPEL
# A LA POPULATION

A la suite de l'incident survenu dans la nuit du 24 au 25 Janvier 1941, où des militaires allemands ont été blessés par des civils, deux personnalités doloises ont été prises comme otages et incarcérées, des cafés ont été fermés et l'heure limite de circulation a été ramenée de 23 heures à 21 heures, pour une durée de 8 jours.

Si de nouveaux incidents venaient à se produire, des sanctions sévères seraient prises à l'égard de la population tout entière.

Le Maire fait appel au bon sens et à l'intelligence des habitants et les invite à la correction envers les troupes d'occupation. Il rappelle à la jeunesse, dont l'attitude frondeuse lui a été reprochée par les autorités allemandes, que l'heure est au travail pour tous, aussi bien pour les jeunes artisans que pour les jeunes étudiants.

Pas de réflexions ridicules, pas de critiques inutiles et déplacées, mais du calme et du sang-froid et que chacun ait la juste compréhension de son devoir.

*Dole, le 27 Janvier 1941.*

Le Maire : A. POINTAIRE.

Dole. — Imprimerie [illegible]

Dès le début de l'année 1941 un profond sentiment d'aversion contre l'occupant commença à se manifester parmi la jeunesse française.

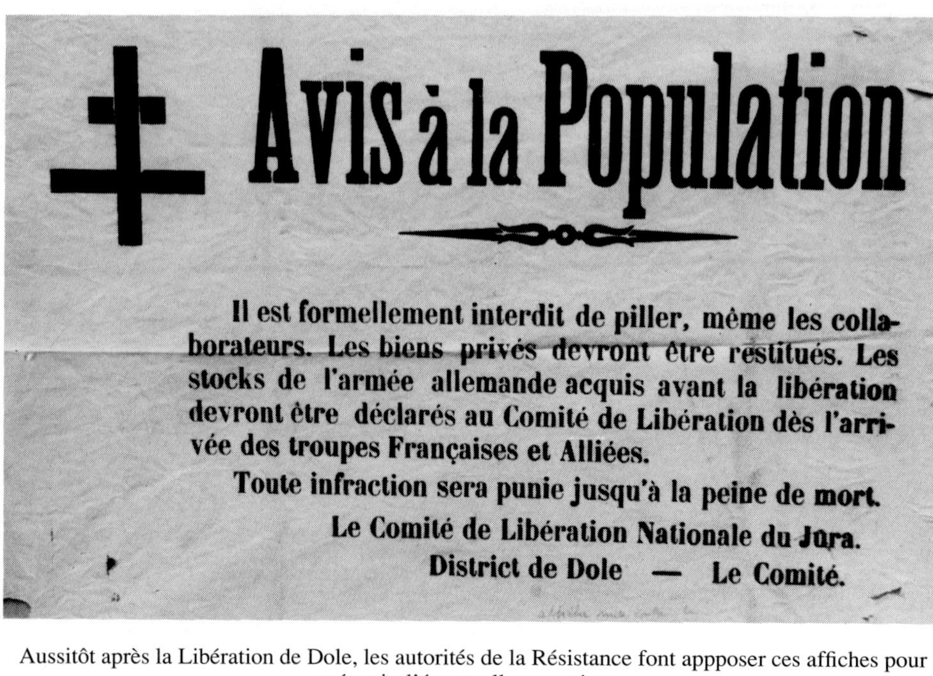

# Avis à la Population

Il est formellement interdit de piller, même les collaborateurs. Les biens privés devront être restitués. Les stocks de l'armée allemande acquis avant la libération devront être déclarés au Comité de Libération dès l'arrivée des troupes Françaises et Alliées.

Toute infraction sera punie jusqu'à la peine de mort.

Le Comité de Libération Nationale du Jura.

District de Dole — Le Comité.

Aussitôt après la Libération de Dole, les autorités de la Résistance font appposer ces affiches pour prévenir d'éventuelles exactions.

Fin 1943, les premiers maquis se constituent dans les forêts franc-comtoises. (A droite sur la photographie, René C. quincaillier à Dole, un ami de l'auteur.)

Dénoncé à la Gestapo, le père D. livra un curieux « fusil » à ceux qui venaient l'arrêter.

Placée à l'intersection de la zone occupée, de la zone interdite et de la zone libre, la région doloise fut cernée par trois frontières redoutables dès juillet 1940.

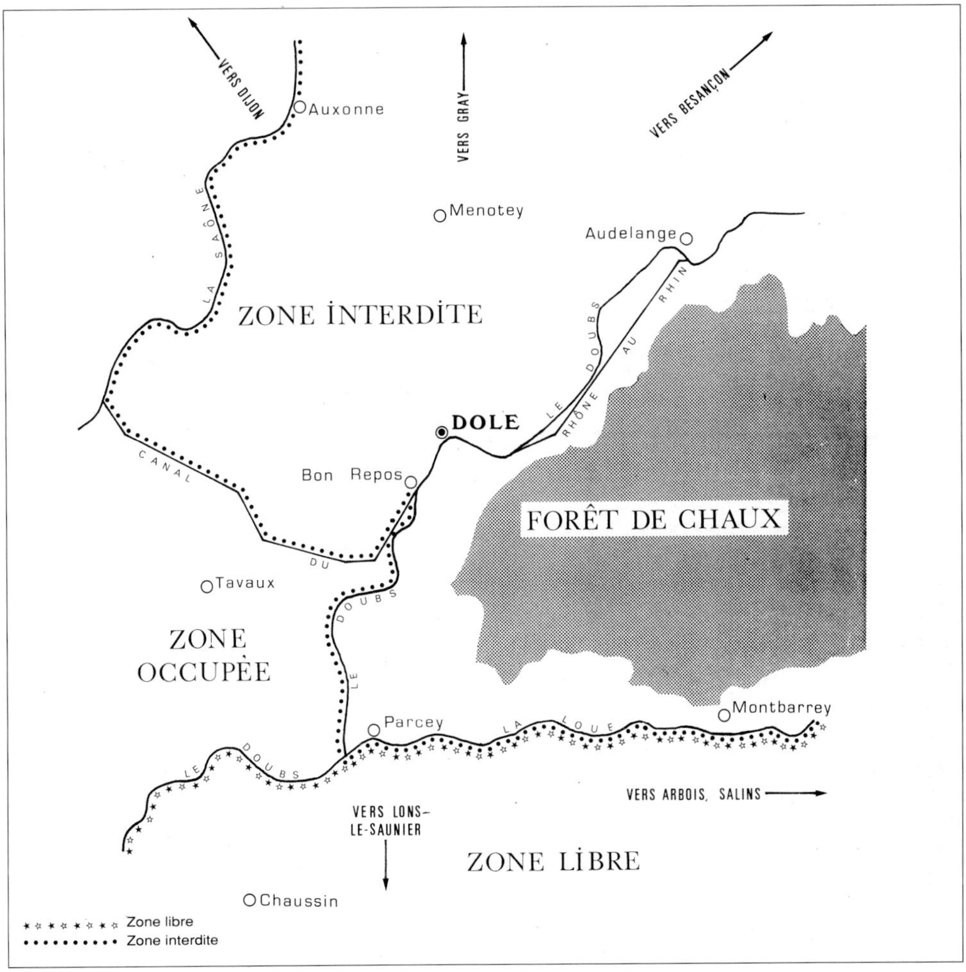

Après le bombardement de Tavaux en 1944.

Scène de la débâcle de l'armée allemande
dans les rues de Dole, en août 1944.

L'arrivée des premiers chars américains
dans la Grande rue à Dole le 9 septembre 1944.

Un groupe de F.F.I. durant la prise de Dole en 1944.

pantalon. Je portai ensuite mes mains à celles de ma veste, et horreur ! je sentis sous mes doigts un papier plié en quatre. J'hésitai à l'extirper, mais, constatant mon embarras, l'autre m'y invita d'un coup de menton impératif. Cette fois, j'étais perdu. Toujours en tremblant un peu, je finis par extraire la feuille et la posai sur la table. En la voyant, je poussai aussitôt un soupir de soulagement. Il s'agissait d'une page arrachée à un cahier d'écolier. Je me souvins alors que le matin même, ma mère m'avait fait changer de veste, car celle que je portais habituellement était déchirée à l'emmanchure. Le tract anglais était resté dans l'autre vêtement.

Scrupuleux dans ses investigations, le Boche tâta mes poches vides pour vérifier qu'il n'y avait rien d'autre puis déplia le papier. Plusieurs mois plus tôt, j'y avais écrit un sonnet à la gloire de Dole, ma ville natale. Le Fritz essaya d'en déchiffrer les premiers vers puis me le rendit avec un sourire plus moqueur qu'admiratif.

– Ach ! s'exclama-t-il dans son jargon, vous... poète ? ... Vous, comme M. Victor Hugo ?...

Il avait cherché un moment le nom de notre illustre écrivain et, sans doute satisfait de m'avoir prouvé sa « Kulture », il éclata d'un rire sonore en me faisant signe de partir, ce que je fis sans tarder, toujours en proie à une vive émotion.

Ce genre de craintes et de contraintes sont, depuis deux ans et demi, le lot quasi quotidien des Français. Un jour ou l'autre, nous connaissons tous une mésaventure qui peut facilement tourner au drame si nous manquons de chance. Il en est hélas ! qui se terminent tragiquement. C'est notamment le cas de toutes les affaires qui concernent les juifs. A partir du mois d'octobre dernier, les israélites, reconnaissables à la sinistre rouelle cousue sur leurs vêtements, ont complètement disparu de nos rues. Beaucoup d'entre eux ont été arrêtés à leur domicile, comme M$^{me}$ K. et ses enfants ; d'autres se cachent ou se sont enfuis. En ce qui concerne ceux qu'on a déportés en Allemagne, personne ne sait au juste ce qu'ils sont devenus ? Il y a quelques semaines, au cinéma, j'ai pu voir, aux actualités, un reportage où on montrait les nouvelles résidences des juifs, en Pologne. Il s'agissait de villages coquets où chaque maison disposait d'un petit jardin potager. Les gens qui s'y trouvaient hébergés paraissaient heureux, en parfaite santé. J'avoue que, sans me convaincre totalement car je me méfie de la propagande allemande, la vision de ces village idylliques m'avait un peu rassuré sur le sort des malheureux déportés. Mon père, qui se souvient de ce qu'il a vu en Allemagne avant la guerre, a changé en quelques mots ma façon de voir :

« Dès sa prise du pouvoir, m'a-t-il dit, Hitler a terrorisé les juifs. Pourquoi veux-tu qu'aujourd'hui il les traite mieux qu'hier ? Je ne dis pas qu'il les tuera, mais en tout cas, il ne fera rien pour améliorer leur sort ! Les nazis sont des barbares pour qui la vie des hommes ne vaut pas cher. »

Nous avons eu tout récemment un exemple de l'inhumanité que cette guerre atroce engendre dans les deux camps qui s'affrontent. Un soir, M.C., notre voisin d'origine helvétique a demandé à papa de venir le voir. Dans la maison où mon père s'est rendu, se trouvait un inconnu d'une trentaine d'années. Il s'agissait d'un cousin de M.C., lui aussi d'origine suisse. Engagé volontaire dans l'armée française, celui-ci avait été fait prisonnier en juin 1940 sur la ligne Maginot. Interné dans un camp situé dans la banlieue de Berlin, il avait ensuite été affecté à un Kommando s'occupant de problèmes de voirie. Le cousin de notre voisin s'en était échappé et, après avoir traversé à pied une grande partie de l'Allemagne, il avait atterri à Dole où il savait trouver asile et aide. Comme le fugitif désirait rejoindre la Suisse où demeurait sa famille, M.C. avait songé à demander l'aide de mon père. Celui-ci se rend en effet de temps en temps à Pontarlier pour y chercher des plans de résineux destinés à reboiser certaines parcelles. Il accepta d'emblée d'emmener le prisonnier évadé lors d'un prochain voyage dans le Haut-Doubs où il serait à pied-d'œuvre pour passer la frontière.

Pendant les quelques jours qui précédèrent cette expédition, M., Mme C. et leur cousin vinrent un soir à la maison pour une courte veillée. L'évadé nous y conta une histoire effrayante. Il expliqua comment les Allemands avaient traité durant des mois, les prisonniers de guerre russes dans un camp proche de son propre stalag. Mal nourris, mal vêtus, obligés de travailler comme des forçats, les malheureux étaient morts par centaines, de froid, de faim et de mauvais traitements. Selon le fugitif, c'est par un procédé tout aussi inhumain que les Russes étaient parvenus à faire améliorer le sort de leurs prisonniers. A plusieurs reprises, au cours du mois de décembre précédent, les avions soviétiques avaient largué, sans parachutes, au-dessus de l'agglomération berlinoise, des officiers S.S. dont on avait retrouvé les corps écrabouillés sur les toits ou dans les parcs. Tous portaient autour du cou un écriteau que notre hôte qui parlait parfaitement allemand avait pu déchiffrer. Ils énonçaient cette menace :

« Si vous n'améliorez pas le sort de nos prisonniers, nous vous enverrons d'autres colis semblables ! »

La terrible leçon avait semble-t-il été comprise par les nazis car les conditions de captivité des Russes s'étaient considérablement bonifiées les jours suivants. Tout au moins en ce qui concernait le camp situé dans la banlieue de Berlin.

Quelques jours après nous avoir fait ce récit terrifiant, le cousin de M.C. est parvenu sans encombre à Pontarlier, caché dans des caisses que mon père transportait sur son camion. Il a pu par la suite, avec la complicité d'un garde des Eaux-et-Forêts, rejoindre son pays d'origine.

## LES TORTIONNAIRES

**Jeudi 8 avril 1943** *(extrait de mon journal)*

« Jusqu'à ce jour, je n'avais eu que par ouï-dire des échos de la barbaric nazie. Nous apprenons en effet chaque semaine par la rumeur publique toutes sortes d'exactions commises par l'occupant. Mais ces informations ne sont jamais confirmées et il est difficile d'en déterminer la part de véracité ou d'exagération. Les Boches publient souvent des listes d'otages exécutés suite à des actes « terroristes ». Ils ne parlent pas des sévices qu'ils font subir à leurs victimes.

Depuis quelques mois, la répression contre les résistants gaullistes et communistes s'est intensifiée. Dans la majorité des cas, elle n'est pas menée par des militaires mais les policiers en civil de la sinistre Gestapo. Les agents de cette organisation nazie sont des gens implacables, brutaux et cruels. On dit qu'ils commettent, dans l'ombre, les crimes les plus odieux. On prétend aussi qu'ils ont recruté des auxiliaires français partisans de Pétain, Laval et autres Doriot. Infiltrés parmi la population, ces traitres renseigneraient les Chleuhs et faciliteraient leurs actions répressives.

Cet après-midi, j'ai eu l'occasion de constater de visu, la véracité des rumeurs concernant les brutalités exercées par les acolytes des allemands. Alors que j'écris ces lignes, comme chaque soir avant d'aller me coucher, la vision de la scène à laquelle j'ai assisté m'obsède encore. Je sais qu'elle restera longtemps dans ma mémoire.

Voici, en quelques mots, ce qui s'est passé : vers 16 heures, alors que je revenais du Deschaux où j'étais allé chercher quelques kilos de blé destinés aux poules de notre basse-cour et rentrais en direction de Dole, ma chambre à air arrière a subitement rendu l'âme. C'est hélas ! un incident fréquent car les accessoires de nos bicyclettes sont de très mauvaise qualité.

Après avoir rejoint un lieu de stationnement à proximité de la chaussée, j'ai entrepris de démonter ma roue défaillante et de la réparer. Ça m'a pris environ une vingtaine de minutes. Pendant ce temps, seuls deux ou trois cyclistes et une charrette tirée par un vieux cheval sont passés sur la route.

Au moment où je m'apprêtais à repartir, j'ai vu arriver une automobile venant de la direction de Lons-le-Saunier. Une traction-avant de couleur noire. En passant à ma hauteur, brusquement, la voiture a obliqué de mon côté et s'est arrêtée dans un crissement de pneus sur l'aire de stationnement. Quatre hommes en civil se trouvaient à bord. L'un d'eux a jailli, une arme au poing, par la portière arrière, presque aussitôt imité par celui qui était assis à côté du chauffeur. Ils se sont penchés à l'intérieur de la Citroën et, sans ménagement, ont fait sortir un autre passager.

N'en croyant pas mes yeux, j'ai vu émerger un homme d'une trentaine d'années, brun, plutôt petit. Il avait le visage tout tuméfié, la chemise plastronnée de sang, les mains entravées dans le dos par des menottes. Sans le secours du premier type, le malheureux eut été incapable de se tenir debout, mais l'autre, un véritable colosse, le soulevait presque à bout de bras par le col de la veste. Je l'ai entendu dire, dans un français absolument sans accent :

– Si tu as envie de dégueuler, dégueule ici ! Mais je te préviens, si tu fais ça dans la bagnole, mon salaud, je te ferai bouffer ton dégueulon !

Le pauvre diable a émis un gémissement et, pendant plusieurs secondes, la tête penchée en avant, a fait de douloureux efforts pour vomir. Il est finalement parvenu à se soulager à trois reprises. Lorsqu'il s'est redressé, j'ai encore mieux vu son visage : un horrible magma de chair noirâtre où on ne distinguait plus les yeux sous les boursouflures, ni la forme du nez écrabouillé. La bouche n'avait plus de dents. Une sorte de halètement sinistre s'en échappait, tandis qu'un mucus rosâtre perlant à la commissure des lèvres, coulait sur son menton, dégoulinait ensuite sur sa chemise.

J'ai assisté, pétrifié, à toute cette scène. Elle s'est déroulée à moins de cinq mètres de moi. J'ai vu la grande brute pousser de nouveau le supplicié à l'intérieur de la traction, reprendre place à ses côtés. C'est alors que l'autre tortionnaire, un long type maigre aux cheveux gomminés, aux fines moustaches, dont je m'étais désintéressé, s'est approché de moi.

– Comment tu t'appelles ? m'a t-il demandé, lui aussi sans accent germanique.

– Besson...

– T'es d'où ?

– De Dole...

– D'où ça à Dole ?

– Du Poiset...

J'ai répondu spontanément car j'ai compris, à son regard, que je n'avais pas intérêt à lanterner ni à lui raconter des histoires.

Mon explication a semblé lui suffire car il n'a pas cherché à en savoir plus. D'ailleurs, il paraissait très pressé. Il a fait cependant un nouveau pas dans ma direction. Il m'a happé par le revers de ma veste, m'a attiré contre lui et, en me regardant au fond des yeux, il m'a dit d'un ton menaçant :

– Alors, écoute-bien, Besson ! T'as rien vu ! Compris ?

Comme je ne répondais pas, il m'a secoué rudement en répétant :

– T'as rien vu ! Compris ?

– Oui... ai-je répondu dans un souffle.

Ensuite, il m'a repoussé, comme on rejette une chose inutile et il est retourné prendre place à côté du chauffeur. L'instant d'après, la traction a redémarré en trombe en prenant la direction de Dole.

Cette scène tragique s'est déroulée en cinq minutes. J'ai été profondément impressionné. A tel point que j'ai failli vomir moi-même et que j'ai crains pendant tout le reste de mon trajet, en revenant vers ma maison, de voir la sinistre voiture noire revenir en arrière pour s'en prendre à moi, qui avait été témoin des excès de ses occupants.

A l'heure où j'écris ces lignes, j'ignore qui était la victime et ce qu'elle a pu faire pour mériter un tel traitement ? Jamais je n'aurais imaginé qu'on pût employer des méthodes aussi barbares contre un être humain.

Ce dont je suis absolument sûr, c'est que les exécuteurs de ce méfait sont des Français. Ça confirme donc ce qu'on raconte depuis quelques temps : à savoir que les Boches, qui n'ont plus assez de soldats pour maintenir l'ordre dans notre pays, se sont assurés le concours de dévoyés et de repris de justice pour accomplir leurs basses besognes.

Il était déjà difficile d'admettre que des Français puissent entretenir, par sympathie idéologique, des relations amicales avec l'occupant. Il est scandaleux que certains de nos compatriotes soient devenus leurs auxiliaires de police. Pour un oppresseur, le raffinement est d'arriver à transformer ses victimes en bourreaux. Les nazis y sont parvenus !

Si j'en crois les rumeurs qui circulent, la violence dont j'ai été témoin cette après-midi est devenue en France une pratique courante. Mon père a par exemple appris qu'à Poligny, à la fin du mois dernier, des agents de la Gestapo auraient abattu en pleine rue un homme qu'ils soupçonnaient d'appartenir au mouvement gaulliste. Les obsèques religieuses de la victime se seraient déroulées quelques jours après, en présence de toute la population polinoise venue manifester silencieusement sa réprobation contre la barbarie nazie et sa sympathie à l'égard de la Résistance (1).

Cette rébellion larvée, on la signale à présent un peu partout dans la région. On dit qu'à Besançon, à Dijon, des convois de travailleurs requis, en partance pour l'Allemagne, auraient été stoppés par d'importantes manifestations populaires dans les gares. Des femmes, des enfants se seraient couchés en travers des voies pour empêcher les trains de démarrer. De nombreux jeunes âgés de 20 à 25 ans se seraient enfuis dans les forêts du Morvan et du Haut-Doubs. A Salins, un accrochage aurait eu lieu entre un groupe de réfractaires et des gendarmes français qui voulaient faire du zèle. Ces derniers auraient été obligés d'appeler à la rescousse des soldats allemands pour rétablir l'ordre.

(1) Il s'agissait de l'assassinat de Paul Koepfler dont j'ai raconté l'histoire dans « Les maquis de Franche-Comté ».

Il est bien sûr impossible de savoir ce qu'il y a de vrai dans ces histoires, car ni la presse ni la radio ne fournissent le moindre compte rendu sur ces manifestations. Seul, le bouche-à-oreille permet d'en avoir quelques échos. Il n'en demeure pas moins que s'il n'y a pas de fumée sans feu, chacun d'entre nous reste sceptique en entendant certaines rumeurs. Comment accorder par exemple du crédit à celle qui circule depuis quelques temps ? On raconte en effet que dans les environs de Bletterans, des avions anglais atterriraient clandestinement chaque nuit et déchargeraient des armes, des munitions et des officiers chargés de reconstituer une armée à l'intérieur de la France occupée, dans les perspectives d'un débarquement futur !

Mon père et M. Gustave S. ne croient pas à ces informations farfelues. Ils ne voient pas comment des avions pourraient se poser en pleine nuit dans les champs, à l'insu des Allemands et de la gendarmerie de Vichy ?

Ce qui est vrai, par contre, c'est que la Résistance s'organise et manifeste de plus en plus sa combativité par des actions de commandos. Ici et là des trains déraillent, des pylônes électriques sont dynamités, des bombes jetées contre des bâtiments occupés par les Boches ou leurs complices, des patrouilles ennemies mitraillées...

Je crois que ces actes de résistance ne vont pas cesser de s'amplifier, en dépit de la propagande nazie et celle des pétainistes qui cherchent à nous convaincre de collaborer. Les Boches et leurs alliés n'ont décidément rien compris à la mentalité française. Ils n'ont pas réalisé que s'ils voulaient s'assurer sinon de l'appui, du moins de la neutralité de notre peuple, il ne fallait pas le brimer, l'exploiter et surtout, le mépriser comme ils le font depuis bientôt trois ans.

En ce qui concerne plus particulièrement la Franche-Comté, ils auraient du savoir que dans notre province, depuis la nuit des temps, les occupants ont toujours suscité de violents sentiments de rejet. Pendant des siècles, les Comtois ont résisté courageusement contre la France qui cherchait à les asservir. S'ils sont devenus Français depuis un peu plus de deux cent cinquante ans, ils n'en conservent pas moins leur vieil atavisme frondeur, rebelle à toute contrainte. Un tyran peut asservir un temps un peuple désespéré. Il a tout à redouter d'un peuple humilié qui a gardé le sens de l'honneur.

Tout le monde n'a cependant pas la possibilité de s'opposer par la force ou par la ruse aux ukases de l'occupant. Mon ami d'enfance Louis R. en a fait le mois dernier l'amère constat. Il s'est trouvé placé, par suite de circonstances particulières, devant un douloureux dilemme. Son père âgé de 44 ans, ouvrier spécialisé à l'usine Audemar-Guyon à Dole, a été requis par le S.T.O. pour partir travailler en Allemagne. Or, Charles R. a deux autres enfants en bas âge. Compte tenu de ses charges familiales, il était exclu que notre voisin quittât son foyer pour aller se cacher quelque part à la campagne comme le font d'autres travailleurs réfractaires. Il avait donc accepté de répondre à la convocation des Boches lorsque Louis, son fils aîné lui proposa de partir à sa place outre-Rhin. « Tu comprends papa, lui a-t-il dit, je viens d'avoir dix-huit ans. Je ne tarderai pas à être moi-même astreint au S.T.O. Je vais donc devancer l'appel. Il vaut mieux que ce soit toi qui reste à la maison car maman et les petits frères ont besoin de toi ! »

Si cette décision n'a pas été acceptée facilement par ses parents, Louis R. a fini par les convaincre. Sa filiale abnégation a fait l'admiration de tous les habitants du Poiset. Nous avons même organisé une petite quête à son profit afin qu'il dispose d'un peu d'argent de poche au moment de son départ.

L'absence de Louis m'attriste beaucoup. Bien qu'il fût mon aîné de quelques mois, nous avons grandi ensemble, partagé les mêmes jeux, les mêmes espérances. Une certaine sensibilité artistique nous rapproche depuis l'enfance. Il est attiré par la peinture, moi par la poésie. Ses dispositions pour le dessin ont d'ailleurs été remarquées par M.O., un artiste-peintre de la région qui le conseille et lui promet un bel avenir dans ce domaine. Quant à moi, j'ai toujours considéré Louis comme un grand frère. Bien que depuis quelques mois, il fût devenu moins disponible après qu'il eût trouvé un emploi de vendeur dans un magasin dolois, sa présence me manque.

J'ai reçu récemment une petite lettre de lui par laquelle il m'apprend qu'il se trouve à Duisburg, une ville de Rhénanie du nord située au confluent de la rivière Ruhr et du Rhin. Il est affecté à la compagnie des chemins de fer. Il travaille sur les voies, au chargement et au déchargement des wagons, ainsi qu'à la pose des traverses. Il ne se plaint pas de ce métier pénible, mais je suis persuadé qu'il ne dit pas la vérité afin que ses parents croient qu'il est heureux en Allemagne. En réalité, ce doit être un travail très dur. A la façon dont il me parle de la forêt de Chaux, dont il est comme moi amoureux, je devine qu'il a le mal du pays. Vivement, vivement que son calvaire s'achève ! Afin que nous reprenions, ensemble, nos promenades d'antan à travers les sous-bois !

## NOUS SERONS TOUS VIEUX AVANT D'AVOIR 20 ANS !

**Mardi 22 juin 1943** *(Extrait de mon Journal)*

« Pour nous, les jeunes, la vie devient de jour en jour plus insupportable. Nous ne pouvons plus sortir de la maison sans connaître quelque avatar. Les contrôles, les rafles de police, les brimades de toutes sortes se multiplient. Roger V., un garçon d'Azans, de la classe 42 s'est fait prendre stupidement samedi dernier alors qu'il assistait, à l'« Omnia » à une séance de cinéma. Il figurait sur une liste de réfractaires du S.T.O. On ne lui a même pas permis de revenir chez ses parents pour leur faire ses adieux et prendre quelques vêtements. Il a été embarqué la nuit même sur un camion militaire à destination de l'Allemagne via Besançon, en compagnie d'une trentaine d'autres personnes. Ce matin, une nouvelle rafle a eu lieu à Dole, mais on n'en connaît pas le résultat. »

Personnellement, je ne suis pas encore concerné par le Service du Travail Obligatoire, mais si la guerre se prolonge ou si on abaisse l'âge du recrutement, mon tour ne tardera pas à arriver. Pour l'instant, pour moi, les contraintes de l'occupation se résument à l'obligation de présenter de plus en plus souvent mes papiers aux patrouilles des « Colliers de chiens ». A subir la fouille de mes sacoches de bicyclette et celles de mes poches.

A force d'être contrôlé par les felgendarmes, on arrive à les connaître. Il n'y en a guère de sympathiques. Ce sont tous des hommes d'une quarantaine d'années, aux regards durs et pleins de morgue. Eux aussi nous reconnaissent et devinent quels sont les sentiments que nous éprouvons à leur égard. La plupart du temps, ils ne consultent même pas nos papiers d'identité mais par contre, manquent rarement de nous fouiller.

Depuis quelques jours les feldgendarmes sont renforcés par des policiers allemands en civil, ce qui nous vaut une recrudescence et un durcissement des contrôles. Le zèle des nouveaux flics a valu bien des ennuis à Moïse R., l'un de mes copains des Cités du Boichot. Samedi dernier, il se trouvait sur la promenade du Cours Saint-Mauris au moment où s'est déroulée la grande rafle dans tous les lieux publics de la ville. Bien qu'il eût mon âge et ne fût donc pas encore concerné par le S.T.O., il a pourtant été arrêté et conduit dans les locaux de la Kreiskommandantur. Il y a passé une nuit difficile.

Samedi soir donc, un policier en civil a vérifié ses papiers. Ceux-ci étant parfaitement en règle, le flic s'est attardé sur un détail qu'aucun autre Boche n'avait relevé avant lui. Il a demandé à mon copain :

– Toi juif ! Pourquoi pas porter l'étoile jaune ?

– Je ne suis pas juif ! a protesté mon ami.

– Alors, pourquoi toi avoir un prénom juif ?

A cet instant, Moïse R. a réalisé qu'il portait effectivement un prénom biblique pouvant prêter à confusion. Ses parents l'en avaient gratifié parce qu'il était à la mode au moment de sa naissance et s'harmonisait bien avec son patronyme. Il a tenté d'expliquer cette particularité à son interlocuteur, mais l'autre n'a rien voulu savoir. Le supposé juif a été conduit dans l'immeuble de la place Grévy où se tient le siège de la police allemande. On a commencé par lui demander de baisser son pantalon et d'exhiber ses impedimenta. Comme Moïse me l'a raconté hier avec humour : « Le fait d'avoir la preuve de visu que je n'avais pas été baptisé au sécateur, n' a pas convaincu ces messieurs. Il a fallu que ma mère vienne le lendemain à la Kreiskommandantur avec un certificat de notre curé attestant que j'étais un bon catholique et une photographie prise lors de ma première communion pour qu'ils me relâchent. Le flic qui m'avait arrêté m'a recommandé de changer de prénom après la guerre sinon j'aurais toujours beaucoup d'ennuis. »

Mon copain a conclu son histoire en disant :

« Après la guerre, j'espère bien que ces fumiers rentreront les pieds dans leur Bochie, ou qu'on les baptisera tous comme les juifs ! »

Je ne sais pas si les souhaits de Moïse R. se réaliseront bientôt, en tout cas, depuis quelques temps, les Allemands commencent à connaître à leur tour le goût des fruits amers de la défaite. Leur magnifique armée d'Afrique qu'on voyait encore récemment foncer vers Le Caire, aux actualités cinématographiques, vient de capituler. Cette grande victoire alliée a été célébrée à Dole par une floraison de slogans s'adressant aussi bien aux occupés qu'aux occupants car ils sont parfaitement explicites dans les deux langues : « Afrika Korps Kaput !... » Furieux, les Boches ont exigé qu'on effaçât rapidement ces inscriptions et, en représailles, ont interdit pour cinq jours les représentations et autres manifestations publiques dans toute la région. Plusieurs copains se sont, d'autre part, fait gifler en pleine rue pour une peccadille ou un simple sourire narquois interprété comme une provocation.

Tous les contrôles, toutes les humiliations que l'occupant et ses laquais nous font subir n'ont qu'un seul but : mater, abaisser les jeunes, leur rabattre le caquet, car ils savent bien que dans notre grande majorité nous leur sommes hostiles. Par ces méthodes répressives, ils voudraient nous terroriser, nous contraindre à vivre dans des trous, comme des cancrelats, comme des cloportes. Ils souhaitent nous dissuader de fréquenter les lieux publics, les quelques rares endroits où nous trouvons encore, comme par exemple au cinéma, l'occasion de nous divertir.

Lorsqu'ils apprennent l'arrestation d'un réfractaire du S.T.O., certains adultes timorés professent qu'il n'avait qu'à rester tranquillement chez soi. Qu'il ne se serait pas fait prendre dans une rafle.

Ces braves gens qui parlent d'or ne se rendent pas du tout compte de ce qu'est notre vie à nous, les moins de vingt ans. La plupart d'entre nous ne mangeons pas à notre faim et passons une partie de nos loisirs à résoudre des problèmes alimentaires. Nous portons des vêtements étriqués, rapiécés, des chaussures éculées. Nous ressemblons tous plus ou moins à des vagabonds. Les pénuries de pneus, de chambres à air, nous empêchent de faire de la bicyclette. Il n'y a plus de fêtes patronales, plus de jeux de quilles. Les équipes de foot, de basket, de rugby sont pratiquement toutes décimées. Même les kermesses des curés sont interdites. Partout, en quelque endroit que nous fréquentions, nous nous heurtons aux mêmes panneaux d'interdiction : Verboten ! Verboten ! Verboten !

En dehors de la baignade en rivière, l'été, pour ceux qui pratiquent la natation, il n'existe à Dole pas d'autre divertissement que le cinéma. C'est la raison pour laquelle les salles sont toujours archibondées. Cela, malgré la menace permanente des contrôles ennemis, malgré les pannes d'électricité qui perturbent souvent les séances. Comme j'ai la chance d'être l'ami des propriétaires de l'« Omnia » chez lesquels grand-mère Julie se rend de temps à autre pour des travaux de ravaudage, j'assiste souvent gratuitement à la projection de films récents. J'en ai vu d'excellents comme « Les inconnus dans la maison » où Raimu campe un extraordinaire personnage d'avocat. J'ai beaucoup apprécié aussi « Les visiteurs du soir » avec une pléiade de grands acteurs : Jules Berry, Fernand Ledoux, Arletty... Quant aux actualités, il faut hélas ! en prendre son parti et subir sans broncher leur sinistre propagande. Elles montrent, à longueur de pellicule, Hitler et ses hiérarques en train de parader. On ne voit que des armées allemandes victorieuses sur tous les fronts. Que d'interminables colonnes de prisonniers anglais ou russes en route pour les camps d'internement. Jamais une seule image d'un panzer amoché ou d'un Fritz étendu raide mort au revers d'un talus. A croire qu'ils sont tous aussi increvables que Mandrake !

Mon rêve serait d'aller au théâtre, surtout pour y voir jouer des classiques. Mais depuis le début de l'occupation, les représentations à Dole sont rares et le prix des places bien trop cher pour ma bourse. Mon maigre budget de poche est entièrement investi dans l'achat des brochures Larousse, des Vaubourdolle, des « Pages choisies Hachette ». Mon théâtre, je me le fais donc à moindre frais dans ma tête, en dévorant les pièces de Molière, de Racine, de Shakespeare... J'emprunte aussi le maximum d'ouvrages à la bibliothèque municipale. Je suis devenu un véritable boulimique, un intoxiqué de lecture. Je lis tout. Aussi bien Balzac, Zola, Maupassant, les poètes, les livres historiques que les feuilletons du « Petit Echo de la Mode » que me prête tante Henriette. Grand-mère Céline prétend que je m'abîme les yeux, que je serai bientôt obligé de porter des lunettes. Il est vrai qu'à la maison, l'électricité est aussi fréquemment coupée. Lorsqu'elle fonctionne, elle donne le plus souvent une lumière rougeâtre, à peine plus forte que celle d'une bougie.

Malgré le plaisir que je tire de la lecture et aussi, de plus en plus souvent, de l'écriture, je sens bien que je n'ai pas une existence très normale pour mon âge. Si je fais abstraction de mon univers imaginaire, je vis dans un monde étriqué, mesquin. En dehors de Dole, je ne connais pour ainsi dire aucune autre ville. C'est à peine si je suis allé, avant la guerre, une ou deux fois à Besançon et à Dijon. Je vis comme on vivait au début du siècle. Dans les limites visuelles de notre clocher. Je n'ai même plus la possibilité d'effectuer de longues randonnées à bicyclette à travers le Jura avec cousine Lélette ou mes copains Jean P. et

Robert F. Nous devons tous économiser nos pneus de vélos dont la gomme de mauvaise qualité s'use très rapidement.

Souvent, en écoutant notre voisin Alfred M., dit « Frédo », ancien marin sur des bateaux marchands, évoquer ses souvenirs de voyage et les ports où il a fait escale, je rêve de croisières lointaines. Caracas, Changhaï, San Francisco, Casablanca... Ces noms s'égrènent dans mon imagination comme les perles d'un fabuleux chapelet. Pour l'instant, je me contenterais de moins lointaines pérégrinations. Simplement de pouvoir visiter Paris. De voir la mer. Ah ! la mer ! ...

Il n'y a pas que les récits de voyage qui me rendent nostalgique et un peu envieux. J'ai mal aussi à l'âme lorsque j'entends des adultes parler des années heureuses d'avant-guerre. Rappeler ce que furent les fêtes de Pentecôte et d'automne qui animaient deux fois l'an la vieille cité doloise. A l'époque, des dizaines de manèges et de baraques foraines s'installaient sur le cours Saint-Mauris ou le Champ de foire. On tirait des feux d'artifices au Pasquier. Des équipes s'affrontaient lors de joutes nautiques sur le canal du Rhône au Rhin. Il y avait des courses de chevaux avec paris, aux Prés Marnoz. Les couples dansaient jusqu'à l'aube sur les pistes des bals montés. La bière, le vin blanc et la limonade coulaient à flots dans les innombrables buvettes installées devant les cafés et les restaurants. J'ai un peu connu moi-même ces festivités au cours des années trente et leur souvenir me rend malheureux aujourd'hui.

En patientant dans les interminables files d'attente, devant les étals vides des magasins, j'enrage aussi en écoutant les gens raconter ce qu'ils mangeaient autrefois. Se remémorer les gueuletons d'antan, les menus des noces, des banquets plantureux qui se prolongeaient parfois durant plusieurs jours.

Quel souvenir de notre adolescence les garçons de ma génération conserveront-ils ? L'image d'un affreux cauchemar. Celle d'une époque où, après qu'on nous eût contraint d'adopter l'heure allemande, nous avons tous été plongés dans la nuit la plus noire. Comme si les aiguilles de nos montres s'étaient depuis lors arrêtées de tourner. Plus tard, si nous survivons à ces épreuves, nous n'aurons à évoquer que des impressions de famine, de misère, de tristesse, d'infinie désespérance. Celles d'une époque de violence, d'horreur, de peur, rythmée par les chants guerriers des vainqueurs. Par le martèlement obsédant de leurs bottes. Par leurs cris gutturaux dont nous avons vite appris les sinistres significations :

– Halt ! Papiere ! Schnell ! Heraus ! Los ! ...

Tel est, depuis trois ans notre lot quotidien : une vie minable, sans joie, sans avenir, dont les seules perspectives prévisibles sont celles d'un prochain esclavage outre-Rhin si Hitler gagne la partie engagée. Si ce cauchemar ne s'achève pas bientôt, nous serons tous devenus vieux avant d'avoir vingt ans !

Bien que la plupart des jeunes Français soient farouchement opposés à l'occupant, il en est cependant une minorité qui souhaite sa victoire. Compte tenu de la façon dont nous sommes traités par les Boches et de l'état d'asservissement dans lequel ils nous maintiennent, on se demande vraiment comment ils peuvent avoir encore chez nous des partisans ? Si l'on excepte l'appât du gain, alléchant pour des mercenaires, qu'est-ce qui peut bien pousser certains de nos compatriotes à collaborer ? Pire, à endosser l'uniforme allemand ?

Je n'arrive pas à comprendre comment des garçons de ma génération, à peine plus âgés que moi, ont pu être abusés à ce point par la propagande ennemie pour renier leur pays ? Il faut dire que notre propre gouvernement, celui des traîtres de Vichy, en rajoute chaque jour un peu plus en matière de collaboration avec les Fritz. Laval, qui n'en est pas à une infamie près, vient de déclarer :

« Il est des Français qui combattent en Russie. Ils sont partis comme volontaires. Ils incarnent nos meilleurs traditions militaires et défendent le véritable intérêt français ! ». S'il y a une justice en ce bas monde, j'espère bien qu'un jour viendra où de tels propos recevront la sanction qu'ils méritent.

J'ai croisé récemment avenue de la Gare trois soldats vert-de-gris chargés de leur barda, un Mauser à l'épaule, qui s'exprimaient entre eux dans notre langue. Ils portaient, cousu sur la manche droite, un insigne tricolore surmonté du mot « France ». Il s'agissait manifestement de permissionnaires rejoignant leurs familles, quelque part dans la région doloise. Je n'ai pas reconnu parmi eux le fils S., engagé depuis un an dans la L.V.F. Selon grand-mère Julie, qui le tient d'une de ses clientes, Pierre S. aurait été blessé en Russie au printemps. Il serait à présent officier et aurait reçu une importante distinction allemande en récompense de son courage sur le front de l'Est. Lorsque grand-mère m'a rapporté cette nouvelle, je n'ai pu m'empêcher de songer à un numéro du magazine « Signal » – le « Match » boche – datant du début de cette année. On voyait un portrait en couleur de M^gr^ Mayol de Lupé, aumônier de la Légion des Volontaires Français contre le Bolchevisme. Il se pavanait en grand uniforme d'officier nazi, en arborant toute une brochette de décorations. La légende de la photographie disait : « De la Légion d'Honneur à la Croix de Fer ! La poitrine du prêtre-soldat est couverte de seize décorations françaises et étrangères, mais il est particulièrement fier de deux d'entre elles : la rosette d'officier de la Légion d'Honneur, obtenue en 1938, et la Croix de Fer allemande gagnée sur le front de l'Est ! »

Ce document a tellement scandalisé M. Charles C., instituteur en retraite à la Fenotte, grand mutilé de la guerre 14-18, qu'il a retourné son propre diplôme de la Légion d'Honneur au maréchal Pétain en lui rappelant qu'à Verdun, celui qui passait à l'ennemi était passible du peloton d'exécution. Il n'a bien sûr jamais reçu de réponse du vieux fantoche de Vichy.

Bien que je réprouve les Français qui s'engagent pour combattre aux côtés des Allemands, je les trouve moins méprisables que ceux qui se livrent à de basses besognes policières pour le compte des Boches. Il existe aussi une autre abjecte catégorie de collaborateurs : les délateurs. Ceux qui écrivent des lettres anonymes, qui téléphonent ou vont directement trouver les services de la Gestapo pour dénoncer des juifs, des résistants ou simplement des gens tenant des propos antiallemands, sont une espèce plus méprisables, mais aussi plus dangereuse.

Heureusement, malgré les mouchards, malgré les traîtres qui se mettent à leur solde par intérêt ou sympathie politique, les nazis prennent de moins en moins de poissons dans leurs filets. Les jeunes convoqués pour partir travailler outre-Rhin ne se présentent plus dans les bureaux de recrutement. Ils évitent de circuler, d'aller retirer leurs cartes d'alimentation car la police surveille les bureaux du Ravitaillement et en profite pour les arrêter. Les Fritz pensent qu'en les affamant, ils feront sortir les réfractaires de leurs cachettes. Ils se trompent car la Résistance s'occupe désormais de ce problème. Elle trouve, pour les insoumis, des refuges dans les fermes, les exploitations forestières, les dépendances de certaines usines, dans des communautés religieuses. Ne partent à présent pour l'Allemagne que les malchanceux ou les vrais volontaires. Ils sont de moins en moins nombreux.

Furieux d'être dupés et de ne pas obtenir la main-d'œuvre escomptée, les Boches s'en prennent maintenant aux familles des requis. Pierre Laval, l'odieux valet des nazis vient encore de renchérir sur les menaces de ses maîtres. Il a déclaré lors d'une allocution radiodiffusée : « Des mesures rigoureuses seront prises, même contre les familles des réfractaires ou des tiers s'ils sont complices. Elles les mettront dans l'impossibilité de se soustraire longtemps encore à un devoir qui s'impose à tous... »

Ces avertissements n'ont hélas ! pas tardé à être suivis d'effet. M$^{me}$ L., une amie d'enfance de maman a reçu récemment la visite d'inspecteurs français en civil qui lui ont demandé où se trouvait son fils Gérard, fiché comme insoumis du S.T.O. ? Elle leur a répondu qu'elle s'était brouillée avec lui. Qu'il avait fait sa valise et quitté la maison. Comme les policiers se montraient peu convaincus, M$^{me}$ L. leur a fait lire une lettre de son garçon, postée quelques jours plus tôt à Saint-Claude. Dans cette missive, Gérard s'en prenait à sa mère en lui disant qu'il en avait assez de subir ses reproches. Il l'accusait d'avoir voulu le convaincre de partir travailler en Allemagne, ce à quoi il se refusait. Il disait vouloir se rendre à Lyon pour y chercher du travail.

Les flics se sont montrés très sceptiques concernant l'authenticité de cette lettre. Ils ont dit à M$^{me}$ L. qu'on leur avait déjà fait le coup. Une femme dont ils recherchaient le mari leur avait dit que celui-ci l'avait abandonnée pour partir avec une poule. Lui aussi avait écrit une très belle lettre de rupture à sa légitime afin de la dédouaner en cas de poursuites.

Pour se venger sans doute de cette supercherie, les policiers ont fouillé la maison de M$^{me}$ L. de fond en comble et sont repartis en emportant plusieurs bouteilles de bon vin volées dans sa cave.

Les requis n'ayant pas eu la chance de pouvoir se soustraire au S.T.O. adressent à leurs familles, depuis l'Allemagne, des nouvelles qui sont loin de correspondre aux conditions de vie idylliques vantées par les fourriers-recruteurs du nazisme. Autant que la censure le leur permettre, tous disent qu'ils travaillent comme des mercenaires. Ils sont mal nourris, mal logés. Leur sécurité devient de jour en jour plus menacée à cause des bombardements incessants de l'aviation alliée.

Nous avons eu récemment la confirmation des dangers encourus par les requis du S.T.O. en écoutant le récit de Pierre D., ex-ouvrier de l'entreprise Idéal-Standard, lequel travaillait avec mon père avant la guerre. Parti pour l'Allemagne à la fin du mois d'août, l'année dernière, il fut successivement employé dans un hôpital berlinois, puis versé, en décembre, dans une brigade de fossoyeurs. En raison des bombardements meurtriers, du rapatriement des corps de nombreux soldats tombés sur le front de l'Est, l'équipe où travaillait Pierre D. ne chômait guère. Obligés d'obéir à des « Meister » (1) d'autant plus autoritaires et exigeants qu'ils sont menacés eux-mêmes d'être envoyés sur le front de l'Est si les rendements ne sont pas respectés, les Français subissent des cadences infernales. Ils logent dans des baraquements mal chauffés, mal éclairés et sont nourris d'infects brouets. Selon l'ami de mon père, l'état de quasi esclavage où en sont réduits les travailleurs français pousse un grand nombre d'entre eux à saboter la machine de guerre allemande. Chaque fois qu'ils peuvent le faire sans risques, les requis endommagent, détériorent les machines ou les produits qu'ils fabriquent.

Les Français sont animés par une telle haine de leurs négriers qu'ils en arrivent à commettre des actes incroyables. C'est ainsi qu'avant d'être blessé au bras gauche, lors d'un bombardement, ce qui lui a valu de revenir en France pour y passer sa convalescence, Pierre D. s'est livré lui-même à une série de méfaits

---

(1) Contremaître.

qu'on eût jugés honteux en d'autres circonstances. Dans l'équipe où il travaillait jour et nuit, par roulement, à creuser des tombes en compagnie d'autres compatriotes et de prisonniers polonais, il intervertissait les noms des plaques des morts sur les cercueils, afin que les familles Boches pleurent, plus tard, sur d'autres sépultures que celles de leurs proches. Cette idée terrible lui avait été suggérée par une aide-infirmière belge, laquelle, dans la maternité où elle était employée, inversait régulièrement les bébés allemands dans les berceaux.

S'en prendre à de pauvres morts, à d'innocents enfants... De tels procédés paraîtraient monstrueux si nous vivions à une époque normale. Aujourd'hui, je n'arrive pas à réprouver ces méprisables façons de s'opposer à nos oppresseurs. Nous sommes tous décidément tombés bien bas. Quand s'achèvera-t-elle donc cette guerre qui affaiblit nos corps et corrompt nos âmes ?

## QUE SONT MES AMIS DEVENUS ?

**Lundi 1er novembre 1943** *(Extrait de mon Journal)*

« Aujourd'hui, je suis désespérément triste. Pas seulement parce que c'est la Toussaint, que le ciel est gris, qu'il fait froid et que nous allons entrer dans un nouvel hiver de famine. Le quatrième de cette guerre qui n'en finit pas. Je suis déprimé parce que j'ai appris, hier, le suicide d'un de mes amis. Il était poète. Comme moi, il avait au fond de l'âme cette petite flamme de la poésie qui permet d'oublier le monde et ses vilenies. Cette petite flamme s'est éteinte. Il en est mort... »

Mon ami s'appelait Michel V. Je le connaissais depuis trois ans. Il était de quelques mois mon cadet. C'était un garçon intelligent, cultivé. Il fréquentait aussi la bibliothèque de Dole où nous nous étions rencontrés pour la première fois fin 1940. C'était un passionné d'Arthur Rimbaud auquel il vouait un culte exclusif. Il écrivait bien et je trouvais ses poèmes très supérieurs aux miens. Avec Raoul D., originaire de Chemin, lui aussi boulimique de lecture, nous nous retrouvions souvent sous les lambris enfumés du vieux temple livresque de la rue du Collège. Nous avions tous trois l'ambition inavouée de devenir écrivains. Nous ne formions pas encore un cénacle, mais nous nous réunissions plusieurs fois par mois, en dehors des locaux de la bibliothèque, autour d'une limonade à la saccharine ou d'un ersatz de café, au Café central, place de l'Ancienne Poste. Assis sur les banquettes en moleskine de l'établissement, nous avons échangé avec passion bien des propos sur la littérature. De quelques années notre aîné, Raoul D. arrivait de son village natal à bicyclette et nous apportait parfois quelques œufs et des gaudes. Il était le seul d'entre nous à avoir déjà publié un livre. Il en préparait un second et nous en lisait de temps en temps quelques bonnes feuilles (1). Comme il avait plus de vingt ans et redoutait d'être arrêté pour insoumission au S.T.O., Raoul D. ne se risquait plus à venir à Dole depuis trois mois. Il travaillait avec son père, artisan cordier à Chemin. Michel était un peu jaloux des premiers succès de notre ami qui nous avait montré quelques articles élogieux suscités par la parution de son premier livre. Il estimait que, seule la poésie était la véritable littérature. La prose, surtout celle qui avait

(1) Raoul Duc avait publié : « Quelle leçon tirer de la Renaissance agricole sous Henri IV ». Son second livre : « Le capitaine La Cuson » parut en 1944, quelques mois avant qu'il ne fût tué au maquis.

l'Histoire pour support, n'était pas de la création mais de la compilation. Très entier dans ses opinions, Michel V. était fort dépité de ne pas avoir jusqu'ici pu faire éditer ses propres œuvres. Il avait adressé les manuscrits de ses poèmes à plusieurs éditeurs, sans résultats. Certains lui avaient demandé de l'argent pour les publier. Or, bien qu'il fût issu d'un milieu plus aisé que le mien, mon ami ne disposait pas des fonds nécessaires pour cette édition à compte d'auteur. Son père, officier de carrière, était prisonnier dans un oflag, sa mère, employée dans une banque doloise subvenait aux besoins de leur famille composée de sa sœur aînée et de son jeune frère.

Le grand rêve de Michel V. était d'aller vivre à Paris d'où son père était originaire. Il me disait souvent : « Tu comprends, ici, à Dole, jamais nous ne parviendrons à faire carrière. Les éditeurs importants sont tous dans la capitale. Lorsqu'ils reçoivent un manuscrit venant de province, ils ne le lisent même pas. Ils nous considèrent comme des bouseux. Regarde Marcel Aymé. S'il n'était pas monté à Paris, il n'aurait jamais réussi. J'en ai marre, marre de cette guerre qui nous contraint à une existence d'anachorète. Je voudrais sortir de ce trou ! Voyager, découvrir le monde. Si ça dure, je me suiciderai. J'aime mieux mourir que continuer à végéter ici ! ... »

Bien que je ne fûs pas très loin de partager cette opinion, je n'avais cependant jamais pris au sérieux sa menace d'en finir avec la vie. J'avais souvent essayé de lui remonter le moral. De lui démontrer que tous les écrivains n'habitaient pas forcément dans la capitale. On pouvait essayer de faire carrière depuis la province. L'exemple de Jean Giono, resté enraciné dans sa Provence natale en était un exemple probant.

Depuis la fin de l'été, je n'avais pas revu mon ami. Il m'avait fait savoir, à la mi-septembre qu'il partait pour quelque temps chez l'une de ses tantes résidant à Paris. Il m'avait bien promis de m'écrire, mais, depuis son départ, je n'avais plus reçu de ses nouvelles.

Sa sœur Elisabeth, rencontrée hier après-midi m'a appris l'affreuse nouvelle et les circonstances du suicide de son frère. Michel avait donc rejoint la capitale au début de l'automne. Il logeait chez sa tante et s'était fait inscrire dans un lycée pour achever ses études secondaires. Il avait emporté avec lui les manuscrits de ses poèmes et avait bon espoir de les faire publier car il était entré en relations avec le poète Francis Carco que son père avait connu autrefois.

Que s'est-il passé ces derniers temps dans l'existence de mon ami ? Quelles difficultés, quelles nouvelles déceptions se sont-elles présentées sur sa route ? Quel désespoir l'a-t-il poussé à accomplir un geste irréparable ? Nul ne le saura jamais. Il était trop fier, trop secret pour confier ses désillusions à autrui.

Un soir, la semaine dernière, la police fluviale a averti sa tante qu'on venait de retirer le corps de Michel de la Seine. Il s'était jeté dans les eaux du fleuve du haut du Pont Mirabeau, celui-là même qui avait inspiré Guillaume Appolinaire, un poète qu'il idolâtrait presque autant que Rimbaud.

Cette nouvelle m'a bouleversé. Hier, en l'apprenant, je n'ai pu retenir mes larmes. J'ai perdu un ami dont je partageais les goûts et les aspirations. Un être avec lequel j'avais plaisir à échanger des idées sur l'art, la littérature, l'astronomie, pour laquelle il se passionnait aussi. Je n'ai même pas pu assister à ses obsèques car il a été inhumé dans un cimetière parisien.

Comme si la tragique disparition de Michel V. n'était pas suffisante pour me plonger dans l'affliction, je me fais depuis quelques jours beaucoup de souci au sujet de grand-mère Céline. Elle ne va pas très bien. Elle est retournée à

Crissey, chez tante Lucie. Le docteur M. qui est venu la visiter avant-hier a averti mon père en aparté qu'il fallait nous préparer à une issue fatale. Elle-même est très consciente de son état. Elle m'a dit ce matin : « Tu sais, André, je sens que je suis arrivée au bout du chemin ». Comme je protestais, elle a ajouté avec un pâle sourire : « Le Bon Dieu voit bien que je ne sers plus à rien sur la terre. C'est mieux ainsi. Ça fera une bouche de moins à nourrir dans la famille. »

Ces propos reflètent hélas ! une triste vérité. Nos autorité traitent les vieux d'une manière ignoble. On leur attribue des rations alimentaires de plus en plus congrues. Grand-mère n'a jamais été une grosse mangeuse, mais si mes parents et tante Lucie n'avaient pas compensé les carences du ravitaillement officiel, elle eût sans aucun doute souffert de la faim. Tant qu'elle a pu trottiner dans les bois et les prés pour cueillir des baies sauvages, des champignons et ramasser quelques glanes de blé, mon aïeule a tout fait pour ne pas se sentir alimentairement à notre charge. Ses forces ayant décliné il y a quelques mois, elle a été contrainte de rester à la maison. Je suis sûr que cette dépendance est pour beaucoup dans son désir de quitter notre misérable terre. Certes, grand-mère Céline va sur ses 85 ans. C'est un bel âge. Mais après avoir trimé durement toute sa vie, vécu trois guerres, perdu quatre fils, elle méritait de disparaître en des temps plus cléments.

La situation alimentaire des Français empire de jour en jour. La mortalité infantile est effrayante. Les vieux sans famille et sans ressources meurent comme des mouches. Des épidémies provoquées par la disette éclatent ici et là, frappant comme aux temps noirs des grandes pestes moyenâgeuses, aussi bien les pauvres que les riches. A Azans, le jeune D., dont le père est ouvrier mouleur à la fonderie Bermond, vient d'être frappé par la poliomyélite. Il restera paralysé à vie. Le fils de Maître B., avocat à Dole, est mort de la même maladie au mois d'août. On ne compte plus les gens atteints de tuberculose. Il n'y a plus de place pour les nouveaux malades au sanatorium de Dole. Une rumeur terrible circule aussi depuis quelque temps. On dit qu'on laisserait mourir de faim sciemment les internés mentaux de l'hôpital psychiatrique de Saint-Ylie. Cette horrible pratique aurait été instituée par ordre des Boches. Elle serait devenue courante en Allemagne où on éliminerait de la sorte les infirmes, les malades et les incurables, pour dégager les lits afin de soigner les blessés du front de l'Est.

Nous écoutons ces nouvelle atroces sans réagir. Avec une sorte de fatalisme oriental. Comme si nous avions perdu tout sentiment de compassion, toute volonté d'indignation, mais aussi le sens de l'honneur. C'est plus que jamais le chacun pour soi. L'égoïsme à l'état pur. On compatit, par convenance, aux malheurs des autres, mais dans le fond on songe avant tout à soi-même. Manger restant la préoccupation primordiale, on est de moins en moins partageurs. Pour satisfaire durablement mon appétit, je serais prêt, personnellement, si j'en avais les moyens financiers, à me livrer aux trafics du marché noir. Comme tout le monde, je critique ceux qui le pratiquent et les traite d'affameurs, mais il m'arrive souvent de rêver aux jambons, aux mottes de beurre, au pain blanc et au vrai café que je pourrais acheter en fraude pour m'en gaver, si j'étais riche.

L'égoïsme ambiant se traduit chaque jour dans mon comportement par un certain nombre de mesquineries. Par exemple, lorsque je me rends à la campagne pour y acheter du ravitaillement, je n'en avertis plus les copains, comme autrefois. Au début de l'occupation, il m'arrivait en effet de partir en expédition avec un ou deux d'entre eux et de nous répartir équitablement le produit de notre collecte. Aujourd'hui, je ne pars plus qu'avec papa, cousine Lélette ou tout seul.

Je garde jalousement secrètes les adresses des fermes où je m'approvisionne, de crainte que d'autres ne viennent y acheter, avant moi, les marchandises convoitées qu'on me vend déjà parcimonieusement. Il en est de même pour les produits que nous offre généreusement la forêt de Chaux. Il n'est pas question que je révèle à quiconque les endroits où se trouvent les taches de « jaunottes », les layons de bolets, les revers à framboises ou les buissons de mûres. Les copains ne sont d'ailleurs pas plus généreux à mon égard. Quant aux voisins, à quelques exceptions, ils ne nous font plus guère profiter des surplus de leurs vergers.

L'individualisme de notre société affecte non seulement nos rapports amicaux mais se ressent aussi en matière de solidarité collective. Durant les deux premières années de l'occupation, les quêtes organisées au profit des prisonniers de guerre permettaient de collecter des fonds importants, des vêtements, des conserves, des friandises. Aujourd'hui, les gens sont moins généreux. La population s'est détachée peu à peu des captifs. Elle a appris à vivre sans eux. Certains de nos compatriotes, abusés par la propagande allemande montrant au cinéma ou sur les photos des magazines collaborationnistes des prisonniers de guerre français bien nourris et hilares, organisant des concerts, des représentations théâtrales, des matchs de football dans les stalags, vont jusqu'à prétendre : « Là-bas, ils sont bien plus heureux que nous ! ». D'autres ressortent un argument souvent entendu pendant la débâcle de 1940 : « S'ils s'étaient un peu mieux battus contre les Boches, ils ne seraient pas en captivité aujourd'hui ! S'ils en bavent à présent, c'est de leur faute ! »

Ceux qui tiennent de tels propos sont heureusement minoritaires. On sait bien que même s'ils ne souffrent pas trop de la faim, les prisonniers parqués derrière des barbelés pâtissent encore plus cruellement que nous du manque de liberté. Quant aux autres Français en Allemagne, ouvriers volontaires ou requis du S.T.O., leur sort n'est guère plus enviable. J'ai reçu récemment un petit mot de mon ami Louis R. Il me dit que les conditions de vie des travailleurs déportés sont de plus en plus difficiles. Ils sont très mal nourris, mal logés, soumis à d'incessants bombardements. L'un de ceux-ci a détruit complètement leur camp. Quant au travail qui lui est dévolu, il est pénible et très dangereux. Il est chargé d'accrocher ou de décrocher des wagons en gare de Duisburg, cela par tous les temps, de jour comme de nuit.

Si certains Dolois critiquent les exilés involontaires ou volontaires, d'autres versent carrément dans l'abjection. Il y a quelques mois, un fait divers a suscité une réprobation générale de la population. Quatre employés des chemins de fer ont été arrêtés parce qu'ils dérobaient en gare des colis destinés aux prisonniers de guerre. Ils écoulaient ensuite le produit de leurs vols au marché noir.

Mais ces préjudices alimentaires ne sont rien comparés aux tortures morales infligées plus ou moins sciemment aux internés, parfois par leur propre famille. C'est ainsi, que certaines épouses, lassées d'attendre le retour aléatoire de leurs maris, ont cherché des compensations à leur veuvage forcé en prenant des amants. Lorsque les remplaçants sont Français et quand les choses se passent discrètement, ces entorses à la fidélité conjugale sont en général pudiquement tolérées. Il n'en va pas de même lorsque les femmes de prisonniers s'affichent ostensiblement avec des Fritz.

On nous a rapporté une histoire sordide dont la protagoniste méritera je l'espère, plus tard, une lourde sanction. M^me^ Suzanne N., une veuve de la guerre 14-18 demeurant rue des Arènes, ne décolère pas depuis qu'elle a appris que l'une de ses nièces par alliance, dont le mari est prisonnier outre-Rhin, fréquentait un Boche. « Vous ne savez pas ce que cette salope a fait ? raconte M$^{me}$ N. Elle a écrit à Jean-Pierre pour lui dire la vérité, c'est-à-dire qu'elle avait un ami, un officier allemand. Que celui-ci avait de l'affection pour leur petit garçon âgé de cinq ans. Qu'il leur apportait du ravitaillement, qu'il les emmenait au cinéma... Elle a même eu le culot d'envoyer à mon neveu une photographie montrant le Boche en uniforme, portant l'enfant sur les épaules ! ». Le prisonnier lui-même a averti sa tante de cette situation. Ulcéré, il lui a demandé d'entreprendre des démarches afin que sa femme soit déchue de ses droits maternels.

Je viens de lire dans un journal une histoire encore plus monstrueuse. Il s'agit d'un procès qui se déroulera dans quelques jours à Rouen pour juger une affaire criminelle peu commune. Celle-ci s'est passée il y a un an, à Ypreville. Une femme vivait depuis l'automne 1940 en concubinage avec un amant dont elle avait eu, depuis, deux enfants. Or, vers la fin de l'année dernière, la fautive a appris que son mari, prisonnier de guerre en Allemagne allait être libéré prochainement dans le cadre des dispositions de la relève. Prise de panique, l'épouse adultère conçut alors un plan démoniaque pour se débarrasser du revenant. Elle s'empressa de lui envoyer un dernier colis. Or, en raison des lenteurs de la distribution, celui-ci n'arriva au stalag qu'après le départ du destinataire. Comme ce dernier avait fait don à ses camarades de captivité des colis susceptibles de lui parvenir après sa libération, ses copains de chambrée se partagèrent le paquet. Quatre d'entre eux succombèrent peu après dans d'atroces souffrances. Le pot de beurre du dernier envoi était assaisonné à la strychnine !

Triste, triste époque que celle où nous vivons, capable d'engendrer de tels actes criminels contre des innocents. Dans quel état physique et moral notre peuple sortira-t-il de l'épreuve que nous subissons ? Quelles séquelles en garderons-nous dans nos corps et nos esprits ?

Heureusement, notre calvaire va peut-être s'achever plus tôt que nous l'espérions. Depuis quelques semaines, les événements semblent enfin tourner à l'avantage des Alliés. En Russie, les troupes soviétiques submergent un peu partout les lignes allemandes. Elles reprennent une à une les principales villes d'U.R.S.S. et repoussent l'envahisseur nazi. En Italie, les Anglo-Américains se sont emparés de Naples. Ils remontent la péninsule en direction de Rome. Une nouvelle nous a particulièrement réjouis : la libération de la Corse par les forces françaises commandées par le général Henry Martin. Cet officier est un jurassien originaire des Rousses. M. Gustave S. l'a rencontré à Saint-Claude avant la guerre. Il dit que c'est un homme de grande valeur.

Selon René Payot, le commentateur de Radio Sottens, la Résistance corse aurait beaucoup contribué à la libération de l'île. Bien avant le débarquement des troupes gaullistes, de nombreux hommes avaient pris le maquis. Ils menaient une guérilla intense contre l'ennemi. Cette forme de sédition est une tradition courante dans ce pays.

L'exemple des partisans corses paraît avoir suscité des émules dans le Jura. On parle depuis quelque temps de camps clandestins situés dans les montagnes et les forêts du Haut-Pays. Un groupe de résistants a même attaqué à Souvans, aux environs de Dole, les installations d'un chantier de jeunesse. Les partisans auraient dérobé sous la menace de mitraillettes, de l'habillement et des stocks de nourriture. Plus tard, deux gendarmes français qui menaient une enquête sur cette affaire pour le compte des Boches auraient été abattus dans les bois de Rahon. L'attitude de la gendarmerie paraît actuellement très ambiguë. Selon certaines rumeurs, une partie de ses effectifs serait noyautée par les Gaullistes. Il est difficile de savoir où est la vérité car nos informations ne sont faites que de rumeurs et de bobards souvent démentis par les faits quelques temps après.

Une chose est sûre : l'action de la Résistance est de plus en plus active en matière de sabotages. Dimanche 24 octobre, l'un d'eux a eu lieu sur la ligne Dole-Besançon, à environ un kilomètre du village de Rochefort-sur-Nenon. Il s'est révélé meurtrier pour les Allemands. Les rails de chemin de fer ayant été déboulonnés, un convoi composé d'une locomotive tractant treize wagons a culbuté dans un ravin profond d'une dizaine de mètres. La catastrophe a été épouvantable. Les six premières voitures se sont encastrées les unes dans les autres pour former un gigantesque amas de ferrailles. Comme le train était bondé de permissionnaires, les Boches ont eu une centaine de morts et plus de deux cents blessés. Il a fallu extraire les corps des victimes des carcasses des wagons à l'aide de chalumeaux oxhydriques. L'un de nos voisins, pompier bénévole, requis par les Allemands pour cette circonstance, nous a raconté en détail les opérations de sauvetage auxquelles il a participé.

Durant toute la semaine dernière, la nouvelle de ce sabotage réussi a combler d'aise la population doloise. J'ai jubilé moi-même en songeant aux pertes subies par nos oppresseurs. Enfin, le Boche arrogant et cruel connaît sur notre sol, dans sa propre chair, le châtiment qu'il mérite ! N'a-t-il pas, il y a quelques semaines, fusillé dans les fossés de la Citadelle, à Besançon, seize jeunes Francs-Comtois ? Œil pour œil, dent pour dent ! Les martyrs bisontins sont aujourd'hui vengés ! Et ça ne fait que commencer !

Notre joie a hélas ! été tempérée en apprenant que deux cheminots dolois, Joseph A. et Fernand C. qui se trouvaient aux commandes de la locomotive au moment de l'accident, ont eux aussi été victimes de l'attentat. Mon père connaissait l'un d'eux, Fernand C. L'annonce de sa mort l'a beaucoup attristé.

A la suite de l'affaire de Rochefort-sur-Nenon, le maire, le curé et quatre habitants de la commune ont été arrêtés. Ils serviraient paraît-il d'otages. Comme un chien enragé, le Boche va chercher à mordre jusqu'au bout, tant qu'il n'aura pas été achevé ! Pour l'instant, il a remis en vigueur ses habituelles mesures de rétorsion : fermeture des salles de spectacles, couvre-feu ramené à 21 heures, renforcement des patrouilles... La guerre continue.

## JOURS DE DEUIL

**Samedi 1er janvier 1944** *(Extrait de mon Journal)*

« Je n'ai pas écrit une seule ligne sur ce carnet depuis près d'un mois. Je ne m'en suis pas senti le courage après les chagrins successifs que je viens d'éprouver. En novembre dernier, j'avais déjà été très affecté par le suicide de Michel V. Deux autres décès ont encore, en quelques jours, accru ma tristesse.

En général, je n'aime pas faire état de mes sentiments dans ces « carnets de guerre » avant tout consacrés à la sèche narration des événements. Je réserve mes pensées plus intimes, mes essais littéraires à un autre cahier. Pourtant, aujourd'hui, je ne peux abstraire de ces feuillets les raisons de mon long silence. Je viens de perdre coup sur coup deux êtres chers : Louis R., mon ami de toujours, que je considérais comme un grand frère, et grand-mère Céline, la mère de mon père.

Ces deux nouveaux deuils m'ont bouleversé. J'en supporterai longtemps les séquelles. Même si je suis sûr de conserver en moi, durant toute ma vie, le souvenir de ceux qui viennent de disparaître, je sais que rien ne sera plus comme avant. »

J'étais à la maison, installé à ma petite table de travail, en décembre dernier, lorsque mon attention fut attirée par un long hurlement venu de l'extérieur. Une série de cris terrifiants. Une voix de bête qu'on écorche vive. Ça venait de chez nos proches voisins, les R. Ma mère et moi nous sommes précipités pour voir ce qui se passait.

Quand nous sommes entrés dans la cuisine de nos amis, nous y avons vu tout d'abord un petit homme à l'allure bourgeoise, immobile, embarrassé, au milieu de la pièce. Il tenait un papier à la main. En face de lui, effondrée sur une chaise, Elvina R. ne cessait de hurler. Une longue plainte, puissante, à peine modulée. Jamais, je n'aurais pu imaginer qu'un être aussi chétif que cette petite femme maigre, put crier d'une manière aussi effrayante. Ça m'étreignait jusqu'aux entrailles. Ça me glaçait le sang. Ma mère, qui connaissait M. P., le visiteur, un des adjoints de la municipalité, lui a demandé des explications. Le brave homme nous fit savoir tristement qu'il venait d'apprendre à la famille R. le décès de leur fils Louis, survenu à Duisburg en Allemagne, le 6 décembre 1943 au matin.

Maman et moi, de même que d'autres voisins présents n'avons pu retenir nos larmes. Louis, c'était toute mon enfance insouciante. Les jeux puérils autour de nos maisons voisines. Les constructions de cabanes en branches dans la forêt de Chaux. Les randonnées à bicyclettes sur les routes du Val d'Amour. Les baignades et les parties de pêche sur les gravières du Doubs, à Crissey. C'était aussi l'initiateur écouté, le modèle, l'exemple. Le conseiller qui m'avait révélé, entre autres choses, une notion que je n'aurais peut-être jamais acquise sans lui, dans mon milieu modeste : l'amour de l'art, le besoin d'exprimer mes sensations, mes émotions par la création. Lui, son mode d'expression, c'était la peinture. Moi, c'était la poésie. Nous en dissertions souvent en rêvant de ce que nous ferions, plus tard, lorsque nous aurions acquis la maîtrise de nos arts respectifs.

Depuis que Louis était entré dans la vie active, nos relations étaient plus espacées qu'autrefois. Il fréquentait une jeune fille avant son départ en Allemagne. Nous avions moins souvent l'occasion d'échanger des idées. Ça ne m'empêchait pas de continuer à lui vouer une profonde amitié, de songer souvent à lui depuis sa déportation.

Les jours qui suivirent l'annonce du décès de Louis R. furent terribles pour ses proches. Elvina, sa mère, demeura prostrée, le visage creusé par la souffrance, les yeux avivés par la fièvre, abandonnée à des sanglots sans fin qu'elle étouffait en pressant ses deux poings contre sa bouche. Charles, son père, d'une pâleur extrême, ne savait que faire pour la consoler. Il se sentait responsable de la mort de son fils et n'arrêtait pas de répéter, dans une douloureuse hébétude : « J'aurais pas du le laisser partir à ma place ! J'aurais pas du... ». Quant à Bernard, le petit frère de Louis, il faisait pitié à voir. Il était à prévoir que ce drame familial le marquerait aussi à vie.

Le plus dur, pour nos malheureux voisins, ce fut d'attendre des nouvelles en provenance d'Allemagne, afin de connaître les circonstances de la mort de leur fils. Une lettre d'un camarade de Louis, datée du 13 décembre est arrivée la semaine dernière. Elle donne des précisions sur la fin tragique de mon ami. Celui-ci est mort d'un accident du travail et non victime d'un bombardement comme nous l'avions cru tout d'abord. Ainsi qu'il me l'avait appris il y a quelques mois, il était employé à l'accrochage des wagons en gare de Duisburg. C'était une occupation éreintante, dangereuse, nécessitant une grande attention. Le matin du 6 décembre dernier, vers 5 heures, après avoir travaillé toute la nuit depuis 20 heures la veille, au moment où il attelait entre eux les deux derniers wagons de marchandises d'un convoi, une énorme barrique d'huile, mal arrimée sur la plate-forme, s'est détachée brusquement et l'a écrasé, le tuant net.

Mon ami a été inhumé chrétiennement au cimetière de Duisburg. En présence d'un prêtre catholique, de tous ses camarades français et des représentants des autorités allemandes qui ont tenu à fleurir son cercueil.

Outre l'immense chagrin que j'éprouve, ce qui me navre le plus, c'est d'avoir vu, sur la photographie jointe à la lettre adressée aux parents de Louis, sa tombe recouverte par trois gerbes entourées de banderoles rouges à croix gammées. Comme si les nazis tenaient, jusque dans la mort, à marquer leurs esclaves de leur empreinte infâme.

Les hitlériens sont pourtant les responsables du drame qui vient d'endeuiller nos voisins. Ils ont contraint un garçon paisible, courageux, plein de talent, à quitter les siens pour leur maudit pays. Cette déportation du travail est contraire à toutes les règles internationales. Un jour viendra où l'Allemagne aura à répondre de ces actes criminels. Pour ce qui est de la mort de mon ami Louis, je considère qu'il est tombé au champ d'honneur ! Même s'il ne tenait pas un fusil !

Je n'étais pas encore remis de ce tragique événement lorsque grand-mère Céline est décédée, le 23 décembre dernier. Certes, alors que des milliers d'êtres humains succombent chaque jour à travers le monde dans des conditions effroyables, mon aïeule a eu une fin digne et paisible. Elle s'est éteinte à Crissey, à l'âge de 85 ans, dans son lit, entourée de l'affection des siens. Elle repose à présent dans le petit cimetière de ce village, auprès de mes oncles Francis et Alexandre, tous deux victimes de la Première Guerre mondiale. Grand-mère, aura quant à elle, connu les horreurs de trois conflits meurtriers. D'abord celui de 1870-1871, où l'un de ses proches fut tué ; puis de 1914-1918 qui fut, directement ou indirectement, à l'origine du décès de quatre de ses fils. Enfin de celui que nous subissons, qui a vu disparaître, en 1940, le mari de ma cousine Germaine, sa petite fille.

Après avoir connu une enfance rude et frugale dans les forêts de Franche-Comté où ses parents étaient bûcherons-charbonniers, perdu très jeune son mari, élevé seule ses cinq garçons, grand-mère Céline aurait mérité de s'endormir en sachant la paix revenue sur la terre. Or, la guerre qui a tant de fois bouleversé sa vie, continue de faire rage. Elle en aura souffert jusqu'à son dernier souffle. Aussi bien de la présence des « Prussiens », comme elle appelait les occupants, que des restrictions alimentaires qu'ils nous imposent.

Je ne sais pas ce que deviendront mes « carnets » ? Ils resteront sans doute au fond d'un tiroir car il est illusoire d'espérer publier un jour ces notes hâtives qui n'ont d'intérêt que pour moi. Je tiens cependant a y faire figurer ce 1^er^ janvier 1944, cet hommage à grand-mère Céline :

« Cette femme admirable était une sainte. Nul ne saura jamais la somme de courage, de dévouement, d'abnégation qu'elle a dépensée pour les autres au cours de son existence. Elle qui avait connu les pires épreuves, perdu son mari, ses fils. Qui supportait aussi physiquement, depuis 1916, une horrible plaie variqueuse à la jambe après s'être ébouillantée dans une bassine d'eau chaude en lavant le linge d'un de ses permissionnaires. Qui ne possédait quasiment rien après toute une vie de privations et de labeur. Je ne l'ai jamais entendue se plaindre, récriminer contre un sort cruel et injuste. Au contraire, sa foi en Dieu lui donnait une ineffable sérénité. De toute notre famille, elle était celle qui avait le meilleur jugement sur les gens, sur les événements, sur l'avenir. Jusqu'à sa fin, elle m'aura recommandé la patience, prédit le retour de jours meilleurs. Elle m'a appris que, face à l'adversité, l'homme ne doit jamais se résigner mais lutter, surtout contre soi-même. Le désespoir est un sentiment stérile qu'il faut bannir de notre vie... »

En relisant tantôt ce que j'ai noté depuis cinq ans sur mes carnets, j'ai acquis la conviction que je trahirais la mémoire de grand-mère en sombrant dans l'affliction. Son départ, comme celui de mes amis Michel V. et Louis R. coïncide avec une série d'événements qui laissent présager un retournement prochain de la situation.

Les Allemands battent en retraite sur tous les fronts. En Italie, les Alliés se sont emparés de Monte-Cassino et progressent en direction du Nord de la péninsule. En U.R.S.S., l'armée rouge a isolé les forces allemandes de Crimée, écrasé celles qui défendaient le passage du Dniepr. Les Russes ne tarderont pas à délivrer la ville de Leningrad encerclée depuis près de 900 jours. D'après René Payot, les Boches auraient perdu un million d'hommes en Russie, au cours de la seule année 1943. Les civils allemands ne sont pas mieux traités. Chaque nuit, l'aviation alliée déverse des milliers de tonnes de bombes sur leur pays. En particulier sur Berlin qui ne serait déjà plus qu'un vaste champ de ruines.

Saigné à blanc, privé de réserves humaines et économiques, le grand Reich s'affaiblit de jour en jour. Il est presque aux abois. A Dole, on en a la preuve depuis quelques mois dans le fait qu'il racle les fonds de tiroirs dans les casernes, les dépôts, les bureaux. Des recrues plus jeunes que moi, de vieux réservistes, des auxiliaires handicapés, des civils de la Reichsbahn, des convalescents à peine remis sur pied, prennent précipitamment la direction du front de l'Est pour y combler les vides. Les Dolois qui ont l'occasion de côtoyer ces rappelés jubilent en écoutant leurs jérémiades :

« Ach ! Krieg nich gut ! Guerre grosse malheur ! Grosse malheur ! »

Que n'ont-ils tenu dès 1939 ce langage pacifiste ! Aujourd'hui, c'est trop tard. Qu'ils en crèvent tous !

Ces départs de nos hôtes forcés à destination des tombeaux russes sont à l'origine d'une nouvelle plaisanterie vengeresse. En entendant les quelques rares feldgrau défiler à travers les rues de Dole en beuglant leur sempiternel « Aïï ! Aïo Aïa ! » nous les appelons à présent : « Les petits chanteurs à la future croix de bois » !

Comme on parle de plus en plus d'un prochain débarquement anglo-américain, soit sur le littoral atlantique, soit plus vraisemblablement dans le Pas-de-Calais, on se demande quelles forces les Fritz pourront opposer aux envahisseurs ? Ils ne vont d'autre part pas tarder à être confrontés, en France même, à une véritable armée intérieure de la Résistance qui leur mènera la vie dure sur leurs arrières.

Des maquis regroupant plusieurs milliers d'hommes équipés grâce à de l'armement parachuté par les Anglais, se seraient constitués dans nos massifs montagneux des Alpes et du Jura. Cette rumeur ne paraît pas relever comme tant d'autres de l'affabulation. Un voisin dont le frère est ouvrier mouleur dans une fabrique de Bakélite à Oyonnax a appris par celui-ci que le 11 novembre dernier, cette petite cité de l'Ain avait été entièrement investie par les Forces françaises de l'intérieur, qu'on désigne à présent par le sigle F.F.I. Ces clandestins en uniforme ont rendu les honneurs au monument aux morts puis défilé, dans un ordre impeccable, à travers les rues de la ville.

L'action des « terroristes », comme les appellent non sans hargne les Boches et les collaborateurs, s'intensifie constamment dans la région. Des voies ferrées, des lignes téléphoniques, des pylônes électriques sont dynamités presque chaque nuit. Des entrepôts réquisitionnés par l'occupant sont incendiés. Un hangar de la Société Idéal-Standard où les Allemands stockaient d'importantes quantités de fourrage vient de subir ce sort.

Conscient des préjudices que ces sabotages font subir à leurs communications et à leurs approvisionnements, les occupants multiplient les représailles contre nos concitoyens. Comme ils ne peuvent pas surveiller eux-mêmes, faute d'effectifs suffisants, tous les endroits stratégiques, ils ont trouvé un moyen de pallier leurs carences en utilisant les Français eux-mêmes comme gardiens supplétifs. Chaque nuit, des Dolois réquisitionnés sont contraints de monter la garde le long des lignes de chemin de fer. Mon père a pris lui-même son tour de faction à trois reprises en bordure de la ligne Dole-Vallorbe. Durant toute la nuit, sans être pour autant dispensé de travail le lendemain. Les vigies civiles, rémunérées par une indemnité ridicule ne sont bien sûr pas armées. On leur prête simplement un gros bâton et une lampe. S'ils découvrent un sabotage en patrouillant le long de la voie, ils doivent déposer le fanal sur le ballast et courir donner l'alerte avant l'arrivée d'un train. Ces mesures de surveillance n'entravent en rien l'action des « terroristes ». Dans la plupart des cas, ils prennent soin de ligoter les gardes avant de poser leurs explosifs. Ça évite les ennuis ultérieurs aux requis, lesquels risqueraient d'être accusés de complicité par les Boches.

Il n'y a pas que pour la surveillance des voies ferrées que les Allemands font appel à des auxiliaires français. Leur police s'est considérablement étoffée d'hommes et de femmes sans foi ni loi qui, plus par appât du gain que par idéologie, se livrent à toutes sortes de sordides besognes. Ces traîtres sont redoutables car rien ne les distingue de nous. Ils fréquentent les lieux publics, écoutent les conversations, notent ce qui leur paraît suspect. Pire, ils n'hésitent pas à se faire passer pour des sympathisants de la Résistance et infiltrent ainsi les réseaux. Sans le concours de ces salauds, les Boches arrêteraient deux fois moins de patriotes.

La Résistance connaît le danger que lui font courir ces vendus. Elle leur voue une haine implacable. Plusieurs attentats on eu lieu ces dernières semaines contre les locaux des mouvements pro-allemands de Dole, notamment dans la Grande rue et la rue de Besançon. Les bureaux du Service du travail obligatoire ont également été la proie des flammes. Hier, 31 décembre, l'usine F., située boulevard Wilson a brûlé. Cette fabrique de confiserie et de biscuits appartenait à un collaborateur notoire.

Les délateurs ne sont plus nulle part en sécurité. Les nommés A., M., et P., ainsi que D., marchand de fromage à Dole, tous les quatre membres du Parti populaire français ont été, soit tués, soit grièvement blessés, par des agresseurs inconnus. Le dernier en date de ces attentats s'est déroulé hier à La Bedugue. Le nommé Robert P., connu pour ses sentiments germanophiles a été abattu d'une balle en pleine tête par un jeune homme à bicyclette qui a réussi à prendre la fuite.

D'après ce qu'on raconte, tous les collabos recevraient, quelques jours avant les agressions, par colis postaux, soit une boîte d'allumettes vide annonçant l'incendie de leurs locaux, soit un petit cercueil en bois assorti de cette ultime menace : « Dernier avertissement – signé La Résistance ! ». Par provocation, l'une des récentes victimes aurait, peu de temps avant sa mort, sablé le champagne en compagnie d'autres adhérents du P.P.F. en buvant dans le petit cercueil qu'il venait de recevoir. D'autres, moins courageux, préféreraient quitter discrètement la région pour se faire oublier.

Certains salauds échappent hélas ! au châtiment qu'ils méritent. C'est le cas de celui qu'on appelait le « Grand Victor », dont personne n'a jamais connu la véritable identité. Il était arrivé dans le quartier du Poiset il y a un peu plus d'un an sans qu'on sut d'où il venait ? Agé d'une trentaine d'années, roux de chevelure, le visage tavelé de taches de son, il était gros et gras, ne souffrant manifestement guère des restrictions, ce qui aurait du rendre méfiants ses interlocuteurs. Portant beau, vêtu avec une élégance voyante, il semblait avoir le portefeuille toujours bien garni. Comme on le lui connaissait aucune activité régulière, on supposait qu'il tirait ses revenus du marché noir. Il se disait par ailleurs exempté du S.T.O. parce qu'il souffrait d'une affection cardiaque.

En arrivant au Poiset, en guise d'introduction, il avait prétendu être le neveu d'un maraîcher décédé l'année précédente. Généreux, payant volontiers des tournées dans les bistrots auxquels ils fournissait en douce des vins et des alcools, il n'avait pas tardé à se faire de nombreux amis. Comme il claironnait haut et fort ses opinions anti-allemandes, personne ne s'était méfié de lui. Sa profession de foi favorable à la Résistance lui avait permis d'entendre, pendant plusieurs mois, tous les ragots qui se colportaient sur les réfractaires du S.T.O., sur les sympathisants communistes ou gaullistes, sur les auteurs présumés des attentats terroristes.

Durant les premiers temps, il ne manifesta pas sa malfaisance, se contentant sans doute d'enregistrer tout ce qu'on lui racontait plus ou moins sous le sceau du secret. Est-ce lui qui fut à l'origine, en novembre dernier, de l'arrestation du fils C. arrêté par la Gestapo avec un autre garçon de Brevans tous deux impliqués dans un sabotage de la ligne de chemin de fer Dole-Dijon ? On ne l'a pas su. Par contre, ce qui mit la puce à l'oreille des amis du rouquin, ce fut la perquisition dont fit l'objet, quelques jours plus tard le nommé Adrien V., de Villette-les-Dole, lequel avait eu l'imprudence de confier au « Grand Victor » qu'il cachait dans une grange, sous des bottes de paille, trois alambics en cuivre afin de les soustraire aux réquisitions allemandes. L'imprudent bouilleur de cru fut non seulement obligé de livrer les appareils au service de la récupération des métaux non ferreux, mais se vit infliger en outre une peine de prison et une forte amende.

Pour Adrien V., il ne fit aucun doute que le rouquin l'avait dénoncé aux Boches. Il s'empressa d'en informer ses amis, lesquels commencèrent à se méfier du délateur. Se sentant grillé à la suite de cette affaire, le « Grand Victor » a depuis, quitté le quartier sans laisser d'adresse. Sans doute est-il parti ailleurs exercer son sale métier d'indicateur.

L'incident concernant les alambics d'Adrien V. n'a rien d'étonnant. Depuis quelques temps, les Boches, pour qui le manque de matières premières se fait sentir cruellement, mettent de plus en plus d'acharnement à récupérer des métaux pour leur industrie d'armement. Ils ont commencé en septembre 1942, en placardant de grandes affiches représentant une énorme bouteille de vin dominant de toute sa splendeur tentatrice un chandelier, une casserole, un dessous de plat et d'autres objets. Cette réclame visait à inciter les Français a apporter 200 grammes de métal cuivreux en échange d'un litre de vin. Selon la propagande officielle, ce cuivre était destiné à la fabrication de sulfate pour le traitement, contre le mildiou, des vignes et des champs de pommes de terre. En fait, Maurice H., notre voisin cheminot nous a appris que les objets récupérés partaient tous par wagons entiers directement en Allemagne.

Presque à la même époque, les Boches ont fait démonter systématiquement les rails de toutes les voies ferrées inutilisées. Ensuite, ils ont exigé qu'on leur apporte les alambics, les pompes des fontaines publiques, les casseroles et autres ustensiles de cuisine, les boutons de portes... Ils sont même allés jusqu'à confisquer les chaudrons des fromageries !

Ces réquisitions ont bien sûr suscité une opposition larvée de la population car personne n'a été dupe de l'utilisation ultérieure du métal non ferreux. Dans leur avidité, les nazis se sont ensuite attaqués à tous les ornements en bronze de nos places, de nos rues, de nos squares. Ils ont fait déboulonner par les services municipaux les vasques, les colonnes, les bustes, les statues. A l'inverse de Napoléon qui faisait fondre les canons des vaincus pour ériger des monuments, Hitler fait fondre ceux-ci pour en faire des canons !

Notre place Jules-Grévy s'est ainsi trouvée dépossédée en une journée de l'imposante statue d'un personnage régional qui fut un débonnaire président de la III^e^ République. La disparition de son effigie a suscité une forte émotion à travers la ville. Un instant, le bruit à même couru que les iconoclastes teutons allaient s'en prendre à une autre statue : celle du savant Louis Pasteur, sur le cours Saint-Mauris.! Nos édiles et les adhérents de la Société des Amis de notre illustre compatriote ont aussitôt tenté une démarche après de la Kreiskommandatur. Mais c'est finalement la communauté helvétique de Dole, appuyée par le consul de Suisse à Besançon qui a sauvé in extremis le monument de la destruction.

Dans d'autres villes jurassiennes, les habitants ont fait preuve de réflexes efficaces pour soustraire les plus représentatives statues de leur patrimoine historique local à la rapacité des récupérateurs allemands. A Salins, la statue du général Clerc, à Poligny celle du « Vigneron » ont, comme on dit à présent, « pris le maquis », après que de hardis résistants les eussent démontées et transportées nuitamment dans des grottes. Bien qu'on n'eût pas confirmation de la nouvelle, mon père a entendu dire que finalement le bronze de Jules Grévy aurait été lui aussi enfoui quelque part dans la forêt de Chaux. On ne ressortira sans doute qu'après le départ des Boches ces statues déboulonnées. Le fait que des patriotes aient risqué leur vie pour sauver ces symboles de nos libertés passées prouve bien que les Français ne sont pas aussi résignés et timorés qu'on le dit.

## UNE ATTENTE QUI N'EN FINIT PAS

**Vendredi 31 mars 1944** *(Extrait de mon Journal)*

« Mars s'achève sur une nouvelle déception. Depuis quelques semaines, une rumeur persistante courait. Elle prévoyait que le débarquement Allié en Europe se produirait entre les ides de mars et le premier jour du printemps. Comme beaucoup de gens, j'ai cru à cette rumeur. Cette guerre est si cruelle, elle dure depuis si longtemps, si longtemps, que nous nous raccrochons tous au plus petit espoir permettant d'augurer sa fin. Nous en arrivons à accorder crédit aux histoires les plus folles lorsqu'elles coïncident avec nos désirs. Ce fut le cas l'hiver dernier avec une interprétation – une de plus – des prédictions de Nostradamus. Celles-ci présageaient paraît-il pour la mi-mars un événement considérable entre Calais et Zeebrugge. Certains prophétisaient même que le débarquement aurait lieu à Dunkerque. Sur les plages où, en juin 1940, les troupes anglaises avaient été contraintes à un départ sans gloire. Winston Churchill, qui n'aurait pas digéré cette humiliation, chercherait ainsi, symboliquement, à l'effacer. Nous avons cru d'autant plus à l'imminence de l'invasion que les Alliés avaient, fin février, déversé sur la France des tracts ainsi rédigés : « Français tenez-vous prêts. Le grand jour approche »

« Les ides de mars, l'arrivée du printemps n'ont pas tenu leurs promesses. Rien ne s'est passé à l'ouest. Nous sommes toujours dans la désespérante attente de l'événement qui hâterait la fin de notre long calvaire. Je suis tellement déçu que j'en arrive à critiquer les Anglo-américains. A partager l'opinion des journaux collaborationnistes qui prétendent que les Alliés sont des pleutres. Qu'ils redoutent d'être refoulés vers la mer s'ils se hasardent à débarquer en France. Mon mentor, M. Gustave S. est quant à lui d'avis que Churchill et Roosvelt retardent délibérément l'ouverture d'un second front à l'ouest pour laisser les deux monstres qui s'affrontent à l'Est s'épuiser mutuellement. Lorsque ceux-ci seront exsangues augure-t-il, les Anglo-américains reprendront pied sur le continent avec des forces intactes. Ils imposeront d'autant mieux leurs conditions de paix qu'ils seront les plus forts. Je trouve pour ma part que s'il est vrai, ce calcul est odieux car il prolongera de long mois cet atroce conflit.»

Le nouvel hiver que nous venons de vivre a été encore très dur. A la maison, si nous avons moins souffert de la faim et du froid, ce ne fut pas grâce aux attributions officielles. Celles-ci ont au contraire été réduites d'une manière draconienne. Nous n'avons eu droit qu'à 250 grammes de pain noir par jour. A 90 grammes de viande et 100 grammes de beurre par semaine. A un quart de lait écrémé tous les deux jours. A trois œufs par mois. A 10 kilos de mauvaises pommes de terre par an. A 200 kilos de charbon par hiver... Ces restrictions ont engendré en France la mort de milliers d'enfants et de personnes âgées, décimés par la famine, la tuberculose.

Chez nous, heureusement, grâce à notre production maraîchère familiale, à notre voisin cultivateur Louis S., qui nous fournit un petit supplément de lait, grâce aussi aux provisions de bois mort ramassées en forêt de Chaux l'été dernier, notre situation alimentaire et calorifique ne s'est pas trop détériorée. Nous avons même eu droit, à deux reprise, à du gigot de chevreuil ! Renouant avec le vieil atavisme de nos aïeux bûcherons-charbonniers, papa a piégé cet hiver deux très beaux brocards en tendant des lacets d'acier sous les baliveaux. Une fois dépouillées, il a partagé ses prises avec ses collègues de travail et cinq jeunes réfractaires du S.T.O. qui se cachent depuis quelques mois dans une baraque, près de la fontaine de la Belle Nanette.

Notre vie quotidienne s'est par contre beaucoup dégradée. Personnellement, je ne circule plus qu'à pied. Mes deux pneus de bicyclette ont rendu l'âme au début de l'hiver. Il est impossible de les réparer et d'en obtenir des neufs ou même des réchappés. Au marché noir, même en payant un prix prohibitif, il faut pouvoir donner dix paquets de tabac en échange d'une chambre à air. Heureusement, grâce à son antique gazogène, mon père rapporte de temps en temps un peu de ravitaillement. Ça compense le fait que je ne peux plus parcourir comme autrefois la campagne. Pour nous, les jeunes, il devient d'ailleurs chaque jour un peu plus dangereux de se déplacer à bicyclette. Le moindre sac à dos, un bagage, nous font devenir suspects aux yeux des Boches. Ceux-ci subodorent partout des réfractaires au S.T.O. ou des « terroristes » en puissance. Il est à présent interdit de transporter un lapin, une volaille, du poisson, à fortiori du beurre, du fromage ou un jambon. Si, lors des barrages routiers les femmes sont un peu moins importunées que les hommes, elles ne sont pas à l'abri de certains avatars. Une singulière mésaventure vient d'arriver à M^me^ Fernande D., d'Azans. Cette personne était récemment partie à bicyclette à Chissey où elle a des parents cultivateurs. Elle revenait tranquillement vers Dole en fin d'après-midi, le porte-bagages lesté d'un certain nombre de kilos de marchandises, lorsqu'à la sortie du village de la Loye, elle fut doublée par une Juvaquatre à bord de laquelle se trouvaient deux hommes en civil. Un peu avant d'arriver à Goux, elle remarqua que la voiture était arrêtée en bordure de la route. Les deux hommes qui en étaient descendus l'interpellèrent au passage en ces termes :

« – Contrôle économique ! Que transportez-vous ? »

Mme D. ouvrit son sac, ses sacoches, et leur montra ce qu'elle rapportait de Chissey : une dizaine de kilos de pommes de terre, deux kilos de lentilles, une demi douzaine d'œufs et un morceau de lard.

« – Vous êtes en infraction, dit l'un des deux types. Payez-nous une amende de 3 000 francs ou nous saisissons les marchandises ! »

La malheureuse ne disposait bien sûr pas une telle somme. Elle fut contrainte d'abandonner ses provisions entre les mains des « contrôleurs » qui s'empressèrent de repartir en direction de Dole. Mme D. a appris, depuis cet incident, que d'autres personnes se sont fait rançonner sur la route de la même manière. Comme ces personnages circulent en automobile – ce qui est rare à notre époque pour des civils ordinaires – il est fort probable qu'ils font partie de la Gestapo ou de la Milice.

Avec la bande de truands, d'assassins, qu'ils ont recrutés, les Boches ont transformé la France en une sorte de Chicago d'avant guerre. Violences, voies de fait, agressions, exécutions sommaires se succèdent. Nous subissons chaque jour le régime de l'arbitraire. Nous sommes à la merci d'un hasard malchanceux qui nous fait emprunter la mauvaise rue, le chemin funeste. L'arrestation, la déportation, la mort, guettent chacun d'entre nous au carrefour. Pour ne pas avoir obtempéré assez vite à l'ordre d'un feldgendarme, un copain s'est fait tirer dessus. Il n'a pas été blessé mais a entendu siffler les balles. A Dijon, un voisin qui avait perdu ses papiers d'identité a passé huit jours en prison.

Les Allemands et leurs complices deviennent de plus en plus nerveux, de plus en plus hargneux. Il faut dire que pour eux, la situation se détériore aussi de jour en jour. Les attentats contre les troupes d'occupation et les collaborateurs sont quotidiens. Chaque nuit, des installations utiles à l'effort de guerre ennemi flambent ou sautent avec fracas. Des patrouilles, des voitures isolées, des estafettes motocyclistes de la Wehrmacht sont mitraillées. On retrouve au petit matin, dans des lieux déserts, les corps de militants du P.P.F. ou d'autres traîtres abattus par les justiciers de la Résistance.

En réaction contre ces attentats « terroristes », la répression devient féroce. Les arrestations se multiplient. Depuis le début de l'année, nous avons appris celles de plusieurs personnes connues : Charles-Laurent T., un agent d'assurances dolois, Justin P., un ami de ma famille, propriétaire de l'« Omnia Cinéma », Victor S. réparateur de postes de T.S.F., qui se serait depuis évadé, M. W. ingénieur des Eaux et Forêts, l'un des patrons de mon père. Alors que dans cette administration un conservateur est nettement proallemand, M. W., de même que l'ensemble du personnel, sont acquis à la Résistance gaulliste. M. W., ingénieur d'origine alsacienne, est accusé d'avoir facilité sur les chantiers l'embauche de réfractaires du S.T.O. C'est la vérité. Sur ses directives, mon père et ses collègues auxiliaires pourvoient au ravitaillement d'une trentaine de jeunes gens répartis dans différentes baraques de la forêt de Chaux. Toutes les semaines, papa passe prendre livraison, dans les entrepôts de M. Robert L., épicier en gros à Dole, de sacs de marchandises destinés aux insoumis. M. W. a aussi des accointances avec des cheminots du dépôt des chemins de fer qui fournissent également de la nourriture aux réfractaires.

Il ne fait aucun doute que les quatre personnes arrêtées, de même qu'un certain nombre d'autres dont on ne connaît pas les noms, ont fait l'objet d'une dénonciation. La délation est devenue une plaie de notre époque. Elle permet aux sectaires, aux jaloux, parfois aux concurrents, de se débarrasser de gens aux opinions contraires ou de rivaux gênants. Les Dolois emprisonnés ont peut-être été victimes du zèle d'un officier de la gendarmerie française, le capitaine A. commandant la compagnie locale ? Cet homme est un collaborateur acharné. Comme Laval, il a souhaité plusieurs fois publiquement la victoire de l'Allemagne.

Si la liste des arrestations s'allonge de jour en jour, celle des morts est tout aussi impressionnante. En janvier, un inconnu a été abattu par les Boches alors qu'il traversait, de nuit, les voies du triage. Début février, le jeune Gabriel F., des cités du Boichot, que je connaissais parce qu'il avait fait, comme moi ses études primaires à l'école de La Bedugue, est tombé sous les balles allemandes à Baverans. Certains prétendent qu'il faisait partie d'un groupe de F.F.I. qui cherchait à faire sauter l'écluse du canal du Rhône au Rhin. Selon d'autres personnes, l'affaire se serait produite alors que Gabriel F et ses amis voulaient châtier le traître à l'origine de la dénonciation de Charles-Laurent T. Quelques jours après ce drame, M. G., un restaurateur de la place Jules-Grévy, chez lequel tante Henriette a travaillé autrefois, a lui aussi été mortellement atteint à Villette-lès-Dole pour ne pas avoir répondu assez vite aux sommations d'une patrouille allemande. Le jeudi 17 février, en me rendant au centre ville, j'ai assisté, depuis le grand pont, au repêchage d'un noyé. Le malheureux, dont on ne connaît pas l'identité, se serait évadé d'un train en partance pour l'Allemagne. On dit qu'il s'agissait d'un juif. Traqué par les Boches, il se serait jeté dans les eaux glacées du Doubs et aurait coulé à pic. Toujours le mois dernier, Maurice P., qui fut, dans les années 30, un collègue de travail de mon père à la Compagnie nationale des radiateurs, a été abattu boulevard Wilson d'une rafale de mitraillette par les agents de la Gestapo qui venaient de l'arrêter à son domicile. Maurice P. aurait été le chef d'un réseau de résistance communiste. La dernière victime dont on a eu connaissance est une femme d'une trentaine d'années. Blessée par balles à la suite d'on ne sait quelles circonstances, elle a été débarquée d'un train en provenance de Dijon, dimanche dernier. Transportée à l'hôpital Pasteur, gardée jour et nuit par la police, elle y est décédée mardi.

Six morts en trois mois dans notre petite ville par suite des exactions nazies ! Sans compter ceux qu'on ne connaît pas. Les Boches ont décidément choisi la manière forte. Ils veulent continuer de régner par la terreur. Mais ils oublient que le sang appelle le sang. Que les martyrs engendrent la haine. Le magnifique « Chant des partisans » que nous écoutons souvent sur Radio Londres ne proclame-t-il pas :

« ... Ami, si tu tombes
Un ami sort de l'ombre
A ta place... »

Il y aura toujours quelqu'un pour reprendre le flambeau de la liberté. Comme dans sa répression aveugle l'occupant tue indifféremment le coupable ou l'innocent, le besoin de vengeance grandit parmi la population. Même les indifférents, les attentistes, prennent aujourd'hui parti pour la Résistance.

Les F.F.I., on en parle de plus en plus. Leurs effectifs croissent sans cesse, grossis par tous ceux qui souffrent ou se sentent menacés par la barbarie hitlérienne. D'importants maquis se seraient constitués dans le Haut-Pays. Déjà, les Allemands ne s'aventureraient plus dans nos montagnes. Les maquisards seraient encadrés par des officiers gaullistes parachutés par des avions anglais en même temps que des armes et des munitions. Ils communiqueraient avec Londres grâce à des émetteurs radio et fourniraient quantité d'informations sur les forces ennemies. Certains points stratégiques seraient ensuite bombardés et détruits par les Anglais grâce à ces renseignements.

On nous a raconté à ce sujet l'histoire assez comique qui s'est déroulée au début de ce mois sur la base aérienne de Tavaux. Passés maîtres dans l'art du camouflage, les Fritz avaient commencé, en février dernier, à disséminer, en bout des pistes de cet aérodrome un certain nombre de faux avions en bois, très bien imités. Ces leurres étaient destinés à attirer l'attention des pilotes adverses qui auraient déversé leurs bombes sur ces appâts tandis que les vrais appareils de la Luftwaffe resteraient dissimulés dans les vastes hangars en béton situés à l'autre extrémité du camp. La Résistance a heureusement des observateurs partout. Grâce à l'efficacité de ses agents, la supercherie a été découverte. Londres en a été aussitôt averti. Il y a quelques jours, un avion de la R.A.F. en mission d'observation a survolé l'aérodrome de Tavaux à basse altitude. Il a lâché sur les maquettes, un chapelet de bombes... en bois !

Cette histoire m'a été racontée par plusieurs personnes dignes de foi. Je pense qu'elle est vraie. Il n'en est pas de même pour les innombrables bobards qui circulent à longueur de journée et qui sont souvent démentis dès le lendemain. Les Boches en lancent eux-mêmes pour tromper l'opinion. Ils ont fait courir tout récemment le bruit que les Alliés avaient débarqué dans la baie de la Somme, mais qu'ils les avaient rejetés aussitôt à la mer.

Dans le climat d'intoxication et de mensonge qui règne actuellement, il est souvent bien difficile de démêler le vrai du faux. Nos sources d'informations sont peu nombreuses, presque toutes sujettes à caution. J'écoute personnellement trois stations : Radio Paris, la B.B.C. et Sottens. Je ne me fais aucune illusion sur l'objectivité de la première radio. C'est purement et simplement un instrument de la propagande nazie en France. Le slogan diffusé sur les ondes anglaises reflète la réalité : « Radio Paris ment ! Radio Paris est Allemand ! ». J'écoute pourtant avec un trouble intérêt l'une des émissions de ce poste : l'éditorial quotidien de Philippe Henriot. Je suis à la fois horrifié et envoûté par le talent oratoire de ce journaliste collaborationniste. C'est un speaker extraordinaire. Il manie tour à tour l'ironie et l'invective avec des formules chocs telle celle des « Cavaliers de l'Apocalypse » par laquelle il fustige journellement les Alliés responsables selon lui de tous nos malheurs actuels et futurs. Cet agitateur sarcastique s'exprime avec une telle conviction, un tel pouvoir de persuasion qu'il arrive à abuser bien des âmes simples. Lorsqu'il parle des bombardements anglo-américains sur les villes françaises et évoque les milliers de victimes innocentes qu'ils provoquent, il paraît tellement sincère que le lendemain, on retrouve ses propos dans la bouche de beaucoup de pauvres gens dont il trouble l'esprit. Radio Londres, dont je capte régulièrement les émissions malgré leur brouillage intense, m'agace et m'intrigue. Que signifie donc tous ces messages personnels ? Ces phrases sibyllines tirées de fables, de proverbes ou d'expressions idiotes sans queue ni tête ? Comme beaucoup d'auditeurs, j'essaie en vain de les décrypter et ça m'exaspère. Quant aux informations proprement dites, diffusées par Londres, je m'en méfie aussi un peu. Je ne suis pas dupe de la propagande qui les inspire. Pour l'instant, par exemple, on sent bien que les Alliés sont très embarrassés pour expliquer leur retard, sinon leur réticence à créer un second front à l'ouest.

Le seul journaliste en lequel j'ai vraiment une totale confiance et une grande admiration, c'est René Payot, commentateur de la Radio Suisse Romande. Je ne suis pas le seul à lui vouer une sorte de culte. Tous les vendredis soirs, à partir de 19 heures, les rues de Dole se vident comme par enchantement. Ça n'est pourtant pas encore l'heure du couvre-feu. Chacun se hâte de rentrer chez soi pour ne pas manquer l'instant magique où Radio Sottens annonce « Et maintenant, voici la chronique internationale de Monsieur René Payot ».

Cet homme a le don d'analyser clairement, honnêtement, les événements de la semaine. De prévoir ceux qui sont susceptibles de se produire. Il le fait avec une grande objectivité. Sans jamais farder la vérité. Sans chercher à susciter de faux espoirs. Il vient notamment de parler des difficultés rencontrées par les Alliés en Italie. De dire que les Allemands s'y battaient avec courage. Que la partie était loin d'être terminée dans ce pays. Quant à l'offensive soviétique sur le Dniepr, elle serait provisoirement stoppée par une forte résistance des armées hitlériennes. Il a brossé un tableau apocalyptique des bombardements de la R.A.F. et de l'U.S. Air Force sur les villes allemandes. En particulier sur Berlin et les principale cités de la Ruhr, qui seraient complètement rasées. Mais l'aviation Alliée aurait perdu plus de mille appareils au cours de ces raids, à cause de la redoutable efficacité de la D.C.A.

Ce vendredi 31 mars 1944, en conclusion de sa chronique hebdomadaire, René Payot ne s'est pas montré très optimiste quant à une fin rapide de la guerre. Il pense que l'Allemagne dispose encore de plus de ressources qu'on ne le suppose. Elle vendra chèrement sa peau si elle se sent directement menacée dans son intégrité territoriale. Ces prévisions réalistes sont loin de me réjouir car depuis quelques temps je fondais beaucoup d'espoir dans un proche débarquement allié sur le sol de la France pour abréger ce conflit.

## ATTENDRE, ATTENDRE, TOUJOURS ATTENDRE...

**Mardi 25 avril 1944** *(Extrait de mon Journal)*

Que s'est-il passé exactement à Saint-Claude et dans une partie du Haut-Jura le dimanche de Pâques 9 avril dernier ? Certains prétendent que toute la région a été mise à feu et à sang. Que des combats terribles ont opposé la Résistance à une division allemande. Beaucoup de nouvelles contradictoires circulent à ce sujet, comme d'habitude. Bien que nous soyons séparés seulement par une centaine de kilomètres de la cité des pipiers, c'est comme si ces graves événements s'étaient déroulés à l'autre bout du monde. Plus de quinze jours après, on ne sait rien de précis sur cette affaire. Le téléphone ne fonctionne plus. Le courrier n'arrive pas. Les Boches encerclent toute cette région du Haut-Pays. Il est impossible d'obtenir, à Dole, des témoignages de première main. On en est réduit une fois encore à la rumeur, aux suppositions...

Un fonctionnaire de l'Inspection des Eaux et Forêts de Dole a rapporté un certain nombre de faits à mon père. Ce bureaucrate les tiendrait d'un de ses collègues saint-claudiens qui serait parvenu à s'échapper de cette ville assiégée. Selon le rescapé, le matin de Pâques à partir de 9 heures, le tambour de ville aurait parcouru les rues de Saint-Claude pour demander à toute la population masculine de la cité pipière, âgée de 16 à 50 ans, de se rassembler sur la place du Pré, sous peine de mort. Des centaines de soldats ennemis auraient ensuite investi la ville, fouillé ses maisons de fond en comble. Des jeunes gens cachés dans les caves ou les greniers auraient été abattus sur place. La Gestapo et la Milice se seraient aussi livrées à des pillages, des incendies et autres actes de violences. A la suite d'un tri brutal effectué parmi les hommes regroupés de force, plus de 300 personnes auraient été emmenées à Bourg-en-Bresse, puis embarquées pour l'Allemagne. Les mêmes événements se seraient également produits à Pâques dans la région de Saint-Laurent-en-Grandvaux où des gens auraient été torturés, massacrés, des villages entièrement rasés... »

A Dole, la répression nazie n'a pas encore atteint cette sauvagerie. Elle continue pourtant à faire ici et là de sanglants ravages. On annonce chaque jour de nouvelles victimes de la barbarie teutonne. Le 13 avril, un inconnu qui circulait à bicyclette au Mont-d'Alans a été abattu sans sommation par une patrouille. Pris pour un saboteur, alors qu'il se trouvait le long de la ligne de chemin de fer Dole-Vallorbe, un garde-voies a été blessé d'une rafale de pistolet-mitrailleur. Marcel P., de Crissey, qui avait falsifié ses papiers d'identité pour se rajeunir afin d'échapper au S.T.O a été arrêté, passé à tabac dans les locaux de la Gestapo et déporté. La police allemande a aussi procédé à l'arrestation de Robert L., l'épicier en gros qui approvisionnait les réfractaires de la Belle-Nanette. Mon père devait passer à son entrepôt pour charger comme d'habitude sur son gazogène un sac destiné aux jeunes cachés dans la forêt de Chaux. Prévenu heureusement à temps, il ne s'est pas rendu au magasin L. Il a aussitôt averti le groupe des insoumis. Celui-ci a gagné un autre refuge. En l'occurrence un maquis récemment constitué dans les bois, aux environs de La Loye.

Comme cela se produit hélas ! de plus en plus souvent, Robert L. a certainement été victime d'une dénonciation. Les gens se méfient pourtant de plus en plus les uns des autres. A présent, on ne fait confiance à personne. Même à son meilleur ami. C'est souvent celui qu'on soupçonne le moins qui se révèle capable des pires infamies. Un jeune de Foucherans vient d'en faire la triste expérience. Réfractaire du S.T.O., il se cachait depuis plusieurs semaines dans les dépendances d'une usine désaffectée. Il continuait cependant à rendre visite à sa fiancée demeurant à Damparis, en traversant nuitamment le bois des Brûleux. Il s'est fait prendre un soir, à proximité de la maison de sa belle après avoir été dénoncé par un soupirant précédemment éconduit par la jeune fille. Le plus odieux dans cette affaire, c'est que le dénonciateur était le propre cousin de la victime.

Sans cette scandaleuse délation, les Allemands seraient incapables de maîtriser la situation en France. D'appréhender les insoumis, de démanteler les réseaux de Résistance. Hélas ! dans la plupart des cas, pour l'arrestation de Robert L., comme pour celles de Charles-Laurent T. ou de Justin P., des Français ont été à l'origine de ces méfaits. On ignore encore aujourd'hui quel sort a été réservé aux trois résistants, car leurs familles respectives sont toujours sans nouvelles d'eux.

Deux rafles ont encore eu lieu à Dole ces jours derniers. Des miliciens français, casqués et armés de mitraillettes prêtaient main forte aux feldgendarmes allemands. Il paraît que ces opérations policières n'auraient pas donné beaucoup de résultats. Ce ne fut pourtant pas par manque de zèle de la part des auxiliaires de l'occupant. Venus spécialement de Dijon pour mener cette opération, les collabos se sont montrés arrogants et hargneux. J'ai été pour ma part contrôlé à deux reprises. La première fois sur le pont Louis XVI, comme d'habitude. A cause de la pluie, ils avaient installé une grande tente où tous les hommes défilaient devant un officier. Celui-ci regardait attentivement nos papiers et consultait une liste de noms sur un registre.

J'ai été contrôlé une seconde fois rue des Arènes, à proximité du Palais de Justice où j'allais retirer des cartes d'alimentation au bureau du ravitaillement. J'ai croisé deux miliciens sur le trottoir. L'un d'eux, un colosse d'au moins un mètre quatre-vingt dix m'a interpellé en ces termes :

– Toi, le Zazou, viens voir un peu par ici !

Le pro-Boche, à la gueule de brute, a regardé un instant mes papiers tandis que son collègue me fouillait. Quand il a constaté que j'étais en règle, le gros m'a quand même donné une bourrade et m'a renvoyé en me disant :

– P'tit con, tâche voir d'aller un peu plus souvent chez le coiffeur ! Autrement, si on te rencontre encore avec des tifs comme ça, on te passera nous-mêmes la tondeuse !

Cette réflexion m'a fait prendre conscience que j'avais effectivement les cheveux longs. C'est la mode des jeunes de mon âge. Ceux qu'on appelle les « J 3 », le numéro de nos cartes d'alimentation, ou d'une manière plus péjorative les « zazous ». Estimant que la menace des deux sbires n'était pas paroles en l'air et qu'il était puéril d'essayer de les narguer, je suis allé le jour même chez le coiffeur. Depuis quelque temps, la plupart de mes copains évitent toute provocation vis-à-vis de l'occupant et de ses laquais. Un simple sourire suffit pour valoir à son auteur une raclée ou une nuit en taule. Nous sommes tellement à leur merci qu'il est inutile d'attiser encore leur hargne par des enfantillages. Si nous continuons à nous gausser des revers subis par les Boches, nous le faisons discrètement.

Ce printemps, il y a de nombreux conciliabules entre jeunes de 15 à 18 ans. Bien que n'étant pas encore directement concernés par le S.T.O., certains envisagent de rejoindre le maquis. D'autres parlent de constituer des groupes de résistance sédentaire. Nous en avons récemment parlé avec Jean P. et Robert F. Le gros problème reste celui des armes. Seul, André M., du Boichot, possède un revolver à barillet venant de l'héritage de son grand-père. Seulement, il n'a pas de cartouches pour s'en servir !

Dans l'intention d'en tirer prestige auprès de mes amis, j'ai décidé d'aller déterrer le dépôt de mousquetons et de Lebel que nous avions dissimulé, en juin 1940, sous les frondaisons de la forêt de Chaux. Je me suis donc rendu sur place pour essayer de retrouver l'endroit. Ça m'a donné bien du mal car en quatre ans, la végétation a beaucoup modifié l'environnement. Lorsque j'ai enfin pu repérer la clairière, j'ai eu la désagréable surprise de constater que la cache avait été récemment visitée ! On avait creusé la terre, emporté toutes les armes et les munitions !

Quelqu'un a donc eu, à peu près au même moment que moi, la même idée. Qui a fait cela ? Est-ce Daniel F., dont on dit que le père et l'oncle sont responsables d'un groupe de F.T.P ? Est-ce Camille G., qui m'a confié le mois dernier, qu'il était décidé à partir au maquis ? N'est-ce pas plutôt Jean B. et son frère Pierre, lesquels participèrent en 1940, à la dissimulation du dépôt ? Il me sera bien difficile de connaître la vérité en cette époque où tout le monde se méfie de tout le monde.

Ma déception est toutefois tempérée par le fait que, finalement, l'objectif que nous nous étions fixé il y a quatre ans est atteint : les mousquetons, les Lebel, les cartouches, vont servir à chasser les Boches de notre pays !

La seule question qui continue à m'obséder, c'est de savoir quand se produira le grand soulèvement national dont on parle avec insistance depuis quelques mois ? On dit qu'à un signal donné par le général de Gaulle, des milliers et des milliers de résistants descendront des montagnes, sortiront des bois et se lanceront partout à l'assaut des garnisons ennemies. Les récentes opérations menées par les nazis dans le Haut-Pays n'auraient pas d'autres raisons que de contrecarrer ce plan insurrectionnel.

Lorsque le soulèvement populaire se produira, l'occupant aura fort à faire. Ses effectifs sont devenus clairsemés. A Dole, selon Jean P. toujours bien renseigné, ils ne disposeraient plus que d'une centaine de soldats. Principalement des vieux et des jeunots. Tous les hommes valides sont partis en direction du front de l'Est ou du Mur de l'Atlantique. Le commandant de la place en serait réduit, comme le firent les généraux spartiates durant les guerres médiques, à promener les deux mêmes véhicules chargés d'une vingtaine de bonshommes casqués et armés, à travers la région doloise, pour essayer de faire illusion sur ses forces.

Pour leurs opérations répressives, les hitlériens bénéficient malheureusement de l'appoint non négligeable des supplétifs de la Milice. Ceux-ci se montrent de plus en plus actifs contre les maquis. Ils arrivent, par ruse, à infiltrer leurs agents dans les rangs de la Résistance. Lorsqu'ils en obtiennent de bons renseignements, ils se livrent à des opérations rapides et meurtrières. Chaque semaine, ces ordures à la solde des Boches démantèlent des réseaux, procèdent à des tortures, des déportations, des exécutions sommaires. Des convois bondés de malheureux voués aux camps de concentration d'outre-Rhin passent fréquemment à Dole. Notre voisin Maurice H., manutentionnaire au P.L.M., nous a raconté une histoire terrifiante.

Il y a une dizaine de jours, alors qu'il était de service, il a remarqué cinq wagons à bestiaux stationnés sur une voie de garage. Des sentinelles SS accompagnées de chiens loups patrouillaient autour des voitures. Par curiosité, malgré le danger, le cheminot s'est approché du convoi, feignant d'accomplir son travail. Il n'a pas été, au début, repéré par les nazis. Par contre les voyageurs qui se trouvaient à l'intérieur des wagons l'ont aussitôt remarqué. Des mains implorantes sont sorties par des interstices. Il a vu des visages aux regards hallucinants apparaître derrière des soupiraux grillagés de fils de fer barbelé. Il a entendu gémir des femmes, pleurer des enfants. Des voix lui ont demandé à boire, d'autres à manger. Maurice H. n'a pas eu le temps de parler à ces pauvres gens car les SS sont arrivés en courant et lui ont, sans ménagement, intimé l'ordre de déguerpir. Selon notre ami, le train est resté stationné deux jours au même endroit. Sans qu'on eût autorisé ses occupants à descendre un instant sur le quai. On ne leur a pas non plus distribué la moindre nourriture, ni même un bidon d'eau. Les cris de détresse des prisonniers ont été perceptibles paraît-il jusque dans l'avenue de Gray. Les cheminots résistants auraient envisagé d'organiser une opération de commando pour délivrer les captifs. Malheureusement, quelques heures avant cette tentative, les wagons maudits ont été rattachés à un autre convoi et sont repartis en direction de Besançon. Le lendemain, au milieu du cloaque des déjections qui avaient coulées sur les voies, Maurice H. a ramassé un papier plié en quatre sur lequel était écrit un message laconique : « Prévenez ma mère que j'ai été arrêtée et que je pars pour l'Allemagne... ». Notre ami n'a même pas pu rendre ce service à la pauvre prisonnière. L'adresse indiquée avait été rendue illisible à la suite de son séjour dans les excréments.

Quand donc cette guerre atroce s'achèvera-t-elle ? Quand ces horreurs cesseront-elles enfin ? On a beau apprendre chaque jour par la rumeur publique des choses de plus en plus abominables, on ne se fait pas à cette cruauté, à cette folie meurtrière, à cette misère. Nous vivons à une époque où la force fait table rase de toutes les lois, de tous les usages qui régissaient l'existence des nations civilisées. La vie de chacun d'entre nous est entre les mains du hasard. A chaque instant, nous pouvons être pris dans une rafle, victimes d'une fusillade. Notre destin se joue au petit bonheur la chance.

Pour tenter de me soustraire à ce climat d'incertitude et d'angoisse, je me plonge dans la lecture de « A la recherche du temps perdu » de Marcel Proust. Ce beau titre m'avait attiré en me laissant à penser que j'y trouverais un dérivatif à mes tourments présents. Hélas ! il y a un tel hiatus entre cette histoire et les temps actuels que je ne parviens pas à lui trouver de l'intérêt. De plus, le style de Proust est si alambiqué que je suis obligé de relire plusieurs fois la même page pour comprendre ce qu'il a voulu exprimer.

A vrai dire, il nous devient à tous de plus en plus difficile de nous libérer d'une obsession : celle de la date du débarquement. Nous y pensons, nous en rêvons sans cesse. Or, en dépit des bobards qui annoncent périodiquement cet événement, rien ne se produit. Les semaines, les mois passent et nous n'assistons toujours pas à l'ouverture du second front. Cette incertitude mine notre moral. Elle nous fait ressentir notre insignifiance, notre dépendance à des entités lointaines dont les décisions pèseront lourd sur notre avenir. Toutes les prévisions stratégiques, les suppositions faites par certains prophètes, les affirmations de gens soit disant bien informés ne sont que des affabulations. La vérité, c'est que personne ne connaît ni le jour ni le lieu du débarquement. Tout ce qu'on raconte à ce sujet s'apparente aux propos des cafés du commerce.

Les Boches et leurs porte-plumes des journaux collaborationnistes ne se privent d'ailleurs pas de brocarder ceux qui parlent de l'imminence du débarquement. Ils se moquent aussi du Premier ministre britannique lequel avait eu l'imprudence de déclarer au début de cette année lors d'une interview à un journal américain :

« Avant le milieu de mars, le monde sera témoin d'une des plus grandes entreprises militaires que l'Histoire ait jamais connue ! »

Il y a belle lurette que cette date est dépassée et nous n'avons toujours pas assisté à cette extraordinaire opération. Un chansonnier qui exerce son talent fielleux sur les ondes de Radio Paris ridiculise Churchill et ses tergiversations en parodiant une rengaine à la mode :

« J'y va-t'y
J'y va-t'y pas...
J'y va-t'y ?
Si j'y va pas,
Staline dira
Qu'j'en ai pas !

Si j'y va
On m'les coupera !
Alors, tant pis, j'y va pas ! »

Même parmi les sympathisants de la Résistance, les atermoiements Alliés commencent à être sévèrement jugés. Certains ne sont pas loin de penser que les anglo-américains ont peur d'un échec. L'affaire ne sera pas une partie de plaisir. J'ai lu récemment dans le journal allemand « Signal » un reportage illustré de nombreuses photographies montrant les gigantesques fortifications du Mur de l'Atlantique. Toutes les côtes françaises faisant face à l'Angleterre ont été parsemées d'énormes blockhaus, les plages truffées de mines sont balayées par des canons et des mitrailleuses. De quoi décourager les envahisseurs les plus déterminés.

Bien que cette incertitude mette notre moral à rude épreuve, l'humour n'a heureusement pas complètement perdu ses droits. Puisque nous ne pouvons pas influer sur le cours de notre destin, nous en parlons avec dérision. C'est ainsi que pour annoncer l'arrivée de leur cycle menstruel, les Françaises ne disent plus : « J'ai mes règles ! », mais « Mes Anglais ont débarqué ! »

## LE GRAND JOUR !

**Mardi 6 juin 1944** *(Extrait de mon Journal)*

« Notre poste de T.S.F. étant malencontreusement tombé en panne depuis une semaine (une lampe grillée), c'est par Louis S., notre voisin cultivateur que j'apprends la nouvelle du débarquement allié sur les côtes de Normandie. Radio Sottens aurait annoncé l'événement ce matin.

« Tant de fausses rumeurs ont déjà circulé à ce sujet depuis plusieurs mois que je reste perplexe lorsque Louis S. me rapporte cette information. Néanmoins troublé, je me rends chez mon vieil ami M. Gustave S. lequel me confirme avoir lui-même entendu la nouvelle. Il tempère aussitôt mon enthousiasme en me faisant ressortir que ça n'est pas parce que les Anglo-américains ont débarqué quelque part en France que l'opération a réussi. Pendant des heures, peut-être des jours, la situation des Alliés risque d'être critique. Il leur faudra du temps pour consolider leur tête de pont face à l'armée allemande qui fera tout pour les rejeter à la mer.

« Le réalisme de M. S. me déçoit un peu, mais je suis quand même transporté de joie à l'idée qu'aujourd'hui le sort de la France et sans doute celui de toute l'Europe est en train de se jouer.

« Une nouvelle fois il va falloir nous armer de patience. Attendre ! Encore et toujours attendre ! Cette perpétuelle expectative m'excède. Elle me rappelle l'histoire que j'ai lue récemment dans un livre : celle d'un voyageur perdu au milieu d'un désert, qui croit voir apparaître à l'horizon une oasis salvatrice alors qu'il ne s'agit que d'un mirage... »

Réalisant à quel point la T.S.F. me fera défaut en cette cruciale journée, M. et Mme S. m'invitent à partager leur déjeuner. Il m'est ainsi permis d'écouter, quelques heures après, de mes propres oreilles, le bulletin d'information de la radio suisse.

Cette fois ça y est ! Le Grand jour est bien arrivé !

D'une voix grave, empreinte d'émotion, le speaker helvétique donne lecture d'un communiqué transmis depuis Londres par le Haut Etat-Major Allié :

« Sous le commandement suprême du général Eisenhower, les forces navales Alliées, soutenues par de puissantes forces aériennes, ont commencé ce matin à débarquer des armées sur la côte nord de la France ... »

Sans préciser très exactement le lieu du débarquement, le commentateur suisse fournit aussitôt un certain nombre de renseignements qui permettent, selon différentes sources, de situer les opérations en cours, entre Cherbourg et Le Havre. Il parle de plusieurs milliers de bateaux, de dix mille avions, de cent cinquante mille hommes de troupes, de divisions blindées et aéroportées, d'un vaste soulèvement des Forces françaises de l'intérieur. Tous ces détails ne nous laissent à présent aucun doute quant à l'importance de l'événement.

J'exulte littéralement en écoutant ces nouvelles. M. Gustave S. ne cache pas lui-même sa propre joie. A l'aide d'une carte, il essaie de localiser le lieu de l'invasion. Il pense que les Alliés vont chercher à s'emparer rapidement d'un grand port pour y débarquer du matériel et de l'armement lourd. Il calcule ensuite la distance séparant la Normandie de Paris. Il est beaucoup plus optimiste que ce matin. Il estime qu'en un mois, si tout se passe bien, notre capitale devrait être libérée. Pour nous, en Franche-Comté, ce sera un peu plus long car nous sommes loin du théâtre des opérations. Toutefois, il n'exclut pas que l'Allemagne, désormais prise en étau entre les Anglo-américains et les Russes, capitule rapidement. D'autant plus qu'en raison des bombardements incessants des aviations alliées, il lui est très difficile de reconstituer son potentiel économique et militaire.

M^me^ S. a été elle aussi bouleversée par l'annonce du débarquement. L'émotion accentue son tic émouvant – un perpétuel hochement de tête – elle a les larmes aux yeux. Sans doute songe-t-elle à cet instant à son fils unique, André, prisonnier dans un oflag et dont elle n'a pas reçu de nouvelles depuis plusieurs semaines. Elle espère qu'il sera de retour au Poiset avant l'automne prochain.

En revenant à la maison, j'informe maman des nouvelles que je viens d'apprendre. Elle partage aussi ma joie, tout en la tempérant un peu. Elle me rappelle que dans sa jeunesse, pendant la guerre 1914-1918, les gens de sa génération furent plusieurs fois déçus en croyant à la fin toute proche du conflit, alors qu'il se prolongea encore durant de longs mois avec son cortège de mort et de misère.

Il y a une quinzaine de jours, je me suis lancé présomptueusement dans la rédaction d'un roman. J'avais écrit jusqu'ici un certain nombre de contes, de nouvelles et surtout des poésies, mais jamais encore une œuvre d'une telle ampleur. Cette histoire quelque peu autobiographique porte le titre provisoire de « A l'abandon » (1). J'en ai rédigé les trois premiers chapitres avec assez de facilité, mais à présent, j'ai du mal à continuer. Je me rends compte des difficultés du métier d'écrivain. Il faut dire que je ne suis pas en très grande forme physique et intellectuelle. Le docteur B. notre médecin de famille, a diagnostiqué que je souffrais d'un début de mal de Pott, engendré par une carence alimentaire. Les événements actuels ne sont pas non plus très favorables à l'éclosion d'une vocation de romancier. Aujourd'hui, je suis tellement excité par l'annonce du débarquement que, sans la discipline que je me suis imposée, je ne prendrais même pas la plume pour consigner sur mon carnet le récit du déroulement de cette mémorable journée.

---

(1) « A l'abandon » devait paraître en feuilleton quelques années plus tard dans le journal « L'Indépendant du Haut-Jura ».

S'il m'a semblé désespérément long en raison de mes ennuis de santé, le mois qui vient de s'écouler a été jalonné d'événements dramatiques dont j'ai conservé trace dans mon « Journal ». Celui qui a le plus ébranlé Dole, au sens propre comme au sens figuré, c'est l'attentat de la Résistance contre la caserne de Brack, le 3 mai dernier.

Ce mercredi-là, j'étais descendu au centre ville pour me rendre en consultation chez le docteur B., place de la sous-préfecture. En arrivant devant la salle des fêtes, en bordure du canal des Tanneurs, j'ai entendu soudain une série d'explosions. Comme elles étaient assourdies, j'ai pensé tout d'abord qu'il s'agissait des échos d'un lointain bombardement. Nous nous sommes en effet habitués depuis quelques années, à ces grondements en provenance de lieux indéterminés, qui sont, hélas ! souvent les échos des drames vécus par les habitants de cités amies subissant des raids de l'aviation alliée. Ce fut notamment le cas du Creusot, de Dijon, de Besançon... Sur le moment, nous plaignons beaucoup nos voisins, mais il se passe chaque jour tant et tant de tragédies à travers le monde, que d'apprendre le nombre de morts et de blessés qu'elles engendrent ne suscite pas longtemps notre compassion. La guerre implacable nous rend égoïstes. Elle nous caparaçonne d'une sorte de cuirasse, nous frappe d'une curieuse cécité vis-à-vis du malheur des autres. Nous laisse indifférents devant les statistiques macabres.

Je poursuivis donc mon chemin, ce 3 mai 1944, sans me préoccuper de l'origine de ces explosions, lorsque vers 14 h 30, en traversant la petite place de l'Ancienne Poste, une détonation terrifiante, comme Dole n'en entendit sans doute jamais d'aussi forte au cours de son histoire, secoua la ville. On eut dit qu'une montagne venait de s'écrouler. Le sol trembla sous mes pieds. Je sentis le souffle d'un formidable déplacement d'air dévalant la rue des Arènes. Il fit voler en éclats sous mes yeux les vitrines de plusieurs magasins. En particulier celle du débit de tabacs « La Civette » et d'une mercerie voisine. Pourtant, ces glaces étaient renforcées depuis le début de la guerre par des bandes de papier gommé !

L'explosion fut suivie d'un silence étrange et prolongé. Comme si la vie s'était brusquement arrêtée à travers la ville. Je restai pétrifié sur place pendant plusieurs dizaines de secondes. Je levai les yeux vers le ciel pour chercher la présence de l'avion qui aurait pu être à l'origine de ce bruit effroyable en lâchant une bombe.

Bientôt, tous les commerçants et leurs employés se retrouvèrent sur les trottoirs et commencèrent à s'interroger pour tenter de savoir ce qui venait de se passer ? Des gens se disant bien renseignés, comme il s'en trouve toujours dans ces cas-là, émirent l'hypothèse qu'il s'agissait d'un bombardement de la gare de triage. D'autres, d'un attentat contre un train de munitions. Un long panache de fumée noire en provenance de l'avenue de Chalon ne tarda pas à démentir ces suppositions : l'explosion ne s'était pas produite dans le quartier de la gare mais au sud de la ville !

Quelques instants plus tard, lorsque j'arrivai à proximité du cabinet du docteur B., celui-ci sortit en trombe de sa maison. Il me lança au passage :

« Reviens demain. Une catastrophe vient de se produire dans le quartier de la caserne de Brack. Il y a des morts et des blessés. On a réquisitionné tous les médecins ! »

N'ayant rien d'autre à faire, je dirigeai aussitôt mes pas vers les lieux du sinistre. J'y fus témoins d'une vision dantesque. Sur un périmètre d'au moins deux hectares, il ne restait plus un seul immeuble intact. Depuis le carrefour de l'avenue de Paris jusqu'à la rue Général-Lachiche, une quinzaine d'incendies ravageaient les maisons. La chaussée était jonchée de débris, l'air saturé d'une fumée dense, jaunâtre, qui prenait à la gorge. Des poutres, des tuiles avaient été projetées jusque sur le Champ de Foire !

Les pompiers, déjà sur place, n'opposaient que des moyens dérisoires au sinistre. Des équipes de secouristes de la Croix Rouge et de la Défense passive commençaient à évacuer les victimes. Je vis passer sur une civière une femme aux vêtements en lambeaux. Elle paraissait morte. Sur un autre brancard, un blessé atteint à la poitrine râlait en crachant le sang.

Une foule de plus en plus nombreuse affluait du centre de la ville. Un homme parla d'un attentat qui avait visé un dépôt de munitions situé dans l'enceinte de la caserne de Brack. Nous eûmes bientôt confirmation de cette nouvelle en voyant arriver deux ambulances de la Wehrmacht qui prirent ensuite à toute vitesse la direction de l'Hôpital Pasteur. Il y avait donc aussi des victimes parmi les Boches !

Peu après, des feldgendarmes et des Miliciens armés de mitraillettes établirent un périmètre de sécurité en barrant l'avenue de Chalon à hauteur de la rue Sombardier, repoussant sans ménagement les curieux qui tentaient de voir les dégâts infligés à la caserne . En ce qui concernait par contre la partie extérieure au mur d'enceinte de l'édifice militaire, l'accès fut autorisé à tous ceux qui désiraient prêter main forte aux sauveteurs. Comme un certain nombre de copains du Collège Moderne présents sur les lieux, j'offris spontanément mes services et je fus aussitôt intégré à une chaîne de bénévoles occupés à dégager de dessous les décombres d'un immeuble de pauvres gens que l'on entendait hurler ou gémir. La maison dévastée ne brûlait pas, contrairement à beaucoup d'autres. Elle s'était effondrée d'un bloc sur ses assises. Avec ses portes, ses fenêtres défoncées, ses plafonds crevés, ses meubles brisés, ses matelas éventrés exhibant leurs entrailles de crin et de laine, elle offrait un spectacle affligeant.

Nous travaillâmes pendant plus de deux heures sous la direction d'un contremaître municipal qui sut tempérer notre impatience et nous éviter de commettre des imprudences qui eussent provoqué des éboulements meurtriers sur ceux que nous voulions sauver. Finalement, par un étroit boyau, deux secouristes de la Croix Rouge parvinrent à se faufiler jusqu'à un réduit à peu près intact où se tenaient deux vieilles dames miraculeusement indemnes qui furent non sans peine dégagées de leur prison. D'autres n'eurent pas cette chance. Au même moment, on sortit de dessous les décombres fumants d'une maison voisine les corps inertes d'une famille de trois personnes. Il s'agissait de M. Georges B., sous-brigadier au commissariat de police de Dole, de son épouse et d'un de leurs enfants âgé de deux ans et demi.

Le bilan de l'explosion, tel qu'il fut plus ou moins connu les jours suivants s'est soldé par quatre morts, dix blessés civils et au moins six Boches tués. Tous ces chiffres sont bien sûr approximatifs. Surtout en ce qui concerne les pertes de l'occupant.

Est-ce la conséquence de l'attentat contre le dépôt de munitions de la caserne de Brack ? De l'intensification des actions de la Résistance dans la région ? La garnison allemande de Dole vient d'être considérablement renforcée par l'arrivée de ceux que nous appelons les « Cosaques ». Il s'agit d'une unité de l'armée Vlassov, ce général soviétique rallié aux Hitlériens, qui ambitionnerait de devenir le nouveau Tsar russe. Cette armée de supplétifs a pris possession des bâtiments des Cités des Polonais au Poiset, de la propriété

Baille rue du Val d'Amour. Son état-major s'est installé au Château de Crissey. Avec mon ami Jean P., alors que nous allions pêcher dans le Doubs, près de l'usine électrique, nous les avons vus arriver par la route du Boichot. Il s'agit d'une forte unité de cavalerie montée sur de petits chevaux à crinières et queues flottantes. Les hommes, dont beaucoup sont de type asiate, portent l'uniforme allemand, mais ils ont des cheveux longs, des barbes, et sont coiffés de toques de fourrure. Ils sont tous armés d'étranges mitraillettes à segment circulaire que mon ami Jean a aussitôt baptisé « mitraillettes à camembert ». Leur matériel et caissons à munitions suivent la troupe sur de minuscules voitures hippomobiles à arceaux. Des juments et des poulains accompagnent le convoi, sans être entravés, comme s'il s'agissait des animaux d'un cirque ambulant. Cette étrange cohorte ressemble plus à une bande de brigands qu'à une armée moderne. Nous les avons vus mener leurs chevaux boire dans le lit du Doubs, montés à cru sur le dos des bêtes, en poussant des cris stridents pour les faire avancer. Pendant ce temps, d'autres faisaient maladroitement de la bicyclette dans les allées du château, complètement nus, à l'exception du ceinturon et de la baïonnette. La section veillant sur la sécurité de l'état-major campe sous des tentes, dans le parc. Chaque soir, les Russes se rassemblent autour d'un grand feu et chantent jusqu'à minuit des airs monotones et caverneux en s'accompagnant à l'accordéon et à la balalaïka.

La présence des soudards aux yeux bridés n'est pas rassurante. Comme ce sont eux qui patrouillent désormais à cheval dans les rues de Dole, le couvre-feu n'a jamais été aussi bien respecté par nos concitoyens depuis le début de l'occupation. Ils ont la gâchette facile et, comme ils ne parlent ni le français, ni même l'allemand, il n'est pas question de leur expliquer quoi que ce soit. Ils rossent tous ceux qu'ils rencontrent après l'heure et les emmènent ensuite à leur cantonnement, les mains liées, attachés par une corde à la queue de leurs chevaux.

Depuis leur arrivée, les Russes ont participé à plusieurs arrestations. Notamment celle d'Armand M., de Rahon, qu'on surnomme le « Raboliot des Goubots » accusé d'aider la Résistance. Ils ont été aussi impliqués dans l'affaire du Port, la découverte d'un dépôt d'armes dans des baraquements appartenant à M. V. De nombreux résistants auraient été appréhendés au cours de cette opération.

Le cycle infernal attentat-répression n'a fait que croître de jour en jour ces derniers mois. A présent, on entend chaque nuit retentir des explosions. On apprend, le lendemain, la destruction de pylônes électriques, de locomotives, de dépôts, de véhicules allemands... Pour essayer de contrecarrer l'action des « terroristes », les Boches se montrent de plus en plus féroces. Ils ont arrêté récemment un habitant du faubourg de Gray soupçonné de sabotage et l'ont odieusement torturé. Le malheureux se serait pendu dans sa cellule pour ne pas parler. On dit que certaines nuits, dans les locaux de la Kreiskommandantur, place Grévy, on entendrait hurler des gens martyrisés. Qu'on crèverait les yeux de certains détenus. Un pompier dolois ayant participé le 3 mai dernier à l'extinction du sinistre qui s'était déclaré à l'intérieur des bâtiments de la caserne de Brack, a rapporté à mon père qu'il avait vu des gens d'aspect squelettique, recroquevillés dans des espèces de niches en briques. Ce seraient des suspects que les nazis laisseraient mourir de soif et de faim.

La période troublée que nous traversons donne aussi, hélas ! à de vrais bandits l'occasion d'opérer leurs méfaits, soit dans un camp, soit dans l'autre.

Outre les affidés français de la Gestapo et de Milice, il existe aussi ce qu'on appelle des « faux maquisards ». Ce sont des gangsters qui, sous couvert de la Résistance s'attaquent aux bureaux de poste, aux perceptions, aux débits de tabac. Ils rançonnent aussi les commerçants, les paysans aisés, dévalisent les gens sur la route. L'état-major des F.F.I. aurait donné des instructions à ses partisans pour endiguer cette délinquance qui ternit son image.

**6 Juin 1944 - 22 h 30** *(extrait de mon Journal)*

« Je reprends la plume avant d'aller me coucher. Ce soir, mon père est rentré du travail en rapportant une précieuse lampe pour notre poste de T.S.F., qu'il a pu se procurer auprès d'un réparateur radio de Salins. Nous avons pu capter à nouveau Sottens et la B.B.C. Cette station vient de diffuser un extraordinaire discours du général de Gaulle dont j'ai retenu la première phrase que je m'empresse de noter ici : «La bataille suprême est engagée ! ». En écoutant la voix grave et prenante de celui qui, depuis juin 1940, n'a jamais cessé de croire en l'avenir de la France, j'ai senti un frisson courir le long de mon échine. A présent, je suis redevenu optimiste. La fin de la guerre n'est sans doute plus qu'une question de semaines. Peut-être seulement une question de jours ! »

## AU MAQUIS POUR FAIRE LES PLUCHES !

**Mercredi 12 juillet 1944** *(Extrait de mon Journal)*

« J'écris ces lignes à la fraîche, à la fin d'une journée au cours de laquelle mon père et moi avons vécu une aventure bien décevante ».

Tout a commencé hier soir, lorsque Gabriel F., un voisin, est venu nous prévenir d'un danger. Cet ami, originaire de la région d'Orgelet, où il a encore des parents, nous a appris que l'unité de l'armée Vlassov que nous avions vu quitter Dole le samedi 8 juillet en direction de Lons-le-Saunier, allait regagner sa base de départ après avoir été sévèrement étrillée par la Résistance dans les environs de Moirans-en-Montagne. Nous avions su, dès le 9, par la famille M. du Deschaux, que cette bande de sauvages s'était livrée dans ce village, ainsi qu'à Villers-Robert et à Tassenières à toutes sortes d'exactions contre les habitants, à la suite d'une embuscade tendue par les maquisards de la région dans les bois de Rahon. Après avoir arrêté une soixante d'hommes en les prenant comme otages, les « cosaques », encadrés par des officiers SS, en ont fusillé une demi douzaine en cours de route, à proximité de Saint-Germain-les-Arlay. Ils ont aussi incendié de nombreuses maisons. La sinistre cohorte n'a plus cessé ensuite de commettre des exactions sur son passage. Toutefois, en arrivant dans le Haut-Pays, elle aurait été l'objet d'un harcèlement constant de la part des F.F.I. Ceux-ci lui auraient infligé des pertes sévères en l'obligeant à rebrousser chemin.

« Selon Gabriel F., les Vlassov en retraite allaient traverser notre quartier dans la journée du 12. Compte tenu de leur hargne à la suite des revers subis, il était à craindre qu'ils ne se livrassent à d'autres excès en arrêtant de nouveaux otages. Nos maisons respectives se trouvant situées en bordure de la route nationale empruntée par les Cosaques, nous devions redouter le pire. Il nous conseilla donc de quitter momentanément Le Poiset et de l'accompagner dans la forêt de

Chaux où il connaissait l'emplacement d'un maquis que son beau-frère avait intégré quelques semaines plus tôt.

« Bien que maman ne fût pas tellement d'accord de nous voir partir, papa et moi arrivâmes cependant à la convaincre qu'il valait mieux nous éloigner quelques temps de la maison pour ne pas risquer d'être arrêtés par la horde des sauvages en déroute »

Ce matin, à la pointe de l'aube, bien avant la levée du couvre-feu, Gabriel F. est venu nous chercher. Après avoir embrassé ma mère, dont les larmes m'émurent, nous avons pris, tous trois directement à travers champ, la direction de la lisière de la forêt de Chaux distante d'environ deux cents mètres de notre habitation. Nous emportions chacun dans un sac à dos, quelques vêtements de rechange, des affaires de toilette, un peu de nourriture et une couverture.

Une belle journée d'été s'annonçait. Les premiers rayons du soleil commençaient à éclairer la cime des arbres. Nous avons d'abord emprunté la route forestière du Grand Contour jusqu'au croisement de celle des Prés Godard. En arrivant à ce carrefour, nous avons vu surgir soudain des taillis deux civils armés de mitraillettes, dont nous n'avions pas décelé la présence. Ils nous ont intimé l'ordre de nous arrêter. Gabriel F. a parlementé avec eux et s'est recommandé de son beau-frère qu'ils connaissaient, ce qui a facilité le contact.

Nous avons ensuite accompagné l'un des deux maquisards à travers les sous-bois, jusqu'à une clairière ombragée par de grands chênes sous lesquels étaient dressées cinq tentes et quatre cabanes de branchages. Une vingtaine de gars occupaient les lieux. La plupart d'entre eux étaient encore couchés sur des litières de fougère.

Au début, personne ne s'est intéressé à notre arrivée. Le parent de Gabriel F. n'était pas présent au camp, mais en mission, avec le chef du maquis et un certain nombre d'autres hommes. Un grand barbu d'une trentaine d'années, qui semblait avoir une certaine autorité sur ses camarades, a fini par s'enquérir des raisons de notre venue. Il nous a demandé si nous avions apporté des armes ou des munitions avec nous. Comme nous répondions négativement, il a fait la grimace et déclaré que le chef aviserait de notre sort lorsqu'il regagnerait la clairière.

La matinée s'est passée dans le calme. Nous avons été très étonnés en constatant qu'il n'y avait pas beaucoup d'ordre ni de discipline dans les rangs des maquisards. Ils paraissaient aussi désœuvrés que nous. A un moment donné, ils se sont chicanés lorsqu'il s'est agi d'aller chercher des bidons d'eau à une source voisine. Ils étaient tous hirsutes, passablement sales, avec des barbes broussailleuses et des vêtements déchirés. Leur armement était des plus restreint et disparate. Quelques mitraillettes, des fusils de chasse, deux ou trois revolvers et des grenades quadrillées.

Vers midi, le gradé nous a demandé :

– Vous avez des couteaux ?

Sur notre réponse affirmative, il a ajouté :

– Bon, alors vous allez faire les pluches !

Nous avons tous trois attaqué un sac de patates et permis un peu plus tard au cuistot de préparer des frites dans une grande bassine d'huile chauffée au feu de bois. Nous avons ensuite partagé le repas du groupe et échangé quelques propos avec les maquisards, la plupart originaires de Salins et d'Arbois. Ils nous ont confié qu'ils espéraient recevoir prochainement un parachutage d'armes mais qu'en attendant ils ne pouvaient guère tenter d'opérations importantes contre les Boches.

L'après-midi, Gabriel F., mon père et moi avons fait une longue sieste à l'ombre d'un chêne. Le chef du maquis est revenu vers 17 heures, accompagné de six hommes, dont le beau-frère de notre ami. Ils paraissaient tous fourbus par une longue marche et assoiffés. Ils se sont d'abord désaltérés en buvant l'eau des bidons provenant de la source, puis le responsable du groupe, un type blond, portant des lunettes rondes cerclées de fer et un bouc, a commencé par secouer son monde en braillant. Il a envoyé deux gars relever les sentinelles de garde au carrefour des Prés Godard. Il a apostrophé son adjoint en lui reprochant le laisser-aller du camp :

– C'est un vrai bordel ! Je viens encore de marcher sur une merde au milieu du sentier ! Tu pourrais quand même dire aux gars qu'ils aillent chier ailleurs !

Après ces propos bien « sentis », il nous a avisés.

– Qui c'est ceux-là ? a-t-il demandé

Mon père a pris la parole pour expliquer les raisons de notre présence. L'autre a aussitôt levé les bras :

– Vous n'avez rien à foutre ici ! Le maquis, c'est pas l'armée du Salut ! Si les Boches vous flanquent la trouille, la forêt de Chaux est assez grande pour vous y planquer !

Comme le beau-frère de Gabriel F. intervenait, assez mollement, en notre faveur, le chef s'est un peu calmé. Il nous a observé tous trois en nous jaugeant. En ce qui me concerne, ma maigreur extrême, mon teint pâlichon n'ont pas du lui inspirer tellement confiance quant à mes capacités physiques. Il a secoué la tête et dit, d'un ton plus calme :

– Non les gars, je ne peux pas vous garder avec nous. On manque d'armes, on n'a pas assez à bouffer. Ici, la vie, c'est pas une partie de plaisir. On est sans arrêt en train de déménager. on se tape des kilomètres et des kilomètres à travers bois. Le mieux, c'est que vous rentriez chez vous...

Mon père et notre ami Gabriel n'ont pas insisté. Nous sommes donc revenus tous les trois au Poiset, après cette expédition décevante. Ma mère a été très contente de nous revoir. D'autant plus qu'il ne s'était rien passé de grave dans le quartier durant la journée.

Ce soir, en rapportant notre aventure sur mon carnet, je suis plutôt désabusé. Après ce que j'ai vu dans la forêt de Chaux, je me demande si cette armée de la Résistance dont on parle tant n'est pas un leurre. elle ne me paraît guère de taille à affronter les Boches et à les chasser de la région. J'aurai en tout cas vécu une expérience peu commune. Plus tard, lorsqu'on me demandera si j'ai été au maquis, je pourrai répondre : « Oui... mais pour y faire les pluches ! »

Cette désillusion s'ajoute pour moi à beaucoup d'autres. Les événements n'ont, en effet, pas évolué aussi favorablement que je l'espérais le 6 juin dernier. Certes, depuis leur débarquement, les Anglo-américains ont quelque peu élargi leur tête de pont. Ils ne risquent plus d'être rejetés à la mer. Cependant, ils n'ont pas beaucoup progressé. Plus d'un mois après, ils restent toujours confinés sur le territoire de la Normandie. Les prévisions optimistes de mon vieil ami M. Gustave S. ne se sont pas réalisées. La Wehrmacht ne s'est non seulement pas effondrée mais résiste au contraire pied à pied face aux envahisseurs. A ce rythme, les troupes alliées mettront des mois à atteindre Paris. Sur le front de l'Est, les Russes progressent un peu plus rapidement, mais les Boches ne sont pas encore à genoux. Une chose est sûre : notre délivrance n'est pas pour demain. Ça n'est pas non plus ce que j'ai vu aujourd'hui dans la forêt de Chaux qui me donne l'espoir d'une libération prochaine par les F.F.I. Il s'écoulera du temps avant que les maquisards soient mieux armés, disciplinés et aguerris.

En attendant, l'occupant et ses laquais continuent de sévir en toute impunité. Chaque jour, des innocents sont abattus au hasard des rues d'une rafale de mitraillette. Les patrouilles de « cosaques » ont la gâchette de plus en plus facile. L'appariteur municipal a claironné récemment dans tous les quartiers de la ville un avis précisant que : «Toutes les personnes qui seront interpellées sur la voie publique devront rester immobiles et lever les bras. Elles ne devront, en aucun cas, porter leurs mains dans leurs poches ! »

Les arrestations se poursuivent. Nous avons appris celle des frères G., deux Dolois d'origine suisse, propriétaires d'une importante fromagerie industrielle à Dole. Ils auraient apporté leur concours à la Résistance, hébergé notamment dans les bâtiments des « Orphelins » qui leur appartiennent, avenue de Chalon, des agents anglais qui communiquaient avec Londres au moyen d'un poste radio clandestin. Marcel B., de La Bedugue, employé dans les caves d'affinage de gruyère situées sur les lieux, a rapporté à Charles R., notre voisin, quelques détails concernant cette tragique affaire.

Le 26 juin dernier, sans doute encore à la suite d'une dénonciation, les Allemands ont cerné les « Orphelins ». Malgré la soudaineté de l'opération, l'agent anglais récemment parachuté dans la région ainsi que les résistants qui l'accompagnaient, ont eu le temps de grimper dans le grenier du bâtiment et de s'y dissimuler entre un double-plafond spécialement aménagé à cet effet. Les Chleuhs ont commencé à fouiller la maison, au début sans succès. Malheureusement, au cours de la perquisition, un des patriotes a fait du bruit. Alertés, les Boches se sont mis à tirer en l'air. L'une de leurs balles a blessé l'un des résistants cachés dans le grenier. Son sang s'est mis à couler goutte à goutte du plafond sur la table de la cuisine. Les Fritz ont vite compris où étaient les gens qu'ils recherchaient. Se voyant pris, pour ne pas risquer de parler sous la torture et de révéler à la Gestapo les secrets dont il était dépositaire, l'agent anglais s'est suicidé en avalant le contenu d'une ampoule de poison. A l'exception d'un seul qui a pu leur échapper, les Allemands ont appréhendé tous les membres de ce groupe clandestin et les ont aussitôt transférés à Dijon pour les interroger. Ils ont arrêté aussi par la suite le docteur M. chirurgien de la Clinique du Parc de Scey, coupable d'avoir soigné l'un des résistants blessé au cours de l'opération. Celui qui avait réussi à s'enfuir. Quant à l'Anglais, ils l'ont fait inhumer discrètement au cimetière Nord où sa tombe est depuis lors couverte de fleurs par la population doloise. Les F.F.I. y ont aussi fait déposer une grande gerbe tricolore arborant la croix de Lorraine.

Cette tragique affaire n'est malheureusement pas la seule à endeuiller la région. Chaque jour, on apprend la mort de telle ou telle personne arrêtée. D'autres sont torturées, puis déportées. Il suffit parfois d'une simple malchance pour être victime de la sanglante répression nazie. Ce fut récemment le cas d'un jeune garçon des environs de Saint-Jean-de-Losne qui circulait à bicyclette sur le chemin de halage entre Abergement-la-Ronce et Belvoye. Le malheureux, sourd et muet de naissance, a été tué d'une rafale de pistolet-mitrailleur parce qu'il n'avait pas obtempéré, et pour cause, aux injonctions des fedgendarmes qui lui ordonnaient de s'arrêter.

Beaucoup de ces drames restent ignorés. Les informations se font de plus en plus rares et sont difficilement vérifiables. Il est probable que de nombreux massacres sont perpétrés en secret. Plus tard, on découvrira sans doute d'autres corps dans les bois, dans des fosses communes. Toutes les nuits, on entend crépiter ici et là des mitraillettes. Accompagnées du piétinement des chevaux des patrouilles montées, du cliquetis des mors et des armes, ces rumeurs guerrières rythment désormais nos cauchemars quotidiens.

La férocité dont font preuve les Hitlériens, la terreur aveugle qu'ils font régner est générale à travers toute la France. Un tract clandestin nous a appris récemment que dans le sud-ouest, ils auraient sauvagement massacré les centaines d'habitants d'un village appelé Oradour-sur-Glane. Ils auraient fusillé les hommes, brûlé les femmes et les enfants à l'intérieur de l'église. A présent, l'occupant aux abois ne respecte non seulement plus les lois de la guerre avec ceux qui le combattent les armes à la main, mais il s'en prend aux populations civiles innocentes. Jusqu'où sa folie meurtrière ira-t-elle ?

Depuis quelques temps, la peur commence pourtant à régner aussi dans le camps ennemi. Ceux qui lui ont jusqu'ici léché les bottes risquent leur vie à leur tour. Un certain nombre de collaborateurs notoires ont été abattus par des commandos de la Résistance. Ce châtiment mérité vient d'être infligé au traître Philippe Henriot. Ce journaliste félon, au redoutable talent oratoire, qui finissait par ébranler l'opinion des non-engagés, était devenu ministre de l'information du gouvernement de Laval. Une quinzaine de F.F.I., déguisés en miliciens sont parvenus à s'introduire à son domicile. Ils l'ont abattu sous les yeux de sa femme. Ce salaud, qui incitait les Français à faire cause commune avec les Boches contre les Alliés a eu la fin qu'il méritait !

Loin de les inciter à réfléchir et à réviser leur scandaleuse opinion, les collaborateurs dolois ont au contraire fait célébrer une messe à la mémoire de Philippe Henriot. Cet office provocateur auquel assistaient de nombreux officiers ennemis, une escouade de Miliciens et plusieurs militants locaux du P.P.F. a été perturbée par l'explosion d'un engin, en pleine cérémonie. L'attentat n'a causé que des dégâts insignifiants à l'intérieur de la Collégiale Notre-Dame, mais il a semé une belle pagaille dans les rangs des Hitlériens. Une femme hystérique a apostrophé le commandant allemand de la place en ces termes : « Mais enfin, qu'est-ce que vous faites ? Vous ne pouvez donc pas nous débarrasser de cette vermine ? Vous connaissez pourtant les coupables ! Il faut tous les fusiller ! Sinon, c'est eux qui le feront ! ». On dit que cette harpie serait l'épouse du capitaine A., commandant la compagnie locale de la gendarmerie française.

A la suite de l'attentat, la Gestapo a perquisitionné dans les locaux de la cure et dans un certain nombre de congrégations religieuses. Depuis l'arrestation en février 1941 du chanoine N. et de plusieurs de ses jeunes vicaires, le clergé dolois n'est pas en odeur de sainteté auprès de l'occupant et dans les milieux collaborationnistes. On dit aussi que le commissaire de police serait arrêté. Qu'on désarmerait ses agents. La « sécurité » de la ville est désormais assurée par des patrouilles de Miliciens. L'un d'eux a fouillé récemment la charrette de ma grand-mère Julie qui descendait vendre quelques légumes de son jardin sur le marché.

Toutes ces mesures témoignent du désarroi qui vient de s'emparer des Allemands et de leurs complices. M. Gustave S. pense que c'est pour eux le commencement de la fin. Je crains qu'avant leur départ, ils ne nous fassent payer très cher leur déconfiture.

## ENCORE DES JOURS DE SOUFFRANCE

**Lundi 14 août 1944** *(Extrait de mon Journal)*

« Voilà encore une journée qui restera dans ma mémoire. Ce matin, avec mon père, malgré le danger que représente ce genre d'expédition compte tenu de l'insécurité des routes de la région, nous avons décidé d'aller chercher un peu de ravitaillement au Deschaux et à Rahon.

Tout s'étant bien passé, nous rentrions vers Dole à bicyclette aux alentours de midi, par un temps splendide, lorsqu'en arrivant dans l'allée rectiligne et partiellement ombragée séparant Parcey de Villette-le-Dole, nous avons assisté soudain à un spectacle extraordinaire ! »

Une nuée de bombardiers, volant en formations denses, à moyenne altitude, est apparue, venant de l'ouest. Précédant un peu les autres, l'un des avions a lâché une fusée traçante. Celle-ci est descendue lentement dans le ciel bleu, juste au-dessus du camp d'aviation allemand de Tavaux. Comme nous avions mis pied à terre pour regarder ce qui allait se passer, nous avons vu que sous l'effet d'une brise un peu forte, la fusée dérivait hélas ! en direction du village situé en bout des pistes. Lorsque l'armada aérienne est arrivée, elle a déversé ses bombes sur l'agglomération taveloise au lieu de viser les installations militaires. Papa et moi avons immédiatement pensé à nos cousins B., dont la boucherie est installée au centre du village.

« D'où nous nous trouvions, nous n'avons pas pu constater les effets du bombardement de la localité, mais nous avons entendu par contre le terrifiant grondement des explosions. »

« A peine la première vague venait-elle de lâcher ses projectiles meurtriers sur le malheureux village, qu'une seconde escadre est arrivée. Cette fois, la trajectoire de la nouvelle fusée marquante n'a pas dévié. Elle est tombée en plein milieu du camp. Nous avons pu suivre, comme sur un écran de cinéma, le spectacle effrayant mais grandiose de l'attaque aérienne.»

« Encadrés par les flocons marron et violet des tirs de la D.C.A., les fuselages se détachaient nettement sur le bleu du ciel, tels de grands poissons aux reflets d'argent. L'espace était empli par le vrombissement sourd des moteurs, semblable au bourdonnement d'un essaim de gigantesques abeilles métalliques. Il couvrait complètement le feu des batteries antiaériennes, le sifflement lancinant des bombes. Celles-ci, lâchées par grappes, éclataient dans un brusque embrasement de flammes rouges. On voyait monter de chaque point d'impact d'énormes nuages de fumée sombre qui s'étalaient en nappes avant de s'élever vers le firmament. »

« Au début de l'attaque, nous étions d'abord restés debout au milieu de la route, médusés par le spectacle. Lorsque le souffle puissant des explosions nous secoua, nous ne fûmes pas longs, mon père et moi, à laisser choir nos bicyclettes et à nous étendre le long du talus »

« Disposée en triangle, comme un vol d'oies sauvages, la meurtrière formation passa au-dessus de nos têtes et s'éloigna en grondant au-dessus de la forêt de Chaux où elle vira pour repartir cap à l'ouest. L'un des bombardiers avait dû être atteint par la flack allemande car il laissait dans son sillage une longue traînée de fumée noire. Nous crûmes que tout danger était passé et nous nous apprêtions à reprendre notre route lorsque soudain, une troisième vague fit son apparition dans le ciel bleu où les panaches ouatés des précédentes explosions ne s'étaient pas encore dispersés. »

« Le même cirque recommença. Avec d'abord le ronflement croissant des moteurs, semblable à celui d'un train qui se rapproche. Puis les éclairs fulgurants des impacts. Les geysers sombres des explosions jaillirent à nouveau de la terre. Cet enfer paraissait irréel. Une pièce de théâtre lointaine dont toute figuration humaine eût été absente. Un second souffle, plus puissant que le premier, balaya la plaine de Parcey. Un ébranlement secoua le sol sous nos corps, puis l'armada passa, comme la précédente, au-dessus de nos têtes, dans un grondement qui nous pénétrait jusqu'au plus profond des entrailles. »

Quand le silence fut revenu, alors que je n'avais pas vraiment eu peur pendant toute la durée du bombardement, au moment où je me relevai, je sentis mes genoux trembler sous moi. Pendant plusieurs minutes, il me fut impossible de contrôler ce phénomène. Mon père, qui avait pourtant subi de nombreux bombardements durant la guerre 14-18, me dit qu'il éprouvait lui-même cette bizarre sensation. »

Cet après-midi, rendus très inquiets par les rumeurs alarmantes concernant les effets catastrophiques du bombardement allié sur Tavaux, nous avons décidé de reprendre la route avec papa pour aller nous enquérir du sort de nos cousins B.

Nous avons du faire un long détour pour parvenir jusqu'au village, car les Boches interdisaient la circulation sur la nationale Dole-Chalon-sur-Saône, sans doute pour qu'aucun témoin ne puisse constater les dégâts occasionnés aux installations militaires de la base aérienne. Malgré tout, nous avons pu voir, de loin, que plusieurs heures après le bombardement, de gigantesques incendies continuaient de flamber en bordure des pistes.

Tous les membres de notre famille sont heureusement sortis sains et saufs de ce drame. Hélas ! de nombreux tavelois n'ont pas eu leur chance. On ignore encore le bilan exact des pertes en vies humaines, mais d'après ce que nous avons appris, celui-ci serait élevé. Le raid aérien s'est produit vers midi. Juste au moment où les gens s'apprêtaient à déjeuner. A cette heure, il y aurait encore des morts et des blessés sous les décombres. Quant aux dégâts matériels, ils sont considérables. Nos cousins eux-mêmes ont eu très chaud. Une bombe est tombée à côté de leur magasin, occasionnant des dommages. Beaucoup de maisons alentours ont été littéralement pulvérisées. D'autres ont la façade arrachée, si bien qu'on peut voir, comme dans une coupe transversale d'architecture, l'intérieur des chambres, des cuisines, les montées d'escaliers... Des monceaux de gravats jonchent les rues. Certaines de celles-ci sont barrées. Plusieurs engins n'auraient pas explosé. Partout, cet après-midi, des gens s'affairaient autour des ruines, comme cela s'est passé lors de l'attentat contre la caserne de Brack à Dole, afin de dégager des êtres chers de dessous les décombres ou de récupérer quelques biens. Des foyers d'incendie continuaient de se consumer ici et là. Surtout dans les fermes où on venait juste d'engranger la récente récolte de céréales.

Ce bombardement calamiteux démontre une fois encore à quel point notre destin peut être précaire. Il a suffit d'une simple saute de vent faisant dévier la fusée marqueuse pour semer la mort et la désolation dans un paisible village. Aujourd'hui, notre vie tient vraiment au hasard. Les événements, dans leurs aveugles et tragiques enchaînements ont aussi, hélas ! des répercussions sur l'opinion des gens. Cet après-midi, j'ai entendu plusieurs personnes qui avaient tout perdu dans le bombardement, maudire les Alliés, reprendre les contrevérités que formulait, il n'y a pas encore si longtemps, le traître Philippe Henriot.

Comme si les Anglo-américains étaient les seuls coupables du drame qui s'est déroulé ce matin ! Comme si le monstre de Berchtesgaden, dans sa folie, sa mégalomanie meurtrière, n'était pas responsable de tous nos malheurs !

Adolf Hitler, dont tant d'innocents sont victimes, même parmi son propre peuple, a bien failli connaître récemment le châtiment qu'il mérite. Le 20 juillet dernier, il a échappé à un attentat commis par l'un de ses officiers. On ne connaît pas très bien les circonstances de cet événement. Radio Londres et Radio Sottens en ont donné des versions quelques peu différentes. Cette tentative d'assassinat de la bête immonde prouve en tout cas qu'il existe, en Allemagne, des opposants au régime nazi, ce dont on pouvait douter jusqu'à présent.

L'attentat du 20 juillet 1944, qui a failli changer le cours de la guerre et sans doute accélérer sa fin m'a rappelé ce que me disait l'année dernière M. Auguste V., mon vieil ami le bibliothécaire. Bien qu'il fût un fervent patriote, il avait entretenu des relations courtoises avec l'officier Boche que j'avais rencontré plusieurs fois à la bibliothèque. Celui qui m'avait félicité de mon choix en me voyant emprunter un ouvrage consacré à Charles-Quint. Cet hobereau érudit aurait confié à M. V. que l'aristocratie allemande méprisait et haïssait Hitler. Que tôt ou tard elle parviendrait à se débarrasser de ce personnage odieux qui entraînait son pays vers l'abîme. L'officier ennemi avait déjà tenu ces propos durant l'année 1942. Il les avait renouvelés en faisant ses adieux en mars 1943, au moment où il quittait Dole pour rejoindre le front de l'Est. Mon vieil ami M.V. m'avait parlé des confidences du Junker un jour où je maudissais devant lui la race germanique. Il m'avait dit : « Il ne faut pas rejeter ainsi tout un peuple. Le nazisme est une maladie qui s'est abattue sur l'Allemagne, comme elle aurait pu frapper la France. N'oublie pas que dans notre histoire, nous avons connu aussi un dictateur mégalomane nommé Napoléon. Comme Hitler, il a mis l'Europe à feu et à sang. Beaucoup ont tenté, à son époque, de le renverser et de le tuer. L'un de ces complots a d'ailleurs été fomenté par un Dolois, le général Malet. La Russie aussi est dirigée par un dictateur. Le totalitarisme n'est pas l'apanage d'une seule race. D'après ce que m'a confié le capitaine, j'ai bon espoir que des hommes raisonnables succéderont un jour au sinistre maître du Troisième Reich ! »

Sur le moment, les propos du bibliothécaire m'avaient semblé bien utopiques. Pour moi, tous les Boches étaient des nazis, donc des ennemis auxquels je souhaitais la mort. Ce qui s'est récemment passé au quartier général de Hitler, si c'est bien la vérité, prouve que M.V. n'avait pas tout à fait tort. J'ai néanmoins beaucoup de mal à ne pas mettre tous les Allemands dans le même panier !

En attendant un retournement de l'opinion outre-Rhin, les Boches qui occupent Dole sont toujours aussi Hitlériens qu'avant. Ils font même preuve d'une barbarie accrue. Le 27 juillet dernier, probablement encore à la suite d'une dénonciation, l'unité nazie stationnée dans notre ville a encerclé un maquis installé dans la forêt de la Serre, aux environs de Saligney. Les Chleuhs ont massacré une vingtaine de F.F.I. qui s'étaient pourtant rendus. Les Cosaques de l'armée Vlassov, encadrés par des officiers SS se sont livrés à des atrocités sans nom sur les blessés et les prisonniers, obligeant même un otage à rouler sur leurs corps avec un camion.

Cette tragique nouvelle a plongé la population doloise dans une douloureuse affliction. Si on maudit l'occupant pour sa sauvagerie contraire à toutes les règles de la guerre, on critique aussi les responsables de la Résistance. On se demande comment ils ont pu, avec tant d'inconscience, installer un maquis en un lieu aussi mal choisi ? Comment ils ont pu laisser surprendre leurs hommes sans prévoir des postes de garde et surtout envisager des itinéraires de replis. Mon père et moi, qui avons fait récemment l'expérience de l'amateurisme et du laisser-aller régnant dans les rangs des F.F.I ne sommes pas surpris par ce qui vient de se passer à Saligney. Espérons que ce drame donnera à réfléchir à ceux qui ont la charge de commander des résistants et qu'il les incitera à veiller plus sérieusement à leur sécurité.

Pour l'instant, d'après une autre rumeur, les maquis du Haut-Jura subiraient les assauts des hordes teutonnes. Les nazis auraient là-bas la partie moins facile. Leurs convois seraient harcelés sur les routes de montagne et subiraient de lourdes pertes. Pour pallier cette menace, les Boches feraient marcher des otages civils de chaque côté de leurs colonnes, ce qui rendrait impossible de leur tendre des embuscades.

A défaut de pouvoir anéantir l'armée clandestine, les occupants sèmeraient la terreur à travers les villes et les villages du Haut-Pays. Ils massacreraient les habitants, incendieraient et pilleraient les maisons.

Au Poiset, nous avons vu passer ces derniers temps à plusieurs reprises des camions allemands rentrant de ces expéditions punitives. Ils croulaient littéralement sous le poids du butin volé : mobilier, literie, postes de T.S.F., bicyclettes, malles et valises regorgeant sans doute d'œuvres d'art et de bijoux. La glorieuse Wehrmacht apparaît à présent sous son vrai visage : une armée de criminels, de bandits de grands chemins !

Le spectacle le plus pitoyable de ces retours d'expéditions est offert par les prisonniers que les Chleuhs ramènent avec eux. Ceux-ci marchent à pied, enchaînés deux par deux, entre des cavaliers cosaques aux mines patibulaires. Les captifs sont tous au bord de l'épuisement. Certains sont blessés, d'autres n'ont plus de chaussures. Les barbares les cinglent à chaque instant avec leur longs fouets de cuir pour les faire avancer.

D'où viennent ces malheureux ? Que leur reproche-t-on ? Certains d'entre eux paraissent trop âgés pour être des F.F.I. Personne ne sait pourquoi ils ont été arrêtés ni ce qu'ils vont devenir ? Nous assistons, impuissants, à leur passage en regardant le plus souvent à travers l'entrebâillement des volets car les brutes n'aiment guère qu'on soit témoins de leurs exactions. Marie M., la tenancière du café du Petit-Crissey, qui s'était avancée l'autre jour pour offrir de la limonade fraîche à deux captifs a été mise en joue par un officier SS et a du rentrer précipitamment chez elle.

Maurice H., notre voisin cheminot nous a appris que lorsque les prisonniers capturés au cours des opérations de répressions contre les maquis arrivaient à Dole, ils étaient dirigés vers la gare de triage et embarqués dans des wagons à bestiaux pour une destination inconnue. Il est regrettable que les mouvements de résistance locaux soient si peu armés car il serait facile d'organiser des actions de commandos pour délivrer les pauvres diables promis aux camps d'internement nazis. Malheureusement, à l'exception d'une seule tentative de ce genre - d'ailleurs réussie - à l'hôpital de Dole lors de l'enlèvement d'un maquisard blessé, aucun coup de main d'envergure n'a eu lieu pour essayer d'arracher les déportés à leur sort.

Si, dans le Haut-Jura, les F.F.I. semblent avoir réussi à déloger l'occupant de plusieurs cantons, dans le Bas-Pays, les faits d'armes de la Résistance sont beaucoup moins glorieux. On parle en effet de plus en plus souvent d'affaires crapuleuses. Des bureaux de poste, des perceptions sont dévalisés.

On rançonne des gens en les accusant, à tort ou à raison d'être des collaborateurs. Ma cousine Lélette, employée à la Recette Entrepôt des Tabacs a assisté, le 3 août dernier au vol à main armée, par une demi-douzaine d'hommes venus en camion, d'une grosse quantité de tabac et de cigarettes. On a aussi agressé en pleine rue, devant la Banque de France, un encaisseur dont la sacoche contenait plusieurs milliers de francs.

Ces actes délictueux commis au nom de la Résistance ne le sont peut-être pas tous à son profit ? Il y aurait de nombreux faux maquisards. En réalité des délinquants, qui profiteraient de ce sigle pour opérer. Les Miliciens ne sont pas en reste en matière de brigandage. Sentant le vent tourner en leur défaveur, ils montent aussi des opérations dirigées contre des personnes supposées être favorables au général de Gaulle et les dépouillent de leurs biens. Sans doute se constituent-ils ainsi des pécules en vue des jours difficiles qui les attendent.

Il est grand temps que la libération arrive car ce banditisme devient inquiétant. Nous risquons de basculer dans l'anarchie. Malheureusement, la situation n'évolue pas vite. Les Alliés continuent certes de progresser d'une vingtaine de kilomètres par jour sur le front de l'Ouest, mais les Allemands résistent toujours dans de nombreuses poches, en Bretagne et en Normandie. On dit qu'il défendront Paris. Qu'ils réduiront notre capitale en cendres plutôt que de capituler. Quant à nous qui sommes loin du théâtre des opérations, nous continuons à subir la dureté de l'occupation. Nul ne se hasarde à faire de pronostic sur l'avenir qui nous attend ces prochaines semaines.

## LE NOUVEAU « CHANT DU DÉPART »

**Samedi 26 août 1944** *(Extrait de mon Journal)*

« La nouvelle se répand brusquement vers midi. Propagée par cet étrange téléphone arabe qui nous permet depuis quatre ans, de connaître les rumeurs vraies ou fausses circulant à travers la ville. L'événement s'est passé hier mais nous n'en avons rien su car, dans notre quartier, nous sommes privés d'électricité depuis deux jours.

« Les Alliés sont à Paris ! »

« Les gens sortent aussitôt des maisons. En très grand nombre. Avec des visages où se lit une intense jubilation. Il n'y a pas un seul Allemand en vue dans la rue. Même s'il y en avait, je crois que les gens sortiraient quand même pour exprimer leur joie. La nouvelle est trop sensationnelle pour être savourée solitairement.

« Paris libéré ! »

« Je me précipite chez moi. Je tourne le bouton de la T.S.F. Miracle ! Le courant vient d'être rétabli. Mon coeur se met à battre à tout rompre.

J'ai peur d'être une nouvelle fois déçu. Certes, j'ai beau m'attendre à cet événement depuis que j'ai appris « qu'ils » avaient percé à Avranche, mais je n'arrive pas encore à croire « qu'ils » ont délivré la capitale.

« Pourtant, cette fois, c'est bien vrai. Sur tous les airs, sur tous les tons, Radio Sottens répète : « Paris est libre ! Paris est libre ! » « La voix du speaker s'étrangle d'émotion. La Marseillaise vibre sur les ondes helvétiques. J'en frissonne. J'amplifie le son du poste. Un jour comme celui-là, tout le monde doit entendre notre hymne national. Les Boches sont foutus ! Il ne peut plus rien nous arriver de fâcheux !

« Le commentateur parle de combats de rues, de barricades, de patriotes en armes, de la reddition du général allemand commandant le Gross Paris. On songe aux glorieuses journées populaires de 1789. A celles de la Commune. On apprend que le général de Gaulle est entré dans la capitale à la tête des troupes françaises. Il est allé prier à Notre-Dame. Il a échappé à un attentat... »

« A présent, je ne mets plus en doute ces informations. Paris est bien libéré ! Ah ! Quelle belle revanche ! La France tout entière renaît à la lumière. Encore un peu de patience et ce sera le tour de Dole ! »

Depuis le 15 août, nous ne savions plus très bien ce qui se passait ? Nous avions appris le débarquement des Alliés dans le Midi, les prises de Chartres et d'Orléans par les blindés US, mais la fulgurante avance des forces gaullistes en direction de la capitale est totalement inespérée. Nous nous attendions tous à ce que les Allemands s'y défendent pied à pied, en fassent un nouveau Stalingrad. Cette ville était pour eux un trophée trop prestigieux, trop symbolique, pour qu'ils y renoncent sans combat. Il faut croire que leur armée est vraiment en mauvaise posture pour qu'ils aient abandonné si facilement la partie. La libération de Paris aura des répercussions considérables sur le moral de l'ennemi et celui de ses laquais.

La brusque accélération des événements chamboule déjà bien des esprits dans notre quartier. Il est surprenant de voir avec quelle indécence certains contempteurs du général de Gaulle se rallient à lui. Tel qui, hier encore, vantait la sagesse du maréchal Pétain, et, à l'instar de Philippe Henriot, trouvait qu'il avait eu raison de faire condamner à mort, l'homme du 18 juin, se veut aujourd'hui plus gaulliste et résistant que ceux qui s'opposèrent dès le début à la politique de la collaboration. Mon père a eu une sérieuse prise de bec avec Henri C., l'un de nos voisins qui parle déjà de faire fusiller d'anciens vichyssois. Il lui a rappelé vertement qu'en 1943, il n'avait pas de propos assez durs pour fustiger « le traître de Londres » ! Cette remise à l'heure a rendu notre voisin plus discret.

Un autre indice, dans notre quartier, est significatif de la fin d'une époque. Léon D. et son épouse tonkinoise sont partis subrepticement pour une destination inconnue. Une nuit, une camionnette est venue déménager une partie de leurs affaires. On prétend qu'il s'agissait d'un véhicule de la Milice. D'autres disent de la Gestapo. On commence à s'interroger sur la véritable personnalité de l'ancien officier de la coloniale ? Sur le rôle occulte qu'il a pu jouer durant toute l'occupation ? Nous connaissions tous depuis longtemps ses opinions pro-nazies. Elles dataient d'avant la débâcle. Or, durant toute la guerre, personne n'a jamais vu un seul Allemand fréquenter sa maison. Par contre, deux ou trois fois par mois, un taxi venait le chercher à son domicile. Il restait absent plusieurs jours. Il partait toujours seul, sans sa compagne. Il revenait de ces voyages mystérieux avec de grosses valises. Celles-ci étaient sans doute bourrées de provisions car il n'a jamais fait de jardinage, ni parcouru comme nous la campagne pour essayer d'améliorer son ordinaire.

Quelles furent exactement les relations du « Manchot » avec ses amis hitlériens et les âmes damnées de la collaboration ? Il faudra éclaircir cette zone d'ombre après la libération. Ce ne sera pas une affaire facile. Bien des erreurs d'appréciation risquent d'être commises. Parmi les affidés du nazisme, les plus dangereux ne furent pas toujours ceux dont on connaissait l'existence. Beaucoup de Français eurent, durant toute la guerre, des relations suivies avec les Allemands, sans pour autant qu'on les vit s'afficher avec eux. Avec mon ami Jean P., nous avons pu nous rendre compte récemment que les officines de la délation sont encore plus fréquentées qu'on ne le croit.

Il y a quelques jours, nous sommes descendus ensemble du Poiset, où il se trouve actuellement en vacances dans la maison de campagne de ses parents, jusqu'au centre ville. Sa mère avait été avertie qu'une affichette des F.F.I. avait été placardée la nuit précédente sur la vitrine du hall d'entrée du cinéma « Omnia » dont ils sont propriétaires. Or, le père de mon ami étant actuellement emprisonné pour faits de résistance, sans que sa famille sache où il se trouve, ce libelle provocateur risquait de leur valoir de nouveaux ennuis. Jean P. décida donc d'aller décoller l'affichette. Nous étions en train de procéder à cette lacération lorsqu'un felgendarme passa malencontreusement dans la rue du 21 janvier où nous opérions. Se méprenant sur nos intentions, le Boche nous interpella sans ménagement. Quelques minutes après, Jean P. et moi nous retrouvâmes, bien contrariés, dans les locaux tous proches de la Kreiskommandatur.

Il nous fallut nous expliquer laborieusement devant un officier parlant un peu Français, puis revenir sur place au cinéma, afin de lui démontrer que nous n'avions pas procédé à la pose de l'affiche, mais que nous l'avions décollée. Le gradé Boche a été sans doute convaincu de notre bonne foi. Il nous a fait relâcher, après contrôle de nos identités.

Cette mésaventure, qui aurait pu avoir une conclusion différente si le felgendarme était passé dans la rue au début de l'opération, nous a permis de pénétrer dans l'antre des monstres. Outre des militaires, nous y avons vu plusieurs civils, parmi eux de nombreux Français qui paraissaient parfaitement à l'aise dans les sinistres locaux de la place Grévy. Alors que les événements se précipitent. Qu'il apparaît de plus en plus clairement que les Boches ont perdu la partie, on se demande ce que ces gens font encore en leur compagnie ? Sont-ils à ce point intoxiqués par la propagande nazie qu'ils croient toujours possible un retournement spectaculaire de la situation en faveur de l'Allemagne ? Ces fanatiques ont-ils au contraire perdu tout espoir ? Sont-ils à présent résolus à vendre chèrement leur peau en restant jusqu'au bout avec leurs maîtres ?

Les Chleuhs semblent eux-mêmes très perturbés par les événements. On les voit circuler sans cesse sur les mêmes véhicules surchargés de soldats armés jusqu'aux dents. Ils parcourent la région à bord de camions à l'avant desquels sont placés des fusils-mitrailleurs en batterie. Ils auraient eu de nombreux accrochages avec des maquisards. Il y aurait eu des pertes des deux côtés. La garnison allemande de Dole a encore reçu récemment de nouveaux renforts composés essentiellement de Cosaques de l'armée Vlassov. Ceux-ci se sont mis aussitôt à creuser des tranchées en différents points de la ville, en utilisant de la main d'œuvre civile réquisitionnée. Près du Grand Pont, ils commencent à dresser un barrage anti-chars à l'aide d'énormes poutrelles d'acier recourbées coulées dans du béton. Ils installent de nouvelles batteries de D.C.A. L'une d'elles est juchée à l'angle du Bastion Royal dominant le canal du Rhône au Rhin, dans l'enceinte du jardin du collège Jeanne d'Arc. On dit aussi que les sapeurs de l'occupant mineraient tous les ponts de la région.

Ces travaux présagent-ils l'édification d'une ligne de défense sur les rives du Doubs ? M. Gustave S. pense que notre cité pourrait devenir le glacis avancé d'un front en profondeur protégeant Besançon et surtout Belfort. L'ennemi tiendra la trouée stratégique le plus longtemps possible, afin de protéger la plaine d'Alsace et le passage du Rhin.

Pour amener sur place les matériaux nécessaires aux travaux de fortification, les Chleuhs ont requis de nombreux cultivateurs des environs avec leurs attelages. On dit aussi qu'un train blindé transportant un énorme canon ferait la navette sur différentes voies ferrées de la région. De nombreux wagons de munitions seraient en attente sous le tunnel de Champvans.

La population commence à s'inquiéter sérieusement à l'annonce de ces préparatifs de bataille. Elle craint de se retrouver prochainement en pleine zone d'hostilité.

**Dimanche 27 août 1944** *(Extrait de mon Journal)*

« Nous attendions depuis quelques jours le retour de l'importante colonne ennemie partie de Dole il y a environ deux semaines pour aller guerroyer dans le Haut-Pays. Comme toutes les précédentes, elle est encadrée par des officiers SS et composée essentiellement de soldats de l'armée Vlassov. Des bruits abominables n'ont pas cessé de circuler sur le comportement de cette cohorte. On raconte qu'elle se serait livrée dans le Jura et dans l'Ain à des massacres, à des incendies, à des viols et des rapines sans nombre.»

« Dès l'annonce de son arrivée, les portes et les fenêtres des maisons situées en bordure de la route Paris-Genève se sont fermées. On a démonté les bicyclettes pour les cacher sous la paille des greniers. Les malles de linge, les objets de valeur ont été dissimulés dans les bûchers, derrière des piles de bois. Tout le monde savait que cette troupe se comportait comme un véritable vol de criquets et emportait tous sur son passage. »

« Par mesure de prudence, beaucoup d'hommes ont rejoint la forêt de Chaux. Notre précédente escapade ne nous ayant pas convaincus de reprendre le maquis, mon père et moi avons décidé de rester à la maison. En évitant toutefois de sortir. Même pas dans la cour ou le jardin. Une angoissante attente a commencé, rendue encore plus pénible par le manque total d'informations au sujet de la progression de la colonne ennemie. Elle a quand même fini par arriver. Nous l'avons regardée passer par l'entrebâillement des volets donnant sur la rue. Quel spectacle extraordinaire ! A la fois inquiétant et réconfortant. Ah ! elle n'avait vraiment pas fière allure cette formation teutonne ! Elle est loin l'époque où l'armée allemande défilait dans un ordre impeccable, avec ses chars, ses canons, son infanterie motorisée, ses soldats blonds, beaux comme des dieux grecs »

« Aujourd'hui, le convoi que nous avons vu passer ressemblait plus à une bande de soudards de la guerre de Trente Ans, qu'à une armée du XX$^{e}$ siècle. Les hommes avançaient sans ordre. Par petits groupes. Soit à pied, soit juchés sur d'invraisemblables véhicules. Malgré leurs uniformes poussiéreux, nous avons bien reconnu les officiers SS, aussi hirsutes et dépenaillés que les réservistes de la Wehrmacht. Tous avaient l'air harassé. Un certain nombre d'entre eux portaient des pansements. Les Russes étaient les plus nombreux. Aux allures de bandits de grands chemins. Eux semblaient plus fringants, montés sur leurs infatigables petits chevaux des steppes. L'infanterie était surtout composée d'Allemands. En plus de leur armement individuel, ils ployaient sous le poids de sacs volumineux contenant le butin de leurs brigandages. Certains roulaient sur des bicyclettes sans pneus. Sur des vélos de gosses, genoux écartés à cause des pédales trop basses. Plusieurs traînaient des charrettes bancales, des brouettes, des landaus d'enfants. Des camions poussifs, certains en panne tirés par des chevaux, des voitures hippomobiles à arceaux, des fourgons de pompiers et même un corbillard, tous surchargés à l'extrême d'un incroyable bric à brac, s'intercalaient entre les cyclistes, les cavaliers et les piétons. En passant devant la borne fontaine proche de notre demeure, nombre de soudards pressaient sur la poignée pour essayer de faire couler de l'eau. En vain celle-ci était coupée depuis plusieurs jours.

La colonne a défilé pendant un long moment puis s'est brusquement arrêtée vers huit heures du matin. Comme une nuée de prédateurs, les hommes sont aussitôt entrés dans toutes les maisons situées en bordure de la route pour demander à manger, à boire, et chercher aussi des bicyclettes. Trois d'entre eux se sont présentés à notre domicile. Il s'agissait d'Allemands. Deux vieux et un adolescent guère plus âgé que moi. Ils avaient l'air plus fatigués que menaçants. Comprenant qu'il était difficile de leur refuser le verre d'eau qu'ils réclamaient, ma mère leur en a offert deux à chacun. Ils ont bu d'un trait. Plus tard, lorsque l'un des Boches a demandé dans son jargon si nous avions une bicyclette, maman a répondu en faisant usage d'un des rares mots teutons qu'elle a appris depuis le début de l'occupation :

– Nix bicyclette !

L'autre a insisté en tirant de sa poche un collier de perles et deux pièces d'or. Mais ma mère a continué de secouer négativement la tête. Le Chleuh a tourné les talons.

Chez nos proches voisins, les soudards n'ont pas eu plus de succès. Ils n'ont d'ailleurs pas poussé très loin leurs investigations. On aurait dit qu'ils étaient las de fouiller, de piller. Depuis que les événements ont pris pour eux une mauvaise tournure, ils ont sans doute d'autres préoccupations. Beaucoup échangeraient volontiers, j'en suis sûr, les bijoux qu'ils ont volés dans le Haut-Jura contre la certitude d'un retour sain et sauf dans leur pays.

Par contre les Boches ne se sont pas gênés pour dévaliser les celliers et dévaster les jardins potagers. Ils n'ont rien laissé de ce qui pouvait se manger et se sont même rués à l'assaut des treilles de raisins verts. Chez tante Henriette, ils ont maraudé des poires et des pommes. Grand-mère Julie a défendu son bien comme elle le pouvait. Ella a obligé un feldgrau à descendre d'un arbre en le tirant par son ceinturon, en l'admonestant et en lui souhaitant une bonne diarrhée pour châtiment de son larcin.

A neuf heures, la colonne ennemie a repris la route. Après son départ, les gens sont à nouveau sortis de leur domicile. On a appris que les perquisitions ne se sont pas toutes passées aussi bien que dans notre quartier. A l'entrée du Poiset, côté Villette-lès-Dole, les pillards ont volé non seulement des bicyclettes mais aussi de l'argenterie, de la literie, ainsi que des pendules et des montres, dans plusieurs maisons.

« Malgré tout, si on compare ces quelques méfaits aux exactions commises par la même bande à travers le Haut-Jura, on peut dire que nous avons eu de la chance. A notre époque, nulle perte matérielle ne vaut la peine d'être regrettée. Le danger relativise la valeur des choses. Seule, la vie reste un bien inestimable.

Le spectacle auquel nous venons d'assister nous a tous vengé, en quelques heures, de quatre années d'humiliation. Nos yeux se sont rassasiés de l'incroyable défilé du troupeau de soldats vert-de-gris. De cette débandade de troupiers harassés, débraillés, loqueteux, poussiéreux. Quel réconfort de voir ces arrogants vainqueurs réduits au même état que nos malheureux troufions en juin 1940 !

Comme il était prémonitoire le « Nouveau Chant du Départ » que l'on fredonne un peu partout depuis le débarquement :

« Ils sont venus triomphants,
La botte en avant.
Ils repartiront vaincus,
La botte au cul ! »

## PASSAGE CLOUTÉ

**Samedi 2 septembre 1944** *(Extrait de mon Journal)*

« Ce matin, vers 5 heures 30, la ville s'est réveillée en sursaut, secouée par une formidable explosion. Personne n'a pu déterminer l'endroit d'où provenait ce bruit ? Il ne s'agissait pas d'un bombardement aérien car nous n'avons pas entendu de ronflements de moteurs dans le ciel, ni avant, ni après la détonation. A cause de celle-ci je me suis levé plus tôt que d'habitude et j'ai repris la lecture de « L'Histoire de Dole » d'Elie Puffeney, un ouvrage emprunté à la bibliothèque municipale. »

« Un peu plus tard, je suis allé chez les parents de mon ami Camille G., une famille de bûcherons qui habite une longue maison rustique en bois à l'orée de la forêt de Chaux. J'ai appris par son père que Camille avait récemment rejoint le maquis, en compagnie de Santo T., de Jean B., et de Raymond B. A présent, je suis à peu près certain que l'un d'entre eux, sinon tous les quatre, sont allés déterrer les armes que nous avions cachées dans la clairière. »

« Je redescendais vers le quartier du Poiset, à travers les champs, lorsque soudain, j'ai vu surgir de la couche de nuages bas qui stagnait sur la vallée du Doubs, une escadrille de six chasseurs bombardiers. Ils se sont immédiatement dirigés vers le centre de Dole. Malgré le ciel couvert, j'ai assisté à toute l'attaque. J'ai suivi l'étrange ballet exécuté par les avions au-dessus de la ville. Ils piquaient l'un derrière l'autre vers leur objectif puis remontaient en chandelle. J'ai vu le chapelet des balles traçantes, rouges et vertes, les éclatements brefs de la D.C.A., les éclairs jaunes des bombes, les volutes noires de la fumée. Ce spectacle extraordinaire n'a duré que deux ou trois minutes, après quoi, avec la même rapidité qu'ils avaient surgi des nuages, les appareils alliés ont disparu à l'horizon. Il pouvait être environ 8 h 30. »

« Dans la matinée, nous avons appris que les avions anglo-américains avaient mitraillé la gare et bombardé l'entrée du tunnel de Champvans où stationnait depuis quelques jours un mystérieux convoi. Au début, on pensait qu'il s'agissait d'un train blindé ou de munitions. En fait, d'après ce que nous a raconté Maurice H., notre voisin cheminot, une rame de wagons bondée de Boches, de Miliciens et de leurs familles se repliant vers l'Allemagne après un long périple à travers la France, serait arrivée dans la nuit à Dole en provenance de Dijon. Le convoi a été touché juste au moment où il se remettait en route, après qu'on eût changé sa locomotive défectueuse. Il se trouvait alors dans la tranchée profonde située entre la sortie du tunnel et le pont dit de « La Bougie ». Les assaillants l'ont pris en enfilade sous leur feux de mitrailleuses et leurs bombes. Ils ont causé un terrible carnage. Après l'attaque, des dizaines de corps sans vie et de blessés jonchaient les talus et le ballast. Les médecins militaires ennemis et les médecins dolois requis ont soigné non seulement des victimes allemandes et des Miliciens, mais aussi plusieurs soldats américains prisonniers que les Boches emmenaient avec eux outre-Rhin. Certains de ces captifs auraient d'ailleurs profité de l'extrême confusion créée par le bombardement pour s'enfuir. Pendant l'opération aérienne, M^lle^ B., une jeune doloise a été tuée par une balle perdue alors qu'elle regardait comme je l'ai fait moi-même, le ballet des avions alliés dans le ciel, depuis sa fenêtre.

**Samedi 2 septembre 1944** *(Extrait de mon Journal)*

« Je reprends tardivement la plume afin de narrer les événements qui se sont déroulés durant l'après-midi. Je m'astreins à prendre des notes car j'ai conscience de vivre des jours exceptionnels. Il est difficile de se faire une idée très nette de la situation tant celle-ci évolue d'heure en heure. Si pour les scènes dramatiques auxquelles j'assiste il m'est relativement facile d'en brosser un tableau cohérent et objectif, pour celles qui me sont rapportées, j'avoue qu'elles sont entachées d'incertitude et sans doute d'exagération. Il en a toujours été de même lors de toutes les révolutions, de toutes les batailles dont les témoins n'ont connu que des épisodes fragmentaires. Plus tard, si je survis à cette guerre, ces notes prises sur le vif m'aideront néanmoins à me souvenir des instants dramatiques que nous sommes en train de vivre. »

« Peu après le déjeuner, une nouvelle colonne de soldats ennemis est passée devant notre maison. Elle se dirigeait vers Parcey. Elle était précédée de deux motos avec side-cars et comprenait une dizaine de camions chargés de feldgrau armés de fusils mitrailleurs et de Mauser. Deux des véhicules tractaient un canon de 37 monté sur pneus. Un fort détachement de Cosaques à cheval suivait de peu le groupe motorisé. C'était la première fois depuis plus d'une semaine que nous revoyions une unité allemande aussi nombreuse en ordre de bataille. Ce retour en force a jeté un froid parmi la population. Après l'avoir vu retraiter il y a quelques jours comme l'armée de Bourbaki, nous pensions la Wehrmacht définitivement au bout du rouleau.

« En fait, nous n'avons pas tardé à savoir de quoi ces salauds sont encore capables. Deux heures après le passage de la colonne, nous avons assisté une nouvelle fois au triste spectacle de la brutalité teutonne. Nous avons vu revenir vers Dole deux jeune civils enchaînés marchant entre quatre cavaliers. Le second traînait la jambe. Il trébuchait à chaque pas. Ses gardiens le fouettaient à grands coups de lanière pour le faire avancer plus vite.

Durant toute l'après-midi, des séries de fortes explosions n'ont pas cessé d'ébranler la ville. Elles provenaient cette fois de la direction de Tavaux et de Damparis. On dit que les Boches se livreraient à de gigantesques destructions sur le camp d'aviation. Ils feraient sauter des tonnes de munitions. Ils s'attaqueraient aussi aux installations de l'usine Solvay qu'ils auraient décidé de raser avant leur départ.

« Même s'il est difficile de savoir avec précision ce qui se passe, le fait que l'occupant détruise ses stocks de bombes prouve qu'il s'apprête à quitter prochainement la région. A entendre la violence des déflagrations, il ne restera pas grand chose de l'aérodrome de Tavaux. Le récent raid de l'aviation alliée y avait paraît-il occasionné de gros dégâts.

« Dire que c'est la France, avec le versement des frais d'occupation, qui a payé ces gigantesques infrastructures ! Des centaines d'ouvriers de la région, requis pour ce travail, y ont peiné pendant des années pour rien ! Pour que tout parte aujourd'hui en fumée ! C'est rageant de songer que les Alliés, dans quelques semaines , peut-être quelques jours, ne pourront pas utiliser les pistes et les hangars de cette formidable base aérienne pour leur propre aviation ! »

« Arriverons-nous à récupérer plus tard, après la victoire, tout l'argent que l'ennemi nous a volé pendant quatre ans ? Vivement que ces tueries, ces dévastations s'achèvent car notre pays risque de n'être plus bientôt qu'un vaste cimetière. Un immense champ de ruines. »

« Si, dans la région doloise, la situation devient d'heure en heure plus dramatique, les nouvelles qui nous parviennent du reste de la France sont par contre chargées d'espoir. Grâce au rétablissement du courant électrique, nous avons pu, en cours de journée, capter Radio Sottens et la B.B.C. On y a annoncé la prise de Montpellier, de Montélimar, par les armées alliées débarquées dans le Midi. Les 37 000 défenseurs allemands de Marseille se seraient rendus. Les chars américains remonteraient depuis lors à toute vitesse la vallée du Rhône. »

« On vient d'apprendre aussi l'entrée des Anglais en Belgique, et surtout la chute de Verdun. Mon père a pleuré de joie en entendant cette nouvelle. Pour lui, ancien combattant de la guerre 1914-1918, cette ville est tout un symbole. Ce haut-lieu de notre histoire est enfin redevenu libre ! Les forces qui viennent de la reconquérir ont, du même coup, effacé l'affront qui nous fut infligé par l'Allemagne à Rethonde, en juin 1940. »

« Ce soir, je me demande ce qu'en pense Pétain. Lui qui fut le glorieux vainqueur de Verdun avant de devenir le renégat de Montoire. Lui qui fit condamner à mort le général de Gaulle. Qui, au nom d'un État usurpateur fit battre des Français contre des Français, à Dakar, en Syrie et même en France. Qui couvrit de son autorité les actes criminels de la L.V.F. et de la Milice placées sous les ordres de Hitler. On ne parle plus guère du maréchal ni de son sinistre régime depuis quelques jours. Certains prétendent qu'il se serait enfui en Allemagne. D'autres disent que les Boches l'y ont emmené de force. Qu'il y reste et qu'il y crève ! Il a fait assez de mal à notre malheureux pays depuis quatre ans ! Il a assez trompé de pauvres esprits par son prestige ! Incité trop de gens faibles à la collaboration, à la trahison ! »

« Ce soir, un voisin m'a prêté le récent numéro de « Combat », un journal clandestin. J'y lis des choses abominables sur les atrocités commises par les nazis à Oradour-sur-Glane. Comment ne pas éprouver de la haine pour ceux qui ont perpétré de tels actes contre des innocents ? On commence aussi à savoir que les Boches et leurs supplétifs se sont livrés aux mêmes sanglantes exactions contre les populations du Haut-Jura. Ils y auraient assassiné des dizaines et des dizaines de civils. Demain, il faudra faire toute la lumière sur ces massacres. Etre impitoyables, avec leurs auteurs ! »

« Le récit des événements d'Oradour-sur-Glane me bouleverse tellement qu'il m'inspire un poème (1) que je rédige avant d'aller me coucher. »

---

(1) En octobre 1944, ce poème intitulé « Oradour » figura dans l'exposition consacrée à la Résistance dans les anciens locaux de la Kreiskommandantur à Dole.

**Dimanche 3 septembre 1944** *(Extrait de mon Journal)*

« Les événements se précipitent. Si ces lignes hachées sont lues un jour par quelqu'un qui n'aura pas vécu ces journées dramatiques, il aura du mal à comprendre l'excitation qui s'est emparée de la population. Nous passons nos journées à attendre. A nous interroger mutuellement pour essayer d'apprendre des nouvelles. Le moindre incident est déformé, grossi, les rumeurs les plus aberrantes sont prises comme des vérités. On dit que les Américains se seraient emparés de Lons-le-Saunier avec l'aide de la Résistance. Ils arriveraient à Dole la nuit prochaine. La bruit a aussi couru ce matin que Hitler se serait suicidé. »

« La vie économique, les relations administratives sont suspendues. Les usines, les bureaux, les magasins sont fermés depuis le début du mois. Les commerçants n'ont d'ailleurs plus aucune marchandise à vendre. Les tickets d'alimentation ne sont plus honorés. Les gens vivent uniquement sur leurs réserves alimentaires. Heureusement, la récolte maraîchère en cours est bonne. Les pommes de terre sont abondantes. Il y a beaucoup de fruits sur les arbres. La circulation des véhicules à moteur ayant été interdite par ordre de la Kreiskommandantur, mon père a été mis au chômage par l'Administration des Eaux et Forêts. Son énorme camion a failli être réquisitionné par les Boches. Mais, comme ceux-ci n'étaient pas rompus à l'utilisation pour le moins délicate du mastodonte, ils ne sont pas parvenus à le mettre en marche.

Cet après-midi, sans en avertir mes parents qui ne me l'auraient pas permis, je suis descendu au centre ville avec mon copain Robert F. Bloqués depuis quelques jours dans notre quartier, nous voulions voir ce qui se passait de l'autre coté du Doubs. Nous sommes partis à pied. Au passage du grand pont, nous nous attendions à subir les contrôles habituels de la part des « colliers de chiens ». Il n'en fut rien. Ni à l'aller, ni au retour, nous n'avons pas rencontré un seul feldgendarme, mais croisé par contre plusieurs milliers de feldgrau, plus préoccupés de fuir rapidement la région que de contrôler notre identité. »

Sur la rive droite de la rivière, des équipes d'ouvriers s'activaient à d'importants travaux de terrassement. D'autres procédaient à la démolition de tous les échafaudages dressés pour la reconstruction du pont Louis XVI. Un nid de mitrailleuses et des emplacements de mortiers étaient en voie d'installation sur le Jardin Philippe. Quant à la batterie de D.C.A. située à l'angle du Bastion Royal, nous avons vu son canon braqué vers le ciel, sous son filet de protection. Une autre pièce se trouverait sur le Cours Saint-Mauris, une troisième dans les bâtiments des Orphelins. Manifestement, les Fritz semblent bien décidés à tenir la ville sous leur coupe le plus longtemps possible.

En remontant la rue des Arènes, mêlés à un certain nombre d'autres curieux, nous avons assisté à un spectacle moins glorieux. L'armée allemande ne s'y apprêtait pas à résister, mais continuait de battre piteusement en retraite. Une file ininterrompue de chars d'assaut, de canons portés, de camions, de cars, d'ambulances surchargées de blessés, en provenance de l'avenue de Chalon, traversait la ville par le Champ de Foire et le boulevard Wilson.

Il m'a semblé être revenu quatre ans en arrière. Revivre dans les mêmes lieux, les mêmes événements qu'en juin 1940. Mais cette fois dans le sens inverse. La seule différence existant entre cette nouvelle débâcle et la précédente, c'est qu'il y avait très peu de civils au milieu des convois militaires. A L'exception parfois d'un camion poussif ou d'un antique autobus surchargé de souris grises ou de familles de collaborateurs, tous les fuyards étaient des hommes.

Par contre, la piétaille était aussi nombreuse, aussi harrassée, aussi débraillée que celle de l'armée française en déroute. Les fantassins, mêlés à des combattants appartenant à d'autres unités ne formaient plus des régiments homogènes mais des bandes disparates. Ils traînaient leur fourniment sur toutes sortes de véhicules d'emprunt allant du vélo aux pneus crevés, aux charrettes à bras en passant par les brouettes à fumier. Ils étaient tous manifestement épuisés, à bout de force. Certains titubaient comme des hommes ivres. D'autres s'asseyaient parfois au bord du trottoir et contemplaient le piteux état de leurs pieds meurtris couverts d'ampoules.

Comme nous étions un petit groupe de Dolois à regarder l'interminable défilé des éclopés et à jubiler secrètement à la vue de ce spectacle clochardesque, nous avons vu soudain un type s'approcher de nous. Un Milicien en uniforme de franc-garde, casqué, pistolet mitrailleur au poing.

– Foutez-moi le camp d'ici, bande de salopards ! a-t-il hurlé. Autrement, voilà ce qui vous attend !

Du canon de son arme, il nous a désigné, sur la chaussée, le cadavre d'un pauvre chien écrasé que les chenilles des chars avaient réduit en une ignoble bouillie sanguinolente.

Après ce qui s'est passé récemment à Saligney où les barbares ont roulé avec un camion sur les corps des maquisards blessés, personne n'a pris la menace à la légère. Notre groupe de badauds s'est rapidement dispersé. J'ai entendu quelqu'un grommeler :

– Ce fumier-là, j'espère bien qu'on lui fera bientôt fermer sa grande gueule ! Il ne perd rien pour attendre !

Quelques instants plus tard, nous avons rencontré Paul L., l'un de nos amis communs qui réside à Choissey. Il était venu à Dole avec une intention très précise, il cherchait à se procurer des clous à tête. Depuis quelques jours, après avoir remarqué que de nombreux véhicules boches circulaient avec des pneus usés jusqu'à la toile, il semait subrepticement des pointes sur la route de Chalons, entre Saint-Ylie et les Orphelins. Selon lui, cette action s'est révélée très efficace car de nombreux camions se sont immobilisés sur la chaussée, perturbant le trafic.

– Ça n'est pas que j'aie envie de les voir rester chez nous plus longtemps a plaisanté notre copain, mais plus on retardera leur retraite, plus ils risqueront de se faire canarder par l'aviation alliée ou d'être ramassés avant d'avoir pu rejoindre leur Bochie !

A Dole, cependant, les recherches de Paul L. se sont révélées jusqu'ici infructueuses. Il s'est présenté dans les deux seules quincailleries ouvertes, mais sans résultat. Un peu déçu, il nous a dit :

– C'est difficile de trouver des clous à tête. La Résistance aurait du prévoir ça plus tôt. En attendant, va falloir que je continue à arracher ceux des fauteuils de ma grand-mère !

## LA GRANDE TROUILLE

**Lundi 4 septembre 1944** *(Extrait de mon Journal)*

« Toute la nuit dernière, le flot ininterrompu de la retraite teutonne n'a pas cessé de s'écouler sur la route de Chalon. Un grondement continu de moteurs, surtout ceux des chars lourds, est parvenu jusqu'au Poiset par-dessus la vallée du Doubs. Dès l'aube, à l'aide d'une paire de jumelles, j'ai observé l'immense défilé depuis le pré de notre voisin Louis S. D'autres habitants du quartier, intrigués par le bruit, n'ont pas tardé à me rejoindre pour profiter du spectacle.

« Nous nous sommes tous demandés comment il pouvait leur rester encore tant de soldats, tant de gros matériel après les défaites qu'ils ont subies sur les fronts de l'Est, de l'Ouest et à présent du Sud ? L'interminable procession à laquelle nous avons assisté comprenait des centaines et des centaines de camions, de tanks, de canons. Nous avons heureusement fait une constatation rassurante. Les Boches paraissent n'avoir qu'une seule et unique préoccupation : la fuite ! Ils se sauvent avec la même précipitation, dans le même désordre que l'armée française en 1940. Comme nos pauvres troufions lors de la débâcle, ils ne semblent plus en état d'opposer une résistance efficace aux troupes adverses. Ils offrent incontestablement le spectacle d'une armée battue, talonnée de près par les Alliés. Si l'on en croît une rumeur persistante, ceux-ci auraient pris Bourg-en-Bresse, tandis que les F.F.I. contrôleraient à présent la frontière franco-suisse des Rousses à Pontarlier. Selon, d'autres bruits, Lons-le-Saunier et Poligny seraient également entre les mains de la Résistance. »

A huit heures, nouvelle attaque de la gare de Dole par une escadrille américaine. En repartant vers le sud, les avions s'en donnent à cœur joie contre la longue colonne roulant pare-chocs contre pare-chocs sur la corniche située entre les Orphelins et Saint-Ylie. Depuis mon poste d'observation, je vois exploser des chapelets de bombes, flamber de nombreux véhicules. Mes jumelles me permettent d'être témoin de l'incommensurable panique des Fritz. Après le passage des avions, ils ne s'attardent pas dans le secteur. Aussitôt le calme revenu, ils basculent les camions, les chars incendiés dans le fossé et l'immense cohorte reprend sa fuite inexorable en direction de l'Est.

Vers onze heures, huit autres appareils alliés recommencent le même exercice au-dessus de Dole. Comme d'habitude, ils arrivent à l'improviste par la forêt de Chaux dont ils rasent les frondaisons. C'est une tactique dangereuse pour tous ceux qui se trouvent à ce moment dans les rues de la ville. Qu'ils soient occupants ou occupés. Personne n'a le temps de se mettre à l'abri. D'autant que, depuis plusieurs semaines, les sirènes ne fonctionnent que très sporadiquement pour donner l'alerte.

Cette fois, les assaillants s'en prennent plus particulièrement à la partie sud de la cité située en bordure du canal du Rhône au Rhin et du Doubs. D'où je suis, j'assiste à l'affrontement entre les avions opérant en piquée et la D.C.A. Ça tire dur dans les deux camps. Bientôt, une demi douzaine de colonnes de fumée noire s'élèvent vers le ciel, suivies de fortes détonations. Les avions reprennent quant à eux de la hauteur et disparaissent à nouveau dans le ciel clair.

Une heure après, nous apprenons que les Américains ont lâché toutes leurs bombes sur les ponts donnant accès à la ville. L'une d'entre elles a pulvérisé la batterie ennemie installée à l'angle du Bastion Royal, précipité ses servants et leur canon dans les eaux du canal. Malheureusement, comme on ne fait pas d'omelette sans casser des œufs, la maison Dubuc, au bas de la rue des Remparts a elle aussi trinqué. Elle serait en grande partie détruite.

Comme si les bombardements du matin les avaient rendus hargneux les Boches multiplient leurs patrouilles. On voit passer et repasser au Poiset plusieurs camions chargés de soldats braquant des armes menaçantes par les meurtrières d'un système de protection inhabituel constitué de plaques d'acier. Une unité de cavaliers cosaques effectue aussi un aller et retour Dole-Parcey. Les supplétifs de l'armée Vlassov semblent eux-mêmes inquiets. Ils scrutent les haies au passage, le doigt sur la gâchette de leur mitraillette à camembert.

Dans le courant de l'après-midi, tandis qu'un des groupes motorisés revient vers la ville, quatre avions alliés volant en rase-mottes surgissent à nouveau dans le ciel parfaitement clair. Depuis la fenêtre de notre maison, j'assiste à un étonnant spectacle. Trois camions bondés de Fritz s'arrêtent en catastrophe dans notre cour et celle des voisins. Tous leurs occupants dégringolent en hâte des véhicules et vont s'aplatir dans les fossés. L'un des caniveaux est un infect cloaque d'eaux usées. Je vois deux felgrau s'y précipiter comme dans une piscine. Craignant le retour des avions et d'être pris sous un tir en enfilade, les Boches restent tapis durant de longues minutes. Mais l'escadrille américaine ne les a sans doute pas repérés, ou elle avait un autre objectif, car elle ne réapparaît pas au-dessus du Poiset. Finalement, les Chleuhs se relèvent et, sur un ordre d'un de leurs officiers, remontent dans les camions. J'observe avec délectation la sortie des deux soldats vautrés dans l'égout. Ils dégoulinent de fange malodorante.

Le spectacle auquel je viens d'assister m'a comblé d'aise. Même si nous risquons aussi gros que l'occupant. Même si les bombes, la mitraille des avions alliés ne fait, d'en haut, guère de différence entre la silhouette d'un militaire et celle d'un civil, je suis heureux que ces raids deviennent de plus en plus fréquents. Voir la trouille de ceux qui nous terrorisent, savoir qu'ils perdent sous ce matraquage aérien des centaines d'hommes et de véhicules me procure une sorte d'ivresse.

Malgré la tension de plus en plus forte que nous subissons à cause des incursions des avions alliés, de la nervosité des Teutons prêts à se venger de leur déconfiture sur des innocents, nous sommes tous en proie à une sorte de fièvre libératrice. Nous en oublions toute prudence. Comme s'il ne pouvait plus nous arriver personnellement quelque chose de fâcheux. En ces jours chargés autant de menaces que d'espoir, nous devrions vivre claquemurés à l'intérieur des maisons. Or, tous les habitants du quartier sont sur le pas de leur porte, à leur fenêtre, à leur balcon, parfois même perchés sur les arbres des vergers pour assister aux attaques des escadrilles américaines contre les convois ennemis. Je vis moi-même ces événements avec exaltation, conscient de leur caractère extraordinaire. Je voudrais pouvoir tout enregistrer, tout noter sur mes carnets, mais il se passe tellement de choses, tout va tellement vite que je n'arrive plus à suivre.

**Lundi 4 septembre 1944** *(Extrait de mon Journal)*

« Il est onze heures du soir. Je reprends la plume abandonnée en fin d'après-midi, pour relater les derniers événements de ce jour qui s'achève une fois encore dans l'incertitude. C'est étrange comme la succession de plus en plus rapide de faits dramatiques et angoissants écourte le temps. Elle estompe aussi le passé de ma mémoire. Cette période mouvementée ne dure que depuis une dizaine de jours et pourtant, j'ai déjà de la peine à me souvenir ce que pouvait être ma vie avant le 25 août 1944 qui marqua pour tous les Français, après la prise de Paris, le début d'une ère nouvelle. »

« A Dole aussi les événements s'accélèrent. Nous avons appris que deux embuscades s'étaient déroulées il y a quelques heures dans les environs. Au sommet de la colline de l'As de Pique, les F.F.I. auraient capturé un officier et plusieurs soldats allemands. Près du village de Goux, dans la descente de la Madone, quinze Boches seraient morts dans un accident de camion à la suite d'un accrochage avec les maquisards. Par contre, à Chamblay, dans le Val d'Amour, une bataille rangée n'a pas tourné à l'avantage de la Résistance. Un chef de maquis originaire de Dole et plusieurs de ses hommes ont été tués. Parmi ceux-ci, l'un des frères R. de Villette-lès-Dole. On vient d'autre part d'apprendre qu'un détachement SS battant en retraite a incendié le hameau de Pont-du-Bourg ainsi qu'une partie du village de Tassenières.

Tandis qu'on nous rapportait ces tragiques nouvelles, l'aviation alliée a de nouveau attaqué les convois circulant sur la route de Chalon. Comme précédemment, j'ai suivi à la jumelle le fantastique ballet. Les appareils américains, se suivant à la queue leu leu, s'en sont donnés à cœur joie contre les véhicules et la piétaille ennemie. Ils volaient si bas que leurs grandes ombres se projetaient sur le sol. En aucun moment ils n'ont subi le tir de la D.C.A. allemande qu'ils avaient mise à mal lors de leur précédent raid. Longtemps après le passage de la meute aérienne, j'ai vu flamber des camions et des voitures blindées.

A 19 heures, une explosion d'une intensité considérable a ébranlé l'air. Simultanément, une énorme gerbe de feu, pareille à l'irruption d'un volcan a embrasé l'horizon du côté de l'Ouest. L'écho de cette formidable déflagration a mis longtemps à se perdre dans les profondeurs de la forêt de Chaux. Mon père suppose qu'il s'agit de la destruction d'un dépôt de munitions situé dans les bois de Foucherans.

Avant d'aller me coucher, je viens de sortir et de jeter un nouveau coup d'œil du côté de l'avenue Chalon. Une douzaine d'incendies jalonnent encore cet itinéraire. Mais ces destructions ne semblent pas entraver la retraite de l'armée nazie. On continue de percevoir le grondement des moteurs, le crissement des chenilles de l'intarissable fleuve d'acier qui s'écoule toujours en profitant de la complicité de la nuit.

**Mardi 5 septembre 1944** *(Extrait de mon journal)*

« Contrairement aux précédentes, cette journée a été plutôt calme. Certes, des avions alliés ont survolé la ville à plusieurs reprises, mais ils n'ont pas lâché de bombes ni mitraillé d'objectifs. Par contre, les Boches disposent à nouveau de deux batteries de D.C.A. avec lesquelles ils ont canardé les appareils américains. Heureusement sans les atteindre.

Sur la route de Chalon, la circulation s'est considérablement ralentie. On dirait que le flot de la retraite ennemie s'est tari. Il ne passe plus, par intermittence, que quelques véhicules de petites cylindrées entre les carcasses calcinées.

Nous avons à nouveau entendu plusieurs très fortes explosions. On dit qu'elles provenaient des annexes militaires et de la gare de triage où les Boches feraient sauter tout ce qu'ils ne peuvent pas emporter.

La nouvelle la plus bouleversante de la journée nous a été communiquée par Gaston D., le sabotier infirme, venu apporter une paire de sabots à mon père. L'artisan, qui se déplace sur un tricycle, est petit, maigre et contrefait. Il continue ses tournées ambulantes malgré les événements. Il nous a raconté que cet après-midi, une demi douzaine d'Allemands, descendus d'une traction avant, se sont approchés de la lisière de la forêt de Chaux, entre Le Poiset et Villette-lès-Dole. Après avoir progressé, à découvert, à travers champs, ils se sont trouvés soudain nez à nez avec un groupe de maquisards qui ne les avait sans doute pas vus arriver. Un instant déconcertés par cette rencontre les Boches ont d'abord levé les bras, comme s'ils se rendaient. Un des résistants s'est détaché de son groupe pour venir les désarmer. Il a fait quelques pas dans la direction des Chleuhs. C'est alors que l'un d'eux a déchargé sa mitraillette sur lui. Puis, profitant de la confusion, les Allemands se sont rapidement repliés vers leur voiture et sont repartis en direction de Dole, laissant une victime sur le terrain.

A l'heure où je prends la plume pour narrer cette tragique histoire, nous connaissons le nom du maquisard abattu lors de l'échauffourée. Il s'agirait de Bernard T., agent de police à Dole, qui avait rejoint le maquis quelques jours auparavant en compagnie de plusieurs de ses collègues.

Après avoir donné une première version des faits telle qu'elle nous a été rapportée par Gaston D., je tiens à en transcrire ici une seconde qui émane de Berthe M., une de nos voisines. L'affaire dont Bernard T. aurait été victime ne se serait pas déroulée à la lisière mais au coeur de la forêt de Chaux, dans des circonstances encore mal connues. Recueilli par des habitants du quartier, le malheureux serait à l'agonie, veillé par un camarade de combat.

Une fois encore, ce drame douloureux reflète la confusion des témoignages que nous enregistrons parfois à quelques heures d'intervalle sur un même événement. Qui croire ? Le sabotier ou Berthe M. ? Sans doute les deux car il est possible qu'il s'agisse de deux affaires différentes. Nous vivons à une époque où il se passe chaque jour des faits irrationnels qui constituent de véritables puzzles difficiles à reconstituer d'une manière cohérente.

La seule certitude dans cette affaire, quelles qu'en soient les circonstances, c'est qu'un malheureux maquisard est en train d'agoniser et qu'il est condamné à mourir faute de soins efficaces. Car nul ne s'avisera de le conduire à l'hôpital où il serait aussitôt assassiné par les Boches. Comme le seraient d'ailleurs ceux qui le transporteraient.

## « Y SONT IQUI ! »

**Mercredi 6 septembre 1944** *(Extrait de mon Journal)*

« Aujourd'hui, les quartiers situés sur la rive gauche du Doubs, c'est-à-dire ceux d'Azans, de La Bedugue, du Boichot et du Poiset, se trouvent dans une situation pour le moins étrange. Cette nuit, l'important détachement que nous avions vu passer précédemment en formation de combat s'est retiré de notre secteur en faisant sauter le pont Louis XVI qui nous sépare de la ville. Il était un peu plus de minuit lorsque les Boches sont passés devant notre maison. Nous avons suivi leur retraite à travers nos persiennes. Ils ont tiré plusieurs rafales de mitraillettes en direction de la forêt de Chaux, sans doute pour intimider d'éventuels agresseurs. Mais les maquisards pourtant nombreux dans les bois ne se sont pas manifestés. »

« Ils sont partis ! Ils ont fait sauter le pont sur le Doubs pour couper toute communication avec la partie sud de Dole ! La ville est désormais séparée en deux, comme elle le fut autrefois lors des sièges qui marquèrent son histoire ! Ça signifie qu'il ne reste plus d'Allemands dans nos quartiers excentrés ! »

« Ces événements se sont passés tellement en catimini et surtout sans aucun dommage humain ou matériel que nous avons du mal à croire à notre bonne fortune. Nous n'assistons à aucun débordement de joie de la part de la population. Les gens semblent heureux, tout en restant prudents et circonspects quant à ce qui peut advenir par la suite. Chacun se dit que si les Boches sont bien partis, personne ne les remplace jusqu'à présent. Ni les Américains, ni les F.F.I. ne sont arrivés ici pour s'opposer à un éventuel retour de l'ennemi. Celui-ci tient toujours la rive droite du Doubs. On voit même défiler encore de temps en temps quelques-uns de ses blindés ainsi que des véhicules disparates sur la corniche de l'avenue de Chalon qui fait face au Poiset. Les nazis sont donc susceptibles de revenir dans notre quartier pour y semer la terreur. Le moment de pavoiser n'est pas encore venu. »

« Quand nos libérateurs arriveront-ils ? C'est la question que tout le monde se pose. Personne ne peut y répondre. Le courant électrique n'étant pas rétabli, nous n'avons plus la possibilité d'écouter les informations de la T.S.F. Nous ignorons totalement où sont les forces alliées débarquées dans le Midi de la France et les progrès de l'insurrection déclenchée par les Forces françaises de l'intérieur. Nous en sommes encore et toujours réduits à écouter, avec perplexité, les rumeurs les plus extravagantes, les plus contradictoires. »

« Vers dix heures, une nouvelle se répand comme une traînée de poudre : Les Américains sont à Mont-sous-Vaudrey ! Ils attendent que le pont de Parcey, détruit il y a quelques heures par les Allemands, soit réparé pour venir délivrer Dole ! »

« Aussitôt, un extraordinaire déplacement de population se produit en direction de la Loue. Des hommes arrivent de partout. De La Bedugue, d'Azans, du Boichot. Des jeunes, des vieux, des enfants ! Portant des pelles, des pioches, des scies, des boîtes à outils ! C'est à qui arrivera le premier à Parcey pour se mettre au travail afin de reconstruire le pont qui ouvrira l'accès de notre région aux forces alliées ! »

« Mon père et moi ne tardons pas à suivre à notre tour la foule des volontaires. Une heure après, nous sommes à pied d'œuvre. Le village de Parcey a été libéré ce matin par les maquisards. Ceux-ci appartiennent à un groupe dont le nom de guerre est « Dubois ». Ils ont posté des fusils mitrailleurs à l'entrée de la localité, face à la route de Dole et en bordure de la voie ferrée. Au passage, je remarque qu'ils sont également équipés de « bazookas », ces curieux engins dont j'avais déjà vu quelques spécimens entre les mains des Boches. La plupart des Résistants sont à peine plus âgés que moi, vêtus de bric et de broc, d'habits civils ou d'uniformes hétéroclites. Tous arborent fièrement le brassard portant le sigle F.F.I. Quant aux rues de Parcey, elles sont noires de monde. Toutes les façades sont décorées de drapeaux tricolores et même parfois de guirlandes et de lampions comme pour les 14 juillet d'antan »

« Une foule incroyable s'active le long des berges de la Loue. Des équipes de terrassiers bénévoles comblent en hâte les tranchées creusées par les Boches. Sous la direction d'un gradé de la Résistance, d'autres civils ont entrepris de combler le vide existant entre les arches effondrées, à l'aide de billes de peupliers amenées par des attelages de bœufs. Il y a tellement de volontaires que, lorsque mon père et moi proposons nos services à un responsable, celui-ci nous dit d'attendre un éventuel changement d'équipes. Nous prenons donc notre mal en patience et, assis au bord de la rivière, mangeons les quelques pommes de terre cuites à l'eau dont maman a garni l'une de nos musettes avant notre départ. »

« Soudain, vers quinze heures, alors que nous sommes toujours désœuvrés, nous apercevons, au loin, un étrange véhicule en train de descendre la côte de l'As de Pique. Quatre soldats sont à bord de l'engin. Il se produit un brusque mouvement de panique parmi les rangs des bénévoles. A cette distance, les militaires casqués ressemblent à des Allemands ! Les maquisards présents se jettent aussitôt sur leurs armes. Tous ajustent le curieux véhicule. Une très vive tension règne pendant deux minutes, puis une voix se met à crier : « Tirez pas ! ce sont des Américains ! »

« L'instant d'après, abandonnant sur place le matériel et les outils, la foule des volontaires se rue en masse sur la rive gauche de la Loue. Papa et moi suivons le mouvement en empruntant une sorte de gué formé par les débris des piles du pont et des madriers. Sur la berge opposée, le véhicule des arrivants est entouré, littéralement submergé par deux ou trois cents personnes. C'est à qui approchera les Américains, les touchera, leur serrera la main, les embrassera ! Je vois couler des larmes sur de nombreux visages. A côté de moi, un vieux paysan de Parcey tremble d'émotion. Il répète, en patois ce leitmotiv : « Y sont iqui ! Y sont iqui ! Yo trop beau ! Yo trop beau ! »(1)

Comment exprimer ma propre joie à la vue de ces êtres venus de si loin pour nous délivrer ? Je les contemple comme des demi-dieux. Tout en eux m'est sujet d'étonnement, d'émerveillement : leur voiture trapue au capot décoré d'une grosse étoile blanche, leurs uniformes, leurs casques ronds, leurs mitraillettes. Je ne suis pas le seul à être fasciné par ces solides gaillards. L'un d'eux est officier. Il répond à nos vivats, à nos applaudissements par de sonores « Hello ! ». Ses compagnons sourient, en continuant de mastiquer imperturbablement du chewing-gum. Pour ces quatre hommes aussi l'événement ne doit pas être banal. Ils s'attendaient sans doute à rencontrer des Boches au cours de leur patrouille motorisée, et voilà qu'ils arrivent dans un pays libéré de l'occupant nazi ! Ils y sont accueillis à bras ouverts par une population enthousiaste qui les reçoit comme si chacun d'entre eux était le Messie ! »

« En contemplant l'étonnante scène de cette première rencontre entre les Francs-Comtois et leurs libérateurs, j'ai un peu l'impression que notre curiosité s'apparente à celle des peuplades sauvages fêtant l'arrivée de navigateurs dans une île déserte. Tout le monde parle, tout le monde rit avec les soldats américains. On leur pose des questions qu'ils comprennent plus ou moins bien. On utilise beaucoup de part et d'autre le langage des mains. De notre côté, on emploie un sabir petit nègre entremêlé d'expressions allemandes qui reviennent malgré nous sur nos lèvres et démontrent combien l'occupation teutonne nous a tous marqués. »

Un responsable du groupe « Dubois », averti de l'arrivée des soldats US, vient à son tour à leur rencontre. Il s'agit d'un homme d'une trentaine d'années, en short et chemisette bleus. Il porte à la ceinture un énorme revolver à barillet. Il ordonne, d'un ton pète-sec aux curieux que nous sommes de retourner au travail. Il entreprend, sans le concours d'un interprète, de discuter directement en anglais avec l'officier.

Revenus peu après sur la rive droite de la rivière, mon père et moi sommes témoins d'une scène hallucinante. Nous voyons arriver à pied, venant de la direction de Dole, l'un de nos voisins facteur des P.T.T., accompagné d'un soldat en uniforme de la Wehrmacht, tête nue et sans arme. Nous apprenons bientôt qu'il s'agit d'un Alsacien enrôlé de force dans l'armée Allemande. Après avoir déserté, le fedgrau se cachait depuis une quinzaine de jours au Boichot, au domicile du postier patriote. A l'issue d'un bref entretien avec un gradé F.F.I., le déserteur est conduit dans la cour d'une maison proche où sont gardés cinq soldats ennemis capturés quelques heures plus tôt par la Résistance. Etonnant

(1) Ils sont ici ! Ils sont ici ! C'est trop beau ! C'est trop beau !

retournement de situation, l'Alsacien, qui parle aussi bien notre langue que celle de Goethe, est aussitôt chargé d'interroger les prisonniers soupçonnés de s'être livrés à des exactions en battant en retraite avec leur unité le long de la route Lons-le-Saunier-Dole.

Je regarde avec curiosité cette scène surréaliste. C'est la première fois que je vois des Boches désarmés. Ils n'ont plus très fière allure. L'un deux à un bandeau taché de sang sur le front. Les autres sont débraillés. On leur a ôté leur ceinturon et leurs bottes. Tous les cinq sont barbus, boueux, hébétés. Ils ont l'air inquiet des bêtes piégées. Ils répondent aux questions posées par leur ex-compagnon d'arme avec plus d'humilité que d'arrogance. Je comprends quelques-unes de leurs réponses. Tous se disent innocents, ayant appartenu à une escouade chargée de faire sauter les ponts de la région.

« Le spectacle de ces nouveaux vaincus me remémore instantanément la scène identique à laquelle nous avions assisté avec ma famille, presque au même endroit, en juin 1940, alors que nous rentrions vers Dole après l'exode. Il s'agissait alors de quatre trop confiants troufions français qui s'étaient d'eux-mêmes constitués prisonniers. Que sont-ils devenus après ces interminables années de guerre ? Sans doute sont-ils toujours derrière les barbelés d'un stalag. Quelle joie éprouveraient-ils s'ils voyaient, comme moi, leurs anciens vainqueurs dans une fâcheuse position ! Je souhaite à ceux-là de connaître aussi longtemps que les nôtres le régime qu'ils leur ont fait subir !

### Mercredi 6 septembre 1944 (suite) *(extrait de mon Journal)*

« J'achève de consigner mes impressions sur ce carnet alors que la nuit est tombée depuis longtemps. J'ai tant de choses à raconter que je préfère tout noter en vrac afin de ne rien oublier. Si je reprends, plus tard ces feuillets écrits à la hâte pour les remettre en forme, j'aurai au moins la certitude qu'ils reflètent la réalité des événements que nous vivons en ces jours mémorables. »

« Quelle étrange situation connaissons-nous ! Mon père et moi sommes revenus au Poiset ce soir avec l'idée que nous étions à présent tirés d'affaire, hors de danger de la part des Allemands. Nous n'avons hélas ! pas tardé à déchanter. Non seulement le pont de Parcey n'est pas réparé, mais les Américains ont fait savoir qu'il était inutile de dépenser notre énergie à le remettre en état. Ils ont décidé de passer ailleurs ! Quant à la Résistance, elle campe toujours sur ses positions en bordure de la Loue. Les maquisards ne semblent pas disposés, pour l'instant, à s'avancer jusque dans notre quartier pour le prendre sous leur protection. Nous nous trouvons donc depuis la nuit dernière dans une sorte de no man's land entre les belligérants. Cette situation est très dangereuse car nous restons à la merci d'un retour en force des Boches. Ceux-ci continuent non seulement à tenir Dole sous leur coupe, mais ils disposeraient en outre de deux solides points d'appui sur notre rive gauche du Doubs, à l'usine à gaz au bas de La Bedugue et dans les entrepôts de la société Idéal Standard à la Fenotte. »

« Un comble ! Alors que cet après-midi, nous applaudissions, à Parcey, l'arrivée des premiers soldats américains. Alors que nous pensions vivre un événement exceptionnel : la Libération ! au même instant, maman voyait passer devant notre maison une patrouille de cyclistes allemands. Les deux feldgrau arrivaient par la route de la forêt de Chaux, sans avoir été inquiétés. Ils roulaient tranquillement, fusils en bandoulière et ne semblaient nullement aux abois.

Quand cette situation aberrante prendra-t-elle fin ? Quand serons-nous définitivement délivrés ? Ce soir, malgré la journée extraordinaire que nous venons de vivre avec mon père, il m'est toujours impossible de répondre à ces questions. L'avenir peut nous réserver encore bien des surprises désagréables.

## LES BOCHES REVIENNENT !

**Jeudi 7 septembre 1944** *(Extrait de mon Journal)*

« Durant presque toute la journée, il a fait un temps exécrable. Beaucoup de pluie et de vent. Comme le plafond des nuages était très bas, l'aviation alliée ne s'est pas livrée à de nouvelles incursions au-dessus de la région. Les Boches ont profité de ce répit pour poursuivre leur repli. En observant la corniche de l'avenue de Chalon, j'ai constaté qu'il n'y passait presque plus de véhicules motorisés, mais surtout des voitures hippomobiles, des cyclistes et des troupes à pied. Mon père pense qu'il s'agit d'éléments d'arrière garde. De traînards, comme ceux qui suivirent le sillage de notre propre armée en déroute lors de la débâcle de juin 1940. »

« Sans être de grands stratèges, nous nous demandons pourquoi les Américains, pourtant si proches de Dole, ne tentent pas une attaque contre la ville pour couper définitivement la retraite aux fuyards en complète débandade ? M. Gustave S. est d'avis que les Alliés foncent plutôt vers le nord-est en longeant la frontière Suisse, en direction de la trouée de Belfort. Selon lui, c'est en cet endroit que se jouera la dernière phase de la bataille. Si les Américains sont les plus rapides, les Boches seront pris au piège. Ils ne pourront plus s'enfuir vers l'Allemagne. »

« En fin de matinée, nous avons bien cru cependant qu'une opération allait être déclenchée contre Dole. Plusieurs voitures blindés US et quelques tractions avant arborant le drapeau tricolore et le sigle F.F.I sur les portières, ont effectué une reconnaissance en direction de La Bedugue. Les automitrailleuses américaines arrivaient de Belmont où elles avaient pu aisément traverser la Loue sur le pont que les Chleuhs ne sont pas parvenus à détruire lors de leurs dernières intervention dans le Val d'Amour. »

« Hélas ! le convoi libérateur n'a fait qu'une brève apparition dans notre faubourg. Nous l'avons vu repartir en direction de Villette-lès-Dole quelques minutes seulement après son passage. A cet instant, une grêle d'obus s'est abattue sur la partie sud du Poiset. Une batterie d'artillerie allemande installée sur le versant droit de la vallée du Doubs, au lieu-dit « Les Orphelins », s'est mise à tirer à vue sur la route nationale Paris-Genève et sur celle de Goux. Il ne fait aucun doute que les Boches ont tenu à faire connaître aux forces alliées qu'ils restaient maîtres de Dole et n'entendaient pas s'en laisser déloger facilement. »

Comme il nous est toujours impossible de savoir ce qui se passe dans la ville, de l'autre côté de la rivière, je suis allé cet après-midi, en compagnie de mon copain Robert F., dans le quartier du Bizard, à Azans. Depuis un petit belvédère, nous avons observé la citée à la jumelle. Elle semble complètement déserte. Nous n'avons pas décelé la moindre présence humaine dans les rues. Comme si l'occupant interdisait aux habitants de sortir de chez eux. Par contre, nous avons très bien repéré la batterie d'artillerie installée au Prélot. Elle tirait, par intermittence, en direction du cimetière de La Bedugue. Des coups de canon partaient aussi du Cours Saint-Mauris, de même que des rafales de mitrailleuses sporadiques. Des impacts de balles s'étant rapprochés de notre point d'observation, nous avons jugé plus prudent de décamper.

En regagnant notre quartier, nous avons éprouvé une forte émotion. Nous avons vu défiler au Poiset une longue colonne de soldats vert-de-gris armés de fusils, de mitraillettes et grenades à manche. Ça nous a fait un choc terrible. Nous avons cru un instant que l'ennemi venait de repasser le Doubs ! Il n'en était rien, fort heureusement. La sinistre troupe était au contraire encadrée par des maquisards. Il s'agissait d'une unité de l'armée Vlassov qui venait de déserter la Wehrmacht et passer avec armes et bagages du côté de la Résistance !

« D'après un des F.F.I. avec lequel j'ai pu m'entretenir de cette défection massive de supplétifs russes, celle-ci est le résultat de contacts menés par trois courageux dolois : MM Armand G., bijoutier-horloger, M. Irénée N., propriétaire du Café Central et M. K., ancien colonel de l'armée du Tsar installé depuis de longues années à Dole comme artisan d'art. »

« La désertion de ces soldats est vraiment le signe du commencement de la fin pour les nazis. Lorsque les rats quittent le navire, c'est qu'il n'est pas loin de couler. Il n'empêche que la vue de cette bande de soudards revêtus de l'uniforme haï, pour la plupart armés jusqu'aux dents, n'a rien de rassurant. Ce sont presque tous des Cosaques. La seule différence avec leurs précédents passages dans le quartier, c'est qu'ils n'ont plus de chevaux. En les voyants défiler, mon ami Robert F. formule à voix haute l'appréhension que j'éprouve moi-même quant à la sincérité de leur revirement :

« – Va savoir si ce ne sont pas les mêmes qui ont brûlé les maisons et massacré les habitants des villages du Haut-Jura ? »

« Au Poiset, les événements prennent une tournure étonnante. Des hommes tranquilles dont nul ne soupçonnait jusqu'alors qu'ils pussent appartenir à la Résistance, arborent à présent des brassards à croix de Lorraine. On dit qu'ils prendront bientôt la responsabilité des affaires municipales et sont chargés de la sécurité publique. J'entends parler pour la première fois de « Comité de Libération », de « Milice Patriotique ». Il me semble que tout a été prévu de longue date. A peine les Allemands auront-ils quitté la région, qu'un nouveau pouvoir se mettra en place. »

« Décidément, le vent tourne très vite. Des personnes qui affichaient il n'y a pas très longtemps des opinions pétainistes, pavoisent leurs maisons de drapeaux tricolores et de guirlandes. Notre voisin Henri C., que mon père soupçonne d'avoir entretenu des relations équivoques avec les Boches, pousse son nouveau zèle patriotique jusqu'à grimper au sommet d'un grand chêne ombrageant une clairière de la forêt de Chaux pour y déployer un immense pavillon bleu blanc rouge. Visible depuis la ville, cet étendard provocateur suscite aussitôt la hargne des artilleurs ennemis qui envoient plusieurs salves dans sa direction, mais sans résultat. »

« Vers vingt heures, au moment où j'écris ces lignes, tout est redevenu calme. Les canons ennemis, après avoir grondé toute la journée se sont tus. Le bombardement n'a heureusement pas fait de victime dans le quartier, du moins à ma connaissance. Par contre, il y a causé d'importants dégâts. Plusieurs maisons du faubourg ont été traversées de part en part. L'une d'entre elles a brûlé. On ne compte plus les toitures éventrées par les éclats, les portes, les fenêtres soufflées par les déflagrations. Ce soir, tous les habitants du Poiset restent inquiets. Ils redoutent que les Boches ne reprennent leurs tirs dès demain matin. »

**Vendredi 8 septembre 1944** *(Extrait de mon Journal)*

« Les maquisards sont arrivés en force dans le quartier peu après le lever du jour. Par petites troupes d'une trentaine d'hommes environ, en file indienne de chaque côté de la chaussée. Ils se sont dirigés vers La Bedugue. Ils ont paraît-il pris position tout le long de la rive gauche du Doubs. »

« La population a réservé un accueil enthousiaste aux F.F.I. Enfin ! Chacun a pu les voir en chair et en os ces sympathiques soldats de la Résistance dont on parle depuis si longtemps et dont mon père et moi avons nous-mêmes mis en doute les capacités militaires après notre bref passage dans l'un de leurs camps. Ce matin, je révise mon opinion défavorable à leur égard. Malgré leurs tenues disparates, leur armement hétéroclite où les mitraillettes et les bazookas côtoient les vieux mousquetons et les Lebel, ils ont fière allure. Cette armée populaire n'a sans doute pas l'air martial que la Wehrmacht affectait autrefois, mais aujourd'hui elle a certainement meilleur moral que les feldgrau. Dans les rangs des maquisards, je reconnais un certain nombre de Dolois. Ils sont tous impatients de partir à la reconquête de notre vieille cité. Ils ont hâte de retrouver leurs familles. De récolter les fruits de leur longue patience. De recevoir l'hommage d'une population unanimement dressée pour leur faire un accueil triomphal.»

« Tandis que je les applaudis, mêlé à un groupe de voisins enthousiastes, un F.F.I. me reconnaît au passage. Il sort des rangs et vient me parler. Il s'agit d'un jeune professeur de l'école Mont-Roland que j'ai rencontré plusieurs fois à la Bibliothèque Municipale ces derrières années.

– T'étais bien un copain de Raoul D. ? me demande-t-il.

– Oui.

– J'ai une triste nouvelle à t'annoncer. Raoul s'est fait descendre à Véria, le 13 juillet, au cours d'un accrochage. Au maquis, on l'appelait Zidore. C'était un type formidable. Un courageux. On le regrette tous dans notre groupe... »

« Après m'avoir appris cette tragédie, mon interlocuteur barbu, bronzé, aux vêtements sales et déchirés, me serre la main et s'empresse de rejoindre sa place dans colonne. »

« Je reste un instant interdit en bordure de la route. Je sens ma poitrine se serrer, des larmes couler sur mes joues. Pour cacher mon affliction incongrue en ces heures d'allégresse générale, je rentre précipitamment à la maison. »

« Ainsi, cette guerre atroce m'aura enlevé trois de mes meilleurs amis ! Trois jeunes créateurs avec lesquels je vivais en parfaite symbiose sur le plan des idées artistiques. Le premier fut Michel V; qui n'eut pas la patience d'attendre la fin de notre calvaire et se jeta dans la Seine pour en finir avec une existence qu'il croyait sans avenir. Puis ce fut Louis R. que j'ai toujours considéré comme un grand frère. Ce jeune peintre au talent prometteur déporté du travail en Allemagne, mort en accomplissant une besogne pour laquelle il n'était pas préparé. Et voilà enfin qu'on m'apprend la disparition de Raoul D., garçon enjoué, intelligent, déjà l'auteur de deux livres publiés, qui portait en lui tant d'œuvres qu'il n'écrira jamais ! »

« Michel, Louis, Raoul, je ne vous oublierai pas ! J'en fait aujourd'hui le serment. Si je survis à cette guerre, je rappellerai sans cesse plus tard votre mémoire à ceux qui l'auraient oubliée.»

« En fin de matinée passe un étrange véhicule blindé. Il ne ressemble pas aux half-tracks américains que nous avons vus hier matin. Il s'agirait d'une automitrailleuse entièrement construite par les maquisards. Elle porte les lettres F.F.I. sur le capot et la mention « Groupe Capitaine Dubois ». Il paraît que ce tank de le Résistance aurait fait merveille lors de récents accrochages contre les Cosaques. Espérons qu'il n'aura pas à affronter par la suite un panzer ou un canon antichar. Son blindage me paraît quand même bien mince. »

« Malgré leur déroute, les Boches restent combatifs. Vers midi, leurs nids de mortiers et de mitrailleuses installés en bordure de la rive droite du Doubs, mêlent leurs feux nourris aux salves de l'artillerie. Les quartiers d'Azans et de La Bedugue commencent à leur tour à trinquer. Une bataille semble s'engager entre l'arrière-garde ennemie et les forces de la Résistance. Nous entendons aussi, venues du centre de Dole, toute une série d'explosions. Par contre, sur la Corniche, la circulation a presque complètement cessée. »

« Dans l'après-midi, une ambulance de la Croix Rouge F.F.I. fonce à toute vitesse en direction de Parcey. On apprend qu'elle transporte des blessés. Bientôt, nous avons confirmation de deux autres drames. Un maquisard vient d'être mortellement frappé par un éclat d'obus près de l'église du Sacré-Cœur de La Bedugue. A Azans, un jeune garçon qui observait la ville à la jumelle, comme nous l'avons fait hier avec mon ami Robert F. a eu la tête fracassée par un tireur d'élite allemand. Il s'agirait du fils de M. D, le propriétaire de la maison sise au bas de la rue des Remparts qui a été détruite par l'aviation Alliée le 4 septembre dernier. C'est terrible comme le sort peut s'acharner parfois contre une famille. »

« Vers 19 heures, une nouvelle alarmiste sème soudain la panique dans les quartiers situés sur la rive gauche du Doubs. Propagée par des cyclistes, la rumeur se répand comme une traînée de poudre :

– Les boches reviennent ! Ils ont retraversé la rivière près de l'usine à gaz !

« Comme pour confirmer cette information, nous assistons peu après, avec stupéfaction, au repli de plusieurs unités de F.F.I. Simultanément, le pilonnage de l'artillerie ennemie s'intensifie sur les quartiers d'Azans, de La Bedugue et du Poiset. On entend aussi au loin le staccato des mitrailleuses, la toux sèche des tirs de mortiers. Des dizaines de civils effrayés, aux visages blêmes, souvent en pleurs, refluent dans le sillage des maquisards. Ces gens se sauvent éperdument en direction de Parcey. Il en part aussi vers la forêt de Chaux. En moins grand, c'est un peu la même scène que nous avons vécue en juin 1940. Jusqu'à la nuit, nous assistons à un défilé continu d'hommes, de femmes, d'enfants affolés. La plupart sont à pied. Ils n'emportent avec eux que de maigres bagages. Surtout des vêtements chauds et des couvertures. Au Poiset, beaucoup d'habitants se demandent s'il ne serait pas plus prudent de s'enfuir aussi avant le retour des Boches ? »

« Je reprends la plume vers 23 heures, ce 8 septembre 1944. Les bruits de la bataille ont cessé. La route Paris-Genève est déserte. De même, il ne passe plus personne sur celle de la Corniche. Je me dis que si les Chleuhs avaient retraversé la rivière et réoccupé les quartiers sud de la ville, on les entendrait tirailler. Or, le silence le plus complet règne sur la vallée du Doubs. Seules, quelque part, au nord, d'étranges palpitations couleur de souffre secouent les ombres de la nuit. Elles proviennent de nouveaux incendies. L'ennemi aurait-il décidé de se venger en brûlant Dole avant de partir ? »

ÉPILOGUE

# LE BOUT DU TUNNEL

## 25 août - 9 septembre 1944

Cet épisode reprend en grande partie des extraits de l'ouvrage que j'ai fait paraître en mars 1946 sous le titre MON JOURNAL DURANT LA LIBÉRATION, aux éditions A. Gœury fils. Ces extraits sont complétés par un certain nombre de notes inédites tirées de mes « carnets », et que je n'avais pas publiées à l'époque.

André BESSON

## ENFIN LIBRES !

**Samedi 9 septembre 1944** *(Extrait de mon Journal)*

« Cette fois, c'est vrai ! Bien vrai ! Ils sont partis ! Nous sommes libres ! Libres après cinquante mois d'occupation ! Après plus de mille cinq cents jours de contraintes, de menaces, de peurs, de misères et de honte ! Comment avons-nous réussi à surmonter tant et tant d'épreuves ? A traverser sains et saufs cette époque où la mort rôdait à travers les rues, frappait indifféremment le coupable ou l'innocent ? Comment avons nous fait pour survivre à ces quatre hivers de froidure et de disette ? Quelle force insoupçonnée nous a-t-elle permis de résister au découragement ? De conserver suffisamment d'espérance au fond de l'âme pour repousser l'idée tentatrice du suicide ? Le premier combat que nous avons mené, c'est d'abord contre nous-mêmes qu'il a fallu le livrer. Aujourd'hui nous avons gagné ! »

« Ce matin, le soleil s'est levé dans un ciel d'un bleu tendre. Un vrai ciel printanier. La nouvelle s'est répandue en quelques dizaines de minutes, vers six heures trente, dans le quartier, colportée par des gens à bicyclettes qui criaient à tue-tête :

- Les Boches sont partis ! Ils ont quitté Dole la nuit dernière ! »

« Sur le moment, j'ai pensé : « Encore un bobard de plus... ». Il en a tant couru depuis quatre ans que nous sommes tous devenus instinctivement sceptiques. Un gradé de la Résistance s'est arrêté quelques instants chez notre voisin Louis S. qu'il connaît. Il lui a confirmé que les maquisards se sont bien emparés de la ville ce matin à six heures. »

« J'étais en train de boire mon bol d'ersatz de café quand mon copain Robert P. est venu me proposer de descendre à Dole avec lui. Toujours craintive, maman n'était pas tellement d'accord pour me laisser partir, mais elle a fini par accepter. Nous avons donc quitté le Poiset vers huit heures trente, évidemment à pied, car nous n'avons toujours pas de pneus pour équiper nos vélos. Le mien est encore démonté, caché sous du foin au grenier, pour le soustraire aux perquisitions ennemies.»

« Au passage, dans l'avenue de La Bedugue, nous constatons les dégâts occasionnés par les récents bombardements. Il y a des trous sur la chaussée, juste devant l'église du Sacré cœur. Un peu plus loin, sur le trottoir, des tuiles, du verre cassé, des traces de sang. Par contre, on ne voit pas trop les dégradations des façades. Elles sont à présent décorées de guirlandes et de drapeaux tricolores. »

« Notre premier problème se présente en bordure du Doubs. Le pont Louis XVI a été à nouveau en partie détruit. Les dégâts sont moins importants que ceux de juin 1940,mais suffisants pour interrompre les communications avec l'autre rive. Deux pêcheurs de la Prise d'Eau prêtent heureusement leurs barques et leurs bras à ceux qui veulent traverser. Grâce à eux, après quelques minutes d'attente, nous parvenons à prendre pied sur les berges du Jardin Philippe. »

« Dès notre entrée dans la ville, nous voyons les énormes dégâts que les bombardements aériens alliés y ont récemment causés. Le pont du canal du Rhône au Rhin a été sérieusement touché. L'angle du Bastion proche des entrepôts de M. L., marchand de vin est pulvérisé. En face, il y a un énorme trou sur la chaussée, qu'il faut contourner pour passer. Quant à la maison D. située à l'angle de la rue des Remparts et de la Grande rue, elle est partagée en deux. On peut voir, par les portes et fenêtres béantes, des traces d'incendie et des éclats de bombes. »

« Robert et moi continuons à avancer. Nous constatons avec soulagement que les quartiers proches n'ont heureusement pas été touchés. C'est le cas de l'Hôtel-Dieu et de la salle des fêtes. En ce radieux matin d'été, le bas de la ville est déjà noir de monde. Il y a foule à l'entrée de la rue Pasteur. On nous confirme que les maquisards sont arrivés à l'aube dans la cité, par Choisey, Brevans et la bas d'Azans. Les Boches ont quant à eux quitté la place en catimini vers deux heures du matin, après avoir reçu un ultimatum du commandant des F.F.I. de la région. Peu après leur départ, les résistants ont occupé sans coup férir tous les points stratégiques : les carrefours, les casernes, la sous-préfecture, la gare, la mairie... Ils contrôlent aussi plusieurs villages de la périphérie. »

« Toute la ville est en liesse. Sur les monuments publics, les façades des maisons, des magasins, c'est une éclosion fantastique de banderoles, de drapeaux tricolores et aussi d'emblèmes alliés. A se demander où les habitants ont pu se procurer les mètres carrés de tissus, le papier crépon aux couleurs américaines, anglaises, soviétiques ? Dans plusieurs vitrines sont même exposés des portraits du général de Gaulle, de Winston Churchill, du Président Roosevelt et du maréchal Staline. Les cloches de la collégiale Notre-Dame et celles des chapelles de la cité n'arrêtent pas de sonner à toute volée depuis ce main, comme pour porter au loin la merveilleuse nouvelle :

« Dole est libre ! Dole est libre ! »

« Ma chère vieille ville ! Si tous ceux qui sont tombés depuis quatre ans pouvaient te voir ! Si tous ceux qui croupissent encore au fond des geôles nazies pouvaient assister à cet étonnant spectacle, combien ils seraient heureux et fiers ! Vengés de toutes leurs souffrances, de toutes leurs humiliations ! »

« Je voudrais pouvoir fixer sur pellicule ces scènes inoubliables. Hélas ! Je ne possède pas d'appareil photographique. Uniquement par le regard, j'essaie d'enregistrer dans ma mémoire les images, les sensations, les émotions de cette journée sans précédent dans mon existence. »

« Il faut d'abord évoquer la présence des centaines de maquisards qui ont remplacé les Allemands dans les rues de la ville. C'est vraiment une armée d'hommes des bois. La plupart sont jeunes, vêtus d'une manière disparate, de pantalons rapiécés, souvent tenus à la ceinture par des morceaux de ficelle, de chemises déchirées, de vestes de chasse, de vieux blousons, d'anciens uniformes français, bleu horizon, kaki et même garance datant de la guerre 14-18 ! Certains portent des tenues vert de gris et des bottes, sans doute récupérées sur des morts nazis. Les armes sont à l'avenant. D'une totale hétérogénéité : quelques unes modernes, la plupart venant de prises sur l'ennemi ou d'anciens dépôts de l'armée d'armistice. Un symbole unit cependant ces combattants de l'ombre : le brassard imprimé du sigle F.F.I., le V de la victoire et la croix de Lorraine. »

« Place de l'Ancienne Poste, un incident me laisse perplexe. Il oppose deux gradés de la Résistance. L'un, coiffé d'un béret basque, vêtu d'une veste de cuir marron et d'une culotte de cheval avec leggings, porte les galons de lieutenant. L'autre, un homme de type méditerranéen, aux cheveux et à l'œil noir, arbore un foulard rouge et des galons d'un grade supérieur. Je remarque que le brassard de ce dernier est imprimé de lettres différentes : F.T.P. C'est un franc-tireur partisan, c'est-à-dire un maquisard communiste. Les deux chefs discutent âprement, en présence de nombreux badauds. De leurs échanges de propos aux termes vifs, je comprends à mi-mot qu'il est question d'un récent parachutage d'armes dont le partage n'aurait pas été équitable »

« L'altercation entre les deux officiers créée un certain malaise parmi les témoins. Je me souviens de ce que m'avait dit M. Gustave S. quelques semaines auparavant : « A la libération, les choses ne se passeront peut-être pas aussi bien qu'on le croit entre gaullistes et communistes. Il y aura fatalement entre eux une compétition pour le pouvoir. Si les événements tournent mal ça fera du grabuge ! » Sur le moment, ces propos m'avaient semblé pessimistes, inspirés par les éditoriaux de Philippe Henriot qui parlait d'une possible révolution en France. Je comprends brusquement aujourd'hui que mon vieil ami n'avait pas tout-à-fait tort. En dehors du but commun qu'ils viennent d'atteindre, c'est-à-dire le départ des Boches, les Résistants ont sans doute à présent d'autres desseins plus politiques. »

« J'oublie très vite l'incident en remontant la rue des Arènes avec Robert P. Cette artère est abondamment pavoisée. Une foule dense, enthousiaste envahit la chaussées, acclame les F. F. I., les F. T. P. Au passage, on les couvre de fleurs, des filles se précipitent pour les embrasser. Sur la Place aux Fleurs, un ancien poilu de la guerre 14-18, coiffé du calot bleu horizon, leur sert du vin rouge dans un quart en étain cabossé « J'avais gardé ce Pommard-là pour vous, les gars dit-il en tapant sur le tonnelet d'où il tire son fameux Bourgogne. Les Boches ne l'ont pas bu ! A présent, grâce à vous on ne les reverra plus ! Vous avez bien mérité de boire un coup ! »

« Cependant, vers 10 heures 30, comme pour démentir les propos du vieux briscard, on entend soudain crépiter une fusillade. A nouveau, une terrible rumeur se répand : « Les Chleuhs reviennent ! ». En un clin d'œil, la rue des Arènes jusqu'ici noire de monde se vide. Les gens se mettent à courir vers les ruelles adjacentes, rentrent dans les couloirs des immeubles, descendent dans les caves. Les propriétaires riverains font disparaître rapidement les drapeaux qui ornaient leurs fenêtres. »

« Pris de court par l'événement, nous suivons un groupe de maquisards remontant en direction de l'avenue de Chalon. De loin, au carrefour qui fait face à la caserne Bernard, nous voyons d'autres F. F. I. s'affairer autour d'un canon antichar. On nous dit qu'il a été pris aux Allemands. Il est mis en batterie hâtivement derrière des sacs de sable. Nous n'allons pas jusque là. D'un signe énergique, un chef nous ordonne de nous cacher, ce que nous faisons sans tarder en pénétrant sous le porche du Collège Moderne.

« Finalement, la fusillade n'aura été qu'une fausse alerte. Elle a opposé malencontreusement pendant quelques minutes deux groupes de Résistants. Dans l'un d'eux étaient enrôlés des soldats russes récemment ralliés au maquis. Leurs uniformes vert-de-gris les a fait confondre avec des Boches, d'où la méprise, qui aurait pu être plus tragique. Heureusement, il n'y a eu aucune victime durant l'accrochage. »

« En sortant du Collège, nous sommes témoins d'une scène pittoresque. Robert C. un garçon débonnaire et joyeux drille que tout le monde connaît à Dole sous le surnom de « Coucou », descend la rue des Arènes, en tirant derrière lui un énorme bœuf dont il a décoré les cornes de cocardes tricolores. « C'est une prise de guerre nous dit-il fièrement. Je l'ai découvert à l'intérieur de la caserne ! Ça améliorera l'ordinaire des maquisards ! »

« Les Dolois rassurés sont ressortis à leur tour des maisons et remettent les drapeaux en place. Rue de Besançon, une foule de badauds stationne devant l'ancien magasin Singer. Celui-ci était devenu le siège du P. P. F. (1). Ces derniers mois, sa vitrine avait été plusieurs fois brisée par des pavés c'est pourquoi ses nouveaux locataires l'avaient renforcée à l'aide de planches. Aujourd'hui, on y a apposé deux écriteaux : « Fermé pour cause de chiasse » et « Changement de propriétaire ». Ces Messieurs adeptes de la « Kollaboration » ont préféré prendre le large avant d'avoir à rendre des comptes sur leur scandaleuse attitude. A l'intérieur des locaux, des hommes armés de mitraillettes Sten sont en train de faire le ménage. Ils balancent dans la rue des paquets de tracts et de brochures pro-nazies. Je ramasse un hebdomadaire illustré. C'est un récent numéro de « Signal ». Sur la couverture, un soldat allemand casqué fait, d'un geste ample, le simulacre d'envoyer une grenade. Cette illustration est confortée par le titre suivant : « Grâce à lui, les envahisseurs seront refoulés vers la mer ! ». C'est à peine risible. Dire que pendant quatre ans nous avons été abreuvés de semblables inepties par la presse collaborationniste ! Souhaitons que paraissent bientôt des journaux plus libres, plus respectueux de la vérité ! »

« Notre copain Georges T., le typographe, qui nous a rejoint, a ramassé quant à lui sur le trottoir, devant le local du P. P. F., un cahier d'écolier dont les pages sont couvertes d'une écriture élégante. J'y lis avec étonnement des sonnets, des poèmes en prose aux titres bucoliques « Le Réveil de la forêt », « Le Crépuscule ». Les textes sont loin d'être médiocres. Comme je m'étonne qu'il y ait eu un poète parmi les salauds doriotiste, Georges T. me renseigne : « C'était un nommé S. Il est venu plusieurs fois à l'imprimerie pour faire éditer des tracts. Il a publié de nombreux articles dans la presse collabo. Il s'est fait descendre récemment par un commando de la Résistance !». Bien qu'en d'autres circonstances, s'il avait eu mes idées, l'auteur de ces vers eut pu devenir mon ami, la nouvelle de son exécution me ravit. Le diable ait son âme ! Lui et ses semblables ont fait trop de mal à la France pour qu'on les plaigne ! Trois de mes amis créateurs sont morts par la faute des nazis ! Il est juste qu'elle frappe à présent les poètes de l'autre camp ! »

« Vers onze heures quinze, un ronflement de moteurs se fait soudain entendre dans le ciel. Il grandit jusqu'à devenir assourdissant. Tout le monde lève les yeux pour essayer de déterminer la nationalité des avions qui nous survolent. Personne n'est rassuré. Ne s'agirait-il pas d'appareils allemands ? Ne viendraient-ils pas exercer des représailles contre Dole après sa libération par les maquisards ? Nous sommes vite rassérénés en constatant que les avions sont aux couleurs alliées. Il s'agit d'une véritable armada de forteresses volantes. Elles volent si bas qu'elles font un boucan énorme. Dans les rues, sur les places, à toutes le fenêtres les gens lèvent les bras vers le ciel. Certains agitent des drapeaux. Nous pensons que les Américains sont venus saluer au passage la cité de Pasteur délivrée du joug nazi. Les appareils tournent à deux reprises sur la ville puis reprennent de l'altitude et s'éloignent en direction de

(1) Parti Populaire Français, mouvement fondé par Jacques Doriot.

la forêt de Chaux. (1). L'impressionnante flotte aérienne a soulevé l'enthousiasme des Dolois. Tous sont convaincus de l'imminence de la victoire. Ce que notre copain Georges T. résume dans son langage imagé : « Quand ces gros culs-là s'en vont grauler (2) leurs crottes au-dessus de la Bochie, ça doit faire un sapré barouf ! Les Frisés n'en ont plus pour bien longtemps ! ». Je suis de son avis. Le sort des villes allemandes ne doit pas être très drôle lorsqu'elles reçoivent les tonnes de bombes lâchées par ces mastodontes de l'air. Je ne les plains pas. Après tout, les Boches ont, dans leur grande majorité, souhaité cette guerre pour asservir l'Europe à l'hitlérisme. Ils ont perdu ! A présent, c'est à leur tour de payer !

« La joie n'est en effet pas le seul sentiment qui anime le cœur des Dolois en ce jour mémorable. La colère et la haine qui couvaient en eux depuis quatre ans explose avec brutalité. Une foule avide de vengeance se rue vers ceux qui, hier encore, la narguaient, l'opprimaient avec la bénédiction de l'occupant. Les collaborateurs de tout acabit : Miliciens, L. V. F., P. P. F., fonctionnaires trop zélés, commerçants qui affichaient jadis le panonceau « Honneur aux vainqueurs » dans leurs magasins, femmes faciles amies de ces Messieurs, dénonciateurs, laudateurs, complices, tous ces individus vils et bas qui se vendaient, se prostituaient aux nazis, sont tirés des cachettes où ils se terrent depuis le départ de leurs protecteurs.

« Rue de Besançon, nous voyons passer cinq civils encadrés par des F.F.I., l'arme au poing. Ce sont des collabos. Terrorisés ils courent les bras en l'air, trébuchent, tombent sous les coups de la foule déchaînée. L'un deux a le visage tuméfié. Un autre est pieds nus. Un troisième répète comme une litanie : « Je suis innocent ! Je suis innocent ! ». Il est aussi rossé que ses complices. Un instituteur que je connais de vue tente de calmer la fureur des gens en s'interposant à l'avant du pitoyable cortège : « Allons ! Soyez raisonnables ! Ne les battez pas ! Laissez faire la justice !... » Son plaidoyer courageux n'a pas beaucoup de succès et il reçoit lui-même des pierres destinées à frapper les prisonniers. Cette scène de violence me rappelle celles que j'ai vues en d'autres circonstances ces dernières années. Bien que j'éprouve toujours une haine viscérale contre les nazis et leurs laquais, je m'abstiens de crier avec les loups, mais je comprends parfaitement cette vindicte populaire.

« Tout près de là, devant le salon d'un coiffeur qui fût, durant l'occupation l'ami des Chleuhs, on a sorti trois fauteuils sur le trottoir. Des femmes y sont assises. Brutalement, maladroitement, car ça n'est pas leur métier, des résistants portant le brassard des F. T. P. sont en train de les tondre. Les beaux cheveux des demoiselles qui pratiquèrent, à l'horizontale, le rapprochement franco-allemand, tombent comme des loques sales dans la poussière. Un autre maquisard armé d'un pinceau trace aussitôt une croix gammée noire sur les crânes rasés. »

« Place Grévy stationne une foule énorme. On entend de loin une rumeur puissante de cris et de rires. Nous y dirigeons nos pas. Un spectacle étonnant s'y déroule. Sur le socle de pierre qui soutenait autrefois la statue de l'ancien Président de la République, on a hissé une femme entièrement

---

(1) L'aviation alliée avait en fait ce jour-là l'objectif de bombarder Dole dont on ignorait la Libération. Les pilotes furents heureusement avertis à temps de leur méprise et la ville échappa à un terrible désastre.
(2) Terme du patois dolois qui signifie : faire tomber.

dévêtue. Un nom court sur toutes les lèvres : « C'est la fille P. ! ». Je me souviens alors de la magnifique créature aux longs cheveux auburn que l'on voyait souvent passer, dédaigneuse du qu'en-dira-t-on, au bras d'un officier allemand, dans les rues de Dole. Aujourd'hui, elle se tient toujours bien droite, presque provocante, sur le piédestal d'où elle domine la foule. De partout fusent des quolibets, des insultes « Salope ! Putain ! Faut la tondre ! Faut la tondre partout ! ». Les hommes rient, grassement. Les femmes sont les plus hargneuses, les plus excitées. Jusqu'à ce jour, je n'ai jamais vu de fille nue. Mes camarades non plus sans doute. Nous regardons celle que nous avons sous les yeux avec plus de compassion que d'attirance. Avec un certain malaise aussi, en écoutant les propos malsains des spectateurs. Finalement, une grande femme maigre aux cheveux gris fend la foule. Elle porte le brassard de la Croix Rouge. Dominant d'une voix forte les lazzis égrillards de la populace, elle crie : « Bande de saligauds ! Ce que vous faites est indigne de la Résistance ! ». Arrivée au pied de socle de la statue vivante, elle lance à la fille P. une couverture dans laquelle celle-ci se drape aussitôt. Un gradé F. F. I. et deux hommes arrivent peu après. Ils font descendre la suppliciée de son piédestal et l'entraînent vers les anciens locaux de la Kreiskommandatur. Personne ne proteste dans l'assistance qui se disperse, gênée. Seule, une mégère crache en direction de la collaboratrice, mais le crachat mal ajusté tombe sur la manche d'un des maquisards. »

« Il est plus de midi. Georges T. nous invite à déjeuner. Sa mère a pu se procurer des œufs. Elle nous confectionne une délicieuse omelette aux pommes de terre. Nous la mangeons sans pain car les boulangers dolois n'ont plus un seul gramme de farine dans leur fournil depuis quelques jours. Par contre le père de notre ami, grand mutilé de la guerre 14-18, a sorti une bonne bouteille de sa cave, ce qui ajoute un peu d'ivresse à notre euphorie libératrice car nous n'avons pas l'habitude de boire du vin.»

« A partir de quinze heures, Georges T., Robert P. et moi baguenaudons à nouveau à travers la ville. La foule y est aussi dense que ce matin. Place de l'Ancienne Poste un groupe de civils entoure une femme d'une cinquantaine d'années. Elle est en train de pleurer. Nous nous approchons. Quelqu'un nous apprend qu'un terrible drame s'est déroulé à Jouhe, peu avant midi. Un détachement de maquisards se serait affronté à une unité allemande forte de plusieurs centaines de soldats qui revenaient vers Dole pour s'y livrer à des représailles. Au cours d'un sanglant accrochage, les nôtres auraient perdu près d'une quinzaine d'hommes et de nombreux blessés. L'une des victimes serait le neveu de la pauvre femme en pleurs. »

« La tragédie de Jouhe nous navre, mais la guerre à ceci de sordide, c'est que lorsqu'un événement ne nous concerne pas directement il ne nous émeut que très superficiellement. Comme si la cruauté des temps nous entourait le cœur d'une carapace. Comme si d'apprendre jour après jour tant d'horribles drames nous rendait à la longue indifférents. Je me rend bien compte que mes copains ont la même réaction car à peine avons nous quitté la place de l'Ancienne Poste qu'une scène déclenche notre hilarité. Un Dolois, qui a dû récupérer une vareuse et une casquette plate d'officier allemand, s'est grimé le visage à la Hitler, avec la mèche et la petite moustache. Il se promène à travers les rues en tendant une sébile et en répétant cette litanie : « Pour un pauvre Führer en chômage ! Pour un pauvre Führer qu'a tout perdu ! ». Le personnage est si drôle et les gens si contents qu'on puisse assister à un tel spectacle dans notre bonne ville, qu'ils versent généreusement une obole au bonhomme. »

« Toujours accompagné de mes deux copains, nous rejoignons à nouveau la Place Jules-Grévy où une foule dense continue de stationner. Les gens attendent on ne sait quoi, face aux anciens locaux de la Kreiskommandatur où un grand nombre de drapeaux tricolores ont remplacé l'emblème à croix gammée devant lequel il fallait autrefois nous tenir immobile à chaque lever des couleurs. On dit qu'un Comité de la Libération a été mis en place pour administrer la ville de Dole. Le président serait M. Marlin, un entrepreneur connu. On me cite aussi les noms de MM Choulot, Fayard, Chèvre et Geoffroy, que mon père connaît. Ces personnages auraient tous fait partie de mouvements de résistance sédentaire. Nous sommes très étonnés de voir le nombre de Dolois qui arborent des brassards portant les sigles F. F. I. ou F. T. P. Jamais nous n'aurions pu imaginer qu'il y avait eu tant de résistants dans notre cité durant l'occupation ! Un ami de Georges T. que nous croisons nous dit que beaucoup de ces brassards sont tout à fait bidons. On vient même d'arrêter un collabo qui en portait un ! Il nous apprend aussi qu'il y a un char allemand abandonné sur le Cours Saint-Mauris. Nous nous y rendons et constatons effectivement la présence d'un énorme «Tiger ». Les Boches l'on rendu inutilisable avant leur départ.

« Revenus sur la place Grévy nous y entendons soudain monter une rumeur puissante :

« Les Américains ! Les Américains ! »

« Quelques minutes se passent puis tout à coup nous voyons arriver une colonne de blindés par l'avenue de Besançon. Une véritable marée humaine se précipite aussitôt à leur rencontre. Au risque de se faire écraser sous les chenilles, des hommes, des femmes grimpent sur les chars embrassent les soldats US, les congratulent, leurs parlent le langage que j'ai employé il y a quelques jours avec ceux que j'ai rencontrés à Parcey, c'est-à-dire un charabia fait d'expressions françaises, allemandes et parfois anglaises. L'un des tankistes à qui je sers la main avec effusion me tend une cigarette et un curieux petit paquet d'allumettes fixées sur du carton. Notre ami Georges T., plus débrouillard, obtient quant à lui un sac en papier contenant toutes sortes de choses merveilleuses dont nous faisons aussitôt l'inventaire : gâteaux, chewing-gums, café en poudre, chocolat, sachet de sucre... »

« Ce qui me frappe, c'est l'air débonnaire, décontracté des soldats américains. Ils sourient de toutes leurs dents et n'arrêtent pas de nous donner de solides claques sur l'épaule en disant : « Hello ! ». Ils n'ont rien de très guerrier comparés aux SS que j'ai vu déferler sur nos routes en 1940 avec leur attitude marmoréenne, dans leurs uniformes noirs ornés de têtes de mort et de tibias. Et pourtant, ces garçons rieurs et flegmatiques viennent d'avoir raison de la plus forte armée du monde ! Cela prouve bien que les idées de liberté sont une arme plus efficace que les idées totalitaires. »

« Mais les chars américains avaient, en venant à Dole, une toute autre mission que de se faire acclamer et couvrir de fleurs par la population libérée. Après une immobilisation pacifique et bien sympathique pour les équipages, dans les rues de notre vieille ville, précédés par un cordon de Résistants qui leurs ouvrent la route, les tanks finissent par repartir en direction de Besançon d'où ils sont arrivés. »

« Après le départ de la colonne blindée US, la liesse des Dolois n'en finit pas pour autant. Je n'ai jamais vu autant de monde, autant d'enthousiasme. C'est une marée, un déferlement de gens heureux, dont les voix se sont éraillées depuis ce matin à force de rire, de crier, de hurler de joie. Ici et là, par les fenêtres ouvertes sur la rue, on entend de vibrantes « Marseillaise » diffusées par des phonographes. Sur la place nationale, au pied de la Collégiale Notre-Dame, on a dressé hâtivement une estrade où trois musiciens, un accordéoniste, un saxophoniste et un batteur ont pris place. Des couples s'enlacent et commencent à danser. Ça fait plus de quatre ans que les Dolois étaient privés de ce plaisir-là. Certains ont payé de plusieurs semaines de prison le fait d'avoir contrevenu à l'interdiction d'organiser des bals publics. Même si le sang coule encore à quelques dizaines de kilomètres seulement de notre ville, le spectacle de cette foule en train de se trémousser sur la place au son d'un orchestre champêtre est le plus beau symbole de la liberté retrouvée que Dole puisse nous offrir en cette fin d'après-midi.

En d'autres quartiers de la cité pourtant, la Libération se traduit par des scènes moins plaisantes. On continue à régler des comptes. Des hommes, des femmes qu'on vient d'arrêter traversent la ville têtes basses encadrés par des F. F. I. Ailleurs, la porte de la boutique d'un épicier accusé de collaboration et de marché noir a été forcée. Les rayons du magasin étant complètement vides, des gens sont descendus dans ses caves et y ont découverts un stock d'huile, de margarine et de saucissons, ainsi qu'un gros sac de lentilles. Un homme arborant un brassard flambant neuf de la Résistance, tente de procéder à un partage équitable de ces marchandises entre les émeutiers, ce qui s'avère quasi impossible compte tenu de leur nombre.

D'autres Dolois ne se posent pas ce problème de répartition. C'est le cas d'un des frères K., de la rue Pasteur que je connais bien car il est souvent venu à la maison nous vendre du poisson de braconnage. Déjà, en 1940, on avait dit qu'il avait « récupéré » un certain nombre d'objets de valeur dans les maisons bourgeoises abandonnées par leurs propriétaires. Je le croise aujourd'hui alors qu'il ploie sous un énorme sac. Il y a tout lieu de penser qu'il s'est transformé en « justicier » et qu'il est allé se dédommager soi-même des vicissitudes de l'occupation en visitant quelques appartements récemment désertés par des collabos ou des margoulins.

Il est près de 19 heures lorsque Robert P. et moi nous nous décidons enfin à regagner le Poiset. Pour repasser sur la rive gauche du Doubs, nous empruntons, cette fois, les échelles en bois dressées depuis ce matin contre les piles effondrées du pont Louis XVI.

Alors que je suis encore tout à la joie des événements vécus au cours de cette mémorable journée du 9 septembre 1944, une triste nouvelle m'attend dans notre quartier. On vient d'y apprendre la mort de Raymond B. un de nos proches voisins. Sa sœur, M^me^ G., a été avertie qu'il était tombé le matin même à Orchamps, lors d'un accrochage entre l'unité F. F. I. à laquelle il appartenait et une formation allemande qui tentait de reprendre ce village.

Bien qu'il eût quelques années de plus que moi, j'avais beaucoup de sympathie pour Raymond B. C'était un garçon attachant, sportif, rieur. Ses deux petits neveux l'adoraient. Il ne rechignait jamais à rendre service aux vieux du quartier qu'il aidait au jardin et pour les corvées de bois, à l'automne.

Je suis atterré en faisant le bilan des amis perdus durant cette guerre atroce : Mon cousin Royer, mari de cousine Germaine, décédé en captivité ;

Fernando M., dont je n'ai plus reçu aucune nouvelle depuis 1940 ; Michel V., suicidé à Paris ; Louis R., déporté du travail, mort à Duisburg ; Raoul D., tombé au maquis... (1)

Comment est-il possible que dans mon si petit univers, mon modeste milieu, il y ait eu tant de drames en quatre ans ? Tant de sang, tant de larmes ? Combien de morts, de disparus recensera-t-on à l'échelon de notre ville et à celui de la France lorsqu'on dressera le bilan de cette guerre atroce ?

Si ce meurtrier conflit n'est pas encore terminé, ce soir, je sais qu'il est devenu beaucoup moins dangereux pour les miens. Mon père et moi ne risquons plus de subir un jour ou l'autre une arrestation arbitraire au coin d'une rue, ni d'être envoyés en esclavage en Allemagne comme tant d'autres le furent. Nous n'aurons plus la hantise de voir débarquer chez nous des Miliciens ou des Cosaques pilleurs. De recevoir une rafale de mitraillette de la part de ces bandits de grands chemins, à la gâchette facile. Nous pourrons à nouveau nous déplacer librement. Sans subir les permanents et humiliants contrôles de la Feldgendarmerie. C'est si beau, si nouveau que je n'arrive pas encore à y croire. Je pense même qu'il me faudra un certain temps pour réapprendre à redevenir un homme libre ! Cet après-midi, par exemple, à plusieurs reprises, alors que je déambulais sur les trottoirs, parmi la foule en liesse, j'ai tâté instinctivement ma poche pour sentir mon porte-carte d'identité. La non présentation de ce document à toute réquisition de la police allemande valait, hier encore, une arrestation immédiate.

Ce soir, je songe à grand-mère Céline. A quelque mois près, elle aurait assisté à la fin de notre calvaire. Elle eût été heureuse de nous savoir épargnés par les horreurs de l'interminable conflit que nous venons de subir. Elle qui fut si éprouvée par les précédents ! Elle aurait vu son vœu le plus cher exaucé. Car je l'ai entendue souvent prier pour l'achèvement de cette guerre.

En passant à table, sous la lumière d'une lampe à pétrole, car l'électricité n'est pas encore rétablie, j'ai aussi une pensée émue pour le R. et les G., les deux familles voisines de notre maison, que la mort de Louis et de Raymond, prive de notre soulagement, de notre joie d'être libérés. Chez nous, cet événement ne suscitera pas un débordement d'enthousiasme. Mes parents sont des gens discrets. Je ne suis pas non plus du genre à me mettre à la fenêtre pour chanter. Je devine cependant l'immense contentement des miens au sourire de maman, au regard radieux de papa. Celui-ci s'est rendu à la cave, avec un air mystérieux. Il vient d'en remonter une boîte métallique quadrangulaire de couleur jaune et une bouteille de vin. Cette boîte, je la connais depuis longtemps. C'est même tout un symbole dans notre famille. Elle contient des sardines à l'huile. Elle est grosse, car il s'agit d'une ration militaire destinée aux troupes en campagne, portant imprimée la mention « pour quatre hommes ». Papa l'a rapportée en septembre 1940 lors de sa démobilisation. Depuis lors, elle est restée dissimulée au sous-sol, dans un bac à sable. Cent fois, durant nos années de famine et de privations, nous avons failli lui faire subir un sort. Elle a fini par devenir une sorte d'objet fétiche, après que mon père eût déclaré : « Il faut la garder. On sera peut-être bien contents, un jour, si on est obligés de repartir sur les routes, de l'emporter avec nous... ». Il y avait beaucoup de sagesse dans ces propos car, après avoir vu défiler pendant toute l'occupation des milliers de gens expulsés par les nazis, nous avons toujours craint d'être à notre tour chassés de chez nous. Dieu merci,

(1) A cette date, j'ignorais que deux de mes amis d'enfance allaient encore tomber sur le front des Vosges durant le terrible hiver 1944-1945 : Camille G. et Santo T.

cela ne s'est pas produit et la boîte a survécu à toutes nos fringales, à toutes nos tentations. Après l'avoir remontée de la cave et nettoyée avec soin, comme s'il s'agissait du Saint-Sacrement, papa commence à l'ouvrir en utilisant une vieille clef rouillée qui n'a plus servi depuis longtemps. Nous éprouvons tous une petite appréhension : et si le contenu de la boîte était avarié, après quatre ans ?

Notre inquiétude est heureusement vite dissipée. Le couvercle de fer blanc s'enroule sur la clef et nous voyons apparaître les rangées de magnifiques sardines baignant dans une huile odorante, dorée à souhait. Maman s'empresse aussitôt de les répartir dans nos assiettes, tandis que papa débouche une bouteille de vin d'Arbois et que j'épluche les pommes de terre en robe des champs qui accompagneront ce repas, à défaut de pain.

Je sais bien que c'est puéril de le penser, mais ce soir notre dîner me paraît un véritable festin. Ces belles et grasses sardines bretonnes, comme je n'en ai plus mangées depuis quatre ans, ont une saveur incomparable. Je suis sûr que je n'oublierai jamais leur goût. C'est celui du retour de la liberté, de l'abondance. L'une ne peut aller sans l'autre. L'occupation, c'étaient la contrainte, l'humiliation, la peur permanente. Mais aussi la faim. Or, depuis Esaü qui vendit sont droit d'aînesse pour un plat de lentilles, chacun dit que l'homme qui a faim ne dispose pas de sont libre arbitre. Au cours de cette guerre, beaucoup de gens se sont comportés d'une manière ignoble, simplement pour pourvoir manger. Pour survivre. Si le nazisme avait triomphé, Dieu sait à quelles vilenies, à quelles abjections nous eussions tous été condamnés ?

Ce soir, j'irai me coucher très tard. Je vais rejoindre auparavant ma petite table de travail. A la lueur d'une bougie, sur mon carnet en cours, je narrerai les événements de cette mémorable journée. Pour ne rien oublier. Parce que j'ai le sentiment d'avoir vécu aujourd'hui des heures intenses qui marqueront toute ma vie.

Ce 9 septembre 1944, une époque s'est achevée sous mes yeux. Une autre commencera demain. Sera-t-elle aussi prenante, aussi extraordinaire que celle que nous avons connue depuis l'automne 1939, date à laquelle j'ai commencé à tenir ce « Journal »... ?

# TABLE DES MATIÈRES

**INTRODUCTION**

**Première partie, 1939-1940**



**Deuxième partie, 1941-1942**



**Troisième partie, 1943-1944**

Achevé d'imprimer
sur les presses de la
S N I Jacques et Demontrond
25220 ZI Thise/Besançon
dépôt légal n° 11858 mars 1993

*Imprimé en France*